U0611554

开放型经济研究系列丛书

中国自由贸易区战略研究

袁 波 王 蕊 李光辉 著

中国商务出版社

图书在版编目（CIP）数据

中国自由贸易区战略研究／袁波，王蕊，李光辉著
．—北京：中国商务出版社，2015. 8
（开放型经济研究系列丛书）
ISBN 978-7-5103-1353-0

Ⅰ. ①中…　Ⅱ. ①袁…②王…③李…　Ⅲ. ①自由贸易区—经济战略—研究—中国　Ⅳ. ①F752

中国版本图书馆 CIP 数据核字（2015）第 195997 号

开放型经济研究系列丛书
中国自由贸易区战略研究
ZHONGGUO ZIYOU MAOYIQU ZHANLUE YANJIU
袁 波　王 蕊　李光辉　著

出　版：中国商务出版社
发　行：北京中商图出版物发行有限责任公司
社　址：北京市东城区安定门外大街东后巷 28 号
邮　编：100710
电　话：010—64245686　64515140（编辑二室）
　　　　010—64266119（发行部）
　　　　010—64263201（零售、邮购）
网　址：http://www.cctpress.com
网　店：http://cctpress.taobao.com
邮　箱：cctp@cctpress.com
照　排：北京开和文化传播中心
印　刷：北京科印技术咨询服务公司
开　本：787 毫米×1092 毫米　1/16
印　张：24.5　　字　数：376 千字
版　次：2015 年 8 月第 1 版　　2015 年 8 月第 1 次印刷
书　号：ISBN 978-7-5103-1353-0
定　价：60.00 元

序

2008年，党的十七大报告首次提出“拓展对外开放广度和深度，提高开放型经济水平”、“把‘引进来’和‘走出去’更好地结合起来，扩大开放领域，优化开放结构，提高开放质量，完善内外联动、互利共赢、安全高效的开放型经济体系”，为我国进一步扩大对外开放指明了目标和方向。2012年，党的十八大报告再次提出“全面提高开放型经济水平”、“完善互利共赢、多元平衡、安全高效的开放型经济体系”。2013年10月，十八届三中全会进一步对“构建开放型经济新体制”做出了重大部署。未来一段时间，深化利用外资和对外投资体制改革，加快自由贸易区建设，扩大内陆沿边开放将成为我国新时期改革开放的重要任务。

近年来，商务部国际贸易经济合作研究院亚洲与非洲研究所紧密结合国家改革开放的总体战略，持续跟踪区域经济一体化、自由贸易区、多双边与次区域合作、自由贸易试验区、沿边开放开发、边境经济合作区、境外与跨境经济合作区等领域进行研究，承担了大量国家部委和地方政府委托的相关课题研究任务，对构建开放型经济新体制的认识和研究也在不断深化。此次出版开放型经济研究系列丛书，是近年研究成果的汇编，涵盖中国沿边开放、自由贸易区发展、自由贸易试验区建设等领域，以期为我国政府部门全面深化改革、构建开放型经济新体制提供可供参考的政策建议，同时也旨在抛砖引玉，希望更多的学者能够持续和继续深化相关领域的研究。

前　　言

我国已经签订了12个自由贸易协定，涵盖了全球20个国家和地区，但自由贸易协定伙伴普遍经济体量较小，开放水平有待提升，进一步推进自由贸易区建设也面临一些困难与挑战。当前，区域经济一体化进程加快，我国自由贸易区战略面临来自欧美等国的竞争加剧；国际贸易投资规则也面临重构，我国需要争取更多主动权。经过改革开放30多年的发展，我国开放型经济已初见成效，更需要发挥好自由贸易区对开放型经济的引领作用。国内改革已进入新阶段，触及深层次矛盾和重大利益调整，进一步推进改革的难度加大，也需要自由贸易区更多地承担倒逼国内改革的重要任务。这些国际国内新的形势对我国自由贸易区建设提出了新要求，需要进一步加快推进自由贸易区战略的实施，通过更深层次更大范围参与区域经济一体化，进一步提高对外开放水平，以开放促改革、促发展，为我国全面提升开放型经济水平、构建开放型经济新体制做出新贡献。

2012年11月，党的十八大报告提出要“加快实施自由贸易区战略”。2013年11月，《中共中央关于全面深化改革若干重大问题的决定》再次明确指出，要“加快自由贸易区建设”、“以周边为基础加快实施自由贸易区战略”、“形成面向全球的高标准自由贸易区网络”，这对我国自由贸易区建设做出了总体部署。2014年12月5日，习近平主持第十九次中共中央政治局集体学习时的讲话时，对自贸区建设提出了更高的要求，明确指出“加快自由贸易区建设是我国新一轮对外开放的重要内容，是适应经济全球化新趋势的客观要求，是全面深化改革、构建开放型经济新体制的必然选择，是我国积极运筹对外关系、实现对外战略目标的重要手段”，“我们不能当旁观者、跟随者，而是要做参与者、引领者”。为此，我们迫切需要进一步完善顶层设计，不断创新体制机制，健全自由贸易区保障体系，积极谋划有利于我国的自由贸易协定标准体系，加快自由贸易区全球战略布局。

近年来，作者及其研究团队受商务部等国家部委以及地方政府委托，围绕自由贸易区建设、TPP、RCEP、中国—东盟自贸区升级版、中日韩自贸区、中韩自贸区、上海自由贸易试验区以及广东、福建等其他国内自由贸易试验区方案设计等进行了持续跟踪研究，本书正是在上述研究基础上形成的成果。

本书根据党的十八大以及十八届三中全会有关“加快实施自由贸易区战略”的要求，立足于我国自由贸易区建设的现实基础与发展条件，结合当前国内外形势的变化，就加快实施自由贸易区战略、推进自由贸易区建设与谈判以及配套改革等提出了具体政策建议。第一篇是加快实施自由贸易区战略，主要围绕目前中国推进自由贸易区面临的环境、重要意义及政策措施等进行阐述。第二篇是中国自贸区建设成效评估，主要从中国自贸区建设的总体成效、开放现状、困难问题以及具体协定的实施情况等方面进行分析。第三篇是中国自贸区谈判的经验总结，主要由经验总结、具体策略以及案例分析等部分组成。第四篇是专题篇，主要是对 TPP、RCEP、亚太自贸区、中韩 FTA 以及中国自由贸易试验区等进行专题分析。附件 1 和附件 2 分别是与自贸区建设有关的数据与资料以及中国自由贸易试验区的方案汇总。

商务部研究院的李光辉副院长指导全书写作并对书稿进行最后审定，全书由袁波负责具体协商、组织拟定提纲以及书稿撰写工作，王蕊、宋志勇、王泺、梁明、尹政平、田伊霖、姜菲菲、朱思翘、杜国臣、张雪妍、石新波、王思敏等均参了本书的写作工作。本书写作过程中，得到了商务部国际司、政研室、综合司以及发展改革委国际司的大力支持，在此表示诚挚的谢意。具体写作分工为：

第一篇：第一部分由尹政平撰写，第二部分由袁波撰写，第三部分由袁波撰写，第四部分由袁波、王蕊、田伊霖、尹政平、石新波撰写。第二篇：第一、二部分由王蕊撰写，第三部分由袁波、王蕊撰写，第四部分由袁波、王蕊、尹政平、田伊霖、姜菲菲撰写。第三篇：第一部分由袁波撰写，第二部分由王蕊撰写，第三部分由袁波、王蕊、尹政平、田伊霖撰写。第四篇：第一部分由王泺、袁波、王蕊等撰写，第二部分由袁波撰写，第三部分由宋志勇撰写，第四部分由袁波撰写，第五部分由王蕊撰写，第六部分由梁明撰写，第七部分由李光辉、袁波撰写。附录部分由袁波、王蕊、朱思翘、王思敏等负责搜集整理。

写作过程中，作者查阅大量资料，向许多专家请教，多次进行修改，但由于时间仓促，研究水平有限，不足之处在所难免，还请广大读者批评指正。

作　者

2015 年 3 月

目　　录

第一篇　加快实施自由贸易区战略

一、中国推进自由贸易区建设面临的环境分析

从国际形势看，当前全球经济增长整体速度放缓，世界贸易组织多边贸易谈判进展缓慢，各国纷纷谋求区域经济一体化合作，跨太平洋伙伴关系协定（TPP）、跨大西洋贸易与投资伙伴关系协定（TTIP）等超大型自贸区谈判正积极推进，围绕资本和国际市场的争夺变得更加激烈，我国周边的政治经济环境也变得更为复杂。国际新形势对我国自贸区战略构成重大挑战，如不能合理应对，则易被边缘化，进而丧失原有的国际市场与竞争优势；但这种新形势也孕育着新的机遇，我国如能合理布局和发展自贸区，将在国际经贸规则制定中争得话语权，并为海外市场拓展和经贸合作奠定基础。从国内形势看，当前国内改革已步入深水期，资源能源束缚日益凸显，产业升级压力较大，海外拓展需求迫切。尽管在实施自贸区战略中，进一步开放存在诸多压力与困难，但当前也恰是开放的合适时机，国家更加需要通过自贸区战略的实施，以开放促改革，形成对内改革与对外开放的良性互动。因此，从新时期我国实施自贸区战略所面临的形势来看，可谓机遇与挑战并存、机遇大于挑战。

（一）国际形势

1. 经济全球化已经步入新阶段

从20世纪90年代至今，经济全球化可分为几个阶段：第一阶段为1990—2001年，是各国普遍享受全球化红利的发展阶段；第二阶段为2001—2008年，期间美国国内生产总值占全球的比重达到顶点；第三阶段

为2008年国际金融危机至今，主要特征是服务贸易自由化以及发达国家的再工业化。每一次经济全球化步入新阶段，对我国而言，都孕育着新的战略机遇。2001年我国抓住机会加入世贸组织，此后经济获得多年10%以上的快速增长。当前，美国等西方发达国家主导着新一轮的全球化变局，我国如合理推进自贸区谈判，则可抓住全球产业链和价值链重新布局的机会，进一步融入世界市场，倒逼国内改革与产业升级，获得新一轮全球化的红利。但在新的经济全球化变局中，也存在重大政治、外交和经济矛盾与风险，容易引发内部矛盾和外部动荡叠加效应，这也给我国自贸区建设带来了新的挑战，要求我国要全盘考虑、循序渐进，尤其在投资自由化、服务贸易自由化及竞争中立、劳工标准等议题上应审慎对待。

2. 区域经济一体化的进程加速

区域经济一体化兴起的一个重要国际背景就是多哈回合谈判进展缓慢，多边贸易自由化进程受阻。尤其是2008年国际金融危机以来，各国更加重视和依赖通过推进互惠性区域贸易谈判强化机制性合作，从而使区域经济一体化的进程进一步加速。目前，世贸组织成员大多参与了一个或多个区域贸易安排。据世贸组织统计，截至2014年6月15日，向其通报并生效的区域贸易协定共有379个，绝大多数是近10年左右出现的，其中自贸协定约占90%。欧洲、美洲、亚洲、非洲等国家均加快推进自贸区建设，据估计，当前全球贸易的一半左右在各区域经济集团内部进行。此外，美国、欧盟等经济体还积极发展跨洲际自贸区，跨太平洋伙伴关系协定（TPP）、跨大西洋贸易与投资伙伴关系协定（TTIP）等超大型自贸区谈判正在加紧推进。这些自贸区一旦建成，将对全球贸易格局及贸易投资自由化进程产生重大影响，不仅将形成经济总量最大的自贸区，进一步加快区域经济一体化步伐，还将影响整个全球化规则的制定，这就要求我国积极参与区域经济一体化进程，加快推进自贸区谈判。

3. 国际经贸规则竞争日趋激烈

国际金融危机之后，发达国家为了保持影响力，继续居于全球价值链顶端，加快了重构国际经贸规则的步伐。当前，全球投资规则谈判代替贸易规则谈判成为主流；服务贸易规则谈判替代货物贸易规则谈判成为重点；规则谈判的目标从关境上转到关境内；双边和区域性自贸区谈判成为全球投资规则重构的主要平台。尤其是近年来，美欧等主要发达经济体通过积极推进跨太平洋伙伴关系协定（TPP）、跨大西洋贸易与投资伙伴关系协定（TTIP）、服务贸易协定（TISA）等谈判进程，不断推广新的国际贸易投资规则，这些规则体系不仅超越了世贸组织体系下的货物贸易、服务贸易规则，而且还涵盖了更高标准的劳工与就业、环境治理、知识产权保护、政府采购、竞争政策、国有企业、产业政策规则，以期占领未来国际竞争制高点，对我国经济产业发展形成严峻挑战。这就迫使我国必须加快推进自贸区谈判，力争在全球经贸规则制定中获得更多话语权，为更高标准的自贸区谈判未雨绸缪。

4. 主要经济体加快自贸区建设

当前，世界主要经济体均积极开展自贸区建设，力争在国际竞争中赢得更多主动权。截至 2014 年 1 月 1 日，美国已生效的自贸协定达到 14 个，自贸伙伴达到 20 个国家，同时，美国还正在就跨太平洋伙伴关系协定（TPP）与跨大西洋贸易与投资伙伴关系协定（TTIP）展开谈判。2012 年，美国对自贸伙伴的出口额达到 7180 亿美元，占其总出口额的比重达到 46%。美国主导的跨太平洋伙伴关系协定（TPP）谈判，实质是欲将美国规则转化为全球标准，为未来全球治理改革建章立制，为美国投资和服务业进入全球市场打开大门。欧盟是签订区域贸易协定最多的国家集团，其成员与 80 多个国家（含欧盟本身成员）及地区具有区域贸易协定关系。欧盟不仅与美国进行跨大西洋贸易与投资伙伴关系协定（TTIP）谈判，也与韩国、新加坡等亚洲国家签署了自贸协定，并积极推进与日本的自贸协定谈判。日本在积极参与跨太平洋伙伴关系协定（TPP）谈判的同时，并行推进双边自贸区建设以及中日韩自贸区和区域全面经济伙伴关系协定（RCEP）谈判；韩国的自贸伙伴已达到 56 个，占其外贸总额的比重为 35%；东盟不断深化与周边大国的自贸区建设，并以此为基础，积极推进区域全面经济伙伴关系协定（RCEP）谈判。因此，在世界主要经济体亦即我国主要经贸伙伴加快自贸区建设的情况下，我国必须加快推进自贸区谈判，防止被孤立和边缘化，对抗和削弱欧美等国挤压我国外部拓展空间的不利影响。

5. 周边政治经济环境更为复杂

新时期我国周边政治经济环境呈现出一些新特点，加剧了地区局势的复杂性。在政治方面，我国与周边国家领土争议明显化、激烈化；域外大国特别是美国，对我国与周边邻国边海争端的升级有直接联系，新变局背后往往都有美国的影子；陆地边疆安全问题再次凸显，且受到周边国家安全形势的影响。在经济方面，周边国家尤其是东盟国家的劳动力成本优势和市场潜力优势进一步凸显，对我国的贸易替代效应和投资挤出效应更加明显。在区域经济合作方面，我国与周边国家仍有较大运筹空间。“合作又有疑虑”、“防华而非反华”是东盟与我国发展关系的战略基线，未来合作的空间较大；印度正在实施以南亚为基础、逐步向东亚扩张的自贸区战略，中印提出“孟中印缅经济走廊”倡议，有利于推动构建中国—南亚（南盟）对话合作机制；中西亚国家对我国提出的“一带一路”战略能否给周边国家带来实质利益更感兴趣，未来合作空间也较大；俄罗斯、蒙古国的区位优势和资源禀赋突出，与我国的战略合作日益紧密，自贸区合作前景广阔；日韩等国一边与我国争夺利益与影响力，一边推进中韩、区域全面经济伙伴关系协定（RCEP）、中日韩自贸区谈判，对未来东亚区域经济合作影响深远。

（二）国内形势

1. 开放型经济发展已初具成效

当前，我国开放型经济发展已初具成效。2013 年我国货物贸易进出口总额4.16 万亿美元，超过美国，位居世界第一。随着经济全球化的深化和全球价值链的拓展，我国开放型经济仍然蕴含巨大发展潜力。[①] 2013 年，我国货物出口占全球比重达12%，仍有发展空间；我国服务贸易进出口总额居世界第三位，其中出口居世界第五位，随着我国从货物贸易大国向服务贸易大国的转变，服务贸易总量仍有较大提升空间；我国对外直接投资额居世界第三位，但对外直接投资存量与美、英等国差距仍较大。现有的开放型经济成果为我国向建设更高标准的自贸区迈进提供了开放经验与经济基础，部分行业具备了扩大开放的可能与更强的竞争实力，部分行业产生了开放需求和拓展要求。同时，大力发展自贸区也是我国现阶段把巨大

---

① 高虎城. 全面提升开放型经济水平［J］. 求是，2013，24：50－52.

发展潜力转化为现实成就的重要抓手，是全面提升开放型经济水平的重要途径。①

2. 国内改革开放已步入深水区

当前，国内改革开放已步入攻坚期和深水区，需要进一步深化改革，在更大程度更广范围发挥市场在资源配置中的决定性作用，构建促进结构调整、科技创新、资源环境保护的制度体系，健全民生持续改善、社会和谐有序的体制保障。② 在自贸区谈判中，除扩大开放与市场准入外，边境后规则逐步增加，因而对国内体制机制改革的要求不断提高。囿于当前改革的难度，推进自贸区谈判面临着挑战。但中央深化改革的决心和努力也为我国建设高标准自贸区提供了良好契机。党的十八大提出“加快实施自贸区战略”，十八届三中全会明确指出要“改革市场准入、海关监管、检验检疫等管理体制，加快环境保护、投资保护、政府采购、电子商务等新议题谈判”。因此，在扩大开放领域、拓展谈判议题、形成面向全球的高标准自贸区网络方面，国内改革开放的深入将对加快推进自贸区谈判形成助力。

3. 产业转型升级压力日渐增加

三十多年改革开放卓有成效，我国经济社会发展取得了巨大成绩。目前，我国已经成为仅次于美国的世界第二大经济体。但随着我国改革开放的继续深化，产业结构不够合理、产业国际竞争力较弱、附加值较低等问题愈发凸显。尽管我国经济总量巨大，但有竞争力的产业主要集中于低附加值和低技术含量的纺织服装、鞋帽箱包等制造业，而拥有自主知识产权的信息技术、电子、精密仪器、金融、服务等关系国家利益的、处于全球价值链高端的产业发展仍落后于美欧日等发达国家。尤其是一些发展水平不高的产业，转型升级压力日渐加大，且囿于体制机制等障碍，相关利益方在自贸区谈判中对进一步开放存在顾虑，影响了整个谈判进程的推进。

4. 经贸合作空间拓展更为迫切

在我国经济总量不断跃升之际，随着劳动力成本的增加、资源能源约

① 高虎城．全面提升开放型经济水平［J］．求是，2013，24：50－52.

② 张高丽出席中国发展高层论坛2013年年会开幕式并致辞．新华网．http://news.xinhuane.

束的凸显，以及企业多年来实力的积聚，国内企业向海外拓展的需求日益增多，并愈加迫切。推进企业按照国际通行规则开展国际化经营，吸纳先进生产要素，建立海外营销网络，培育国际知名品牌，提高我国在全球范围内配置要素资源的能力，推进从吸收外资大国转变为资本输出大国，已成为我国经济发展的重要要求。[①] 而世界主要经济体加快构建自贸区，形成更广泛的排他市场，对我国企业"走出去"形成现实挑战，更加需要通过加快自贸区谈判，深化与更多国家的制度性合作，为我国拓展经贸合作空间提供更加稳定的机制保障，创造更加公平的贸易投资环境，搭建更加有利的合作平台。

5. 自贸区建设与布局有待推进

自贸区建设已成为我国以开放促改革、促发展、促共赢的新平台和新方式，成为统筹两个市场和两种资源、进一步扩大对外开放的重要手段。但我国现有自贸区仍存在利用程度不高、合作水平有待深化、战略布局尚需优化和拓展等问题。尤其是在国内跨部门、跨行业的协调合作问题上，存在较大难度。如何统一思想、客观评估、加强内部协调并形成战略共识，是当前自贸区建设，尤其是谈判过程中的突出难点和重要诉求。

二、中国自由贸易区建设的总体进展

我国自2001年年底加入世界贸易组织（WTO）以来，对外开放步伐不断加快，在积极参与国际多边合作的同时，不断推进区域经济一体化进程。截至2014年10月，我国已形成涉及32个国家和地区、涵盖四大洲的自贸区网络。其中，已签署自贸协定12个，涉及20个国家和地区；在谈自贸协定7个，涉及23个国家和地区。此外，我国还与印度、哥伦比亚、以色列等国完成或正在开展联合可行性研究。

与冰岛、瑞士自贸协定获准生效。随着2014年7月《中国—冰岛自贸协定》和《中国—瑞士自贸协定》的正式生效，中国已生效的自贸协定达到12个。2014年1－11月，中国与12个已生效自贸协定伙伴国的贸易额

---

① 高虎城. 全面提升开放型经济水平［J］. 求是，2013，24：50－52.

达到1.06万亿美元，占同期中国对外贸易的比重为27.3%。

与韩国、澳大利亚实质性结束自贸协定谈判。2014年11月10日与17日，中国相继与韩国、澳大利亚实质性结束自贸协定谈判。这两个自贸协定都是属于全面、高质量和利益平衡的协定，尤其是中韩自贸协定，是中国迄今为止涉及贸易额最大、综合水平最高的自贸协定。中韩、中澳自贸协定的达成，将为我国企业对外投资合作和经贸往来创造更加有保障的制度环境。

新启动中斯自贸协定、10+1升级版谈判，中日韩、RCEP等在谈自贸协定顺利推进。2014年9月，中国相继与斯里兰卡启动了自贸区谈判，与东盟启动了自贸区升级版首轮谈判。全年，中日韩自贸区举行了第四至第六轮谈判，《区域全面经济合作伙伴关系》（RCEP）举行了第三至第六轮谈判。

推动达成实现亚太自贸区的北京路线图。在中国的积极推动下，2014年10月，亚太经合组织（APEC）21个成员方通过了推动实现亚太自贸区的北京路线图，提出将循序渐进、按照协商一致原则启动并全面系统推进亚太自贸区，标志着亚太经合组织在推进区域一体化的道路上大大向前迈进了一步。

表1-1　截至2014年年底我国自贸区发展情况

类型	数量	亚洲	欧洲	拉美	大洋洲
已签署自贸协定	12个，涉及20个国家和地区	中国香港、中国澳门、东盟（10国）、巴基斯坦、新加坡、中国台湾	冰岛瑞士	智利、秘鲁、哥斯达黎加	新西兰
正在谈判自贸协定	7个，涉及23个国家	海合会（6国）、韩国（完成实质性谈判）、中日韩、RCEP（15国）、斯里兰卡	挪威		澳大利亚（完成实质性谈判）

续 表

类型	数量	亚洲	欧洲	拉美	大洋洲
完成或开展联合研究	3个,涉及3个国家	印度(完成)、以色列		哥伦比亚	

资料来源:根据中国自贸区服务网和商务部等资料整理。

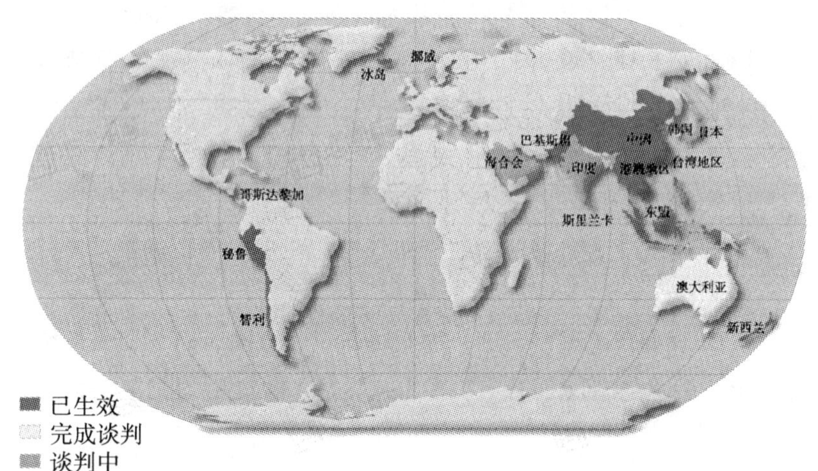

图1-1　截至2014年年底我国自贸区建设分布图

资料来源:根据中国自由贸易区服务网资料在地图汇网站制作。

(一) 已签协定自贸区

我国已经签署12个自贸协定,其中6个自贸协定伙伴位于亚洲,1个在大洋洲,3个在拉美,2个在欧洲;涉及的20个国家/地区中,15个在亚洲周边。我国积极推进对已签协定的自贸区建设,不仅推动新签自贸协定早日生效进入实施阶段,还积极与有关协定伙伴开展磋商,解决自贸协定落实过程中的种种问题,推动相关补充协定的签署,进一步提升货物贸易与服务贸易自由化程度。

1. 打造中国—东盟自由贸易区升级版

2002年,中国与东盟签署《全面经济合作框架协议》,正式启动自贸区建设。2004—2009年期间，双方相继签署《货物贸易协议》《服务贸易协议》《投资协议》。2010年10月第十三次中国—东盟领导人会议期间，时任中国商务部陈德铭部长与东盟各国经贸部长共同签署了《〈中国—东盟全面经济合作框架协议货物贸易协议〉第二议定书》，对中国—东盟自由贸易区原产地规则项下的签证操作程序进行了更新，以进一步促进贸易便利化，提高中国—东盟自由贸易区的利用率。2011年11月，中国与东盟签署了《关于实施中国—东盟自贸区〈服务贸易协议〉第二批具体承诺的议定书》。议定书在各国完成国内法律审批程序后，已于2012年1月1日起正式生效。相比第一批具体承诺，中国的第二批具体承诺根据我国加入世界贸易组织（WTO）的承诺，对商业服务、电信、建筑、分销、金融、旅游、交通等部门的承诺内容进行了更新和调整。同时，第二批具体承诺还进一步开放了公路客运、职业培训、娱乐文化和体育服务等服务部门。与此同时，东盟各国的第二批具体承诺涵盖的部门也明显增加，不仅在其WTO承诺基础上做出更高水平的开放，许多国家的承诺还超出了WTO新一轮谈判出价水平。2012年12月19日，第15次东亚领导人系列会议期间，中国与东盟签署了《关于修订〈中国—东盟全面经济合作框架协议〉的第三议定书》和《关于在〈中国—东盟全面经济合作框架协议〉下〈货物贸易协议〉中纳入技术性贸易壁垒和卫生与植物卫生措施章节的议定书》。其主要内容分别是明确中国—东盟自贸区联合委员会的法律地位和职责范围，以及双方在技术性贸易壁垒和卫生与植物卫生措施方面的权利、义务和合作安排。上述议定书确定了中国与东盟国家之间的沟通协调机制，有助于确保自贸区各项协议的切实执行，及时磋商解决各方企业遇到的技术性贸易壁垒问题，从而为广大工商界营造更加优惠便利的经营环境，促进各国经济的共同发展。

2013年10月，中国国家总理李克强在第十六次中国—东盟领导人会议上提出倡议，尽快启动中国—东盟自贸区升级版，打造更全面、更高质量的自贸区协定。2014年8月，各方达成共识，正式启动升级版谈判。

2. 以补充协议方式逐步提升内地与港澳两个CEPA开放水平

2003年，内地与香港特区及澳门特区政府分别签署了《内地与香港关于建立更紧密经贸关系的安排》和《内地与澳门关于建立更紧密经贸关系的安排》，以扩大对港澳的开放。此后，又于2004—2013年间分别签署了十个《补充协议》，渐进式的对港澳不断扩大开放领域，逐步提升贸易和投资自由化和便利化程度。2006年，内地与港澳实现货物贸易领域的零关税，同时，也在不断推动服务与投资领域的开放。随着2013年《补充协议十》的签署和生效，内地对香港在服务贸易领域开放措施已达403项，对澳门服务贸易领域累计总开放措施已达到383项。2014年12月，内地与港澳签署了关于内地在广东与港澳基本实现服务贸易自由化的协议。未来，内地还将与港澳研究基本实现服务贸易自由化的总体方案，使内地与港澳的经济一体化水平再上一个新台阶。

3. 推进中国—巴基斯坦自由贸易区第二阶段谈判

中国与巴基斯坦于2003年11月签署优惠贸易安排，2005年4月签署自贸协定早期收获协议，2006年11月签署自贸协定，2009年2月签署自贸区服务贸易协定，同年10月10日，《服务贸易协定》生效实施。2010年，中巴自贸协定中的正常产品实现零关税。2011年3月，中国—巴基斯坦自由贸易区第二阶段降税第一轮谈判在伊斯兰堡举行。此次谈判中，中巴双方回顾了中巴自贸区第一阶段降税实施成果，确定了第二阶段降税谈判大纲，并就降税模式等问题交换了意见。目前，中巴自贸区第二阶段降税谈判正在进行之中，计划使两国90%以上的商品享受5%以下的关税，而且计划启动服务贸易第二阶段谈判。

4. 分步完成中国—智利自由贸易区谈判

2004年11月，时任中国国家主席胡锦涛与智利前总统拉戈斯共同宣布启动中智自贸区谈判。2005年11月，在韩国釜山APEC领导人非正式会议期间，双方签署《中智自贸协定》。《中智自贸协定》纳入了与货物贸易有关的所有内容，包括市场准入、原产地规则、卫生与植物卫生措施、技术贸易壁垒、贸易救济、争端解决机制等，并且将经济、中小企业、文化、教育、科技、环保、劳动和社会保障、知识产权、投资促进、矿产和工业领域的合作涵盖在内，于2006年10月1日实施。2006年9月，双方启动中智自贸区服务贸易谈判，历时一年半，经过六轮谈判，最终于2008年4月13日在海南三亚签署《中智自贸协定关于服务贸易的补充协定》（即中智自贸区服务贸易协定），并于同年8月1日实施。根据该协定，中国的计算机、管理咨询、房地产、采矿等23个部门和分部门，以及智利的法律、建筑设计、工程、计算机等37个部门和分部门将在各自WTO承诺基础上向对方进一步开放。与此同时，中智两国积极推进投资协定的谈判，于2012年9月9日签署《中华人民共和国政府与智利共和国政府自由贸易协定中关于投资的补充协定》，涵盖了常规投资保护协定包括的主要内容和要素，包括投资和待遇的实体规定和有关争端解决的程序性规定两部分内容，标志着中智自由贸易区建设的全面完成。

5. 拓展中国—新西兰与中国—新加坡自由贸易区合作领域

2004年11月，中国与新西兰决定启动自贸区谈判。2004—2007年间，两国举行了15轮谈判。2008年4月7日，中新两国签署《中华人民共和国政府与新西兰政府自由贸易协定》。同年10月1日，《协定》正式生效实施。2010年11月，两国完成了中国—新西兰自贸区的第一次联合审议报告，报告对自贸区运行两年来的实施情况进行了回顾，指出自贸区给两国带来了显著的贸易和其他经济收益，同时也指出下一步应该加强的工作。此后，在实施好中国—新西兰自贸区的同时，双方将自贸区合作领域由传统的贸易投资拓展至卫生与植物卫生领域。2011年11月，中新自贸协定卫生与植物卫生（SPS）联合管理委员会第三次会议和技术工作组会议在新西兰惠灵顿召开，双方听取了技术工作组会议的报告，回顾了第二次联合管理委员会会议各项决议的落实情况，强调了加强双边SPS领域合作、利用中新自贸协定SPS章节对促进双边贸易的重要性。2012年10月15—17日，中国—新西兰自贸协定副部级SPS联合管理委员会第四次会议在北京召开，双方就等效性和区域化等问题继续进行了交流，更新了SPS联系点，签署了《关于中国从新西兰输入雏鸡及种蛋检疫和卫生要求议定书》。

中国—新加坡自由贸易协定谈判于2006年8月启动，经过八轮磋商，双方于2008年9月结束谈判，于同年10月正式签署自贸协定。2010年4月和2011年5月，双方分别在新加坡和北京举行了两次中国—新加坡自贸协定审议会议，就扩大或修改协定达成共识。2011年7月，两国签署了《关于修改〈中华人民共和国政府和新加坡共和国政府自由贸易协定〉的议定书》。《议定书》对中新自贸协定中的原产地规则做出了修订，并将双方各自在中国—东盟自贸协定《服务贸易协议》第二批具体承诺纳入中新自贸协定，以进一步提高中新自贸区的自由化水平。随着中新自贸区的不断落实，在两国的共同需求下，合作领域也在不断延伸至金融领域。2012年7月6日，两国签署了在中国—新加坡自由贸易协定项下进一步开放银行业的换文。根据换文，新方将尽快给予两家中资银行特许全面银行业务牌照（QFB）；中方将在可行条件下尽快选择其中一家作为新加坡人民币业务清算行，并加速审理新加坡大华银行（中国）有限公司、星展银行（中国）有限公司和华侨银行（中国）有限公司各自提出的在华设立分支行的申请。

6. 逐步完善《海峡两岸经济合作框架协议》

海峡两岸经济合作框架协议的正式谈判始于2010年1月，经过两岸有关方面三次正式磋商和多次业务沟通，同年6月，大陆海协会会长陈云林与台湾海基会董事长江丙坤在重庆正式签订了《海峡两岸经济合作框架协议》（ECFA）。ECFA包括序言、5章16条及5个附件，其最大的特色就是着眼于两岸经济发展的需要，结合两岸产业互补现实，达成了一个规模大、覆盖面广的涵盖货物贸易和服务贸易领域的早期收获计划。2011年1月1日，ECFA的货物贸易、服务贸易早期收获计划全面实施。同时正式成立的两岸经济合作委员会于2011年2月、11月分别召开了两次例会，就ECFA后续单项协议的商谈进展、货物和服务贸易早期收获计划的实施等事项进行了磋商。2012年4月和12月举行的第三次和第四次例会上，双方回顾了ECFA货物及服务贸易早期收获计划执行情况，总结了货物贸易、服务贸易、投资、争端解决、产业合作、海关合作6个小组的工作进展，并就未来工作规划交换意见。2012年8月9日，《海峡两岸投资保护和促进协议》和《海峡两岸海关合作协议》在台北完成签署。2013年1月31日，海协会与台湾海基会互以书面通知对方，表示《海峡两岸投资保护和促进协议》已各自完成相关程序，将于2月1日正式生效。2013年6月，两岸签署《海峡两岸服务贸易协议》。协议规定了两岸服务贸易的基本原则、双方的权利义务，未来合作发展方向及相关工作机制等内容。协议明确了两岸服务市场开放清单，在早期收获基础上更大范围地降低市场准入门槛，为两岸服务业合作提供更多优惠和便利的市场开放措施。其中，大陆对台湾开放共80条，台湾对大陆开放共64条，双方市场开放涉及商业、通信、建筑、分销、环境、健康和社会、旅游、娱乐文化和体育、运输、金融等行业。未来，双方还将继续完善《海峡两岸经济合作框架协议》，进一步提高自由化与便利化水平，使协议为海峡两岸企业与人民带来更加积极的务实成效。

7. 实施好中国—秘鲁和中国—哥斯达黎加自由贸易区

2007年9月，在悉尼APEC领导人非正式会议期间，胡锦涛主席与秘鲁加西亚总统共同宣布启动中秘自贸区谈判。2008年11月，经过八轮谈判和一次工作组会议，两国领导人宣布中国—秘鲁自贸协定谈判成功结束。2009年4月，双方在北京正式签署自贸协定。2010年3月1日，中国—秘鲁自贸协定正式实施。目前，双方正按协定要求，稳步推进货物贸易领域的降税安排，到2020年，两国将分别实现97%和98%的贸易商品的零关税。

中国—哥斯达黎加自贸协定谈判正式启动于2009年1月，在13个月内共进行了六轮谈判，最终达成一致。完成了各自的国内审批程序后，2010年4月，中哥两国在北京签署了自贸协定。该协定涵盖领域广泛，开放水平高，是我国与中美洲国家签署的第一个涵盖货物贸易、服务贸易、知识产权、贸易救济等领域的一揽子自贸协定。2011年8月1日，中国—哥斯达黎加自贸协定正式生效。目前，双方正按协定要求，稳步推进货物贸易领域的降税安排，到2026年，两国将分别实现96.7%和91%的贸易商品的零关税。

8. 推动中国—冰岛和中国—瑞士自由贸易区生效

2006年12月4日，中国商务部与冰岛外交部签署了《关于启动中华人民共和国与冰岛共和国自由贸易协定谈判的议定书》，正式启动了自贸区谈判。2007—2008年期间，两国进行了四轮谈判，就货物贸易、服务贸易、投资、经济合作及协议文本等问题进行了深入磋商。2009年，因冰岛提出加入欧盟申请，双方谈判中止。2012年4月，中冰两国领导人商定重启中冰自贸区谈判。经过两轮谈判，2013年4月15日，中国商务部部长高虎城与冰岛外交外贸部长奥叙尔·斯卡费丁松代表各自政府在北京签署了《中华人民共和国政府和冰岛政府自由贸易协定》。该协定是中国与欧洲国家签署的第一个自由贸易协定，涵盖货物贸易、服务贸易、投资等诸多领域。根据自贸协定规定，冰岛自协定生效之日起，对从中国进口的所有工业品和水产品实施零关税，这些产品占中国向冰岛出口总额的99.77%；与此同时，中国对从冰岛进口的7830个税号产品实施零关税，这些产品占中方自冰进口总额的81.56%，其中包括冰岛盛产的水产品。中冰自贸区建成后，双方最终实现零关税的产品，按税目数衡量均接近96%，按贸易量衡量均接近100%。此外，双方还就服务贸易做出了高于WTO的承诺，并对投资、自然人移动、卫生与植物卫生措施、技术性贸易壁垒、原产地规则、海关程序、竞争政策、知识产权等问题做出了具体规定。2014年1月，冰岛议会通过决议授权冰岛政府批准《中华人民共和国政府与冰岛政府自由贸易协定》。

2011年1月，时任中国商务部部长陈德铭与瑞士经济部长施奈德-阿曼共同宣布启动双边自贸区谈判。双方随后于2011年举行了两轮谈判，确定了谈判大纲，设立了谈判工作机制。2012年双方举行了三轮谈判，就自贸区货物贸易降税模式、服务贸易、原产地规则、海关合作和贸易便利化、卫生与植物卫生措施、技术性贸易壁垒、法律和机构条款、知识产权、竞争政策、贸易救济、争端解决和经济技术合作等有关内容充分交换了意见，并达成一系列共识，谈判取得了较大进展。2013年5月24日，中国商务部长高虎城与瑞士联邦委员兼经济部长施耐德-阿曼在瑞士伯尔尼签署《关于结束中国—瑞士自由贸易协定谈判的谅解备忘录》。同年7月6日，中国商务部部长高虎城和瑞士联邦委员兼经济部长施耐德-阿曼在北京签署了《中国—瑞士自由贸易协定》，这是中国与欧洲大陆国家签署的第一个一揽子自贸协定，是一个高质量、内涵丰富、互利共赢的协定。根据《协定》，瑞方将对中方99.7%的出口立即实施零关税，中方将对瑞方84.2%的出口最终实施零关税。如果加上部分降税的产品，瑞士参与降税的产品比例是99.99%，中方是96.5%。工业品方面，瑞方对中国降税较大的产品有纺织品、服装、鞋帽、汽车零部件和金属制品等。这些都是中国的主要出口利益产品，瑞方均承诺自协定生效之日起立即实施零关税。在农产品方面，除了一般农产品外，瑞方还对中方有出口利益的23项加工农产品在取消工业成分关税的同时，将农业成分的关税削减40%。

上述23项加工农产品涵盖了几乎中国对瑞有出口利益的所有加工农产品，包括口香糖、甜食、糕点、意粉等，平均降税幅度高达71%，使中国农产品在瑞士市场获得优于其他国家的准入条件。2014年3月，瑞士联邦议会联邦院通过《中瑞自由贸易协定》。

（二）在谈自贸区

近年来，我国积极推动已有自贸协定谈判，并适时启动新的自贸协定谈判。2012年以来，我国先后启动中韩自贸协定、中日韩自贸协定和区域全面伙伴关系协定（RCEP）、中斯自贸协定谈判，使得自贸区谈判对象扩大到23个国家和地区。同时，我国还积极采取措施推动完成了中韩和中国—澳大利亚自贸协定谈判，力争重启已经停滞多年的中国—海合会自贸协定谈判。今后，我国将努力推动更多的自贸协定谈判取得突破，并与更多国家尤其是周边国家建立自贸区，加快构建以周边为基础、面向全球的高标准自贸区网络。

1. 重启中国—海合会自贸区谈判

2004年7月，中国与海合会国家签署《中国—海合会经济、贸易投资和技术合作框架协议》，并共同宣布启动中国—海合会自贸协定谈判。之后，双方已举行五轮谈判和两次工作组会议。最近的一次谈判于2009年6月在沙特首都利雅得进行，中海双方就货物贸易主要关切和服务贸易初步出价进行了深入磋商，并就原产地规则、技术性贸易壁垒、卫生和植物卫生措施、经济技术合作和自贸协定案文等议题广泛交换了意见。但由于在几种石化产品零关税的问题上双方始终没有达成一致，谈判暂时中止。2014年1月，中国与海湾合作委员会在北京举行第三轮战略对话，会后发表新闻公报，强调要加快中国和海合会自由贸易区谈判进程，认为中国和海合会国家经济互补性强，建立自由贸易区符合双方的共同利益。目前，一些海湾国家如阿曼等国也认为建立中海自贸区没有任何障碍，停滞多年的中海自贸区谈判有望重新启动。

2. 结束中国—澳大利亚自贸区谈判

2005年4月，中国商务部与澳大利亚外交贸易部签署了《关于承认中国完全市场经济地位和启动中华人民共和国与澳大利亚自由贸易协定谈判的谅解备忘录》，正式启动了自贸区谈判。2005—2008 年，两国启动了十三轮谈判，就 FTA 框架内容、货物贸易市场准入、专业服务、金融和教育服务、知识产权、投资等问题进行了深入磋商。此后，谈判陷入停滞，直至 2010 年才恢复谈判。2010 年 2 月，中澳自贸区第十四轮谈判在澳大利亚首都堪培拉举行，双方就农产品市场准入、原产地规则、服务贸易、投资等议题进行了深入讨论，交换了意见。双方同意，将尽快商定下一轮谈判的有关安排。2011 年，中澳于 6 月、7 月、11 月分别举行了三次谈判，并于 2012 年 3 月在堪培拉举行了第 18 轮谈判，双方代表分为农业、非农产品、服务和综合议题四个小组，针对相关议题展开深入谈判。双方在货物贸易、SPS 议题、海关程序、原产地规则和技术性贸易壁垒等章节有较大进展，一些章节接近完成谈判，同时就服务和投资章的一些内容达成共识。2013 年 6 月，第十九轮谈判在北京举行，双方进行了深度磋商和讨论，维持了谈判势头，为下一步取得实质性突破奠定了良好基础。2014 年 11 月，中澳双方共同确认实质性结束中澳自贸协定谈判。

3. 结束中国—韩国自贸区谈判

中韩自贸区官产学联合研究于 2007 年 3 月启动。2007—2008 年期间，双方召开了五次联合研究会议，就货物贸易、服务贸易、投资等问题进行了全面深入的研究。2008 年 6 月在北京举行的第五次会议上，双方还就联合研究报告中的农林渔业、韩弃用两项“特保条款”和总体结论建议等议题进行了协商和讨论。2010 年 5 月，正在韩国访问的温家宝总理与韩国总统李明博宣布结束中韩自贸区官产学联合研究，并由双方经贸部长签署谅解备忘录。双方商定，下一步将就各自关心的问题进一步交换意见，为早日启动谈判创造条件。

2012 年 5 月 2 日，时任中国商务部部长陈德铭和韩国外交通商部部长朴泰镐在北京发表《部长联合声明》，宣布正式启动中韩自由贸易协定谈判。两国部长认为，建设中韩自贸区，可以进一步加强和拓展两国经贸合作，也有利于深化中韩战略合作伙伴关系。随后，中韩两国于 2012 年 5 月—2013 年 9 月先后举行了中韩自由贸易协定第一轮至第七轮谈判。在 2013 年 9 月 3—5 日在山东省潍坊市举行的中韩自贸区第七轮谈判中，时任中国商务部国际贸易谈判副代表俞建华和韩国通商产业资源部部长助理禹泰熙共同出席并主持。此轮谈判双方最终就协定范围涉及的各领域模式文件达成一致。至此，双方完成了中韩自贸区模式阶段谈判，下一步进入出要价谈判阶段。2013 年 11 月—2014 年 11 月，双方举行了中韩自贸区第八至第十四轮谈判，全面开始出要价和协议文本谈判。2014 年 11 月，中韩两国元首在北京共同宣布结束实质性谈判。中韩自贸区的建设，将有效提高中韩两国在经贸领域的制度化水平，符合未来两国经贸合作和构筑两国间战略互信的需要。

4. 在 RCEP 谈判中发挥积极主动作用

2009 年以来，美国重返亚太推出跨太平洋战略经济伙伴关系协议（TPP），吸纳了四个东盟成员国参加，并提出建立面向 21 世纪的自由贸易协定。同期，中日韩三国积极开展机制性合作，三国自贸协定也被提上议事日程。为进一步巩固东盟在区域合作中的核心地位，并推动东盟经济共同体的建成，2011 年 2 月在第十八次东盟经济部长会议上，东盟提出了区域全面经济伙伴关系协定（RCEP）的概念，讨论如何与其经济伙伴国共同达成一个综合性的自由贸易协议并形成组建 RCEP 的草案。在 2011 年 11 月的第十九次东盟峰会上，东盟十国领导人通过了《东盟区域全面经济伙伴关系协定框架》。东盟的提议也得到了中国、日本、韩国、印度和澳新的同意，2012 年 11 月 20 日，东盟与自贸区伙伴国领导人共同发表《启动 RCEP 谈判的联合声明》，并举行了第一次东盟与自贸伙伴国经贸部长会议，通过了《RCEP 谈判的指导原则与目标》。RCEP 谈判计划于 2013 年开始，于 2015 年前完成，谈判目标为：在东盟成员国与东盟自贸伙伴之间达成一个现代、全面、高质量、互惠的经济伙伴协定。目前，RCEP 已经进行了三轮谈判。2013 年 5 月 9—13 日，RCEP 首轮谈判在文莱启动，16 国正式成立了货物贸易、服务贸易和投资三个工作组，并就货物、服务和投资等议题展开磋商。第二轮谈判于当年 9 月 23—27 日在澳大利亚布里斯班举行。本轮谈判期间，贸易谈判委员会和货物贸易、服务贸易、投资等三个工作组召开了会议。货物贸易方面，各方重点讨论了关税减让模式和章节结构及要素等问题，并就关税和贸易数据交换、原产地规则、海关程序等问题进行了交流，决定成立原产地规则分组和海关程序与贸易便利化分组。服务贸易方面，各方对协定章节结构、要素等问题展开讨论，并就部分各国感兴趣的服务部门开放问题初步交换意见。投资组重点就章节要素进行了讨论。此外，各方还就经济技术合作、知识产权、竞争政策和争端解决等议题进行了信息交流。2014 年 1 月 20 日—25 日，RCEP 第三轮谈判在马来西亚吉隆坡举行。为实现 2015 年年底前完成谈判的目标，16 方在本轮谈判中继续围绕货物贸易、服务贸易和投资领域的技术性议题展开磋商，推动谈判取得积极进展。为进一步推动谈判在广泛领域取得进展，各方还决定成立知识产权、竞争政策、经济技术合作和争端解决等四个工作组。此外，各方还就部分成员提出的新领域进行了信息交流，并分别召开了知识产权、服务与投资的关系等两场研讨会。截至 2014 年年底，各方已举行了六轮谈判。RCEP 成员经济体量大，是我国重要的经贸伙伴，我国应在 RCEP 谈判中发挥积极主动作用，推动谈判如期取得成果。

5. 积极推动中日韩自贸区谈判

中日韩自贸区由正式提出到启动谈判，经历了十年的时间。2002 年中日韩领导人会晤时，中国总理朱镕基首先提出中日韩自贸区的设想，并得到日本首相小泉纯一郎和韩国总理金硕洙的积极回应。2003—2009 年，中日韩学术机构正式就中日韩自贸区相关问题进行联合研究，并围绕主要研讨内容形成报告。2010 年 5 月—2012 年 3 月，三国进行官产学联合研究，并发布《中日韩自贸区可行性联合研究报告》，报告先后提交 4 月和 5 月举行的中日韩外长会、经贸部长会和领导人会议并获认可。2012 年 5 月，在北京举行的第五次中日韩领导人会议上，三国签署《中华人民共和国政府、日本国政府及大韩民国政府关于促进、便利和保护投资的协定》，同时中日韩三国领导人决定年内启动中日韩自贸区谈判。2012 年 11 月 20 日，在政治关系处于敏感时期之际，中日韩三国经贸部长在东亚领导人系列会议期间仍然宣布如期启动中日韩自贸区谈判。截至目前，三国已经举行了四轮谈判。2013 年 3 月 26—28 日，中日韩三国在韩国首尔举行了中日韩自贸区第一轮谈判，讨论了自贸区的机制安排、谈判领域及谈判方式等议题。2013 年 7 月 30 日—8 月 2 日，中日韩自贸区第二轮谈判在上海举行，就货物贸易、服务贸易、原产地规则、海关程序和便利化、贸易救济、TBT/SPS、竞争政策、知识产权、电子商务等议题举行磋商和交流。2013 年 11 月，第三轮谈判在日本东京举行。2014 年 3 月，中日韩自贸区第四轮谈判在韩国首尔举行，主要就货物贸易的降税模式、服务贸易和投资的开放方式、协定的范围和领域等议题展开磋商。截至2014年年底，各方已举行了六轮谈判。虽然目前谈判还面临许多困难，但我国仍应为谈判创造有利的环境，推动中日韩自贸区谈判早日取得成果，为推进东北亚地区的一体化而努力。

6. 启动中国—斯里兰卡自贸区谈判

2013年8月，中国与斯里兰卡启动自贸区联合可研，双方对建立中斯自贸区的可行性进行了全面和深入的分析研究，结论积极，认为建设自由贸易区符合中斯两国的利益，有利于进一步深化中斯双边经济贸易关系。2014年3月，时任中国商务部部长助理王受文与斯里兰卡财政计划部常秘贾亚桑德拉共同宣布完成中国—斯里兰卡自贸区联合可行性研究。2014年9月，两国正式启动自贸区首轮谈判。2014年11月，两国举行了第二轮自贸区谈判。斯里兰卡与中国长期保持友好关系，是中国在南亚重要的经贸合作伙伴。斯里兰卡经济体量小，与中国互补优势明显，当前，中国应抓住有利契机，尽快启动中国—斯里兰卡自贸区谈判，进一步深化经贸合作水平。

（三）联合研究的自贸区

目前，我国正在进行研究的自贸区数量不多，其中与印度的区域贸易安排联合可行性研究早在2007年就已经结束，但一直未启动自贸区谈判；与哥伦比亚的自贸协定可行性研究于2012年启动，目前尚未完成。未来，随着自贸区战略的深入推进，我国还将继续与周边乃至全球有意愿的国家和地区积极开展自贸区可行性研究，进一步提升与这些国家的经贸合作层次与水平，在区域经济合作以及国际经贸规则制定中争取更多主动权。

1. 争取与印度就建立自贸区进行磋商

2005年4月，温家宝总理访问印度期间，两国总理宣布启动中印区域贸易安排联合可行性研究。2006年3月—2007年10月间，由中国商务部与印度商工部牵头的联合研究小组共进行了六次工作组会议。2007年10月在印度首都新德里举行的第六次工作组会议上，中印双方就货物贸易、服务贸易、投资、贸易便利化、经济合作以及结论和建议等全部章节达成共识，如期完成了联合研究报告。报告指出，中印应通过建立区域贸易协定（RTA），相互减少和消除贸易壁垒、推动贸易自由化、改善投资环境，加强经济合作，实现互利共赢，促进亚洲经济一体化。由于印度担心对中国的巨额贸易逆差会因自贸区建立进一步扩大，因此，联合研究之后一直没有新的进展。但印度作为中国重要的周边国家，并且也是 RCEP 的谈判成员之一，未来中国在 RCEP 框架下与印度推进贸易投资自由化的同时，仍应积极争取与印度单独建设自贸区。

2. 努力完成中国—哥伦比亚自贸区联合可行性研究

2012 年 5 月 9 日，在时任国家主席胡锦涛和来访的哥伦比亚总统桑托斯的见证下，商务部部长陈德铭和哥伦比亚贸易工业旅游部长格拉纳多斯签署了《中华人民共和国商务部与哥伦比亚共和国贸易工业旅游部关于开展双边自由贸易协定联合可行性研究的谅解备忘录》，正式启动两国自贸区联合可行性研究。哥伦比亚是中国在拉美的第八大贸易伙伴，中国是哥第二大贸易伙伴，两国在经贸领域优势互补，具有很大的合作潜力。建立中哥自贸区，对于我国今后拓展与拉美国家的经贸合作，具有重要的意义。

三、加快实施自贸区战略的重要意义

加快实施自由贸易区战略，通过更深层次更大范围参与区域经济一体化，进一步提高对外开放水平，以开放促改革、促发展，是我国全面提升开放型经济水平、构建开放型经济新体制的必然要求。新形势下，以周边为基础加快推进自贸区建设，形成面向全球的高标准自由贸易区网络，不仅有利于为我国经济发展和平崛起创造更加顺畅、稳定的外部环境，而且对我国积极拓展外部合作空间、获取稳定可靠的资源能源供应、争取制定国际经贸规则的主动权也具有重要意义。

（一）有利于为经贸合作创造顺畅的外部环境

当前，我国已成为仅次于美国的世界第二大经济体，货物贸易进出口跃居全球首位，利用外资与对外投资规模也居世界前列，伴随着经贸合作规模的迅速扩大，我国不仅在贸易领域面临日益增多的贸易摩擦与争端，在投资合作领域的冲突与风险也在不断出现，外部合作环境亟待优化。自由贸易协定以促进贸易投资自由化与便利化为主要目标，其中的争端解决机制更有助于以磋商的方式妥善处理贸易投资问题，对化解区域贸易投资摩擦与冲突、改善区域贸易投资环境具有积极作用。加快实施自贸区战略，促使我国与更多的国家和地区缔结自由贸易协定，通过消除关税和非关税壁垒，扩大投资保护与市场准入，进一步提升贸易投资自由化与便利化水平，能为我国对外经贸合作创造更加顺畅的外部环境，有助于我国稳步扩大对外贸易与双向投资规模、逐步提高合作效益，从而实现开放型经济发展水平的显著提升。

（二）有利于为和平崛起营造稳定的周边环境

我国陆地边界线超过2.2万公里，海岸线长约3.2万公里，与14个国家陆地相邻，与9个国家隔海相望，周边邻国众多，地缘环境复杂，民族宗教问题突出，敏感问题交织，政治安全局势多变。近年来，伴随着我国的和平崛起和美国“亚太再平衡战略”的实施，周边环境更是面临多重压力。一方面，我国与周边国家在领土、领海、岛屿等方面争端不断，产业竞争压力与对外投资合作冲突加大；另一方面，来自恐怖主义、环境、能源等等非传统安全的威胁也在日益增加。以周边为基础加快实施自贸区战略，与日本、韩国、澳大利亚、印度、中亚等更多的周边国家建立机制性的经贸合作安排，进一步密切我国与周边国家的经贸关系，深化包括人文、政治等在内的各领域互利合作，让周边国家共享我国经济增长的利益，有助于增强两国政治互信、加深国民相互理解、牵制乃至化解各种矛盾冲突，从而为我国和平发展营造一个和谐稳定的周边环境。

（三）有利于争取制定国际经贸规则的主动权

当前，美国主导的跨太平洋战略合作伙伴协定（TPP）在许多领域已取得实质进展，高标准宽领域的自贸协定模板初具雏形，今年有望达成初步协定。同时，美国还在推动跨大西洋经济伙伴合作协定（TTIP）和服务贸易协议（TISA）谈判，谋求在全球范围内重构经贸规则体系，对我国经济产业发展形成严峻挑战。通过加快实施以周边为基础的自贸区战略，尤其是与相关国家友好协商，尽快达成区域全面经济合作伙伴关系协定（RCEP）、中韩、中日韩自贸协定等谈判，制定总体上有助于亚洲国家尤其是发展中国家利益的区域经贸合作规则，有利于我国争取制定国际经贸规则的主动权，赢得国内经济发展的自主权，使我国对外贸易与投资合作面临更大的腾挪和拓展空间。

（四）有利于以对外开放促进国内改革和发展

我国已经签订了 12 个自贸协定，但已签自贸协定对象国经济体量不大，对国内经济发展的促进作用有限。2013 年，我国与东盟 10 国加上巴基斯坦、新西兰、智利、秘鲁、哥斯达黎加、冰岛、瑞士这 17 个自贸伙伴国的进出口总额仅占当年我国对外贸易进出口总额的 12.6%。通过参与 RCEP 等更大范围更深层次的自贸协定，在货物贸易、服务贸易、投资等领域适当提高自由化标准，不仅能以局部竞争带动国内产业健康发展，使得对外开放对国内经济发展的促进作用更加明显。同时，通过与发达国家推进自贸区谈判，加快环境保护、投资保护、政府采购、电子商务等新议题谈判，能以开放促进国内体制机制改革，倒逼我们主动破除体制机制障碍，进一步增强国内深化改革开放的动力，推动我国改革开放向纵深发展。

（五）有利于为我国获取稳定的能源资源供应

随着我国工业化进程的加快，对能源与矿产资源的需求不断上升，但我国煤炭、石油、天然气等能源和铁、锰、铜、铝土、钾盐等矿产资源人均拥有量不高，能源资源约束矛盾突出，大量战略性资源依赖进口的局面将长期存在。保障能源资源的安全和稳定供给事关我国国计民生和经济安全的大局。通过与能源资源禀赋充裕的国家和地区签署自由贸易协定，加强机制性双边合作，进一步改善能源资源产业的贸易和投资环境，深化能源领域的全方位合作，能拓展和稳定我国资源供给渠道、降低能源资源进口风险，对于缓解国内资源紧张状况，确保能源安全具有重要意义。

四、中国加快实施自贸区战略的政策措施研究

（一）主要国家自贸区建设的战略思路

当前，美国、欧盟、日本、韩国等发达国家，均已将 FTA 作为抢占全球规则制定主导权、保持全球竞争力和推动全球贸易投资自由化的主要平台，纷纷提出要成为 FTA 的中心或是中流砥柱，以掌控全球经贸规则制定的主动权，并且积极谋划未来 FTA 谈判的远景目标。

1. 美国：成为自由贸易区的中心，通过自贸区重塑全球经济秩序

美国认为重塑全球经济秩序是保持其全球领导力的重要支撑，因此需要利用经济力量来为世界设定新的规则，尤其是必须确保未来的全球贸易体系与美国的利益和价值观相一致。美国需要通过国际机制和地区倡议来建立和强化这些规则，以应对国有企业、数字保护等新的挑战。美国认为贸易协定对于美国而言具有经济和战略上的巨大收益，[①] 因此希望通过 TPP 和 TTIP 协定，以达到制定全球规则的目的，同时还能帮助消除美国出口面临的各种壁垒，使 FTA 能够覆盖全球经济的三分之二，并且推动美国成为自由贸易区的中心。凭借这个优势以及美国的高技术劳动力、强有力的法律规则、丰富的能源供应，使美国成为理想的生产平台和优先的投资目的地，并且继续保持成为全球创新的领导者地位。

2. 欧盟：通过 FTA 提升全球竞争力和应对全球金融危机

欧盟一直是区域一体化的先行者，不仅其自身已经发展到 FTA 的最高阶段，而且对外建立了多层次的 FTA，并且将 FTA 作为输出欧盟模式和欧盟东扩的重要手段。2010 年欧债危机以来，欧盟认识到 FTA 对于经济增长和促进就业效应明显，有助于其提升全球竞争力和摆脱全球金融危机，因此，欧盟提出要与最重要的贸易伙伴达成双向的市场开放安排，并且认为 FTA 是达成这一目标的主要轮子。[②] 为此，欧盟与美国进行 TTIP 谈判，与日本、加拿大、东盟等国也在积极进行 FTA 谈判。2006 年之前，欧盟的自

---

① NATIONAL SECURITY STRATEGY，2015 年 2 月。

② 2014 年 11 月，the European Union explained：Trade.

贸协定仅覆盖其对外贸易的四分之一，欧盟希望能够成功完成目前的自贸协定谈判，从而使这一比例提高到三分之二。[①]

3. 日本：推进高水平 EPA，成为全球贸易投资规则制定的重要参与者

2002 年《日本的 FTA 战略》的公布，标志着日本的对外贸易政策由多边转向区域与多边并重。随后日本推出了《关于今后推进经济伙伴关系协定的基本方针》，提出了 EPA 的概念，主张 FTA 应该包含更加广泛的经济合作内容，并与新加坡、马来西亚等东盟国家以及墨西哥、智利等国签署了 EPA。2010 年日本制定《关于全面经济合作的基本方针》，明确提出要与世界主要贸易国推进紧跟世界潮流的高水平 FTA。为此，日本积极配合美国的亚太再平衡战略，选择加入 TPP，认为能够借此“参与规则制定，并且能将这些规则作为基础，同时参加 RCEP、中日韩自贸区合作，来讨论制定更大范围内的亚太自贸区的规则”[②]。此外，日本也将同步“推进日本—欧盟 EPA 等，通过刺激和激活每个经济伙伴关系，以在全球贸易投资规则制定中作为重要参与者做出贡献[③]”。2013 年，日本与自贸伙伴间的贸易额占其对外贸易的比重为 18.2%，低于中国同期水平（28%）。2014 年 7 月，日本在《日本振兴战略（2014 年修订》中，提出到 2018 年使其与自贸伙伴贸易额占比达到 70% 的目标。

4. 韩国：通过 FTA 构建开放的贸易体系，成为区域经济一体化的中流砥柱

韩国一直在积极推动 FTA 战略，希望通过 FTA 来构建开放的贸易体系，并且早在 2003 年就制定了 FTA 发展路线图。2008 年李明博执政后，将建立全球 FTA 网络作为其贸易政策的核心，并在其“新亚洲构想”中提出了同所有亚洲国家开展自由贸易协定（FTA）谈判，将韩国打造成该地区 FTA 的中枢国家（FTA hub country）的目标。2013 年 6 月，朴槿惠执政后，韩国发布“新贸易政策路线图”，进一步提出将通过 FTA 建设使韩国成为区域经济一体化的中流砥柱（linchpin in regional economic integra-

---

① 2014 年 11 月，the European Union explained：Trade.

② 《日本振兴战略（2014 年修订）》。

③ 《日本振兴战略（2014 年修订）》。

tion)①。根据这一路线图，韩国将加快与中国、印度尼西亚、越南签署自贸协定的步伐，并积极参与由东盟发起的 RCEP 谈判，到 2017 年将 FTA 贸易比重提升至 69%②。

（二）我国加快实施自贸区战略的总体思路

1. 战略目标

落实党的十八大和十八届三中全会精神，以周边为基础加快推进自贸区谈判，深化市场准入、海关监管、检验检疫、外商投资、政府采购、知识产权、环境保护等领域体制机制改革与创新，建成中韩、中澳、中海合会、中加、中日韩和区域全面经济伙伴关系协定（RCEP），完成跨太平洋伙伴关系协定（TPP）谈判，与中西亚、非洲、拉美、欧洲重点国家的自贸区谈判取得突破，形成面向全球的高标准自贸区网络。力争到 2025 年，我国与自贸伙伴间的贸易额占我国对外贸易总额的比重达到 70%，进一步深化与自贸伙伴间的经贸合作，改善我国的对外贸易与投资环境，保障我国企业的海外权益，稳定和拓展战略性资源供给，与更多对象国形成利益共同体，促进区域共同繁荣。

2. 基本原则

（1）立足周边，全面谋划

我国多年来一直贯彻与邻为善、以邻为伴的周边外交方针，加强同周边国家的睦邻友好与务实合作，周边国家在我国政治、外交关系中具有非同一般的重要地位。在开展自贸区谈判时，我国也应立足周边，优先考虑周边国家与地区，与之积极开展区域经济合作，寻求建立自贸区，以共同营造和平稳定、平等互信、合作共赢的地区环境。在此基础上全面谋划，积极向外围拓展，发展与非洲、拉美、欧洲、北美等更大范围内的国家和地区建立自贸区。

（2）优势互补，互利共赢

世界各国建立自贸区的主要目的是通过消除区域内贸易投资壁垒，

---

① Korea Outlines New Trade Policy Direction, Korean Ministry of Trade, Industry and Energy.

② 政府计划到 2017 年将 FTA 贸易比重提升至 69%，http://chinese.yonhapnews.co.kr/domestic/2013/06/14/0403000000ACK20130614001200881.html

推进经济一体化，以实现最大的经济效应。我国开展自贸区谈判，也应优先考虑与我国在经济上存在优势互补的国家建立自贸区，充分发挥自贸区对我国的正面效应。具体而言，应优先考虑贸易商品、产业结构互补性强、能源资源丰富、市场规模大、贸易投资障碍大、存在共同利益点的国家或地区，以期建成自贸区后给双方带来较大的正面效应。同时，在考虑我方利益的同时，也要充分照顾对方利益，以实现双方的互利共赢。

（3）综合考量，长远打算

目前，我国已经实施和正在谈判的自贸协定正在逐步增加，不仅各种协定、谈判之间交叉产生影响，而且这些协定对国内的影响也日趋复杂。我国开展自贸区谈判，应遵循“综合考量，长远打算”的原则，对此予以充分关注。所谓综合考量，是指从选择谈判对象、签署协定到实施的过程中，征求国内各相关部门和利益团体的意见，从经济、政治、社会等各个方面对自贸区的影响予以全面评估与权衡。所谓长远打算，是指在开展自贸区谈判的过程中，不局限于眼前得失，而是从动态发展的角度进行衡量，着眼于长远利益。

（4）顺势调整，掌握主动

当前，世界主要经济体均积极推进自贸区建设，众多自贸协定产生了重叠和交叉的影响，形成了“意大利面碗”效应。我国在开展自贸区谈判时，也要因时而变，顺势调整，掌握主动。这就要求我们要对世界主要经济体的自贸区发展特征与趋势予以充分关注，将全球自贸区的变化和发展纳入我国的战略考虑之中，不仅要做好前瞻性的预判工作，还要对已建成自贸区的影响进行跟踪评估，并从政治、经济博弈角度及时调整我国的自贸区战略，争取在区域一体化竞争中掌握主动。

（5）先易后难，逐步推进

为保障自贸区谈判的顺利推进，我国应从比较容易签署自贸协定的国家入手，先易后难，逐步推进。一方面，积极与同我国双边贸易额达到一定规模、经济互补性强、且态度积极的国家优先签署自贸协定，进而通过这些协定累积经验，增加未来谈判筹码，争取在区域乃至全球自贸区网络中的优势地位；另一方面，对于与我国贸易额很大、竞争性商品多且态度保守的国家，可先从联合可行性研究入手，加深双方的理解与沟通，待时机成熟时再予以推进。此外，对于那些政治关系紧密、经济往来频繁、人文条件相近的国家或地区，也可参照内地与香港、澳门更紧密经贸关系安排（CEPA），与之建立包含贸易、投资、人员流动、能源、金融、信息化、中小企业管理、知识产权、人才培养等更多经济合作领域的经济伙伴关系协定，实现更深层次的经济一体化。

（6）分清主次，灵活处理

为减少与谈判对象之间的分歧，成功达成自贸协定，在推进自贸区谈判时，应坚持“分清主次、灵活处理”的原则。在对自贸区可能造成的影响进行全面深入分析的基础上，重点关注对双方影响较大的敏感产品、行业和领域。在每次谈判之前与所涉及的部门主管机构进行沟通，确定中方谈判策略及底线，事先拟定多种对策，做到知己知彼，争取谈判主动权。对于在谈判中搁浅的难点问题，应根据情况，从大局出发，予以灵活处理，对于某些敏感的产品可同意对方采取例外保护措施和延长保护期，不强求一定要纳入正常的降税轨道，也可通过其他领域的让渡换取对方在敏感问题上的妥协，以减少分歧，消除谈判障碍。

3. 区域布局

（1）加快推进与亚洲和大洋洲国家和地区的自贸区谈判

周边地区是我国自贸区战略的基础和重点，今后一个时期应进一步推进与亚洲和大洋洲国家和地区的自贸区谈判，推动区域经济一体化建设进程，为我国经济与社会发展营造良好的周边环境。一方面，要积极推动现有谈判进程，加快与韩国、澳大利亚的自贸区谈判，力争重启与海合会的自贸区谈判，并在区域全面伙伴关系协定（RCEP）谈判和中日韩自贸区谈判中发挥积极作用；另一方面，要提升已建成自贸区的开放水平，尽快启动与东盟的自贸区升级版谈判，加快推进与巴基斯坦的自贸区第二阶段谈判，努力推动与中国台湾的服务贸易协定生效以及货物贸易谈判，扩大与港澳地区的开放，并拓展与新西兰、新加坡等国的合作领域。此外，还应加快与“一带一路”沿线国家的自贸区建设。在南亚地区，加快推进与斯里兰卡的自贸区谈判，争取与印度就自贸区建设进行磋商，启动孟中印缅自贸区谈判的可行性研究；在东北亚地区，尽早启动与蒙古国的自贸区联合可行性研究；在中亚地区，探索以上海合作组织为基础开展自贸区谈判；在西亚地区，尽快结束与以色列的自贸区联合可行性研究，开启谈判进程。

（2）努力拓展与非洲和拉美国家的自贸区谈判

非洲和拉美地区均为发展中国家，是我国开展“南南合作”的重要地区，也是我国建设面向全球的自贸区网络中重要的目标区域之一，与非洲和拉美国家开展自贸区谈判有利于我国外部经济空间的拓展以及地区影响力的提升。在非洲地区，可优先选择与我国保持传统友好关系且具有政治经济利益的国家、地区政治经济大国开展自贸区谈判，或与区域组织研究建设自贸区的可行性，力争启动与南部非洲关税同盟的自贸区谈判，并努力与埃塞俄比亚、尼日利亚、埃及、安哥拉、肯尼亚、坦桑尼亚等国家开展自贸区谈判。在拉美地区，应进一步拓展自贸区网络范围，选择具有地区影响力、与我国经济互补性较强的国家开启自贸区谈判，可在深化与智利、秘鲁、哥斯达黎加的自贸区建设基础上，与委内瑞拉、巴西、乌拉圭等国家开展自贸区谈判。

（3）积极探索与欧洲和北美国家的自贸区谈判

欧洲和北美地区大多为发达国家，是我国开展“南北对话”的重要地区，由于欧美等发达国家仍是国际经贸规则的主要制定者，我国与其开展自贸区谈判有利于逐步适应高标准的国际规则，进而争取规则制定的主动权。在欧洲地区，我国已与冰岛和瑞士签署并实施了自贸协定，与挪威的自贸区谈判正在进行之中，应以此为基础，积极开展与俄罗斯、欧盟等重要经济体的自贸区可行性研究，采取灵活方式逐步推进自贸区谈判。在北美地区，应以加拿大为切入点，尽快启动中加自贸区联合可行性研究，并以两国《关于促进和相互保护投资的协定》为基础，尽早开启谈判进程。同时，可通过与加拿大开展自贸区谈判，熟悉美国规则，探索与美国就开展自贸区谈判进行磋商，并适时加入跨太平洋伙伴关系协定（TPP）。

4. 实施步骤

近期：到 2015 年，签署并实施中韩自贸协定，力争完成中澳、中海合会、中挪、区域全面经济伙伴关系协定（RCEP）和中日韩自贸区谈判。

中期：到 2020 年，全面实施海峡两岸经济合作框架协议（ECFA），完成中国—东盟自贸区升级版谈判、中巴自贸区第二阶段谈判，启动并完成中斯、中蒙、中以、中加自贸区谈判，与南部非洲关税同盟、埃塞俄比亚、尼日利亚、巴西、委内瑞拉等国开启自贸区谈判进程。适时择机加入跨太平洋伙伴关系协定（TPP）。

远期：到 2025 年，争取完成中印、孟中印缅、中俄以及上合组织自贸区谈判，中欧、中美自贸区建设取得重大进展。

（三）国别推进思路

1. 推动现有自贸区谈判取得突破

在现有自贸区谈判中，我国与自贸伙伴就某些敏感问题存在争议，迟滞了谈判进程，例如中澳自贸区谈判中的农产品市场准入问题、中海合会自贸区谈判中的石化产品降低关税问题、中韩自贸区谈判中的敏感产品相互开放问题等。对于这些焦点和难点问题，应采取积极有效的策略，促使谈判取得突破。一是应加强互信，关注对方核心利益，积极探索双方均可接受的中间路径和替代方案，对于敏感产品采用设置配额关税、延长过渡期等方式，在保障国内产业安全的基础上扩大开放；二是应从国家总体利益的角度出发，衡量与评估双方利益交换的收益与损失，如总体收益大于损失，应从国家层面推动个别部门和领域的让步；三是对于在谈判中利益受损的部门和产业给予补偿，帮助其调整和转型。

2. 加快与发展中国家的自贸区谈判

与发展中国家开展自贸区谈判重在降低对方市场准入门槛，减少贸易投资壁垒，获得稳定的资源能源供应，并加强双方多领域合作，为我国经济发展以及外部市场空间的拓展创造更好的环境。

斯里兰卡：中斯两国已正式启动自贸区谈判，应在目前双方政治关系良好的大环境下，加快推动谈判进程。一方面，可在《亚太贸易协定》降税安排基础上，进一步取消或降低进口关税，提高自由化水平，给予我国从斯进口 95% 以上的产品零关税待遇，并扩大服务贸易开放，缓解贸易差额问题；另一方面，应进一步推动投资自由化与便利化，通过更加完善的投资促进与保护条款，为我国企业对斯投资创造良好环境。

蒙古国：我国已完成中蒙自贸区可行性的内部研究，但双方联合研究一直未能启动。目前，蒙古国正在与日本进行经济伙伴关系协定（EPA）谈判，因而我国应以落实中蒙经济贸易合作中期发展纲要为基础和契机，对蒙方提出启动自贸区联合可行性研究的建议，尽快启动谈判进程。由于蒙古国平均关税较低，对华出口以矿产资源和特色农产品为主，且九成以上进入我国，因而在谈判中可放宽市场准入，争取实现95%以上的自由化率。在投资领域，由于蒙古国的《战略领域外国投资协调法》变相对我国投资进行限制，因而应在谈判中提高投资的自由化和便利化水平，进一步完善投资保护规则，保障我国企业对蒙投资利益。

印度：由于印度担心中印自贸区建设将使我国产品大量涌入，冲击其国内市场，因而在2007年完成联合研究后一直未启动谈判。应充分考虑印度的关切，可实施早期收获计划，在总体利益基本对等的前提下，在一定范围内首先开放市场，对印度关心的农产品、纺织品、医药和化工产品等取消或降低关税，改变其对中印自贸区谈判的消极态度；同时，可利用我国巨大的市场潜力，将部分服务贸易领域开放作为促使印度同意开启自贸区谈判的筹码。此外，中印两国均为区域全面经济伙伴关系协定（RCEP）的谈判成员，可在双边自贸区谈判中首先就具有共同利益的领域达成一致，进而在区域全面经济伙伴关系协定（RCEP）谈判中获得更大利益。

俄罗斯：当前，由于乌克兰问题，俄罗斯受到欧美国家的制裁，对我国的倚重增加，正是提出与俄罗斯主导的欧亚经济联盟建立中国—欧亚经济联盟自贸区的契机。建议由高层提出建立自贸区的倡议，由上而下推动，并尽快开展联合可行性研究，进而启动谈判进程。中国与俄罗斯等中亚国家经济互补性较强，经贸关系的核心是资源能源合作，因而自贸区建设也应将重点放在经济合作领域，以资源能源合作为基础，并拓展至科技、教育、金融、基础设施等领域。此外，中俄两国的地方经济合作发展较快，因而可考虑首先在边境地区建立跨境经贸合作区，将一些难点问题放在区内进行先行先试，为自贸区谈判积累经验。

中亚国家：中亚地区是我国丝绸之路经济带的重点区域，应以上合组织为基础，联合俄罗斯，与中亚国家开展自贸区谈判。应认真考虑地区各国的合理关切，不局限于传统的自贸区谈判方式，开展形式灵活自贸区建设；可循序渐进，先与部分国家签署协议，形成示范效应，在条件成熟时，吸收其他成员国加入。在谈判内容上，可首先就共同关心的问题进行谈判，如在海关、质检、电子商务、过境运输、投资促进、能源、通信等方面开展合作，并确定早期收获项目。

孟中印缅：我国与印度共同提出孟中印缅经济走廊建设，并将互联互通、投融资与贸易、环境可持续发展以及人文交流作为其中的重点。应以此经济走廊为基础，开展孟中印缅自贸区谈判，将次区域经济合作提升为区域经济合作。可梳理孟中印缅四国间现有的自贸协定，整合最高承诺，并在此基础上提升自由化水平，可将基础设施、产业园区、贸易投资便利化等共同关心的议题纳入其中，还应给予孟加拉和缅甸两个最不发达国家更多优惠。

非洲国家：非洲地区市场广阔、资源能源富集，是我国自贸区网络建设的重要一环。可在中非合作论坛以及我国与东共体、西共体经贸混委会等机制的基础上，开展与非洲国家的自贸区谈判，采取“重点国家 + 区域性组织”分层递进谈判模式，推动谈判的顺利进行。同时，扩大零关税产品范围，在自贸区谈判中，提前给予其输华产品 97% 以上税目零关税待遇，并将环保、减贫、产业合作等纳入其中。此外，还应帮助非洲国家提高协定谈判及实施能力。

3. 探索与发达国家开展自贸区谈判

与发达国家开展自贸区谈判重在获取先进技术，促进经济发展与产业结构升级，同时，通过熟悉和利用国际规则，推动国内改革，并争取在新一轮国际经贸规则制定中赢得一定话语权。

加拿大：开展中加自贸区谈判是我国产品和服务进入北美市场以及熟悉美国规则的重要切入点。目前，我国已就中加自贸区可行性进行了内部研究，两国高层领导人已开始探讨启动中加自贸区谈判，应尽快启动联合可行性研究，尽早开启谈判进程。2012 年，中加两国签署了《关于促进和相互保护投资的协定》，囊括了国际投资协定通常包含的所有重要内容，是我国迄今为止缔结的内容最为广泛的一个双边投资协定，因而在中加自贸区谈判过程中，可直接将该协定纳入其中。而在货物贸易和服务贸易的市场准入方面，可在对等原则的基础上，扩大开放水平，充分发挥我国制造业与加拿大服务业的优势，实现互利共赢。

欧美：欧盟和美国是世界重要的发达经济体，在自贸区谈判中倡导高标准的协定内容。我国可考虑采用灵活方式逐步推进与欧、美的自贸区建设。投资领域，可以准入前国民待遇和负面清单为基础，推进正在谈判的双边投资协定；在市场准入方面，可将我国巨大的市场潜力作为谈判筹码，首先选择部分能够达成共识的货物产品和服务领域实施开放，而后分阶段逐步扩大；在其他条款方面，对于知识产权、透明度、竞争、环境等符合我国未来改革方向的内容，可视实际情况有选择地接受。

（四）加快实施自贸区战略的政策建议

1. 积极应对欧美高标准，成为全球经贸规则的引领者

欧美通过 TPP 和 TTIP 联手提出高标准的经贸规则，意图通过重塑全球经济秩序来继续维持其在全球的领导地位，其应对来自中国竞争压力的一面也非常明显。2014 年 12 月，习近平在第十九次中共中央政治局学习中明确指出，加快实施自由贸易区战略，是我国积极参与国际经贸规则制定、争取全球经济治理制度性权力的重要平台，我们不能当旁观者、跟随者，而是要做参与者、引领者。为此，我们需要致力于提升国家综合实力与全球竞争力，主动提高对内对外开放水平，以更加开放的心态面对欧美的高标准规则，不断增强在全球规则制定中的话语权与博弈能力。

（1）主动提高对内对外开放水平

当前，欧美等发达国家在自贸协定中的提出的货物贸易开放水平均达成 97% 以上，在正在推进的 TPP 和 TTIP 谈判中均已提出接近 100% 的贸易自由化目标，在服务贸易领域也采用了负面清单的开放模式，要求仅保留少量服务部门并且不得新增不符措施。从我国 FTA 实践来看，除 CEPA 协议自由化水平能达到 100%，与智利、新西兰、冰岛等小国签署的自贸协定货物贸易自由化水平能达成 97% 以上，此外鲜有能达到这一水平的自由贸易协定安排。即使是刚刚完成实质性谈判的中韩 FTA，也仅达到 90% 的税目和 85% 的贸易额的自由化水平。而在服务贸易领域，我们一直采取正面清单方式进行开放，并且除 CEPA 协议外，开放水平也较少突破 WTO 承诺水平。“打铁还需自身硬”，要做国际经贸规则的引领者，就不得不主动缩小这些现实的差距，不断提高自身的开放水平。随着我国对外贸易跃居世界第一、经济总量成为世界第二，我国作为贸易自由化的受益者，也需

要主动提高对外开放水平，在多边和区域的平台上展现开放的姿态。

为此，需要从国家总体利益出发，加强对农业、制造业和服务业开放的统筹考虑。在保障农业安全的前提下，对国内长期存在供应缺口、与环境资源相关、开放风险不大的部分产品，适时加大开放力度，如劳动密集型农产品、矿产品、棉花、木材和纸制品等；结合国家产业结构调整与升级，对我国已经具备较强竞争力、且存在产能过剩的纺织品、电视机、空调、船舶等降低关税；积极扩大运输、通讯、旅游，以及医院、研发、法律、资信调查等专业服务领域开放，稳妥推进金融、电信等敏感服务领域开放。与此同时，还需要通过体制机制改革，加快对内开放的步伐，消除地区之间的贸易、人才和要素流动壁垒，消除产业领域国有和民营企业之间的不公平待遇，进一步提升国内经济的互联互通水平，并与对外开放形成良性互动。

（2）以开放的心态面对欧美的高标准规则

诚然，美欧通过 TPP 和 TTIP 谈判，提出了许多有利于其未来发展、符合其战略利益考量的经贸规则、标准和理念，如负面清单开放方式、知识产权、环境保护、国有企业、劳工等规则，均大大超出我国以往在自贸协定中的对外承诺水平，可能会使我国企业在短期内运营成本增加、竞争力减弱，使我国政府增加行政和立法调整支出，对我国形成了严峻的挑战。但从长远视角来看，其所提出的许多标准对于五至十年后的中国的经济与产业发展并非全然无益，我们应以开放的心态积极面对。在 TPP 谈判中，马来西亚、越南、智利等中小国家的发展水平、经济实力远不如我国，都能以开放的心态去考虑接受这些新的规则与标准，我国作为世界各国眼中的“雄狮”与“巨龙”，更不可能躲在其他小国背后采取“鸵鸟战术”。要成为全球经贸规则的引领者，就必须要运筹好自贸区这个规则博弈的主要平台，以开放的心态直面欧美的高标准、新规则、新理念。

对于服务与投资负面清单规则，我国应主动加大在国内自由贸易园区的试验力度，进一步缩短负面清单，并以此为基础尽快推动中美、中欧投资协定、中国—东盟自贸区升级版、中韩自贸区第二阶段谈判等在此领域达成共识。对于政府采购规则，我国应加快推动政府采购制度的改革，提高公平、效率与透明度，尽快完成 GPA 谈判，并推动在未来的自由贸易协定安排中纳入有约束力的政府采购条款，为我国企业对外拓展市场和开展工程承包活动争取更多的市场机会。对于更加严格的知识产权、环境保护和透明度等规则，这也是我国未来发展的方向，我们应积极主动与国际接轨，加强知识产权和环境保护执法力度，建立健全面向公众和相关利益者的反馈机制，不断提高公众参与意识和企业应诉能力。对于国有企业和竞争政策条款，我们应规范和完善国内有关竞争政策的法律环境，同时加大对国有企业的改革和调整力度，加强市场在资源配置中的决定性作用，推动在自由贸易协定谈判中采用“国内竞争中立，国际所有制中立”的竞争政策规则，以保证在国内国有企业与其他所有制企业公平竞争，国际上有关贸易投资规则不以所有制为区分标准，强调所有类型的企业都能得到公平对待。

对于金融监管、贸易与汇率、贸易金融等欧美在 FTA 中纳入的新议题，我们也应敢于接招，与推动国际金融体系改革和实现“一带一路”货币流通相结合，积极就这些议题展开讨论，提出我国主张，要求加强本币结算、支付和清算系统等金融基础设施建设、信用保险领域合作、区域投融资合作以及构建区域性防范、化解金融危机和求助机制等，以提升人民币的国际化水平和我国防范国际金融危机的能力。

即便是对于我国在法律体制上接受仍有困难的劳工标准，也不必一味回避，需要积极推进国内相关立法改革，在自由贸易协定谈判时主动表明我国对劳工问题的积极态度以及实际困难，将劳工条款的内容控制在加强合作与沟通的层面上，要求给予一定的缓冲期。

（3）提升国家综合实力和全球博弈能力

现行全球经济秩序和经贸规则是在美欧等大国主导下各国通过谈判和博弈而逐渐形成的，其背后比拼的是国家综合实力和国际协调运筹能力。虽然当前各利益群体参与规则博弈的竞争更加激烈，各种利益与矛盾也更加错综复杂，但是我们仍然需要认识到，强大的国家综合实力和全球竞争力仍是参与大国博弈、引领全球经贸规则制定的基础。为此，我们仍然需要维护和利用好战略机遇期，抓紧时间转变经济增长方式，加强软实力建设，提升全球竞争力和影响力。同时，我们也需要加强战略谋划，灵活利用多边、区域、双边等各种机制和平台，积极主动参与规则博弈，不断提升国际协调运筹能力和全球博弈能力，与共同立场的国家合作，强化在国际规则制定上的话语权。

2. 未雨绸缪，灵活设计符合我国发展利益的新规则

基于我国国情与优势，结合自贸伙伴国实际需求，提出符合我国发展利益、具有我国特色的新议题和新规则，有利于我国在国际经贸规则制定中赢得主动、占得先机。我国应以正在推进的中韩自贸区、中日韩自贸区和区域全面合作伙伴关系协定（RCEP）谈判为基础，参考新一代国际贸易投资规则，提前设计符合我国总体和长远利益的自贸协定“范本”。

（1）赋予 FTA 新的内涵

当前，自由贸易协定的范畴已经远远超出这个名字本身的内容，不仅超出贸易领域延伸至服务、投资等其他经济领域，而且由边境上措施延伸至边境后措施，内涵大大丰富。尤其是近年来，美欧根据各自利益诉求，又为其注入了“公平贸易”、“规制协调”、“金融监管”等新元素，使得 FTA 的内涵更加丰富。FTA 事实上已经成为一个“筐”，各国在谈判中争相注入符合其利益的标准和理念。我国也应在未来的自贸协定谈判中，应积极开展与自贸伙伴的研究与讨论，提出符合我国发展需求的新议题，将全球价值链、电子商务、发展援助、基础设施建设、产业、园区、地区合作等内容纳入注入谈判之中，不断赋予 FTA 新的内涵。

（2）全球价值链

随着经济全球化的不断加强，“全球价值链”这一概念受到越来越多的关注。所谓全球价值链是指“为实现商品或服务的价值，将遍布全球各国家各区域的生产、销售、回收处理等环节前后有序承接起来的价值创造和利润分配链条”。① 与传统国际贸易统计方法相比，基于全球价值链的贸易增加值统计有利于还原国际贸易的本来面目，真实反映贸易流向、各国竞争力和所获得利益。若采用贸易增加值统计，我国的贸易顺差将大幅缩减，有利于减少贸易摩擦。因而在今后的自贸协定谈判中，应积极推进成员方采取基于全球价值链的贸易增加值统计方式计算各方建设自贸区的收益，并以此作为谈判依据。更重要的是，我们还应通过自贸区谈判，与更多的自贸伙伴达成共识，共同减少影响价值链上下游发展的贸易投资壁

---

① 陈德铭等．经济危机与规则重构［M］．北京：商务印书馆，2014：282.

垒，采用更加宽松的原产地规则使生产商能够在全球进行高效采购，促进各国都能从市场开放和生产共享中得到最大受益。而在这个过程中，凭借高效的基础设施网络、产业配套优势和经济实力，我国也能从中获益，不断巩固和提升在全球价值链中的位置。

（3）电子商务

随着信息技术的发展，电子商务成为国际贸易的重要交易方式，也成为发达国家主推的新一代自贸协定的内容之一。我国在以往签署的自贸协定中较少涉及这一领域，仅在与港澳地区签署的更紧密经贸关系安排（CEPA）中有所涉及，最近刚刚完成实质性谈判的中韩 FTA 有相关内容。相较之下，以美国为首的发达国家在自贸协定中对电子商务的规定更加具体，主要包括“数字产品”界定、服务贸易规则对于电子传输服务的可适用性、关税、海关估价、国民待遇、最惠国待遇、不符措施以及相互合作等。当前，我国电子商务发展迅速，也迫切需要与其他国家开展合作，我国应尽快完善国内有关电子商务的法律法规，以中韩 FTA 为开端，在中国（上海）自由贸易试验区等国内自贸园区积极探索，除加强平台建设、标准合作以及信息交流外，还需要实质性达成相互开放安排。

（4）发展援助

虽然目前大多数自由贸易协定并没有纳入发展援助内容，但是欧盟对外签署的一些自由贸易协定涵盖了发展援助的内容，如 1998 年生效的欧盟—突尼斯自由贸易协定、2004 年生效的欧盟—埃及自由贸易协定就涉及财政援助内容。此外，有关弱势领域能力建设方面的合作也已经成为许多自由贸易协定的重要内容。随着我国经济实力的增强，受援国对我国的期望在提升，我国对外援助规模也将适应形势变化进一步扩大，我国适可考虑将自由贸易区战略与对外援助有机结合，在对外战略上形成合力。如我国自由贸易协定和对外援助都涉及能力建设、基础设施建设、经济合作内容，我国在与受援国商谈自贸区时，可与正在制定的《国别援助指导意见》相结合，纳入具有实质性意义的条款。

（5）基础设施与互联互通建设

基础设施与互联互通建设是许多发展中国家的重要利益关切，也是当前我国“一带一路”建设的重要内容。但我国在这些领域对外合作中，经常遇到因对方国家政权更替或是其他因素而导致项目推进遇到困难的情况，企业利益有时也难以得到保障。我国在与“一带一路”重要支点国家商谈自贸区时，可与对方商议，结合双方国家经济发展需求，在协议中增加基础设施与互联互通建设内容，推动一些“旗舰项目”的建设，双方均承诺优先给予资金支持和实施保障。

（6）产业、园区

当前，我国制造业竞争力普遍高于发展中国家，这成为许多国家害怕与我国商谈自贸区的重要因素。但同时，我国在产业技术、园区建设、资金等方面的优势对于许多发展中国家仍然具有较强吸引力。另一方面，随着我国劳动力价格的不断攀升和国内产业结构调整的压力，我国企业向外走出去的压力和动力不断加大。加强产业与园区合作，有助于缓解我国与自贸伙伴在产业竞争和贸易不平衡上的压力，促进彼此经济整合。在我国以往签署的自贸协定中，有关经济和产业合作内容仅限于原则性表述，未来，可考虑在经济合作领域加强产业和园区的实质性合作内容，提出制造业、农业、旅游、能源资源等具体领域的合作项目以及境外合作园区、两国双园、跨境经济合作区等各类园区建设与合作项目，鼓励企业在各缔约方投资产业园区，形成产业聚集和产业链条，将缔约各方的产业链延长，共同分享在全球价值链中的利益，同时还需要加强对协议后续执行中的监督与评估。

（7）地方与次区域合作

在我国以往签署的自由贸易协定中，有些如中国—东盟自贸协定已经涉及大湄公河等次区域合作内容，在已经完成实质性谈判的中韩自贸协定中也纳入地方合作内容，提出设立威海—仁川地方合作示范区。加强地方合作，有助于增强地方政府在自由贸易区建设中的积极作用，使其充分发挥与自贸伙伴经贸合作的特色与优势，在自贸区建设中起到引领与示范作用。今后，我国的自由贸易区建设还需要发挥地方政府的积极作用，通过地方政府的合作来减少协定实施中的阻力与困难。

3. 提高自贸区风险防范应对能力

高标准、宽领域的自贸区建设，不仅要求进一步提升开放水平，开放范围由传统的贸易投资领域扩展至环境、知识产权、劳工、竞争政策等相关领域，开放诉求也由边界上措施向边界后措施延伸，甚至涉及国内规制协调等内容，使得我国一些学者和官员在面对新一代自贸区建设时顾虑重重，担心因开放而加大经济安全、文化和意识形态等方面的风险，从而影响到我国的政治安全。对此，我们诚然需要坚持底线思维，在可能危及社会主义制度、中国共产党领导和国家安全等红线的规则和议题上决不能退让，但另一方面，我们也需要树立更加开放的经济安全观，在扩大开放中动态地谋求经济安全。

（1）经济安全风险

改革开放以来尤其是加入世贸组织以来，基于经济发展的现实基础，我国以不开放或少开放来回避可能出现的经济安全风险，策略上趋于保守。尤其在与自贸伙伴谈判时，我国也以防守为主，较少主动进攻。当前，高标准的自贸区建设需要国内经济更加开放，尤其是以往的敏感产业面临更大的开放压力，已经无法通过回避开放来获取安全保障。我们迫切需要树立更加开放的经济安全观，在扩大开放中动态地谋求经济安全。欧美等发达国家已经建立了较为成熟的经济安全审查与评估机制，我国可以在借鉴其好的经验和做法基础上，结合我国的自身特点，加强经济安全、金融安全、产业安全、安全审查、反垄断、环境规划等法律法规体系建设和执法力度，尽快建立适合我国国情的安全监管机制。加强国家安全委员会对于经济安全的监督和管理职能。推动《外国投资法》的出台，尽快建立外国投资国家安全审查部际联席会议，承担外国投资国家安全审查的职责。国务院发展改革部门和国务院外国投资主管部门共同担任联席会议的召集单位，会同外国投资所涉及的相关部门具体实施外国投资国家安全审查，对关系我国国家安全、国计民生和公共利益的关键部门和产业构筑安全保护网。同时，进一步完善产业损害的综合应对体系，做好自贸区对产业损害的评估和预警工作，有序有度地保护国内产业安全。①

（2）文化和意识形态风险

许多国家都支持将“文化产品”作为贸易自由化的例外，以保护本土文化和维护国内意识形态安全。如法国等欧洲国家一直主张“文化例外”，

---

① 袁波，王蕊，张雪妍．以自贸区战略促进中国产业发展［J］．2014，5：42－46.

并采取了视听产品配额制度，以避免美国文化对欧洲本土文化的冲击和侵蚀，此次欧盟在TTIP谈判中也继续提出这一要求。而美国则一直寻求将“文化产品”作为正常贸易产品纳入自由化范畴，但因欧洲国家的反对，并未能获得多边层面的支持。即便是美国的近邻加拿大也坚持“文化例外”，并成功地使美国在NAFTA中放弃了文化自由化的主张。在法国、加拿大等国的推动下，联合国教科文组织通过了《保护和促进文化多样性公约》。我国也一直坚持有限开放文化市场，在加入世贸组织的承诺中，仅以配额方式允许进口国外影视等文化产品。许多学者的研究证明，一个国家意识形态安全与文化产业的发展密不可分，如果文化产业实力强大，意识形态安全度就越高。目前，我国文化产业国际竞争力还不强，在文化贸易上相对处于弱势地位。现阶段，我们在对市场化程度较高的文化产业扩大开放的同时，也需要加大对国内文化产业的扶持力度，提升文化产业的科技创新水平，鼓励文化产业走出去。对外的自由贸易协定谈判中，我们也应坚持“文化例外”和“文化多样性”的原则，保持对文化进口产品的总量控制，同时建立必要的审查机制。

4. 平衡利益得失，统筹扩大产业开放

自贸区不可能使每个产业和部门都能从中受益，市场开放对于任何国家而言都是有所得、有所失。有的产业在自贸区谈判中属于我们的进攻利益，有的属于我们的防守利益，如何从国家战略与全局出发与对方进行利益交换，达到攻守平衡，是实现谈判双赢的关键。

（1）完善产业开放损益综合评估体系

借鉴发达国家经验，探索通过多种方式、多种途径对产业开放损益进行综合评估与测算。建立由产业协会、学术机构以及第三方评估机构等组成的谈判决策咨询专家委员会，以政府购买服务的方式，就自贸区开放措施对某些具体产业的损益进行综合评估，并出具专业评估报告，供谈判部门决策参考。如果各方达成共识，自贸区对该产业有积极或无明显不利影响，则应积极考虑开放。如果报告指出自贸区对某产业有明显冲击，则应审慎开放，并进一步征求相关产业、行业协会和部门的具体意见。在征求意见时，不仅需要提供是否对自贸协定谈判伙伴开放的意见，还需要估计受损金额，制定推进开放的具体时间表并说明详细原因。如果该产业或部门要求超过10年以上的保护期，则应提交详细的说明报告，并应针对如何提高该产业或部门的国际竞争力提出明确政策措施。

（2）基于总体利益进行产业开放决策

在以往的自贸区谈判中，经常遇到因少量敏感产业或部门的阻碍，而使谈判陷入停滞状态并最终错失谈判良机的情况。当自贸区谈判因少量敏感产业或部门的原因而无法推动时，国家需要从国家战略与全局出发，以总体利益为基准评估是否需要进行利益交换。

（3）借鉴国际经验建立产业损害补偿机制

贸易调整援助是通过对因市场开放而遭受进口竞争损害的产业、企业及劳动者提供援助，减少贸易自由化对国内产业的严重冲击和负面影响的独特的贸易救济制度。当前，美国、韩国、欧盟以及日本均制定了适应其国情的贸易调整援助制度，以减少自贸区建设给弱势行业或群体带来的负面影响。我国也应借鉴这些国家的成熟经验与做法，尽快出台相应的法律法规，以产业结构调整为目标，对自贸区下因贸易或产业转移而遭受利益损失的产业、企业、工人或农民实施援助，通过技术支持、咨询服务、信息指导、市场开发、税收优惠以及融资帮助等手段，帮助企业调整发展方向，弥补失业工人再就业的摩擦成本。此外，还可考虑在过渡期内给予敏感产业财政、税收、金融支持等方面的优惠政策，适当减征这些产业的国内税收，对其进行产业结构调整、技术研发等方面给予更大的金融支持。

（4）建立全过程联系机制，提升企业参与度

在自贸区建设的全过程，即从前期可研、谈判到协定实施的整个过程中，与国内产业建立完善联系机制，为各类企业提供意见反馈平台，让国内重点行业参与决策制定过程。在前期可研时要充分考虑国内产业的发展实际，倾听其利益诉求，并在此基础上对是否启动谈判作出客观评价。在自贸区谈判时要为各类企业提供意见反馈平台，在适度开放的同时，也为敏感产业发展预留时间和空间。在敏感产业的开放安排确定后，应主动向企业作政策解读，给予企业明确的信号，推动其主动进行结构调整。在自贸协定实施过程中更要建立专门的公众信息提交平台，让受影响企业能直接向自贸协定联合委员会的我方负责机构反馈意见，并在核实后能及时通过自贸协定联合委员会得到解决。每两年就自贸区对产业的影响进行评

估，形成评估报告，并根据评估报告的建议提前采取措施。

5. 厘清自贸区建设的体制机制与法律障碍

当前，自贸区建设中还有一些体制机制问题仍未厘清，有关自贸区建设的法律层面也存在一些困难需要解决。

（1）加强自贸区顶层设计，增强对内对外统筹协调能力

在我国的实践中，自贸区谈判由商务部作为牵头单位、组织质检总局、财政部、海关总署、工业和信息化部、发展改革委、农业部、银监会、质检总局等相关部委共同参与，谈判中涉及各部门业务领域由各主管部委出具谈判意见，意见不一致时由商务部与相关部委协商解决，如协商后意见仍不一致报国务院协调解决。这种程序在过去自由化程度不高、谈判领域不多的情况下还能顺利运行，但在遇到高水平、宽领域自贸区谈判时，因谈判难度增加，国内国外难以协调的问题日益凸显，在一定程度上也降低了决策效率。相比之下，韩国在自贸区谈判机构设置方面的经验值得我国借鉴。2013 年年初，韩国朴槿惠政府上台后为实现将韩国建设成为区域经济一体化“中流砥柱”的目标，进行行政体制改革，将外交通商部的贸易谈判功能转移到新成立的产业通商资源部，以同时兼顾对外达成共赢 FTA 和对内寻求沟通导向式的 FTA，提高了 FTA 谈判的国内外统筹协调能力。当前，我国要加快自由贸易区建设，必须加强自贸区谈判的顶层设计，设立高级别的自贸区管理机构——国家自贸区谈判工作领导小组，由国家总理担任领导小组组长，成员涵盖商务部、发改委、财政部、海关总署、质检总局、农业部、工信部、人民银行等相关部委领导，自上而下，全盘统筹自贸区谈判与后续建设工作。建议在商务部增设自贸区谈判办公室，作为领导小组的日常管理和协调机构，牵头组织各有关部委开展自贸区谈判工作。

（2）尽快修订《缔结条约程序法》，理顺自由贸易协定签署中的法律问题

根据我国《宪法》以及 1990 年实施的《缔结条约程序法》相关规定，我国对外签署的自由贸易协定中，属于重要协定如中韩自贸协定的，需要经全国人大常委会批准；属于其他协定的，只需国务院核准即可。可见，自由贸易协定最多仅需全国人大常委会批准，而无需像国内法律一般需要

经过全国人大批准通过。当两者出现不一致时，我国法律并未明确做出规定，仅是在实践中承认优先适用国际条约，多是采取修订国内具体法律法规的方式，增加有关适用国际协定的表述，通过这些分散的立法来解决这一问题。随着未来高水平自由贸易协定的签署，自由贸易协定与国内法律不一致的地方可能会显著增多，在实践操作中这种分散的立法方式将面临更多问题。此外，《缔结条约程序法》的内容和规定也过于原则和简单，仅涉及条约的谈判签署、国内审批以及公布和备案等程序问题，对于国务院各部门在缔约工作的各个环节中需要承担什么职责、怎样承担职责缺乏清晰的规定，对于全国人大常委会批准条约的权力与国务院核准条约的权力界限也不清楚，[①] 已经无法完全适应我国加快自由贸易区建设的实际。

当前，韩国、美国等发达国家在自贸协定谈判的程序规则方面，透明度远远高于我国，也使得产业和利益相关方能够及时提出其意见，并对自贸协定谈判的成果有明确预期。我国应在总结以往自贸协定谈判和借鉴发达国家经验的基础上，尽快修订《缔结条约程序法》，明确自由贸易协定与国内法律的地位问题，对我国的自由贸易协定谈判程序进行规范，明确界定各个参与部门的职责和权限，既能使各相关部门和企业在参与自贸协定谈判时有法可依、有章可循，也有助于完善 FTA 谈判中的信息沟通渠道，并帮助谈判部门不断改进决策方法，提高决策效率。同时，还需配合我国推进高水平自由贸易协定的节奏和步伐，尽早梳理目前涉及外资、国有和民营企业的中央与地方政府层面的法律法规以及部门规章制度，从全盘扩大对外开放的视角统筹考虑对现行法律进行修订，逐步建立公平、公正、公开和合规的政策体系。

（3）加强自贸区研究智库建设，增加谈判智力支持

随着自由贸易协定向高水平、宽领域的方向发展，对于自由贸易区的研究已经超越传统的经贸领域，日益成为一项综合性、跨领域、跨学科的研究工作。当前，发达国家在自贸区研究上走在我们前面，对于战略研究以及具体规则设计的投入力度很大，我们也应组建跨部门的自贸区研究智

① 2008 年，海南代表团向全国人大提交议案，建议随着我国外交发展，尽快修改《中华人民共和国缔结条约程序法》。http://www.npc.gov.cn/npc/xinwen/dbgz/dbzs/2008-03/14/content_1416886.html.

库，担任谈判咨询顾问，配合政府部门对重点战略、谈判策略等问题进行深入研究，定期提交咨询报告，为自贸区建设供智力支持。一是对世界范围内自贸区建设进程和发展趋势、主要国家的自贸区战略、国际经贸规则，以及重点自贸协定谈判过程和内容等进行充分研究；二是对我国自贸区战略、产业发展情况与开放潜力，以及相关国内政策和体制机制等方面进行深入研究；三是对谈判对象的经济与产业发展、竞争优势、主要诉求、与其他国家自贸区谈判情况，以及谈判实力和经验等方面进行研究；四是对自贸区未来发展进行可行性研究，既包括我国内部研究和双方联合研究，也包括对自贸区建设的静态和动态研究，还要对自贸区建设效果以及产生的影响进行分析和预测，包括产业发展、产品价格、就业、利润、生产等各个方面。

当前，TPP、RCEP、TTIP 等巨型自贸区的推进，对于自贸区谈判提出了更高的要求，如日本政府专门组建了百人团队来开展 TPP 谈判。而我国在自贸区谈判中人员短缺的现象较为严重，在就某一领域谈判时，经常是我方两三名谈判人员需要与对方十几名谈判人员进行磋商，而对方还有强大的外围支持团队。因此，需要组建职责分工明确、各有所长的谈判队伍，加大对自贸区谈判人员的投入力度，适当增加人员编制，给予谈判人员更多学习和培训机会，提高其综合能力和水平。同时，也需要和自贸区研究智库形成交流机制，加强智库研究人员与一线谈判人员的沟通与交流，逐步建立外围的研究支持队伍。

6. 加强国际经贸规则先行先试，大胆推进自贸试验区建设

2013 年 9 月，国家设立了中国（上海）自由贸易试验区，在区内试行外商投资准入前国民待遇和负面清单管理制度。经过一年运行之后，2014 年 12 月又在广东、天津、福建再设三个自由贸易试验区，以上海自贸试验区试点内容为主体，结合地方特点，充实新的试点内容。这些自由贸易园区，将成为我国在新形势下主动应对国际经贸规则变化和挑战、以开放促改革的重要试验田，对我国自贸区谈判也将起到积极作用。

（1）突破条条框框，鼓励自贸试验区大胆进行制度创新

上海自由贸易试验区的运营已经有一年多的时间，在争取制度创新和先行先试方面却面临诸多困难，大部分开放措施都因与现有管理体制或法

律条文相冲突而需要与相关部门逐一沟通，对内协调沟通难度不亚于对外谈判，导致最终形成的开放措施不仅与设计者的初衷相距甚远，也远低于外界的期望值。与对外签署自由贸易协定形成的开放措施不同，自贸试验区具有可收可控的特点，开放主动权把握在我们手上，如果出现问题，可以随时暂停或调整改进，而后者一旦协议生效，需要经过与自贸伙伴国进行再次协商谈判方可调整。当前正是国际经贸规则重新形成的关键时期，各国博弈异常激烈，TPP 谈判即将于 2015 年上半年结束，一旦协议签署实施，其规则标准所涵盖的理念将在全球形成示范效应。下一代贸易协定涉及的许多开放措施对于我们而言是全新的理念，在许多领域能否开放、如何开放、开放多少，我们完全没有现成经验可以照搬，因此，迫切需要加快自贸试验区的改革试验步伐，需要各部门突破条条框框和固有的权责划分，允许自贸试验区面向新规则实施更加大胆的开放措施。

（2）建立自贸试验区与国际经贸协定谈判的联动机制

当前，不仅在自由贸易协定和美国、欧盟等推动的投资协定谈判涉及经贸规则条款，多边层面和诸边层面的政府采购协定、服务贸易协议等谈判也一直是规则博弈的传统平台。可探讨建立自贸试验区与国际经贸协定谈判的联动机制，充分发挥自贸试验区作为“试验田”的重要作用，加强 RCEP、中国—东盟自贸区升级版、中韩自贸区第二阶段谈判、中美投资协定谈判、中欧投资协定谈判以及我国加入政府采购协定和服务贸易协议的谈判与自贸试验区的协同互动与信息交换。我们可考虑把国际经贸协定谈判中拿捏不准、存在争议的谈判难点、焦点问题，如敏感行业市场准入以及新规则和高标准等，或是我国谋划的新议题，如价值链、电子商务、园区、产业合作等、放在自贸试验区进行局部试点，积极进行压力测试和效果评估，逐步形成可复制、可推广的开放措施和政策监管方案，为自贸区和双边投资协定谈判提供谈判出要价参考和理论实践支撑。

（五）各领域政策调整

1. 货物贸易

（1）原产地规则和程序

采取国际通行的产品特定原产地规则，即对每一类产品适用特定的原产地规则。统一原产地规则制定和管理机构，将原产地证书签发交由社会中介机构。根据自贸协定要求，允许符合条件的企业出具自主原产地声明。开展原产地证书信息化管理，允许通过电子联网核查原产地证书信息。放宽补交原产地证书要求，提高免予交验原产地证书的出口金额。

（2）海关程序

简化通关手续与环节，全面推进“一次申报、一次查验、一次放行”，实行国际贸易“单一窗口”受理。加快电子口岸建设，推行无纸通关，实行区域通关一体化，实现相关部门信息共享。优化监管方式，建立和完善与服务贸易、电子商务相适应的通关模式。完善海关企业信用管理制度，对诚信守法企业适用较低随机布控查验比率，提高海关查验效能。建立优惠贸易电子信息交换系统，提高进口货物通关效率，促进出口货物享受协定优惠。加强与自贸伙伴海关的协调与合作，实现“经认证的经营者”（AEO）互认，提升通关便利水平。

（3）检验检疫标准

减少出口商品检验种类，在取消一般工业制成品的出口商品检验的基础上，扩大免检范围，实行法检目录动态调整。全面推行检验检疫电子申报，完善联网数据核查和信息反馈，[①] 加强与自贸伙伴的检验检疫证书电子数据的交换。加快推进与自贸伙伴检测结果互认和认证认可国际互认。增强卫生和植物卫生措施，以及技术性贸易措施标准的透明度，实行动植物检疫审批负面清单制。实施电子商务商品“分类管理、便利进出”、“一次申报、分批核销”的检验检疫监管措施，对跨境电商企业实施信用管理、差别化管理。[②] 整顿和规范进出口环节经营性服务和收费，清理不合理收费。

（4）许可证管理

完善许可证管理相关法律法规，建立动态调整机制，定期对进出口许可证管理商品进行梳理，实行动态管理。进一步推行许可证管理信息化、无纸化。根据我国经济发展的实际，适当增加进口配额数量，进一步减少

---

① 孙霞云．加大帮扶企业力度促进外贸稳定增长［N］．中国质量报，2014－05－29（001）．

② 孙霞云．加大帮扶企业力度促进外贸稳定增长［N］．中国质量报，2014－05－29（001）．

自动进口许可货物种类。

(5) 国营贸易

进一步扩大非国营贸易进出口允许量。赋予符合条件的原油加工企业原油进口和使用资质，扩大原油进口渠道。[①] 放开成品油进出口权限，扩大民营企业石油战略储备范围。

(6) 公平贸易

加强公平贸易，合理利用贸易救济规则，维护国内产业利益，并营造公平的出口环境。一是要在自贸区谈判中合理设定贸易救济条款，并考虑建立贸易调整援助制度，协调国内不同产业的利益；二是要强化规则意识，提高规则运用能力，增强贸易救济调查的合规性；三是要争取市场经济地位，从实质上享受共同规则和共同待遇。

2. 服务贸易和投资

(1) 服务贸易“负面清单”规则

当前，许多国家尤其是发达国家在自贸区谈判中要求服务贸易采用“负面清单”模式，我国在中日韩自贸区、区域全面伙伴关系协定(RCEP)谈判中也面临这一问题。应通过中国(上海)自由贸易试验区积累经验，提出符合我国国家利益、产业利益的“负面清单”，在今后的自贸区谈判中，将此作为我国与对外要价的筹码。

(2) 外资准入前国民待遇规则

我国目前在自贸区谈判中只承诺给予外资准入后国民待遇，即在管理、经营、运营、维护、使用、收益或处置方面，给予另一方投资者的投资不低于其在同等条件下给予本国投资者投资的待遇。而许多国家尤其是发达国家要求给予外资准入前国民待遇，即在准入、设立、获得、扩大等投资的处置方面也给予不低于其在同等条件下给予其本国投资者及其投资的待遇。应在中国(上海)自由贸易试验区的基础上，尽早启动外商投资审批体制改革，设立统一的外资管理机构，试行内外资一致的商事登记制度，在今后的自贸区谈判中尽早承诺给予伙伴国投资者准入前国民待遇，

---

① 国务院办公厅关于支持外贸稳定增长的若干意见．国办发〔2014〕19 号．http://www.gov.cn/zhengce/content/2014-05/15/content_8812.html.

为双方投资提供更好的环境。

（3）投资促进与保护规则

我国以往对待投资协定更多从东道国的角度出发，反映在以往签署的自贸协定中更多地要求保留政策调整空间，对投资者保护的规则不多。在今后的自贸区谈判过程中，应进一步扩大投资和投资者的定义范畴以及国民待遇和最惠国待遇范围，完善投资征收和转移条款，增加投资者国家争端解决机制的程序性和约束性条款以及对投资者的保护伞条款，以扩大投资保护范围和加强投资保护力度，适应我国企业对外投资拓展发展空间的需求。

（4）自然人移动规则

当前，在世贸组织《服务贸易总协定》和已有的自贸协定中，自然人基本只涵盖高技能人员，范畴较窄，不符合发展中国家利益需求。在今后的自贸区谈判尤其是在与发达经济体的谈判中，应坚持消减自然人移动领域的各种限制和壁垒，将自然人移动类型扩展到低技能劳务人员，积极推动与谈判对象的资格和学历互认机制，促进国内中高级技术人员和专业服务人员走出去。

（5）服务和投资领域新规则

当前，欧美在服务贸易协定（TISA）谈判中提出了针对信息与通信技术（ICT）服务的"技术中立"、"互联网开放"、"跨境数据自由流动"等新规则，要求进一步扩大对互联网提供商的市场准入，放宽对互联网的监管，这些规则对我国现行监管体制和相关产业形成一定挑战，但同时客观上有利于降低服务贸易壁垒和推动服务贸易自由化，符合我国未来信息产业发展和海外拓展的利益需求。对此，我们应积极研究，对风险不能确定可控的，可在中国（上海）自由贸易试验区等局部范围内进行试点，不断总结监管经验，在风险可控的情况下积极参与国际新规则制定。

3. 其他议题

（1）政府采购

我国目前尚未完成《政府采购协定》（GPA）谈判，而在自贸协定谈判中，许多伙伴国提出将政府采购纳入其中。例如，日本和韩国均为世贸组织《政府采购协定》（GPA）缔约国，在日韩自贸协定谈判中对我国提出设立政府采购章节，制定具有约束力的规定和指导原则，并适用于中央政府、地方政府和其他部门的采购活动。如接受这一条款可能会对地方政府和国有企业政府采购以及采购货物、服务和建设等的门槛价等领域面临困难。因此，应加快推动政府采购制度改革，主动修改、完善法律法规，进一步规范政府采购市场，早日完成《政府采购协定》（GPA）谈判，并以《政府采购协定》（GPA）出价为基础制定自贸协定中的政府采购条款，为今后的自贸区谈判扫清障碍，也为我国企业有机会平等参与其他成员的政府采购，争取更多的市场机会。①

（2）知识产权保护

知识产权保护是发达国家非常关心的议题，因而往往会在自贸协定中提出高标准的知识产权保护条款。从短期看，过高的知识产权保护标准将增加我国行政和企业运营成本，但长期来看，则有利于我国自主创新，提升国际竞争力，减少国际经贸领域的摩擦，是我国未来的发展方向。② 中瑞自贸协定中已经包含较为详细的知识产权保护章节，明确规定了知识产权保护的具体权利和义务，并将知识产权执法作为其中一节单独列出，为我国自贸区建设中知识产权保护进行了大胆尝试，但步伐仍较为谨慎，更多条款为陈述性原则规定。今后应加强知识产权保护和执法力度，以中国（上海）自由贸易试验区建设为契机，实施高标准的知识产权保护政策，提升企业在知识产权保护领域的适应能力和应诉能力，在未来自贸协定谈判中对知识产权保护议题进行讨论和做出相应承诺。

（3）透明度

我国现有部分自贸协定设置了“透明度”条款，但规定较为宽泛。发达国家在自贸区谈判和实施过程中，越来越重视公开、透明以及公众参与。如美国自贸协定中不仅单独设置“透明度”条款，而且将“透明度”要求贯穿于货物贸易、服务贸易、投资、知识产权等每一个具体章节中，③ 中日韩自贸协定联合研究委员会也建议就透明度进行合作。当前，我国公众参与意识不断增强，接受透明度条款对我国总体有利，也符合当前深化改革开放的发展思路。今后应在自贸协定谈判中主动加入更具约束力的透

① 袁波，王蕊，张雪妍. 以自贸区战略促进中国产业发展 [J]. 2014，5：42 -46.

② 同上。

③ 同上。

明度条款，提高法律法规透明度，建立信息反馈机制，提升公众对自贸区建设的参与意识。①

（4）竞争政策

美国等发达国家在签署的自贸协定中大多包含竞争政策章节，强调应采取和维持禁止反商业行为的竞争法律，重视反竞争协议、竞争者的合谋或滥用市场地位行为对竞争的扭曲和限制，强调竞争法应当适用于包括货物和服务等在内的所有商业行为，但成员方可以有一些例外措施和部门，其前提是这些例外是透明的或是出于公共政策或公共利益的目的，并且这些例外不得对成员国之间的贸易产生消极影响。在跨太平洋伙伴关系协定（TPP）谈判中也包含竞争政策的内容，美国甚至提出了针对国有企业纪律的苛刻条款。2011 年以来，在中美战略和经济对话中，美国也将国有企业和私营企业的竞争中立作为议题提出。国有企业在我国经济中比重很高，一些国有企业更关系国民经济命脉和国家安全，有关竞争中立的条款可能会引发许多针对我国国有企业的争端，对我国当前经济发展和安全形成了较为严峻的挑战。因此，应进一步完善国内有关竞争政策的法律环境，加强市场在资源配置中的决定性作用，在自贸协定谈判中采用适合我国国情的竞争政策内容，要求“国内竞争中立，国际所有制中立”，即在国内保证国有企业与其他所有制企业公平竞争，国际上有关贸易投资规则不以所有制为区分标准，强调所有类型的企业都能得到公平对待。

（5）环境保护

国际贸易与环境保护的关系一直是各国关注的重要议题，以美国为首的发达国家大多将环境保护条款纳入自贸协定之中，并要求将环境保护与自贸区的争端解决机制挂钩，对我国而言接受难度较大。虽然从短期看，较高的环境保护标准虽将增加企业成本，但由于国内环境污染问题日益严峻，环境保护的紧迫性不断提升，已成为我国未来发展需要考虑的重要因素之一。我国已签署的自贸协定大多在序言中阐述可持续发展和环境保护原则，将环境保护措施作为常见贸易义务的例外情形，以及实现环境产品

① 袁波，王蕊，张雪妍．以自贸区战略促进中国产业发展［J］．2014，5：42－46.

及服务自由化的内容。而在中国—瑞士自贸协定中，环境问题首次单独设章，且包含了较为丰富的内容，是我国自贸区谈判中的重要突破。今后应进一步加强环境保护立法和执法，借鉴国际经验建立贸易政策的环境影响评价机制，在自贸区联合研究和谈判中积极加入环境章节，在宣示环境保护原则、加强合作等基础上，还可逐步考虑将环境与贸易适度挂钩，不断丰富其内容，促进贸易与环境的和谐发展。

（6）劳工合作

美国早在建立北美自贸区时就专门签署了《北美劳工合作协议》，此后许多发达国家也将劳工条款纳入自贸协定之中，而我国对此持保留态度。虽然我国与智利、新西兰、冰岛、瑞士等国签署的自贸协定中提及劳工问题，与新西兰还签署了《劳动合作谅解备忘录》，但其内容上仅涉及双方在劳动方面的合作。而美国等发达国家则将贸易与劳工问题挂钩，采用《国际劳工组织关于工作中的基本原则和权利宣言及其后续措施》所确立的五大核心劳工标准，并允许劳工争议应用自贸协定的争端解决机制寻求补偿和救济。基于我国目前的发展阶段，接受这种劳工标准存在很大困难，但也不能一味回避，而是应不断完善国内相关法律法规，改善工作环境，提高工资待遇；同时，在自贸协定谈判时，应表明我国对劳工问题的积极态度以及实际困难，将劳工条款的内容控制在加强合作与沟通的层面上，要求给予一定的缓冲期。

（7）电子商务

随着信息技术的发展，电子商务成为国际贸易的重要交易方式，也成为发达国家主推的新一代自贸协定的内容之一。我国在以往签署的自贸协定中较少涉及这一领域，仅在与港澳地区签署的更紧密经贸关系安排（CEPA）中有所涉及。而以美国为首的发达国家在自贸协定中对电子商务的规定更加具体，主要包括“数字产品”界定、服务贸易规则对于电子传输服务的可适用性、关税、海关估价、国民待遇、最惠国待遇、不符措施以及相互合作等。我国应尽快完善国内有关电子商务的法律法规，在今后的自贸协定谈判中可适当涉及电子商务内容，但暂时不宜做出太过具体的规定，而主要是以中国（上海）自由贸易试验区电子商务领域的开放措施为基础，加强平台建设、标准合作以及信息交流。

（8）经济技术合作

随着区域经济一体化的不断推进，自贸协定的内容已经超越了货物贸易、服务贸易和投资等内容，发达国家将政府采购、知识产权保护、竞争政策、环境保护和劳工标准等代表发达国家利益的条款纳入其中，发展中国家也应提出符合自身利益和需求的条款。我国在已签署的自贸协定中大多设置了经济技术合作章节，所包含内容较为广泛，涉及科技、教育、中小企业、文化、工矿业、旅游、人力资源开发、传统医学、渔业、农业、自然灾害管理等领域。在未来的自贸协定谈判中，应积极开展与自贸伙伴的研究与讨论，提出符合我国发展需求的新兴议题，将加强产业标准合作、互联互通建设、高新技术合作等内容纳入谈判之中。

（9）全球价值链

随着经济全球化的不断加强，“全球价值链”这一概念受到越来越多的关注。所谓全球价值链是指“为实现商品或服务的价值，将遍布全球各国家各区域的生产、销售、回收处理等环节前后有序承接起来的价值创造和利润分配链条”。[①] 与传统国际贸易统计方法相比，基于全球价值链的贸易增加值统计有利于还原国际贸易的本来面目，真实反映贸易流向、各国竞争力和所获得利益。若采用贸易增加值统计，我国的贸易顺差将大幅缩减，有利于减少贸易摩擦。因而在今后的自贸协定谈判中，应积极推进成员方采取基于全球价值链的贸易增加值统计方式计算各方建设自贸区的收益，并以此作为谈判依据。同时，还应通过自贸区谈判扩大市场准入，促进贸易投资的自由化和便利化，吸引跨国公司的知识密集型生产要素向我国流动，进一步提升我国在全球价值链中的位置。

① 陈德铭等．经济危机与规则重构［M］．北京：商务印书馆，2014：282.

第二篇 中国自贸区建设成效评估

一、中国自贸区建设的总体成效

以2002年与东盟签署《全面经济合作框架协议》为起点，我国正式开启了自贸区建设进程。经过十几年的发展，我国自贸区建设取得了较为显著的成效，不仅对我国的经济贸易产生了重要作用，也对自贸伙伴具有积极意义，还促进了区域及全球经济一体化发展。

（一）对我国的成效

1. 自贸伙伴成为我国重要的出口市场

截至2014年年底，我国共签署了12个自贸协定，除与冰岛和瑞士的协定刚刚生效外，其余10个协定涉及的18个自贸伙伴已在我国对外经济中发挥重要作用。随着关税水平的逐步下降以及贸易便利化程度的提高，自贸区的贸易创造效应逐步显现，自贸伙伴已成为我国重要的出口市场。2013年，我国对18个自贸伙伴的出口额达到7080.6亿美元，是2002年的7.6倍；对自贸伙伴出口额占我国出口总额的比重达到32%，比2002年增加了3.5个百分点，尤其是中国港澳台以外的伙伴国，出口占比达到12.6%，比2002年增加了4.4个百分点。在国际经济环境恶化、国内经济增长放缓的大背景下，我国对外出口增幅已跌至7.9%，虽略高于上年，但仍是个位数。而由于自贸区建设的推进，我国对自贸伙伴的出口保持了较快的发展势头，2013年增幅高达18.2%，比上年增加5.3个百分点，远高于我国同期出口总额的增幅。从2002年至2013年，我国对自贸伙伴的出口年均增长率为20.3%，略高于我国整体出口年均增长率，其中，秘鲁、哥斯达黎加、智利、巴基斯坦以及东盟等发展中国家在我国出口中的地位进一步提升，尤其是东盟，已成为我国仅次于美国和欧盟的第三大出口市场。

表 2-1 2002 年和 2013 年我国对自贸伙伴出口情况

单位：亿美元，%

自贸伙伴	2002 年		2013 年		年均增长率
	出口总额	占比	出口总额	占比	
东盟	235.7	7.2	2440.7	11.0	23.7
中国香港	584.7	18.0	3847.9	17.4	18.7
中国澳门	8.8	0.3	31.8	0.1	12.4
巴基斯坦	12.4	0.4	110.2	0.5	22.0
智利	10.0	0.3	131.1	0.6	26.4
新西兰	6.0	0.2	41.3	0.2	19.2
新加坡	69.7	2.1	458.6	2.1	18.7
秘鲁	2.5	0.1	61.9	0.3	33.9
哥斯达黎加	0.8	0.0	9.3	0.0	25.0
中国台湾	65.9	2.0	406.4	1.8	18.0
18 个伙伴合计	926.8	28.5	7080.6	32.0	20.3
15 个伙伴合计（港澳台除外）	267.4	8.2	2794.5	12.6	23.8
世界	3255.7	100.0	22100.2	100.0	19.0

数据来源：中国海关统计。

2. 从自贸伙伴进口丰富国内市场、保障原料供应

自贸区建设使我国的市场开放度进一步提高，自贸伙伴的许多特色产品免关税或低关税进入我国，丰富了国内市场，也使消费者能够以更低廉的价格获得更丰富的商品。例如，东盟是我国最大的水果进口来源地，随着中国—东盟自贸区建设的不断推进，越来越多的东盟水果进入国内市场，主要是龙眼、榴莲、火龙果、香蕉和山竹等热带水果，进口来源主要

为泰国、越南、菲律宾和缅甸等国,[①] 同时，东盟国家的果干、咖啡、糖果等商品也逐步被国内消费者所熟悉；新西兰乳制品行业较为发达，已成为我国最大的乳制品进口来源地，奶粉、奶油、黄油等产品免税进入国内市场，为消费者提供了更多选择。与此同时，我国还从自贸伙伴进口了大量工业原料，如从东盟国家进口的石油、橡胶，从巴基斯坦进口的棉花，从智利和秘鲁进口的铜、矿砂，以及从新西兰进口的羊毛等，为我国工业生产提供了原料保障。

3. 自贸伙伴成为我国重要的工程承包市场

自贸区建设密切了我国与自贸伙伴的经济关系，为我国工程承包企业扩大海外市场提供了机遇。2013 年，我国在 18 个自贸伙伴的工程承包合同额为 351. 5 亿美元，是 2002 年的 6. 6 倍，完成营业额 287. 4 亿美元，是 2002 年的近 5. 4 倍。虽然我国对自贸伙伴的工程承包业务量占比有所下降，但对除港澳台地区以外的伙伴国工程承包合同额占比呈上升趋势，双方合作潜力较大。其中，东盟是我国最大的工程承包市场，2013 年新签合同额与完成营业额占比分别为 14. 1% 和 15. 3%；巴基斯坦也是我国重要的工程承包市场，2013 年新签合同额与完成营业额占比较 2002 年略有上升；此外，我国在秘鲁、智利、新西兰等国的工程承包业务也呈快速增长势头。借助自贸区建设中的便利化措施，我国工程承包企业扩大了在自贸伙伴的市场份额，对国际招投标规则以及海外工程建设更为熟悉，为进一步拓展海外市场奠定了基础。

表 2－2　我国在自贸伙伴工程承包情况

单位：亿美元，%

自贸伙伴	2002 年				2013 年			
	新签合同额	占比	完成营业额	占比	新签合同额	占比	完成营业额	占比
东盟	20. 0	11. 2	23. 1	16. 1	242. 5	14. 1	209. 7	15. 3
中国香港	23. 8	13. 3	23. 1	16. 1	33. 8	2. 0	30. 3	2. 2
中国澳门	2. 5	1. 4	1. 9	1. 3	8. 7	0. 5	4. 2	0. 3

① 中国果品网 . http://www. china－fruit. com. cn/Detail_ 1227580_ 104101. shtml.

续表

自贸伙伴	2002 年				2013 年			
	新签合同额	占比	完成营业额	占比	新签合同额	占比	完成营业额	占比
巴基斯坦	5.5	3.1	3.6	2.5	54.6	3.2	37.0	2.7
智利	0.0	0.0	0.0	0.0	2.3	0.1	1.1	0.1
新西兰	0.0	0.0	0.0	0.0	0.6	0.0	1.0	0.1
新加坡	6.1	3.4	10.9	7.6	38.5	2.2	28.1	2.0
秘鲁	0.3	0.2	0.2	0.1	2.2	0.1	3.6	0.3
哥斯达黎加	0.0	0.0	0.0	0.0	6.1	0.4	0.3	0.0
中国台湾	0.7	0.4	1.1	0.8	0.9	0.1	0.3	0.0
18 个伙伴合计	52.9	29.6	53.0	36.9	351.5	20.5	287.4	21.0
15 个伙伴合计（港澳台除外）	25.9	14.5	26.9	18.7	308.2	18.0	252.6	18.4
世界	178.9	100.0	143.5	100.0	1716.3	100.0	1371.4	100.0

数据来源：中国对外经济贸易年鉴 2003，中国商务年鉴 2014。

4. 自贸伙伴成为我国重要的投资来源地

自贸区建设使我国的开放程度进一步提升，自贸协定中的投资自由化和便利化相关内容也为自贸伙伴对华投资创造了较好的条件。2013 年，18 个自贸伙伴对我国实际直接投资 844.1 亿美元，是 2002 年的 3.3 倍，占我国实际利用外资的比重也提高到 71.8%，高于 2002 年 23.2 个百分点。香港地区始终是我国最大的外资来源地，随着内地与香港《关于建立更紧密经贸关系的安排》（CEPA）的实施和不断推进，香港地区在我国外资来源中的地位快速攀升，2013 年占比达到 62.4%，比 2002 年增加了 28.5 个百分点；新加坡也是我国重要的外资来源地，2013 年占比达到 6.1%，比 2002 年增加了 1.7 个百分点，超过日本，成为我国第二大外资来源地，也是第一大外资来源国。香港地区、新加坡等经济发展水平较高的自贸伙伴扩大对我国直接投资，不仅对我国经济增长、扩大就业等方面具有积极作用，还产生了一定程度的技术外溢，促进了我国技术水平的提升与管理经验的丰富，同时也强化了我国对国际规则的学习和掌握。

表 2－3　自贸伙伴对我国实际直接投资情况

单位：亿美元,%

自贸伙伴	2002 年		2013 年	
	金额	占比	金额	占比
东盟	32.6	6.2	83.5	7.1
中国香港	178.6	33.9	734	62.4
中国澳门	4.7	0.9	4.6	0.4
巴基斯坦	0.0	0.0	0.2	0.0
智利	0.1	0.0	0.2	0.0
新西兰	0.5	0.1	0.7	0.1
新加坡	23.4	4.4	72.3	6.1
秘鲁	0.0	0.0	0.0	0.0
哥斯达黎加	0.1	0.0	0.0	0.0
中国台湾	39.7	7.5	20.9	1.8
18 个伙伴合计	256.2	48.6	844.1	71.8
15 个伙伴合计（港澳台除外）	33.2	6.3	84.6	7.2
世界	527.4	100.0	1175.9	100.0

数据来源：中国统计年鉴 2003，中国统计年鉴 2014。

5. 与自贸伙伴的全面合作关系更加密切

自贸区建设为我国与自贸伙伴开展全面合作提供了良好机制与平台，使我国的经济影响力进一步发挥，与自贸伙伴的经贸联系更加紧密，东盟、中国香港和中国台湾分别是我国第三、第四和第七大贸易伙伴，在我国对外经济中发挥了重要作用。尤其是在我国总体对外贸易增速放缓的情况下，与自贸伙伴的贸易仍保持了较快增长势头，在一定程度上为我国经济发展提供了支撑。同时，我国的自贸区建设伴随着互联互通、科技、教育、中小企业、旅游、环境和劳动等多领域合作，使我国与自贸伙伴的全面合作关系不断深化与发展，促进了相互间的经济融合与民间交往，使双边关系更加稳固，也使得我国在地区及国际事务上获得更多支持，为我国经济社会发展创造了较好的外部环境。

（二）对自贸伙伴的成效

1. 为自贸伙伴提供了广阔的出口市场

我国人口众多，消费需求旺盛，市场潜力巨大，是世界第二大货物贸易和服务贸易进口国。自贸区建设使我国的市场准入门槛进一步下降，协定关税不断降低，进口不断增加，成为自贸伙伴重要的出口市场，对于其经济增长发挥了积极作用。2013 年，我国从 18 个自贸伙伴进口额为 4181.2 亿美元，是 2002 年的 5 倍，年均增幅为 15.7%；从港澳台以外的自贸伙伴进口额为 2448.7 亿美元，是 2002 年的 7 倍，年均增幅为 19.3%，占我国进口总额的比重也由 11.9% 提高到 12.6%。其中，东盟是我国自贸伙伴中最重要的进口来源地，2013 年进口额为 1995.4 亿美元，占比虽与 2002 年相比略有回落，但依然在 10% 以上。

表 2－4 我国从自贸伙伴进口情况

单位：亿美元,%

自贸伙伴	2002 年		2013 年	
	金额	占比	金额	占比
东盟	312.0	10.6	1995.4	10.2
中国香港	107.4	3.6	162.2	0.8
中国澳门	1.4	0.0	3.9	0.0
巴基斯坦	5.6	0.2	32.0	0.2
智利	15.7	0.5	206.9	1.1
新西兰	8.0	0.3	82.5	0.4
新加坡	70.5	2.4	300.5	1.5
秘鲁	7.3	0.2	84.3	0.4
哥斯达黎加	1.8	0.1	47.6	0.2
中国台湾	380.6	12.9	1566.4	8.0
18 个伙伴合计	839.8	28.4	4181.2	21.4
15 个伙伴合计（港澳台除外）	350.4	11.9	2448.7	12.6
世界	2952.0	100.0	19502.9	100.0

数据来源：中国海关统计。

2. 为自贸伙伴提供了更多资金来源

随着我国经济的快速发展，越来越多的中资企业加快“走出去”步伐，积极向海外拓展业务，使我国总体的对外投资规模不断扩大。而自贸区建设为我国与自贸伙伴创造了良好的制度环境，有利于我国企业扩大投资，也为自贸伙伴提供了更多的资金来源，对于其经济发展起到了一定积极作用。截至2013年年底，我国对18个自贸伙伴投资存量为4204.5亿美元，是2003年年底的16.3倍，占我国对外投资存量的63.7%；其中，对港澳台以外的自贸伙伴投资存量增至396亿美元，是2003年年底的50倍，占我国对外直接投资存量总额的比重也提高到6%，比2003年年底增加了3.6个百分点。我国对东盟国家的直接投资较多，截至2013年年底，投资存量占比达到5.4%；除新加坡外，我国对东盟中的缅甸、柬埔寨和老挝三个最不发达国家投资额也较大，占到对东盟投资总额的四分之一，对弥补当地资金缺口，促进产业及经济发展，创造就业和减少贫困发挥了积极作用。同时，我国对巴基斯坦直接投资也实现较快增长，投资存量由2003年年底的0.3亿美元增至2013年年底的23.4亿美元，增加了70多倍，占我国对外投资存量总额的比重也由0.1%增至0.4%，成为中巴经贸合作的亮点。

表2-5 我国对自贸伙伴直接投资情况

单位：亿美元,%

自贸伙伴	2003年			2013年		
	流量	截至年底存量	存量占比	流量	截至年底存量	存量占比
东盟	1.2	5.9	1.8	72.6	356.7	5.4
中国香港	11.5	246.3	74.1	628.2	3770.9	57.1
中国澳门	0.3	4.5	1.3	3.9	34.1	0.5
巴基斯坦	0.1	0.3	0.1	1.6	23.4	0.4
智利	0.0	0.0	0.0	0.1	1.8	0.0
新西兰	0.0	0.4	0.1	1.9	5.4	0.1
新加坡	0.0	1.6	0.5	20.3	147.5	2.2
秘鲁	0.0	1.3	0.4	1.1	8.7	0.1
哥斯达黎加	0.0	0.0	0.0	0.0	0.0	0.0

续 表

自贸伙伴	2003 年			2013 年		
	流量	截至年底存量	存量占比	流量	截至年底存量	存量占比
中国台湾	0.0	0.0	0.0	1.8	3.5	0.1
18 个伙伴合计	13.1	258.7	77.8	711.2	4204.5	63.7
15 个伙伴合计（港澳台除外）	1.3	7.9	2.4	77.3	396.0	6.0
世界	28.5	332.2	100	1078.4	6604.8	100.0

数据来源：中国对外经济贸易年鉴 2003，中国商务年鉴 2014。

3. 为自贸伙伴分享我国发展红利提供更多机会

目前，我国已超越日本成为世界上仅次于美国的第二大经济体。在全球经济缓慢增长的大环境下，我国 2013 年国内生产总值（GDP）达到 56.9 万亿元人民币，实现 7.7% 的增长，为地区乃至全球经济复苏做出了重要贡献。自贸区建设密切了我国与自贸伙伴的经贸关系，为深化双边合作提供了有利条件。在自贸协定框架下，自贸伙伴通过扩大对华货物及服务贸易、积极开展双向投资、加强技术合作等方式，提升与我国的经济关联度，促进经济融合。我国不仅是中国港澳台地区的第一大贸易伙伴，也是东盟、智利、新西兰、新加坡等国的第一大贸易伙伴。随着自贸区建设的不断推进，自贸伙伴能够从我国的经济增长中获得更多红利，进而促进其自身的经济发展。

（三）对区域及全球化的成效

1. 推动区域经济一体化发展

我国作为亚洲重要经济体，对周边国家和地区具有较强的影响力。东盟是我国目前最重要的自贸伙伴，2001 年 11 月，我国与东盟一致同意开展自贸区建设，2002 年 11 月，双方签署了《全面经济合作框架协议》，开启了我国与东盟的自贸区之路，并产生了明显的示范效应。周边国家受此影响，纷纷加强与东盟的经贸合作，签署合作协议，积极推进自贸区建设。到2010年，除我国外，东盟与日本、韩国、澳新，[①] 以及印度签署并实施了自贸协定。目前，东盟在已有五个自贸区的基础上，启动了区域全面经济伙伴关系协定（RCEP）谈判，希望在2015年完成。RCEP谈判涵盖东亚及相邻地区的主要国家，是东亚区域经济一体化的重要途径，我国在其中发挥了积极的推动作用。

2. 为全球多边贸易体制发展提供借鉴

一直以来，我国始终坚持多边贸易体制与自贸区共同发展，多边合作仍然是实现贸易自由化的主渠道，区域合作是其重要补充。由于自贸区谈判成员相对较少，与多边谈判相比较为容易达成一致，而且在谈判内容上，自贸区谈判的标准相对较高，且涉及一些新兴领域，其中很多内容是未来多边贸易体制的发展方向。我国作为全球最大的发展中国家和新兴经济体，在多边体制发展中将发挥越来越重要的作用。而我国自贸伙伴既包含独立关税区和单独国家，也包含东盟这样的区域组织，既包含发展中国家也包含发达国家，协定内容主要体现发展中国家和新兴经济体的诉求，自贸区建设成果以及谈判中积累的经验为全球多边贸易谈判提供了借鉴。

二、中国已实施自贸协定的开放现状评估

（一）贸易自由化水平

我国在自由贸易区建设过程中，针对不同的自贸伙伴，采取灵活的降税措施，对绝大多数贸易产品实行分阶段降税，既保证成员方充分享受贸易自由化带来的收益，又考虑到市场开放可能给成员方相关产业带来较大冲击，对部分产品保留较高关税或进行例外安排，对于经济发展水平相对落后的自贸伙伴，给予相对宽松的降税安排。随着我国自由贸易区建设的逐步推进，贸易自由化水平不断提高。除中国—巴基斯坦自贸协定外，我国已生效自贸协定的自由化率[②]均在90%以上。其中，对港澳地区的开放

① 澳大利亚和新西兰共同与东盟签署了自贸协定。

② 自由化率指最终零关税产品占全部产品的比重。

水平最高，全部产品均已实现零关税；对新西兰、智利、哥斯达黎加、冰岛等国的开放水平也较高，零关税产品均占税目的95%以上。从零关税产品进口额来看，大部分协定也在90%以上，对港澳、智利、新西兰、新加坡、冰岛等地零关税进口额占比更是超过95%。中巴自贸协定目前实施的是第一阶段谈判成果，因而自由化水平较低，正在进行的第二阶段谈判的自由化目标为90%；海峡两岸经济合作框架协议（ECFA）仅早期收获计划生效，货物贸易协定正在谈判之中，估计自由化率不会低于90%。而已完成实质性谈判的中韩自贸协定，最终实现零关税产品涉及两国税目的90%、贸易额的85%；中澳自贸协定中，澳大利亚对我国所有产品最终实现零关税，我国对澳大利亚绝大多数产品最终实现零关税。从零关税产品的过渡期来看，大多数协定的过渡期在10年以内，虽然与秘鲁、哥斯达黎加、瑞士、新西兰等国的协定过渡期超过10年，但其中绝大部分产品均在10年内降为零关税。

表2-6　我国已生效自贸协定关税自由化情况

协定	成员方	零关税税目占比（%）	零关税进口额占比（%）	零关税过渡期（年）	零关税降税时间
内地—港澳CEPA	中国内地	100	100	2	2004.1.1—2006.1.1
	香港、澳门	100	100	0	2004.1.1 立即降税
中国—东盟FTA	中国	94.3	93.2	7	2005.7.1—2012.1.1
	东盟	94.5	91.1	7（老成员） 13（新成员）	2005.7.1—2012.1.1（老成员） 2005.7.1—2018.1.1（新成员）
中国—智利FTA	中国	97.2	99*	9	2006.10.1—2015.1.1
	智利	98.1	97*	9	2006.10.1—2015.1.1

续 表

协定	成员方	零关税税目占比（%）	零关税进口额占比（%）	零关税过渡期（年）	零关税降税时间
中国—巴基斯坦 FTA	中国	35.5	—	3	2007.7.1—2010.1.1
	巴基斯坦	35.6	—	3	2007.7.1—2010.1.1
中国—新西兰 FTA	中国	98 *	97.2	11	2008.10.1—2019.1.1
	新西兰	100	100	8	2008.10.1—2016.1.1
中国—新加坡 FTA	中国	—	97.1	3	2009.1.1—2012.1.1
	新加坡	100	100	0	2009.1.1 立即降税
中国—秘鲁 FTA	中国	94.6	—	16	2010.3.1—2026.1.1
	秘鲁	92.0	—	16	2010.3.1—2026.1.1
中国—哥斯达黎加 FTA	中国	96.7	—	14	2011.8.1—2025.1.1
	哥斯达黎加	91.1	—	14	2011.8.1—2025.1.1
中国—冰岛 FTA	中国	95.9	96.2	10	2014.7.1—2024.1.1
	冰岛	96 *	99.8	0	2014.7.1 立即降税
中国—瑞士 FTA	中国	92	84.2	14	2014.7.1—2028.1.1
	瑞士	89	99.7	0	2014.7.1 立即降税

注：大陆与台湾的海峡两岸经济合作框架协议（ECFA）仅早期收获计划生效，因而上表未将其包括其中。

* 为估计值；—为未获得数据。

资料来源：中国—东盟 FTA 数据引自袁波，王金波，王蕊．东盟对外签订的自由贸易协定比较研究［M］. 北京：中国商务出版社，2011. 17－18；其他数据由作者根据协定文本以及中国自由贸易区服务网等资料整理。

虽然我国自贸协定的总体开放程度较高，但目前，以美欧为代表的发达国家对自贸协定中的货物贸易自由化水平提出了更高的标准。例如，跨太平洋伙伴关系协定（TPP）谈判原则上要求取消所有产品关税，且绝大部分产品应在协定生效后立即取消关税；跨大西洋贸易与投资伙伴关系协定（TTIP）谈判也将目标定为取消几乎全部产品关税。而我国在农产品、木材和纸制品、汽车等领域还存在部分高度敏感产品，尤其是对主要贸易伙伴，短期内仍无法实现全部产品零关税。

（二）原产地规则

我国已生效自贸协定的原产地规则中，实质性改变判定标准由以区域价值成分为主向综合各种标准的产品特定原产地规则转变，逐步细化。我国早期自贸协定中的原产地规则以区域价值成分标准为主，仅部分产品适用特定原产地标准，包括税则归类改变、加工工序要求以及更高的区域价值成分标准等，如内地与港澳 CEPA 以及与东盟、新加坡、智利等伙伴的自贸协定。由于区域价值成分的计算较为复杂，我国后期自贸协定的原产地规则采用以税则归类改变为主的产品特定原产地标准，并配合区域价值成分和加工工序要求，对各类产品适用原产地规则的要求更加明确，便于企业实际应用。而且我国所有自贸协定的原产地规则均适用累积规则，且大多包含微小含量和免予提交原产地证书的金额要求，为企业进出口提供更多便利，也符合国际原产地规则发展的主流趋势。尤其是与冰岛和瑞士的原产地规则允许经核准的出口商出具原产地声明，免予办理原产地证书，为企业节省了时间和费用，有利于提高协定优惠关税的利用率。

（三）服务贸易开放程度

随着全球竞争重点由货物贸易转向服务贸易，服务业和服务贸易发展水平已经成为衡量一国现代化水平的重要标志之一。我国在自由贸易区建设过程中，服务贸易的开放范围逐步扩大，准入门槛不断降低，通过引入竞争和经验借鉴，提升我国服务业水平。其中，内地对香港和澳门的服务贸易开放程度最高，已生效的十个补充协议，对香港服务贸易开放措施

表 2－7　我国自贸协定原产地规则情况

协定	基本标准	产品特定原产地标准适用范围	产品特定原产地标准包含内容			累积原产地规则	微小含量	免予提交原产地证书金额（美元）	允许自主原产地声明
			区域价值成分	税则归类改变	加工工序要求				
内地—港澳 CEPA	区域价值成分≥30%	部分产品		8 位	是	双边		200	
中国—东盟 FTA	区域价值成分≥40%	部分产品		6 位	是	区域内		200	
中国—智利 FTA	区域价值成分≥40%	部分产品	≥50%	2 位、4 位		双边	8%	600	
中国—巴基斯坦 FTA	区域价值成分≥40%					双边		200	
中国—新加坡 FTA	区域价值成分≥40%	部分产品		6 位	是	双边	10%	600	
中国—新西兰 FTA	产品特定原产地标准，以税则归类改变为主	全部产品	≥30% ~50%	4 位、6 位	是	双边	10%	1000	
中国—秘鲁 FTA	产品特定原产地标准，以税则归类改变和区域价值成分为主	全部产品	≥40% ~50%	6 位		双边	10%	600	

续 表

协定	基本标准	产品特定原产地标准适用范围	产品特定原产地标准包含内容			累积原产地规则	微小含量	免予提交原产地证书金额（美元）	允许自主原产地声明
			区域价值成分	税则归类改变	加工工序要求				
中国—哥斯达黎加 FTA	产品特定原产地标准，以税则归类改变为主	全部产品	≥35% ~60%	4 位、6 位	是	双边	10%	600	
大陆—台湾 ECFA	产品特定原产地标准，以税则归类改变为主	全部产品	≥40% ~50%	8 位		双边	10%		
中国—冰岛 FTA	产品特定原产地标准，以税则归类改变为主	全部产品	≥40% ~50%	2 位、4 位	是	双边	10%	600	是
中国—瑞士 FTA	产品特定原产地标准，以税则归类改变为主	全部产品	≥30% ~50%	2 位、4 位	是	双边	10%	600	是

资料来源：部分内容参考刘德标，祖月．中国自由贸易协定概论［M］．北京：中国商务出版社，2012. 49 - 52；其他数据由作者根据协定文本以及中国自由贸易区服务网等资料整理。

403 项，对澳门服务贸易开放措施 383 项。我国与东盟服务贸易协议生效后，双方又制定了第二批具体承诺议定书，在原有建筑、环保、运输、体育和商务（包括计算机、管理咨询、市场调研等）等 5 个服务部门的 26 个分部门开放承诺之上，对商业服务、电信、建筑、分销、金融、旅游、交通等部门的承诺内容进行了更新和调整，进一步开放了公路客运、职业培训、娱乐文化和体育服务等服务部门。同时，我国对新加坡服务贸易领域的开放，在对东盟的承诺之外增加了允许新加坡在华设立股比不超过 70% 的外资医院，以及认可新加坡两所大学的医学学历。我国对巴基斯坦的服务贸易开放集中在 6 个主要服务部门的 28 个分部门，具体包括采矿、研发、环保、医院、旅游、体育、交通、翻译、房地产、计算机、市场调研、管理咨询、印刷出版、建筑物清洁、人员提供和安排服务等；对智利开放计算机、管理咨询、房地产、采矿、环境、体育、空运等 23 个部门和分部门；对秘鲁开放采矿、咨询、翻译、体育、旅游等部门；对新西兰开放商务、环境、体育娱乐、运输 4 大部门的 15 个分部门，包括开放项目管理服务，允许新西兰服务提供者设立外商投资企业提供计算机、环保、体育娱乐服务，允许设立中外合资企业提供计算机订座系统服务等；对哥斯达黎加开放计算机服务、房地产、市场调研、翻译和口译、体育等 7 个部门。此外，根据《海峡两岸经济合作框架协议》（ECFA）的服务贸易早期收获计划，对台湾地区开放会计服务、计算机及其相关服务、研究和开发服务、会议服务以及视听服务项下的进口电影片配额。因此，我国通过自由贸易区建设，扩大了服务贸易的市场准入，使贸易便利化和自由化程度进一步提高。

我国已生效自贸协定中的服务贸易措施基本遵循 WTO《服务贸易总协定》（GATS）模式，水平承诺与我国加入 WTO 的承诺大体一致，采取“准入后国民待遇 + 正面清单”模式，部门承诺水平大多高于我国加入 WTO 的承诺。其中，由于内地与港澳同属一个主权国家，因而对其服务贸易自由化的广度和深度都相当大，远超我国加入 WTO 的承诺。而从对外签署的自贸协定来看，我国部门开放的承诺水平大体上也高于对 WTO 的承诺。一方面，我国在自贸协定中对部分已在 WTO 中承诺开放的部门作出了进一步深化的承诺，如将部分领域的市场准入限制由“仅限于合资企业”扩大到“允许设立外资独资子公司”，主要集中在商业服务和环境服务等领域；另一方面，在对 WTO 承诺的基础上新增了一些开放领域，扩展了承诺范围，如开放研发服务、市场调研服务、体育和其他娱乐服务等，主要集中在商业服务、运输服务以及娱乐、文化和体育服务等领域。

总体来看，虽然我国在自贸协定中的服务贸易开放水平高于对 WTO 的承诺，但实际自由化程度尚未显著超越 GATS，深化承诺大多仅为放宽商业存在的市场准入限制，扩展承诺的数量不多，且开放水平不高，大多存在准入限制。而从国际发展趋势来看，服务贸易已成为多边和区域经贸谈判的核心内容。美欧等国倡导的国际服务贸易协定（TISA）谈判主张采用“负面清单”模式，以期制定更高标准的国际服务贸易新规则；TPP 和 TTIP 谈判也将服务贸易作为其中的关键内容，并要求更高的自由化水平，尤其是在金融和电信领域。我国已于 2013 年宣布加入 TISA 谈判，但服务贸易开放水平与发达国家相比仍存在较大差距；而有所突破的是 2015 年 3 月 1 日生效的广东省对港澳基本实现服务贸易自由化协议，采取“准入前国民待遇 + 负面清单”模式，极大地提升了服务贸易开放水平。

除对港澳台地区外，我国已生效自贸协定中的自然人流动规则大体上与我国加入 WTO 的承诺一致，包括市场准入方面的临时入境和居留规定以及国民待遇方面的资格要求。对于自然人流动的市场准入，我国与巴基斯坦、智利、冰岛的自贸协定没有超出我国对 WTO 的承诺，与新西兰、秘鲁、哥斯达黎加的自贸协定在个别领域略有放宽，而与新加坡、东盟、瑞士的自贸协定相对开放度稍高。例如，我国允许新西兰、秘鲁、哥斯达黎加、新加坡和瑞士的商务访问者入境 6 个月；允许新西兰、东盟的维修安装人员入境 3 个月，允许瑞士的维修安装人员入境 6 个月；允许东盟的会计服务人员入境 1 年；允许东盟、瑞士的建筑设计服务、工程服务、城市规划服务（城市总体规划服务除外）、建筑及相关工程服务、计算机及相关服务、教育服务和旅游服务人员入境 1 年。对于自然人流动的国民待遇资格，我国的自贸协定基本与我国对 WTO 的承诺相同：一是要求计算机及相关服务人员具有注册工程师资格或学士（或以上）学位并在该领域有 3 年工作经验；二是要求笔译和口译服务人员具有 3 年笔译或口译工作

表 2－8　我国自贸协定中服务贸易领域新增开放承诺数量

协定（生效时间）		商业服务	通信服务	建筑及工程服务	分销服务	教育服务	环境服务	金融服务	健康服务和社会服务	旅游及相关服务	娱乐、文化和体育服务	运输服务	合计
中国—新西兰 FTA（2008.10.1）	深化承诺	2					7					2	11
	扩展承诺	1									1	1	3
中国—巴基斯坦 FTA（2009.10.10）	深化承诺	5					5						10
	扩展承诺	7							1		1	2	11
中国—秘鲁 FTA（2010.3.1）	深化承诺	5											5
	扩展承诺	7									1	1	9
中国—智利 FTA（2010.8.1）	深化承诺	5					7					2	14
	扩展承诺	4									1	4	9
中国—哥斯达黎加 FTA（2011.8.1）	深化承诺	5											5
	扩展承诺	2									1		3
中国—新加坡 FTA *（2011.10.24）	深化承诺	5					7					2	14
	扩展承诺	5				2			1		1	5	14
中国—东盟 FTA *（2012.1.1）	深化承诺	5					7					2	14
	扩展承诺	4				2					1	4	11

续 表

协定（生效时间）		商业服务	通信服务	建筑及工程服务	分销服务	教育服务	环境服务	金融服务	健康服务和社会服务	旅游及相关服务	娱乐、文化和体育服务	运输服务	合计
中国—冰岛 FTA (2014.7.1)	深化承诺	5											5
	扩展承诺	3									1	1	5
中国—瑞士 FTA (2014.7.1)	深化承诺	5					5	1				2	13
	扩展承诺	7				1					1	1	10

注： * 为第二批承诺。

资料来源： 作者根据协定文本整理。

表 2－9　我国自贸协定中自然人流动市场准入主要规定

协定（生效时间）	公司经理、高管、专家等高级雇员内部调动	受外企雇佣的公司经理、高管、专家等高级雇员	服务销售人员	机器设备配套维修和安装人员	商务访问者	会计服务人员	医疗和牙医服务人员	建筑设计、工程服务、城市规划①、建筑及相关工程服务人员	计算机及相关服务人员	教育服务人员	厨师和高级管理人员等旅游服务人员	国际海运服务人员
中国加入WTO承诺（2001.12.11）	3年	3年	90天				6个月，可延至1年			中国学校和教育机构邀请或雇佣	与在中国的合资饭店和餐馆签订合同	不做承诺
中国—新西兰FTA（2008.10.1）		同WTO		3个月	6个月		同WTO			同WTO	同WTO	同WTO
中国—巴基斯坦FTA（2009.10.10）	同WTO	同WTO	同WTO				同WTO			同WTO	同WTO	同WTO

① 城市总体规划服务除外。

续表

协定（生效时间）	公司经理、高管、专家等高级雇员内部调动	受外企雇佣的公司经理、高管、专家等高级雇员	服务销售人员	机器设备配套维修和安装人员	商务访问者	会计服务人员	医疗和牙医服务人员	建筑设计、工程服务、城市规划、建筑及相关工程服务人员	计算机及相关服务人员	教育服务人员	厨师和高级管理人员等旅游服务人员	国际海运服务人员
中国—秘鲁FTA（2010.3.1）	同WTO				6个月		同WTO			同WTO	同WTO	同WTO
中国—智利FTA（2010.8.1）	同WTO	同WTO	同WTO							同WTO		
中国—哥斯达黎加FTA（2011.8.1）	同WTO	同WTO	同WTO		6个月		同WTO			同WTO	同WTO	同WTO
中国—新加坡FTA（2011.10.24）	同WTO				6个月	1年	1年	1年	1年	同WTO 1年	同WTO 1年	同WTO

续 表

协定（生效时间）	公司经理、高管、专家等高级雇员内部调动	受外企雇佣的公司经理、高管、专家等高级雇员	服务销售人员	机器设备配套维修和安装人员	商务访问者	会计服务人员	医疗和牙医服务人员	建筑设计、工程服务、城市规划、建筑及相关工程服务人员	计算机及相关服务人员	教育服务人员	厨师和高级管理人员等旅游服务人员	国际海运服务人员
中国—东盟 FTA（2012.1.1）	同 WTO	同 WTO		3 个月		1 年	1 年	1 年	1 年	同 WTO 1 年	同 WTO 1 年	同 WTO
中国—冰岛 FTA（2014.7.1）	同 WTO	同 WTO	同 WTO				同 WTO			同 WTO	同 WTO	同 WTO
中国—瑞士 FTA（2014.7.1）	同 WTO			6 个月	6 个月		1 年	1 年	1 年	1 年	1 年	同 WTO

注：生效时间为服务贸易措施生效时间；新加坡和东盟为第二批服务贸易承诺。

资料来源：作者根据协定文本以及中国自由贸易区服务网等资料整理。

经验，熟练掌握工作语言（一种或多种）；三是要求教育服务人员具有学士（或以上）学位，且有相应专业职称或证书和2年专业工作经验。因而总体来看，我国对外签署的自贸协定在自然人流动方面的限制较多，市场开放度不大。

表2－10　我国自贸协定中自然人流动国民待遇方面的规定

协定(生效时间)	计算机及相关服务人员	笔译和口译服务人员	教育服务人员
中国加入 WTO 承诺(2001.12.11)	注册工程师,或有学士或以上学位并在该领域有3年工作经验	3年笔译或口译工作经验,熟练掌握工作语言(一种或多种)	学士或以上学位;且有相应专业职称或证书,2年专业工作经验
中国—新西兰 FTA(2008.10.1)	同 WTO	同 WTO	同 WTO
中国—巴基斯坦 FTA(2009.10.10)	同 WTO	同 WTO	同 WTO
中国—秘鲁 FTA(2010.3.1)	同 WTO	同 WTO	同 WTO
中国—智利 FTA(2010.8.1)	同 WTO	同 WTO	同 WTO
中国—哥斯达黎加 FTA(2011.8.1)	同 WTO	同 WTO	同 WTO
中国—新加坡 FTA(2011.10.24)	同 WTO	同 WTO	同 WTO
中国—东盟 FTA(2012.1.1)	同 WTO	同 WTO	同 WTO 中方合同主体应为具有教育服务职能的法人机构
中国—冰岛 FTA(2014.7.1)	同 WTO	同 WTO	同 WTO

续 表

协定(生效时间)	计算机及相关服务人员	笔译和口译服务人员	教育服务人员
中国—瑞士 FTA (2014.7.1)	同 WTO	同 WTO	同 WTO 中方合同主体应为具有教育服务职能的法人机构

注: 生效时间为服务贸易措施生效时间;新加坡和东盟为第二批服务贸易承诺。
资料来源: 作者根据协定文本以及中国自由贸易区服务网等资料整理。

(四) 投资领域

除对港澳地区外,我国已生效自贸协定的投资措施大体遵循 WTO《与贸易有关的投资措施协议》(TRIMS),对投资领域的一般原则性问题作出规定,主要内容涉及国民待遇和最惠国待遇、不符措施、转移、公平和公正待遇、损失补偿、征收、代位、投资者与国家争端解决等。在国民待遇方面,我国目前对外签署的自贸协定仅承诺给予外资准入后国民待遇,即"给予另一方投资者及其投资,在管理、经营、运营、维护、使用、销售、清算或此类投资其他形式的处置方面,不低于其在同等条件下给予其本国投资者及其投资的待遇",① 而对另一方投资者及其投资在准入、设立、获得、扩大等方面的国民待遇并未作出承诺。然而目前,投资准入自由化已成为国际经贸规则发展的大趋势,不仅是欧美等发达国家,许多发展中国家也承诺对外资实行准入前国民待遇。例如,东盟与日本、韩国、澳新,以及印度签署的自贸协定均给予外资准入前国民待遇,而印度与日本、韩国签署的自贸协定亦然。这就决定了在我国与上述国家共同参与的区域全面经济伙伴关系协定(RCEP)谈判中,在投资章节采用准入前国民待遇条款的可能性极大。目前,我国已在自由贸易试验区中试行"准入前国民待遇+负面清单"的外资管理模式,为我国今后的自贸区投资自由化措施先行先试,并承诺在中美双边投资协定(BIT)谈判以及中韩自贸协定下一阶段投资谈判中采用"准入前国民待遇+负面清单"模式。

---

① 以中国—东盟投资协议第四条国民待遇为例。

我国对外签署自贸协定的投资措施中大多包含投资者—国家争端解决机制，主要包括磋商、东道国国内救济和国际仲裁三种方式。其中，磋商是争端解决的首选途径，如6个月内无法解决争议，则可寻求法院或仲裁等其他途径，但对提交国际仲裁的条件以及适用范围进行一定限制。中国—冰岛自贸协定的投资措施基本采用双方1994年3月31日签署的《关于促进和相互保护投资协定》，其中要求“将争议提交接受投资的缔约一方有管辖权的法院”，仅在涉及征收补偿款额时才能提交国际仲裁。而其他自贸协定的投资措施取消了对国际仲裁适用范围的限制，允许任何投资争议提交国际仲裁，但在提交条件上仍有一定限制。在我国与巴基斯坦、哥斯达黎加[①]、东盟[②]、秘鲁的投资措施中，要求投资者将争议提交国际仲裁前，用尽缔约方国内行政复议程序，与新西兰、智利的协定进一步规定这一程序不超过3个月。而对于提起争端解决的时效，各协定均规定为对投资者造成损失或损害时起3年内。

目前正在进行的TPP谈判中也包括投资者—国家争端解决机制，美国希望进一步强化这一制度，保障国际仲裁的约束力，为其装上“牙齿”，进而保护其海外投资。虽然澳大利亚等国家对此表示反对，但就公开的TPP总体框架及相关资料来看，最终协定很可能包含以美式标准为基础的投资者—国家争端解决机制，但可能会允许政府在某些情况下对仲裁法院的结果做出指导。[③] 而我国目前对投资者—国家争端解决机制还存在一些限制，难以达到TPP以及美国等发达国家的要求。

（五）合作领域

我国已生效自贸协定除货物贸易、服务贸易、投资等内容外，大多还包含合作章节或相关内容，缔约双方均希望通过自贸区建设这一平台，深化各领域合作，密切双边关系。根据缔约双方的国情和实际需求，协定涵

---

① 中国—哥斯达黎加自贸协定将双方2007年10月24日签署的《关于促进和保护投资的协定》作为投资章节的内容。

② 中国—新加坡自贸协定投资章节适用中国—东盟投资协定。

③ 中国世界贸易组织研究会．美国发表TPP目标和内容摘要．http://cwto.mofcom.gov.cn/article/d/201406/20140600624002.shtml. 2014/06/13.

盖的合作领域较为丰富，但侧重点不尽相同。由于港澳台地区与我国同属一个主权国家，因而合作范围与深度总体上超过其他伙伴，主要合作领域涉及中小企业、贸易投资促进、通关便利化、产业合作、知识产权等，以及其他协定较少涉及的金融合作、电子商务等相对敏感领域；同时，与港澳的合作领域还包含法律法规透明度和品牌合作，检验检疫合作中包含食品安全、质量标准等，产业合作也细化到中医药、会展、文化、环保、创新科技等方面。对外签署的自贸协定除一般性的经济合作、科技、教育、文化、中小企业、贸易投资促进、知识产权等领域外，还涉及一些双方关注的内容。与东盟的合作包含湄公河盆地开发、次区域开发、交通等领域；与新加坡的合作包含参与中国区域发展、促进中国企业走出去等内容；与秘鲁的合作包含信息技术和传统医学；与哥斯达黎加的合作包含自然灾害管理；与冰岛和瑞士的合作包含政府采购与发展合作。

我国大部分自贸协定均包含知识产权条款或相关内容，但具体规定不断丰富和深化。与港澳地区在补充协议中将知识产权保护纳入协定中的贸易投资便利化部分①，要求加强信息交换与磋商；与台湾签署的《海峡两岸知识产权保护合作协议》在加强合作、交流与协商的基础上，规定了执法协处机制；与巴基斯坦、智利的协定在“与边境措施有关的特别要求”条款中规定了打击假冒商标和盗版的约束措施，与智利的协定还在合作章节强调加强知识产权保护的信息交流与合作。与新西兰、秘鲁、哥斯达黎加、冰岛和瑞士的协定均包含单独的知识产权章节，内容更加丰富和具体，但承诺水平仍以加强合作与信息交流，以及遵循 WTO《与贸易有关的知识产权协定》以及其他相关国际公约为主。其中，与新西兰、冰岛的协定规定，在磋商和对话未能解决问题的情况下，允许适用协定中的争端解决机制；与瑞士的协定更是详细阐述了知识产权涉及的各个领域，并要求保护产地标记和国名，还对知识产权执法做出明确规定，包括中止放行、检查权、担保、民事救济、临时措施和禁令以及刑事救济。

---

① 内地与香港 CEPA 补充协议三、补充协议五、补充协议十中涉及知识产权内容；内地与澳门 CEPA 补充协议三、补充协议六、补充协议八、补充协议十中涉及知识产权内容。

（六）新议题

当前，以美欧为代表的发达国家为了重新获得国际竞争优势，在区域经济合作中积极推行新的经贸规则和标准，使得自贸协定涉及的领域不断拓展，尤其是纳入了被称为“21 世纪议题”的电子商务、气候变化、环境保护、劳工权利、反腐败等议题。[①] 在这种国际大环境下，我国自贸协定的内容也逐步拓展，涉及领域不断丰富，将部分“21 世纪议题”以及一些我国以往较少涉及的传统议题纳入其中。但总体而言，对于这些新议题，我国持谨慎态度，大多仅作概括性、原则性规定，以加强合作与交流等宣示性条款为主，大多不适用争端解决机制，缺乏强制性约束力。

竞争政策：竞争政策属于边境后措施，主要是要求市场上所有经营者公平竞争。我国与东盟、巴基斯坦等早期的自贸协定并无独立的竞争条款，与秘鲁和哥斯达黎加的协定在合作章节包含竞争条款，但内容较为宽泛，主要是促进信息交流、能力建设、技术援助和人力资源培训等；与冰岛和瑞士的协定单独设立了竞争章节，但仍主要是原则性规定，并明确指出“竞争章节不对缔约双方的经营者创设任何具有法律约束力的义务”，且不适用自贸协定项下的争端解决机制。对于美欧等发达国家要求的包含限制国有企业内容的竞争中立政策，目前在我国自贸协定中尚未涉及。

环境保护：20 世纪 70 年代以来，环境与贸易挂钩问题一直备受关注。我国早期的自贸协定较少将环境保护纳入其中，而随着环境问题的日益突出，一些环境条款也逐步成为自贸协定的组成部分。其中，与港澳在补充协议中将环保纳入产业合作部分[②]，但内容仅为加强合作、沟通与信息交换等；与秘鲁的协定在合作章节包含林业和环境保护条款，与新西兰、智利、冰岛的协定将单独的环境合作协定或谅解备忘录纳入合作章节之中，但仍以加强双方交流与合作为主；与瑞士的协定首次将环境问题单独设

① 陈德铭等．经济危机与规则重构．北京：商务印书馆，2014．158－173．

② 内地—香港 CEPA 补充协议七和内地—澳门 CEPA 补充协议七涉及环保产业合作。

章，包含内容也相对丰富，强调不应通过降低或减少环境保护水平来鼓励贸易和投资，环保标准不能用于贸易保护目的，但从承诺水平来看仍以国际文件中的义务为主，且不适用协定项下的争端解决机制。

劳工问题：劳工问题涉及人权、自由等敏感问题，因而我国的自贸协定较少涉及这一领域，一般仅在序言中原则性地提及实现创造就业的目标。与东盟和新加坡协定的合作领域仅涉及人力资源开发；与冰岛的协定在合作章节包含劳动条款，与新西兰、智利、秘鲁的协定将劳动合作谅解备忘录纳入合作章节，强调加强劳动问题上的交流与合作；与瑞士的协定包含两国签署的《劳动和就业领域合作协议》，其法律层次高于谅解备忘录。然而，美欧等发达国家认为发展中国家劳工标准较低，要求将国际劳动公约中的核心劳工标准纳入自贸协定，主要包括自由结社权和集体谈判权、废除强迫和强制劳动、禁止童工劳动、消除就业与职业歧视。我国已批准后两条劳工标准，而前两条尚未批准，[①] 因而短期内无法在自贸协定中就劳工标准作出具体承诺。

政府采购：我国自 2007 年 12 月 28 日正式启动《政府采购协定》（GPA）谈判，目前尚未完成。在自贸协定中也较少涉及这一议题，仅在与冰岛和瑞士协定的合作章节中有所提及，但仍为原则性表述，要求加强合作、协商，以及信息交流和公开，并在我国完成 GPA 谈判后尽快启动双边政府采购谈判。

电子商务：电子商务是伴随数字时代产生的新议题，由于其以互联网为途径进行数据传输，可能会对国家安全、个人隐私等产生一定不利影响。我国在对外签署的自贸协定中尚未涉及电子商务议题，仅在与港澳台的协定中稍有提及，但内容较为宽泛。与港澳的协定将电子商务作为贸易投资便利化章节的一部分，强调要加强电子商务规则、标准、法规方面的合作，推动企业间交流，推行电子政务合作，开展经贸信息交流合作。

---

① 陈德铭等．经济危机与规则重构．北京：商务印书馆，2014．580－581．

表 2－11　我国自贸协定中涉及的主要合作领域

协定	内地—香港CEPA	内地—澳门CEPA	大陆—台湾ECFA	中国—东盟FTA	中国—新加坡FTA	中国—新西兰FTA	中国—智利FTA	中国—秘鲁FTA	中国—哥斯达黎加FTA	中国—冰岛FTA	中国—瑞士FTA
经济合作						○	○	○		○	
科研和技术	○	○					○	○	○	○	
信息技术				○				○			
教育合作	○						○	○		○	
中小企业	○	○	○	○		○	○	○	○		
文化合作	○	○					○	○	○		
贸易投资促进	○	○	○	○	○		○		○		□
产业合作	○	○	○								○
矿业和工业				○			○	○			
旅游合作	□	□		○	○			○			
通关便利化	○	○	○								
检验检疫	○	○									○
传统医学与中医药	○	○						○			
农业、渔业				○				○	○		○

续 表

协定	内地—香港CEPA	内地—澳门CEPA	大陆—台湾ECFA	中国—东盟FTA	中国—新加坡FTA	中国—新西兰FTA	中国—智利FTA	中国—秘鲁FTA	中国—哥斯达黎加FTA	中国—冰岛FTA	中国—瑞士FTA
自然灾害管理									○		
知识产权	○	○	○	○		□	○	□	□	□	□
法律法规透明度	○	○									
品牌合作	○	○									
区域合作				○	○						
发展合作										○	○
竞争政策								○	○	□	□
劳动、人力资源				○	○	△	△	△		○	△
环境保护	○	○		○		△	△	○		△	□
政府采购										○	○
电子商务	○	○	○								
金融合作	○	○	○	○							
合作领域数	16	15	7	11	4	5	10	14	8	9	10

注： ○表示协定中合作章节的内容，□表示协定中独立设章的内容，△表示协定中提及的专门的谅解备忘录或协定；中国—巴基斯坦 FTA 未包含合作章节，货物贸易章节“与边境措施有关的特别要求”中涉及知识产权内容。

资料来源： 作者根据协定文本整理，其中大陆—台湾 ECFA 和中国—东盟 FTA 为框架协议内容。

三、中国自贸区建设面临的困难与问题

（一）我国自贸区建设存在的问题

1. 自贸区网络布局尚不完善

我国自贸区建设虽取得了一定成效，但自贸伙伴数量还不多，区域布局还不完善。从周边来看，我国尚未建立广泛覆盖周边国家的自贸区网络，除港澳台外，仅与东盟和巴基斯坦实施了自贸区，与韩国和日本正在谈判之中，而周边重要俄罗斯、印度、蒙古国等国均未与我国开展自贸区建设。从全球来看，我国的自贸区网络尚未覆盖非洲、北美地区，欧盟、西亚和中亚等国家也未与我国签署自贸协定。

2. 自贸伙伴占我国贸易比重不高

我国已生效协定的自贸伙伴经济体量普遍较小，占我国对外贸易的比重不高，对我国整体经济的带动作用不足。其中，仅东盟的经济体量较大，位居我国十大贸易伙伴之列，但分解到 10 个国家，贸易占比依然不大。我国与 18 个自贸伙伴贸易额占我国外贸总额的四分之一左右，同美欧等经济体相比还存在一定差距。根据美国商务部的统计，2013 年，美国对自贸伙伴出口额占其出口总额的 46.4%，从自贸伙伴进口额占其进口总额的 35.3%；根据欧盟委员会的统计，欧盟与自贸伙伴的出口和进口分别占其总额的 34.9% 和 28.5%。而同年，我国对自贸伙伴出口额占出口总额的 32.2%，从自贸伙伴进口额占进口总额的 24.3%，虽稍高于 2014 年的水平，但仍低于美国和欧盟。

图 2－1　2013 年美国、欧盟、中国自贸伙伴出口占比情况

资料来源： 美国商务部、欧盟统计局、中国海关统计。

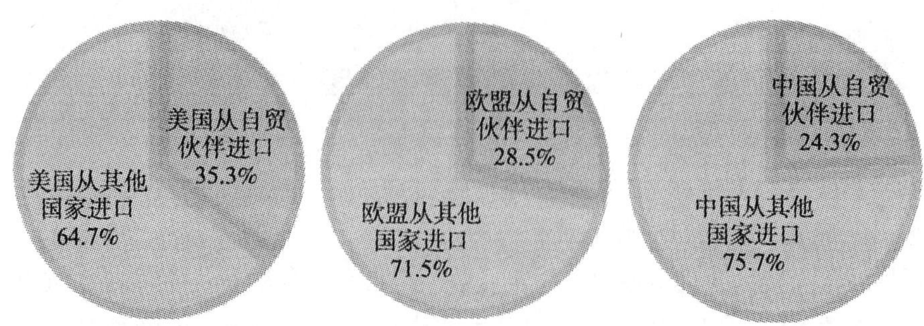

图 2-2　2013 年美国、欧盟、中国自贸伙伴进口占比情况

资料来源：美国商务部、欧盟统计局、中国海关统计。

表 2-12　全球主要经济体 FTA 情况

单位：个，%

序号	经济体	FTA 数量	FTA 伙伴数量	与 FTA 伙伴贸易额占进出口总额比重	从 FTA 伙伴进口额占进口总额比重	对 FTA 伙伴出口额占出口总额比重
1	墨西哥	13	43	81.16	71.03	91.30
2	加拿大	7	12	68.14	59.39	77.03
3	土耳其	17	46	44.14	41.40	48.39
4	美国	14	20	39.45	34.66	46.43
5	韩国	8	45	34.76	32.07	37.31
6	欧盟	34	66	27.47	24.91	30.19
7	澳大利亚	7	14	26.68	35.16	18.42
8	中国	10	18	25.56	21.43	29.22
9	日本	13	15	18.92	18.16	19.77
10	印度	9	19	16.77	15.06	19.65

资料来源：陈德铭. 经济危机与规则重构. 北京商务印书馆，2014.

3. 自贸协定规则标准有待提升

除与港澳地区的《更紧密经贸关系安排》（CEPA）外，我国自贸协定的自由化水平仍需提高，市场开放度也需进一步增强。在市场准入方面，无论是货物贸易还是服务贸易，我国仍存在较多的敏感领域，进一步开放的阻力较大；在规则方面，已签协定均未承诺准入前国民待遇和负面清单，对知识产权、透明度等规则大多仅作原则性规定，对政府采购、竞争、劳工等规则较少提及，且内容宽泛。

4. 优惠关税利用率需进一步提高

随着我国自贸区建设的不断推进，已有越来越多的企业利用自贸区优惠关税开展业务，但整体利用率仍需进一步提高。以我国进出口大省山东为例，2014 年前三季度，全省平均自贸区优惠关税利用率为 31.4%，与主要贸易伙伴东盟的优惠关税利用率仅为 28.1%。[①] 而韩国出口企业的自贸协定有效利用率高达 66.9%。[②] 我国企业对自贸区优惠政策的认知不足，敏感性也不够，因而自贸协定的宣传推广力度也仍需进一步加强。

（二）我国自贸区建设面临的困难

1. 产业开放面临较大压力

当前，在中日韩自贸区以及 RCEP 谈判中，一些谈判成员均提出了 95% 以上的货物贸易自由化要求，甚至于一些开放要求涉及我国从未开放的粮棉油糖等领域。货物与服务自由化的进一步推进，将对我国部分相对弱势产业造成一定冲击。农业将要面临来自澳大利亚、新西兰等农业强国的竞争压力，高端制造业将会面临来自日本、韩国的竞争，石化产品可能会面临来自海合会国家的竞争，服务业则可能面临来自日本、韩国、新加坡乃至印度等国的竞争。在国外产业冲击之下，国内竞争力较弱的这些产业部门有可能会出现经营困难，甚至破产等问题，这使得产业界与相关行业主管部门对自贸区建设积极性不高。

2. 规则层面面临现实挑战

长期以来，我国在自贸区谈判中坚持遵循与世贸组织相一致的原则，已签订的自贸协定在规则层面均依据世贸组织相关协定的标准，如在服务贸易领域采用正面列表的方式，在贸易救济领域不超出当前世贸组织的相关规定等。当前，在 RCEP 和中日韩自贸区等谈判中，一些国家提出了新

---

① 代玲玲，杨学莹．“自贸协定优惠”鲁企利用率偏低．http://paper.dzwww.com/dzrb/content/20141110/Articel03006MT.htm，2014－11－10/2014－12－4.

② 林芳浚．韩国出口企业 FTA 有效利用率近 70%．http://ocm.wenweipo.com/newsdb/news/2014－02－25/15480.html，2014－2－25/2014－12－4.

的规则，比如要求服务贸易采用负面清单列表方式、要求给予投资准入前国民待遇、要求采用更高的知识产权保护标准、要求提高透明度等。我国要接受这些规则和标准还面临许多现实压力，一方面许多法律法规需要调整，许多行政成本也会因此增加，另一方面这些调整可能带来的经济安全风险有待全面评估，这也导致了一些协定谈判因为这些规则层面的因素而陷入困境。

3. 国内协调存在诸多困难

目前，我国自贸协定谈判与实施均由商务部牵头，就具体问题与各相关部委和行业进行协调。随着中日韩自贸区和 RCEP 谈判的启动，我国面临的自贸区谈判成员正由单一国家转向多个国家，谈判成员多，我国产业攻防利益各不相同，单纯依靠商务部来协调难度很大。同时，在新的谈判中，许多谈判对象国提出了更高的货物和服务自由化水平要求以及新的规则要求，进一步增加了当前自贸区谈判的协调难度。

4. 产业损害应对体系尚不完善

自贸区建设使我国的关税水平大幅下降，产品进口量明显增加，对我国部分行业和部分企业造成一定不利影响，一些企业不得不停产或转产。虽然我国《对外贸易法》规定，因进口产品数量大量增加，对生产同类产品或者与其直接竞争的产品的国内产业造成严重损害或者严重损害威胁的，国家可以采取必要的保障措施，消除或减轻这种损害或者损害的威胁，并可以对该产业提供必要的支持。但是我国自贸区产业损害应对体系尚不完善，对重点产业发展的跟踪、监测、预警水平还有待进一步提高，对企业转型升级的支持力度仍然不够。而且，我国尚未建立贸易调整援助制度，对于受开放冲击的企业、工人和农民的援助方式较少，援助力度不足，影响了产业界对自贸区建设的积极性。

5. 尚未建立完善的风险防控体系

自贸区建设在促进我国改革开放的同时，也将带来一些风险，如实施外资准入前国民待遇和负面清单的风险、金融风险、信息安全风险、产业安全风险以及意识形态风险等。目前，针对外资准入的放宽，我国已将国家安全审查纳入外商投资项目管理体系，但尚未建立系统、完善的风险防控体系，在提高自贸区开放水平时还存在很多顾虑。

四、中国与自贸协定伙伴的经贸合作评估

（一）中国—东盟自由贸易协定

1. 货物贸易

根据自贸区的协议规定，中国与东盟各国逐步履行降低关税的承诺。自2005年7月20日起，中国对原产于东盟6国①的产品实施中国—东盟自贸协定优惠税率，6国平均关税税率降为8.1%。② 自2007年1月1日起，中国对原产于东盟10国的部分税目商品实行第二步降税。中国降低了5375种税目产品的关税，占2007年全部税目的70.3%，比2006年增加了1967个8位税号。此次降税后，中国对东盟的平均关税下降为5.8%。自2009年1月1日起，中国对原产于东盟10国的部分税目商品实施第三步降税。降税后，实施协定优惠税率的税目数约为6750个，总体平均税率由5.8%降为1.96%。自2010年1月1日起，中国实施了第四批正常商品降税，双方91.5%的商品实施了零关税。降税后，中国对东盟各国实施协定税率的商品税目数在6800个左右，总体平均税率降至0.1%，平均优惠幅度为99%。

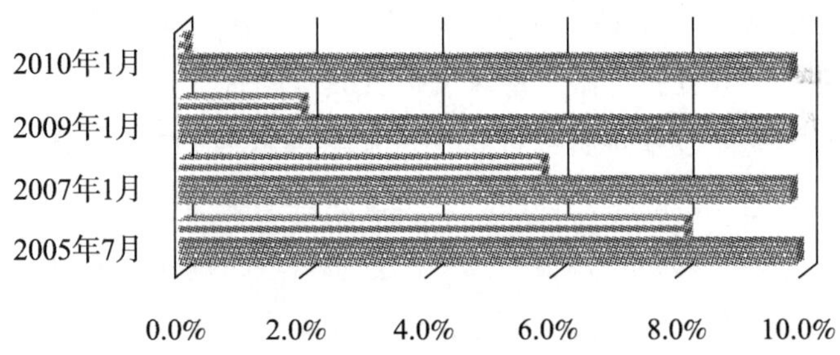

图2-3　中国实施《货物贸易协定》的降税过程

资料来源：根据财政部数据整理。

---

① 文莱、印度尼西亚、马来西亚、缅甸、新加坡、泰国。

② 张海琦，袁波．深化中国—东盟自贸区合作的总体思路与措施．国际经济合作，2013（7）．

与此同时，东盟各国也积极履行《货物贸易协定》，对中国实施全面降税。以泰国为例，2005 年 7 月，其对中国产品的平均税率已从 12.9% 降到 10.7%，2007 年又降到 6.4%，2009 年降到 2.8%，2010 年对 93% 以上约 7000 种中国产品实行零关税。到 2010 年 1 月 1 日，东盟 6 个老成员国已经对 90% 以上的中国产品实行零关税，对中国平均关税从 12.8% 降为 0.6%，东盟 4 个新成员国将在 2015 年实现这一目标。

中国与东盟双方在自贸协定框架下关税的降低乃至取消，促进了双边贸易的稳步增长。[①] 2001 年，中国与东盟双边贸易额不足 500 亿美元，2004 年已突破了 1000 亿美元大关，2007 年提前三年实现 2000 亿美元的目标。[②] 2012 年，受世界经济复苏明显减速和国际市场需求下滑的影响，双边贸易仍然突破 4000 亿美元，同比增长 10.2%，高出中国对外贸易整体增速 4 个百分点。[③] 2013 年，双边贸易额继续稳步发展，达到 4436.1 亿美元，同比增长 10.9%，高于中国对外贸易整体增速 3.3 个百分点。[④] 目前，东盟已为中国第三大贸易伙伴，仅次于欧盟与美国，而中国也已成为东盟第一大贸易伙伴和第一大进口来源地。[⑤]

机电与矿产品贸易占半壁江山。中国对东盟出口的主要商品为机电产品、服装、钢铁及其制品、船舶、矿产品、光学设备、家具、塑料等产品。2013 年，“电机、电器、音像设备及其零附件”、“核反应堆、锅炉、机器、机械器具”以及“针织或钩编的服装及衣着附件”，分别为中国对东盟出口的前三大类产品，合计出口金额达到 930.3 亿美元，占中国对东盟出口总额的 38.2%。进口方面，中国自东盟进口的主要商品为机电产品和矿产品。2013 年，“电机、电器、音像设备及其零附件”、“矿物燃料、矿物油及其产品、沥青等”以及“核反应堆、锅炉、机器、机械器具及零件等”为中国自东盟进口的前三大类产品，合计进口额为 1156.8 亿美元，占中国自东盟进口总额的 58.2%。

---

① 张海琦，袁波．深化中国—东盟自贸区合作的总体思路与措施．国际经济合作，2013（7）.

② 同上。

③ 同上。

④ 中国海关统计。

⑤ 中国海关统计。

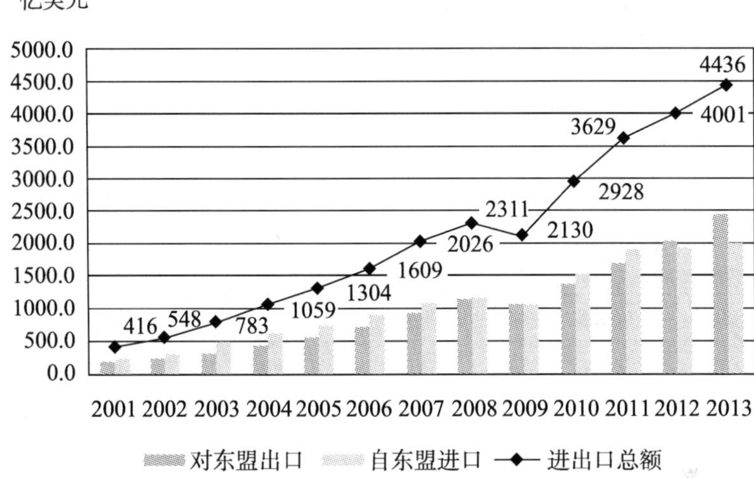

图 2-4 中国—东盟货物贸易发展现状

数据来源：中国海关统计。

与东盟贸易高度集中于六国。2013 年，中国与东盟中的马来西亚、泰国、新加坡、印尼、越南和菲律宾六国，贸易总额小计达到 4251.4 亿美元，占中国与东盟整体贸易的比重达到 95.7%，而与缅甸、柬埔寨、文莱和老挝四国的贸易额之和仅为 192.6 亿美元，占比为 4.3%。[①] 其中，越南、马来西亚和新加坡是中国在东盟的前三大出口市场，2013 年中国对三国出口额合计为 1403.8 亿美元，占中国对东盟出口总额的 57.5%；马来西亚、泰国和印尼是中国在东盟的前三大进口来源地，2013 年中国自三国进口额合计为 1300.8 亿美元，占中国自东盟进口总额的 64.9%。[②]

① 袁波. 中国—东盟自贸区：1+10>11 零关税驱动大合作. 经济，2011-12-15.

② 同上。

表 2 - 13　2013 年中国与东盟国家双边贸易发展情况表

单位：亿美元，%

序号	国别	进出口		中国出口		中国进口		中国贸易差额
		金额	比重	金额	比重	金额	比重	金额
1	文莱	26	0.6	17	0.7	9	0.4	8
2	柬埔寨	37.7	0.8	34.1	1.4	3.6	0.2	30.5
3	印尼	683.5	15.4	369.3	15.1	314.2	15.7	55.1
4	老挝	27.4	0.6	17.2	0.7	10.2	0.5	7
5	马来西亚	1060.7	23.9	459.3	18.8	601.4	30.0	-142.1
6	缅甸	101.5	2.3	73.4	3.0	28.1	1.4	45.3
7	菲律宾	380.7	8.6	198.4	8.1	182.3	9.1	16.1
8	新加坡	759.1	17.1	458.6	18.8	300.5	15.0	158.1
9	泰国	712.6	16.0	327.4	13.4	385.2	19.2	-57.8
10	越南	654.8	14.7	485.9	19.9	168.9	8.4	317
	合计	4444	100.0	2440.6	100.0	2003.4	100.0	437.2

资料来源：中国海关统计。

2. 相互投资

中国与东盟于 2009 年的签署《投资协定》生效后，为东盟国家与中国的企业提供了更加稳定和开放的投资环境，进一步促进了双方的投资增长。截至 2013 年年底，双方相互投资累计达到 1147.8 亿美元。

（1）东盟对华投资

从东盟对中国投资来看，2002—2006 年，东盟对华实际年投资额基本在 30 亿美元左右浮动，2007—2009 年，则上升到 40 亿美元以上，尤其是 2008 年，东盟对华实际投资额达到 54.6 亿美元的历史最高水平。[①] 2009 年，受国际金融危机影响，东盟对华投资有所下降，对华投资项目为 1047 项，合同外资金额 79.9 亿美元，实际投入金额 46.8 亿美元，分别减少

① 袁波. 中国—东盟自贸区：1 + 10 > 11 零关税驱动大合作. 经济，2011 - 12 - 15.

2.4%和14.3%。[①] 2010年开始，东盟对华投资逐步回升，2013年实际投入金额为83.5亿美元，同比增长18.1%。与此同时，东盟对华在投资在中国吸收外资总额中的比重始终不高，2002—2013年间虽有起伏，也仅在5%～6%浮动，2013年这一数值为6.7%。从存量来看，截至2013年年底，东盟国家对华累计实际投资854.4亿美元，占我国实际利用外资总额的6%。从流量来看，2013年东盟对华投资主要来自新加坡、印尼、马来西亚、泰国、菲律宾等东盟老成员国。2013年，新加坡不仅是东盟国家中对华投资最多的国家，同时也是中国吸收外资的第二大来源国。

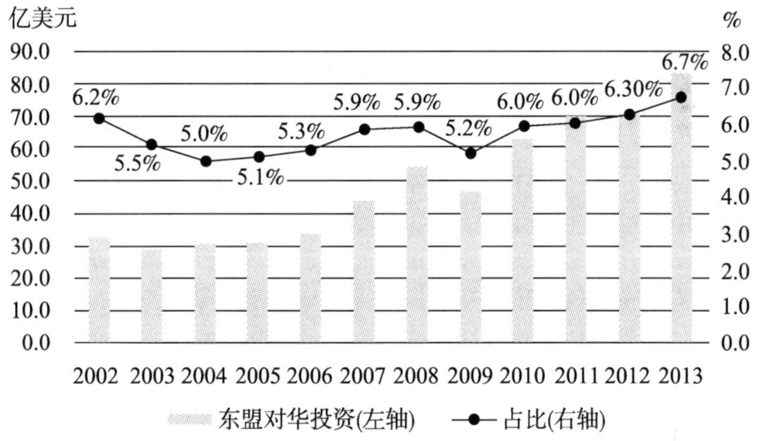

图2－5　东盟对华投资金额

数据来源：中国统计局。

（2）中国对东盟投资

中国对东盟的投资也在不断加速。据中国商务部统计，2003—2013年，中国对东盟的直接投资由1.2亿美元增至72.7亿美元，增长了60多倍，平均增速50.8%。2008和2009年在国际金融危机影响之下，中国对东盟直接投资额仍然持续增长，年增长率分别为156.6%和8.6%。与此同时，中国对东盟投资流量在中国对外投资总流量中的比重由2003年的4.2%曲折上升至2011年的7.9%，2013年虽有回落，也维持在6.7%的较

① 袁波．中国—东盟自贸区：1+10>11零关税驱动大合作．经济，2011-12-15.

高水平。

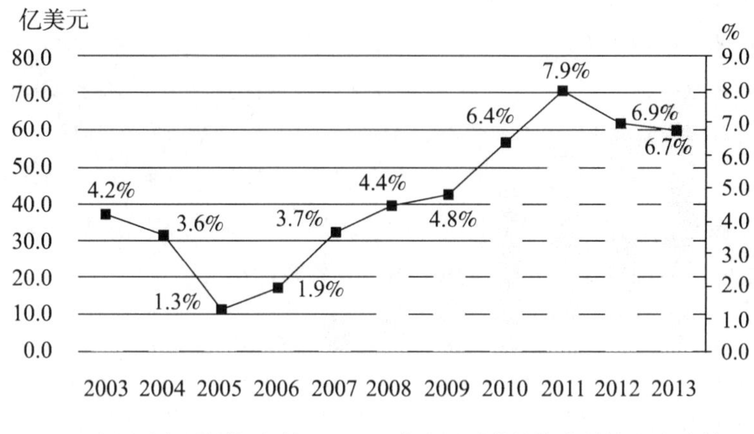

图 2－6　2003—2013 年中国对东盟投资流量及占比

数据来源：商务部《2013 年对外直接投资统计公报》。

截至 2013 年年底，中国对东盟的非金融类直接投资存量达到 356.7 亿美元，占存量总额的 5.4%，仅次于中国香港（57.1%）和欧盟（6.1%）。2013 年年底，中国共在东盟设立直接投资企业 2700 多家，占我国在外设立投资企业总额的 10.6%，雇用当地员工 15.97 万人。

按存量来看，中国对东盟投资主要集中在新加坡、缅甸、印尼、柬埔寨、泰国、越南、老挝等国。其中，中国企业投资最多的国家是新加坡，投资存量达到 147.5 亿美元（截至 2013 年年底），占同期中国对东盟投资总额的 41.4%。中国对缅甸、柬埔寨、越南和老挝等东盟新成员国的投资存量合计占比达到 31.8%。

从行业来看，以存量计，中国对东盟投资的前三大类行业为电力、燃气、煤气及水的生产供应、采矿业和批发和零售业，投资存量分别为 60.4 亿美元、52.8 亿美元和 47.6 亿美元，占比分别为 16.9%、14.8% 和 13.4%。制造业也是中国对东盟国家投资的主要行业，2013 年年底的存量为 46.7 亿美元，主要分布在越南、泰国、柬埔寨、马来西亚、新加坡、印尼、老挝等国。此外，还有租赁和商务服务业、建筑业、金融业、农、林、牧、渔、交通运输、仓储业以及科学研究、技术服务业和地质勘查业等。

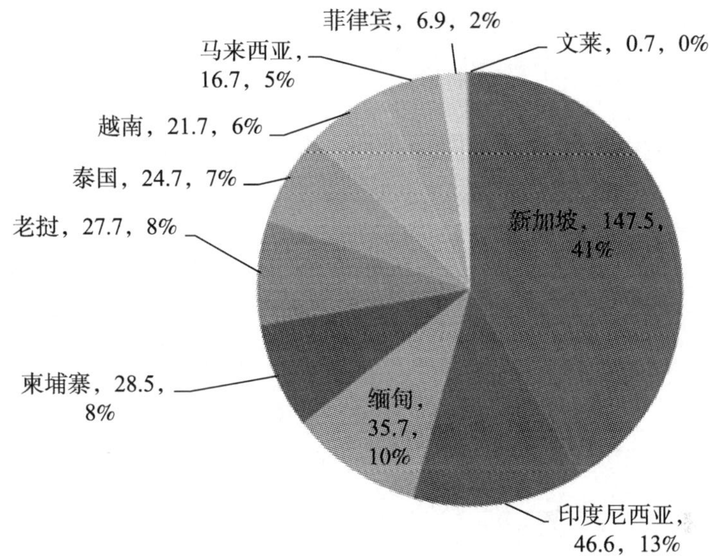

图 2－7　截至 2013 年年底中国对东盟直接投资存量（国别分布）

数据来源：商务部《2013 年对外投资统计公报》。

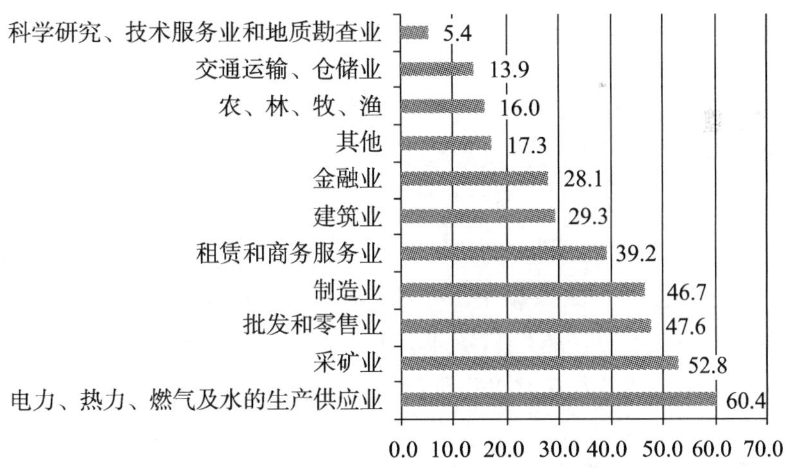

图 2－8　截至 2013 年年底中国对东盟直接投资存量（行业分布）

数据来源：商务部《2013 年对外投资统计公报》。

3. 经济技术合作

东盟还是中国海外重要的承包工程市场。2002—2013 年，中国在东盟工程承包完成额从16.4亿美元提高到210亿美元，增长了12.8倍。同期，中国在东盟完成工程承包营业额占中国对外工程承包完成营业额的比重由14.6%上升至15.1%。截至2013年年底，中国企业累计在东盟国家签订承包工程合同总金额1721.1亿美元，完成营业额1181.5亿美元。

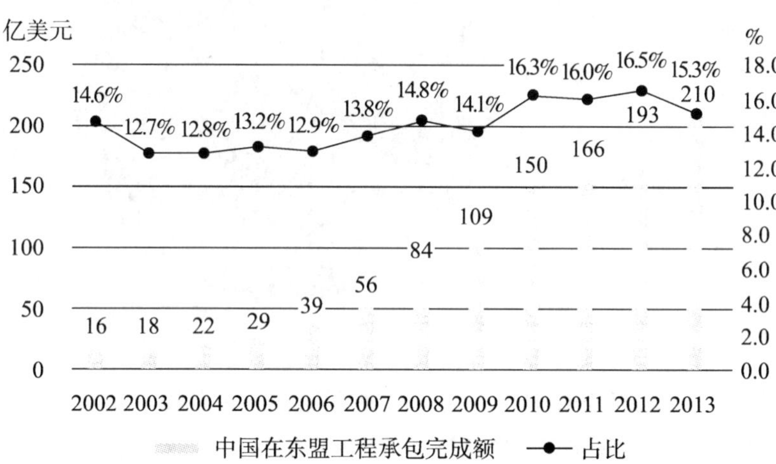

图2-9 中国在东盟工程承包完成营业额

数据来源：中国统计局。

2013年，中国在东盟国家开展工程承包的前三位市场分别为印尼、越南和新加坡，在三国分别完成承包工程营业额47.2亿美元、35.9亿美元和28.1亿美元，占当年中国对东盟承包工程营业额的22.5%、17.1%和13.4%。从存量来看，2002—2013年，中国累计在东盟工程承包完成营业额为1091.6亿美元，主要集中于印尼、越南、新加坡、马来西亚、缅甸和菲律宾。其中在印尼、越南和新加坡的工程承包完成营业额合计达607.3亿美元，占中国累计在东盟工程承包完成营业额的55.6%。

（二）内地与香港关于建立更紧密经贸关系的安排

2003年，内地与香港签署《内地与香港关于建立更紧密经贸关系的安排》（CEPA）及6个附件（2004年1月生效）。2004-2013年，又陆续签署了10个补充协议。

1. 货物贸易

随着CEPA的建设，内地与香港的货物贸易也得到了长足的发展。据中国海关统计，除2009年国际金融危机期间贸易额一度下滑，此后的年份均保持稳定增长。2004年签署《补充协议》当年，内地与香港贸易额突破1000亿美元，2008年突破2000亿美元，2013年达到4011亿美元，占当年内地进出口额的比重为9.6%。内地在对港贸易中一直保持高度贸易顺差，2013年顺差额为3686.5亿美元。

表2-14 2003—2013年内地与香港贸易情况（内地统计）

单位：亿美元，%

年份	贸易总额		内地出口		内地进口		贸易差额
	金额	比重	金额	比重	金额	比重	
2003	874.6	10.3	763.2	17.4	111.4	2.7	651.8
2004	1129.3	9.8	1011.3	17.0	118.0	2.1	893.2
2005	1367.4	9.6	1245.0	16.3	122.3	1.9	1122.7
2006	1662.3	9.4	1554.3	16.0	107.9	1.4	1446.4
2007	1971.1	9.1	1842.9	15.1	128.2	1.3	1714.6
2008	2037.2	8.0	1907.7	13.4	129.4	1.1	1778.3
2009	1749.8	7.9	1662.6	13.8	87.2	0.9	1575.4
2010	2306.5	7.8	2183.8	13.8	122.7	0.9	2061.1
2011	2835.4	7.8	2680.4	14.1	155.1	0.9	2525.3
2012	3416.1	8.8	3236.5	15.8	179.6	1.0	3057.0
2013	4011.0	9.6	3848.8	17.4	162.3	0.8	3686.5

数据来源： UN Comtrade Database.

从中国香港的统计来看，也保持了大致相同的轨迹。2003—2013年，香港与内地贸易额由1930.8亿美元增长至5791.5亿美元，年均增长11.6%；占香港对外贸易的比重由41.7%提高到50%。长期以来，内地一直是香港最大的贸易伙伴、出口市场和进口来源地。随着自贸区的建设，内地在香港出口市场中的地位更加巩固。2003年签署《CEPA》之前，香港对内地出口占香港出口总额的比重为41.7%，2013年这一数字上升为

59.9%，提高了18.2个百分点。

表2－15　2003—2013年香港与内地贸易情况（香港统计）

单位：亿美元，%

年份	贸易总额		内地出口		内地进口		贸易差额
	金额	比重	金额	比重	金额	比重	
2003	1930.8	41.7	955.7	41.7	975.1	41.7	－19.4
2004	2287.9	42.4	1143.9	43.0	1144.0	41.8	0.0
2005	2631.4	44.4	1305.2	44.6	1326.2	44.1	－21.0
2006	3014.8	45.8	1495.1	46.3	1519.7	45.3	－24.5
2007	3384.8	47.0	1686.8	48.2	1697.9	45.8	－11.1
2008	3604.9	47.2	1787.1	48.2	1817.8	46.2	－30.7
2009	3259.7	47.8	1643.6	49.8	1616.1	45.8	27.5
2010	4060.6	48.2	2103.6	52.5	1957.0	44.3	146.5
2011	4665.9	48.3	2465.9	54.1	2200.0	43.0	265.9
2012	5313.8	50.7	2845.0	57.7	2468.8	44.5	376.2
2013	5791.5	50.0	3208.0	59.9	2583.5	41.5	624.5

数据来源： UN Comtrade Database.

内地对香港出口商品主要集中在机电产品、珠宝等贵金属及制品、光学、照相、医疗等设备及零附件等领域。2013年，内地对香港出口机电产品达到2400亿美元，占同期内地对香港出口总额的62.4%，比2003年提高了14.6个百分点。珠宝、贵金属及制品对香港出口增长很快，2013年出口额为426.8亿美元，占比为11.1%，比2003年提高了8.9个百分点。

表 2-16 2003 年和 2013 年内地对香港出口前十位商品对比

单位：亿美元，%

2004 年				2013 年			
HS	名称	金额	比重	HS	名称	金额	比重
85	电机、电器、音像设备及其零附件	203.4	26.7	85	电机、电器、音像设备及其零附件	1861.5	48.4
84	核反应堆、锅炉、机器、机械器具及零件	161.3	21.1	84	核反应堆、锅炉、机器、机械器具及零件	538.6	14.0
62	非针织或非钩编的服装及衣着附件	41.0	5.4	71	珠宝、贵金属及制品、仿首饰、硬币	426.8	11.1
61	针织或钩编的服装及衣着附件	39.1	5.1	90	光学、照相、医疗等设备及零附件	229.8	6.0
90	光学、照相、医疗等设备及零附件	27.5	3.6	27	矿物燃料、矿物油及其产品、沥青等	72.7	1.9
52	棉花	26.1	3.4	61	针织或钩编的服装及衣着附件	71.2	1.9
95	玩具、游戏或运动用品及其零附件	19.5	2.6	89	船舶及浮动结构体	71.1	1.8
71	珠宝、贵金属及制品、仿首饰、硬币	16.7	2.2	39	塑料及其制品	54.2	1.4
39	塑料及其制品	16.4	2.1	62	非针织或非钩编的服装及衣着附件	30.4	0.8
60	针织物及钩编织物	14.7	1.9	52	棉花	28.1	0.7
合计		565.8	74.1	合计		3384.3	87.9

数据来源： UN Comtrade Database.

随着自贸区的建设，内地自香港进口的产品结构变化较大。2003 年，内地自香港进口以机电产品为主，此外还有塑料及其制品、光学、照相、医疗等设备及零附件以及纺织服装等。2013 年，内地自香港进口最多的产品成为其他特殊交易品及未分类商品，当年进口额为75.2亿美元，占同期内地自香港进口总额的46.4%。机电产品2013年进口额为21.2亿美元，占比为13.1%，比2003年下降了35.5个百分点。

表2-17　2003年和2013年内地自香港进口前十位商品对比

单位：亿美元，%

2003年				2013年			
HS	名称	金额	比重	HS	名称	金额	比重
85	电机、电器、音像设备及其零附件	44.7	40.1	98	其他特殊交易品及未分类商品	75.2	46.4
84	核反应堆、锅炉、机器、机械器具及零件	9.4	8.4	85	电机、电器、音像设备及其零附件	16.7	10.3
39	塑料及其制品	7.4	6.7	74	铜及其制品	14.5	8.9
90	光学、照相、医疗等设备及零附件	5.4	4.9	39	塑料及其制品	13.8	8.5
52	棉花	4.9	4.4	76	铝及其制品	7.6	4.7
62	非针织或非钩编的服装及衣着附件	3.3	3.0	71	珠宝、贵金属及制品、仿首饰、硬币	4.8	3.0
61	针织或钩编的服装及衣着附件	3.2	2.9	84	核反应堆、锅炉、机器、机械器具及零件	4.5	2.8
72	钢铁	2.9	2.6	27	矿物燃料、矿物油及其产品；沥青等	4.3	2.7
48	纸及纸板、纸浆、纸张及纸板制品	2.4	2.2	30	药品	3.0	1.9
74	铜及其制品	2.4	2.2	47	木浆等纤维状纤维素浆；废纸及纸板	2.2	1.3
合计		86.1	77.3	合计		146.6	90.4

数据来源：UN Comtrade Database.

2. 投资合作

（1）香港对内地投资

CEPA 签署的前几年，香港对内地投资较多，但增长速度较低，2000—2003 年，内地实际利用香港外商直接投资金额由 155 亿美元提高至 177 亿美元，年均增长率仅为 4.5%。随着 CEPA 的建设，香港对内地投资迅速增加，2003—2013 年，内地实际利用香港外商直接投资金额由 177 亿美元提高至 734 亿美元，年均增长率为 15.3%；其占内地实际利用外资总额的比重也由 33.1% 增长到 62.4%，提高了 29.3 个百分点。

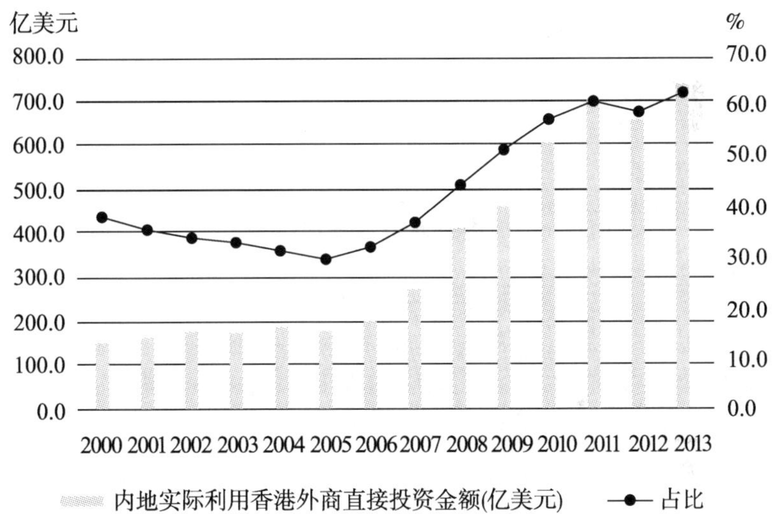

图 2-10　内地利用香港外商直接投资情况

资料来源：中国统计局。

中国香港对内地的投资主要集中在制造业和房地产业。2012 年，香港对制造业和房地产业的投资项目分别为 5147 个和 347 个，实际投资金额分别为 243.8 亿美元和 178.6 亿美元，占其在内地投资总额的 37.2% 和 27.2%。批发和零售业以及租赁和商务服务业也是香港在内地投资的重要行业，2012 年上述两个行业实际投资金额占香港在内地投资总额的比重分别为 9.3% 和 6.2%。

（2）内地对香港投资

中国香港一直是中国对外直接投资的第一大目的地，尤其是自 CEPA

建设以来，内地对香港投资发展更加迅速，2003—2013 年，内地对香港直接投资流量由 11.5 亿美元增至 628.2 亿美元，年均增长 49.2%；同期，在中国对外直接投资流量中的比重也由 40.2% 增长至 58.3%，提高了 18.1 个百分点，在最高的年份如 2008 年一度达到 69.1%。

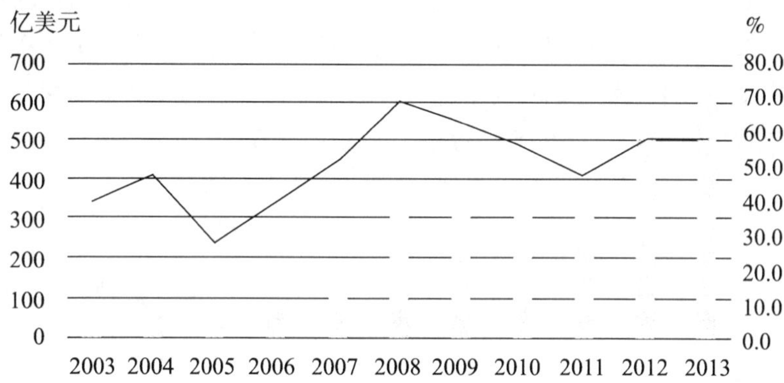

图 2－11　内地对香港直接投资及占比

资料来源：中国统计局。

截至 2013 年年底，内地共在香港地区设立直接投资企业 7000 多家，对香港投资存量达到 3370.9 亿美元，占同期中国对外直接投资存量的比重为 57.1%。内地对香港直接投资行业以租赁和商业服务业、金融业、批发和零售业为主。2013 年末存量分别为 1351.8 亿美元、764.1 亿美元和 625.3 亿美元，占比分别为 35.8%、20.3% 和 16.6%。此外，还有采矿业、交通运输、仓储业、制造业、房地产业等。

3. 经济技术合作

CEPA 协议签署之前，香港是内地的主要承包工程市场。2003 年以来，在很长一段时间，内地对香港承包工程完成营业额不断下降，2010 年仅为 15.9 亿美元，较 2003 年下降了 39.7%，在内地承包工程完成营业总额中比重仅为 3%。此后逐年回升，2013 年上升为 30.3 亿美元，但由于内地对其他市场工程承包的迅速发展，对香港承包工程完成营业额在内地承包工程完成营业额中的比重为 2.2%，较 2000 年的 24.2% 下降了 22 个百分点。

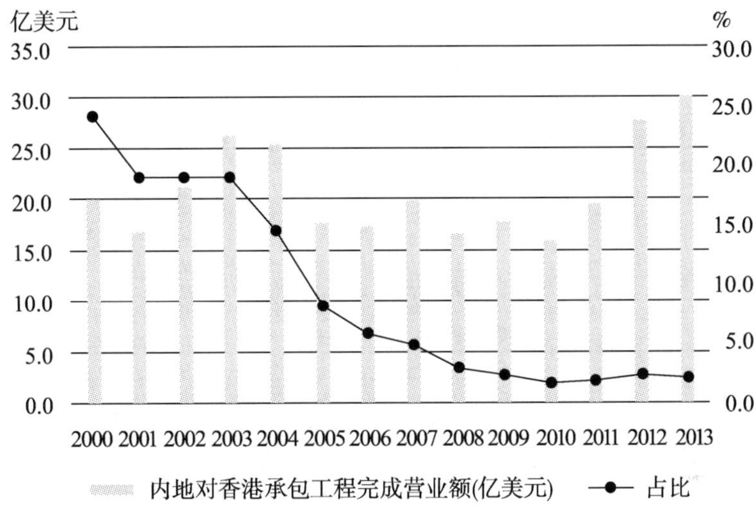

图 2-12　内地对香港承包工程完成营业额及占比

资料来源：中国统计局。

（三）内地与澳门关于建立更紧密经贸关系的安排

2003 年，内地与澳门签署《内地与香港关于建立更紧密经贸关系的安排》（CEPA）及 6 个附件（2004 年 1 月生效）。2004—2013 年，又陆续签署了 10 个补充协议。

1. 货物贸易

2004 年 CEPA 协议签署后，内地与澳门的货物贸易一度快速增长，2007 年达到 29.2 亿美元，是 2004 年的近两倍。但此后两年贸易额一再回落，2009 年仅为 21.1 亿美元，直到 2012 年才恢复至 2007 年的水平。2013 年，内地与澳门贸易额再创新高，达到 35.6 亿美元，同比增长 19.4%。由于澳门可供出口的商品有限，内地一直保持贸易顺差，2013 年顺差额为 27.9 亿美元。

表 2-18　2003—2013 年内地与澳门贸易情况（内地统计）

单位：亿美元，%

年份	贸易总额		内地出口		内地进口		贸易差额
	金额	比重	金额	比重	金额	比重	
2003	14.7	0.17	12.8	0.29	1.9	0.045	11.0
2004	18.3	0.16	16.1	0.27	2.2	0.038	14.0
2005	18.7	0.13	16.0	0.21	2.6	0.040	13.4
2006	24.4	0.14	21.8	0.23	2.6	0.032	19.2
2007	29.2	0.13	26.4	0.22	2.8	0.029	23.6
2008	29.1	0.11	26.0	0.18	3.1	0.027	23.0
2009	21.1	0.10	18.6	0.15	2.5	0.025	16.0
2010	22.6	0.08	21.4	0.14	1.2	0.009	20.2
2011	25.1	0.07	23.5	0.12	1.6	0.009	21.9
2012	29.8	0.08	27.1	0.13	2.8	0.015	24.3
2013	35.6	0.09	31.8	0.14	3.9	0.020	27.9

数据来源： UN Comtrade Database.

中国澳门的统计也显示出类似的轨迹，2003—2007 年，澳门与内地的贸易总额由 15.4 亿美元增长至 26.7 亿美元，占中国澳门对外贸易的比重由 26.5% 提高到 31%。此后的三年，即 2008—2010 年，澳门与内地贸易总额持续下滑，2010 年仅为 18.1 亿美元，直至最近几年才有所好转，2012 年突破 30 亿美元。

表 2－19　2003—2013 年澳门与内地贸易情况（澳门统计）

单位：亿美元，%

年份	贸易总额		中国澳门出口		中国澳门进口		贸易差额
	金额	比重	金额	比重	金额	比重	
2003	15.4	26.5	3.5	13.7	11.8	36.6	－8.3
2004	19.4	28.0	3.9	13.9	15.4	37.7	－11.5
2005	20.5	29.4	3.7	14.9	16.9	37.4	－13.2
2006	24.4	31.3	3.8	14.8	20.6	39.3	－16.8
2007	26.7	31.0	3.8	14.9	22.9	37.8	－19.1
2008	23.6	29.9	2.5	12.3	21.1	35.9	－18.7
2009	15.9	27.9	1.4	14.6	14.5	30.6	－13.1
2010	18.1	27.9	1.0	11.4	17.1	30.5	－16.2
2011	24.7	28.1	0.9	10.0	23.9	30.1	－23.0
2012	30.1	30.1	1.1	11.0	29.0	32.3	－27.9

数据来源： UN Comtrade Database.

2003 年，内地对澳门出口较为单一，主要是纺织品和机电产品。随着自贸区的建设，出口商品结构趋向多样化，2013 年前十位出口商品占比为 67.9%，比 2003 年降低了 11.3 个百分点。主要出口商品也由纺织品和机电产品扩展到矿物燃料、钢铁及其制品、家具、寝具等产品。2013 年，内地对澳门出口矿物燃料，矿物油及其产品 7.6 亿美元，占同期内地对澳门出口总额的 24%，比 2003 年提高了 19 个百分点。钢铁制品对澳门出口增长很快，2013 年出口额为 2.3 亿美元，占比为 7.2%，比 2003 年提高了 5.1 个百分点。

表 2-20　2003 年和 2013 年内地对澳门出口前十位商品对比

单位：亿美元，%

2003 年				2013 年			
HS	名称	金额	比重	HS	名称	金额	比重
61	针织或钩编的服装及衣着附件	3.1	24.4	27	矿物燃料，矿物油及其产品；沥青等	7.6	24.0
62	非针织或非钩编的服装及衣着附件	2.4	18.5	85	电机、电器、音像设备及其零附件	3.5	11.2
60	针织物及钩编织物	1.0	7.5	73	钢铁制品	2.3	7.2
64	鞋靴，护腿和类似品及其零件	0.8	5.9	60	针织物及钩编织物	1.6	5.1
84	核反应堆、锅炉、机器、机械器具及零件	0.7	5.3	68	矿物材料的制品	1.5	4.8
27	矿物燃料，矿物油及其产品；沥青等	0.6	5.0	84	核反应堆、锅炉、机器、机械器具及零件	1.2	3.7
85	电机、电器、音像设备及其零附件	0.6	4.3	94	家具、寝具等；灯具；活动房	1.1	3.6
51	羊毛等动物毛；马毛纱线及其机织物	0.4	3.3	72	钢铁	1.0	3.3
52	棉花	0.4	2.8	61	针织或钩编的服装及衣着附件	0.9	2.9
01	活动物	0.3	2.2	25	盐；硫黄；土及石料；石灰及水泥等	0.7	2.3
合计		10.2	79.3	合计		21.6	67.9

数据来源：UN Comtrade Database.

随着自贸区的建设，内地自澳门进口的产品结构也出现较大变化。2003 年，内地自澳门进口以纺织品及相关原料为主。2013 年，塑料及其制品、铜及其制品和铝及其制品成为内地自澳门进口的前三大类产品，当年进口额分别为 1.58 亿美元、1.22 亿美元和 0.59 亿美元，占同期内地自澳门进口总额的41.0%、31.6%和15.2%。

表2-21 2003年和2013年内地自澳门进口前十位商品对比

单位：亿美元，%

2003年				2013年			
HS	名称	金额	比重	HS	名称	金额	比重
62	非针织或非钩编的服装及衣着附件	0.51	27.4	39	塑料及其制品	1.58	41.0
61	针织或钩编的服装及衣着附件	0.46	24.7	74	铜及其制品	1.22	31.6
60	针织物及钩编织物	0.27	14.4	76	铝及其制品	0.59	15.2
52	棉花	0.17	9.1	52	棉花	0.19	5.1
55	化学纤维短纤	0.07	3.6	47	木浆等纤维状纤维素浆；废纸及纸板	0.08	2.1
54	化学纤维长丝	0.05	2.8	61	针织或钩编的服装及衣着附件	0.05	1.4
51	羊毛等动物毛；马毛纱线及其机织物	0.05	2.5	62	非针织或非钩编的服装及衣着附件	0.04	1.1
85	电机、电器、音像设备及其零附件	0.03	1.8	85	电机、电器、音像设备及其零附件	0.02	0.5
39	塑料及其制品	0.03	1.8	72	钢铁	0.01	0.4
74	铜及其制品	0.03	1.6	55	化学纤维短纤	0.01	0.3
合计		1.7	89.8	合计		3.8	98.7

数据来源：UN Comtrade Database.

2. 投资合作

（1）澳门对内地投资

CEPA协议签署后，澳门对内地的投资稳步增长，由2003年的4.2亿美元提高到2009年8.1亿美元，增长了近一倍，但此后逐步回落，2013

年仅为4.6亿美元，占内地实际利用外资总额的比重仅为0.4%，较2003年下降了0.4个百分点。

图2－13　内地实际利用澳门外商直接投资情况

数据来源：中国统计局。

（2）内地对澳门投资

与香港相比，内地对澳门投资较少，波动也较大。2003—2007年，内地对澳门直接投资流量均在5000万美元以下，有的年份甚至出现负流量。2008年，内地对澳门直接投资一度达到6.4亿美元的最高点，占中国对外投资流量的比重也达到1.2%。但此后几年出现回落，有的年份不足2000万美元，2013年也仅为3.9亿美元。

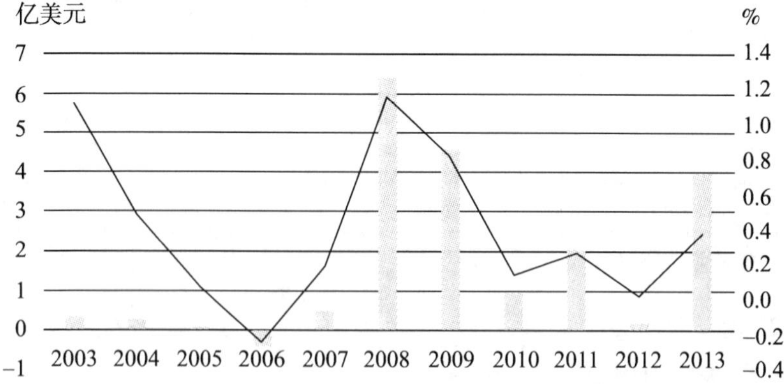

图2－14　内地对澳门直接投资流量及占比

数据来源：中国统计局。

2013 年年底，内地对澳门直接投资存量为 34.1 亿美元，占同期中国对外直接投资存量的比重为 0.5%。

3. 经济技术合作

2000—2007 年，内地对澳门承包工程发展较快，工程完成营业额稳步增长，由 1 亿美元提高到 11.7 亿美元，占同期中国对外承包工程营业额的比重也由 1.2% 提高到 2.9%。此后发展呈现曲折波动的态势，2010 年一度回升至 11.4 亿美元，但大多数年份都在 5 亿美元左右徘徊。2013 年，内地对澳门承包工程完成营业额为 4.2 亿美元，仅占同期中国对外承包工程完成营业额的 0.3%。

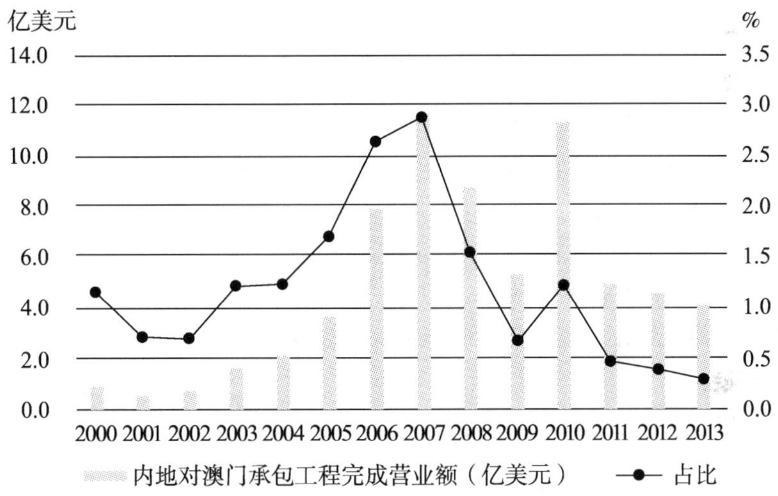

图 2-15　内地对澳门承包工程完成营业额及占比

数据来源：中国统计局。

（四）中国—巴基斯坦自由贸易协定

2005 年，中国与巴基斯坦签署《中巴自贸协定早期收获协议》（2006 年 1 月生效），2006 年签署《自贸协定》（2007 年 7 月生效），2008 年签署《自贸协定补充议定书》，2009 年签署《服务贸易协定》（2009 年 10 月生效）。中巴自贸区建设为两国经贸关系的平稳健康发展提供了制度保障，并为双边合作的深化与拓展创造了良好环境。随着中巴自贸区建设的不断推进，两国的贸易与投资自由化和便利化水平不断提升，经济联系更加紧密。

1. 货物贸易稳步增长

中巴自贸区建设降低了双方进出口商品的关税水平，使贸易自由化程度逐步提高，进而促进了货物贸易的发展以及在各自对外贸易总量中地位的提升。自2006年中巴《早期收获协定》生效以来，双边贸易规模不断扩大。根据中方统计，2006年中巴贸易为52.5亿美元，比上年增长23.1%，而2007年中巴《自由贸易协定》正式生效，双边贸易蹿升至69.4亿美元，比上年增长32.2%，高于当年中国贸易总额23.6%的增长率，中巴贸易占中方贸易总额的比重也升至0.32%。2008年和2009年，受到国际金融危机的影响，中巴贸易增长较为缓慢，甚至出现萎缩。而自2010年起，中巴贸易重回增长轨道，2011年首次突破百亿美元大关，到2013年已达到142.2亿美元，与中巴自贸区建设前的2005年相比，是其3倍多，占中国外贸总额的比重也增至0.34%。中巴贸易以中国向巴基斯坦出口为主，2013年出口额为110.2亿美元，比上年增长18.8%，占中国出口总额的比重提高到0.5%；而从巴基斯坦进口增长不大，为32亿美元，占中国进口总额的0.16%，这也使得中国对巴顺差达到78.2亿美元。

表2-22　2005—2013年中巴贸易情况（中方统计）

单位：亿美元，%

年份	贸易总额		中国出口		中国进口		贸易差额
	金额	比重	金额	比重	金额	比重	
2005	42.6	0.30	34.3	0.45	8.3	0.13	25.9
2006	52.5	0.30	42.4	0.44	10.1	0.13	32.3
2007	69.4	0.32	58.3	0.48	11.0	0.12	47.3
2008	70.6	0.28	60.5	0.42	10.1	0.09	50.4
2009	67.8	0.31	55.2	0.46	12.6	0.13	42.6
2010	86.7	0.29	69.4	0.44	17.3	0.12	52.1
2011	105.6	0.29	84.4	0.44	21.2	0.12	63.2
2012	124.2	0.32	92.8	0.45	31.4	0.17	61.4
2013	142.2	0.34	110.2	0.50	32.0	0.16	78.2

数据来源：UN Comtrade Database.

巴基斯坦的统计数据也表明了相似的趋势，而且由于经济规模以及发展水平等因素，巴中贸易在巴基斯坦对外贸易中占据了更重要的地位。根据巴方统计，巴中贸易额从自贸区建设前2005年的27.9亿美元增至2013年的92.8亿美元，占巴基斯坦外贸总额的比重也由6.8%提高到13.5%，翻了一倍，中国成为巴基斯坦第二大贸易伙伴，仅次于阿联酋；同时，巴基斯坦对中国出口占其出口总额的比重从2.7%提高到10.6%，翻了近两番，巴基斯坦从中国进口占比从9.4%增至15.1%，中国成为其仅次于美国的第二大出口市场以及仅次于阿联酋的第二大进口来源地，对其经济增长发挥了重要作用。

表2-23　2005—2013年巴中贸易情况（巴方统计）

单位：亿美元，%

年份	贸易总额		巴基斯坦出口		巴基斯坦进口		贸易差额
	金额	比重	金额	比重	金额	比重	
2005	27.9	6.8	4.4	2.7	23.5	9.4	-19.1
2006	34.2	7.3	5.1	3.0	29.2	9.8	-24.1
2007	47.8	9.5	6.1	3.4	41.6	12.8	-35.5
2008	54.7	8.7	7.3	3.6	47.4	11.2	-40.1
2009	47.8	9.7	10.0	5.7	37.8	12.0	-27.8
2010	66.8	11.3	14.4	6.7	52.5	14.0	-38.1
2011	81.5	11.8	16.8	6.6	64.7	14.8	-47.9
2012	93.1	13.6	26.2	10.6	66.9	15.3	-40.7
2013	92.8	13.5	26.5	10.6	66.3	15.1	-39.7

数据来源：UN Comtrade Database.

中国对巴基斯坦出口商品较为多元，但主要集中在机电和纺织领域。对比2013年与中巴自贸区建设前的2005年中国对巴基斯坦出口商品结构，机电产品始终是中国对巴出口最重要的商品，有机化学品、塑料、橡胶等产品变化也不大；而纺织品出口由服装向纺织原料转变，车辆及其零件被钢铁及钢铁制品取代，肥料出口跻身前十，取代糖及糖食。

表 2 – 24　2005 年和 2013 年中国对巴基斯坦出口前十位商品对比

单位：亿美元，%

2005 年				2013 年			
HS	名称	金额	比重	HS	名称	金额	比重
84	核反应堆、锅炉、机器、机械器具及其零件	6.1	17.8	85	电机、电气设备及其零件	20.8	18.8
85	电机、电气设备及其零件	5.6	16.5	84	核反应堆、锅炉、机器、机械器具及其零件	13.9	12.6
54	化学纤维长丝	2.2	6.5	54	化学纤维长丝	9.6	8.8
87	车辆及其零件、附件，但铁道及电车道车辆除外	1.3	3.6	55	化学纤维短纤	6.3	5.7
29	有机化学品	1.1	3.2	72	钢铁	4.7	4.3
38	杂项化学产品	1.0	3.0	29	有机化学品	4.6	4.1
40	橡胶及其制品	1.0	2.8	39	塑料及其制品	4.0	3.7
61	针织或钩编的服装及衣着附件	0.9	2.7	73	钢铁制品	3.6	3.3
39	塑料及其制品	0.9	2.6	31	肥料	3.1	2.8
17	糖及糖食	0.7	2.1	40	橡胶及其制品	3.0	2.7
合计		21.5	62.8	合计		73.7	66.8

数据来源： UN Comtrade Database.

中国从巴基斯坦进口商品相对单一，以工业原料为主。2013 年中国从巴基斯坦进口商品结构与 2005 年相比变化不大，棉花始终是中国从巴进口最为重要的商品，占比接近七成，铜及其制品、矿产品、生皮和皮革等原料性产品也是主要进口产品，而有机化学品和化学纤维短纤进口被谷物和食品工业废料及饲料取代。

表 2－25　2005 年和 2013 年中国从巴基斯坦进口前十位商品对比

单位：亿美元，%

2005 年				2013 年			
HS	名称	金额	比重	HS	名称	金额	比重
52	棉花	5.8	69.7	52	棉花	21.7	68.0
74	铜及其制品	0.8	10.1	74	铜及其制品	1.7	5.4
41	生皮（毛皮除外）及皮革	0.5	6.2	10	谷物	1.7	5.4
29	有机化学品	0.5	5.6	26	矿砂、矿渣及矿灰	1.6	4.9
26	矿砂、矿渣及矿灰	0.3	3.4	41	生皮（毛皮除外）及皮革	1.5	4.6
3	鱼、甲壳动物、软体动物及其他水生无脊椎动物	0.1	1.4	25	盐；硫黄；泥土及石料；石膏料、石灰及水泥	1.0	3.0
55	化学纤维短纤	0.04	0.5	23	食品工业的残渣及废料；配制的动物饲料	0.5	1.7
39	塑料及其制品	0.04	0.5	39	塑料及其制品	0.4	1.3
25	盐；硫黄；泥土及石料；石膏料、石灰及水泥	0.03	0.4	3	鱼、甲壳动物、软体动物及其他水生无脊椎动物	0.3	1.0
23	食品工业的残渣及废料；配制的动物饲料	0.03	0.4	8	食用水果及坚果；柑橘属水果或甜瓜的果皮	0.2	0.7
合计		8.2	98.1	合计		30.7	96.1

数据来源：UN Comtrade Database.

2. 投资成为合作亮点

投资是中巴经贸关系中非常重要的一部分，在中巴《自由贸易协定》中，专门列入了有关投资的章节，使其成为中国对外签署的第一个包含投资内容的自由贸易协定，也是第一个投资谈判先于服务贸易谈判的协定。此外，中巴两国还针对投资专门签署了《补充议定书》，并大力推动中国

—巴基斯坦投资区建设，充分体现出投资在中巴经贸合作中的重要地位。中巴自贸区的建设为两国企业创造了较好的投资环境，有关投资保护和投资促进等各项措施为企业提供了制度性保障，有利于相互投资的进一步发展。2007 年中巴《自由贸易协定》生效，当年中国对巴直接投资流量高达 9.1 亿美元，存量达到 10.7 亿美元，到 2013 年投资存量已达到 23.4 亿美元，巴基斯坦成为中国在亚洲乃至世界重要的投资目的地。与此同时，巴基斯坦对华投资也不断增加。2013 年，巴基斯坦对华直接投资项目 31 个，实际资金 1805 万美元，同比增长 886.34%；截至 2013 年年底，巴累计对华直接投资项目 378 个，金额 8697 万美元。①

表 2-26　中国对巴基斯坦直接投资情况

单位：亿美元

年份	2005	2006	2007	2008	2009	2010	2011	2012	2013
投资流量	0.0	-0.6	9.1	2.7	0.8	3.3	3.3	0.9	1.6
投资存量	1.9	1.5	10.7	13.3	14.6	18.3	21.6	22.3	23.4

资料来源：中国商务年鉴 2014。

3. 经济技术合作不断加强

巴基斯坦一直都是中国重要的海外经济技术合作市场。巴基斯坦基础设施及住房缺口较大，对能源、水利、交通、电信、环保等相关项目存在大量需求，为中国企业开展工程承包和劳务合作提供了较多机会。以中巴自贸区建设为平台，中国企业不断拓展巴基斯坦承包工程市场，2013 年，中国企业在巴基斯坦新签承包工程合同额 54.6 亿美元，同比增长 132.4%，完成营业额 37.0 亿美元，同比增长 33.2%。截至 2013 年年底，中国企业累计在巴签订承包工程合同额 307.2 亿美元，完成营业额 236.7 亿美元，中国在巴各类劳务人员 5824 人。②

① 中国驻巴基斯坦经商处网站 . http://pk.mofcom.gov.cn/article/zxhz/hzjj/201406/20140600618801.shtml.

② 中国驻巴基斯坦经商处网站 . http://pk.mofcom.gov.cn/article/zxhz/hzjj/201406/20140600618801.shtml.

表 2-27　中国在巴基斯坦承包工程情况

单位：亿美元

年份	2005	2006	2007	2008	2009	2010	2011	2012	2013
合同额	8.8	19.9	32.1	32.2	19.5	14.3	31.0	23.5	54.6
完成营业额	7.5	9.9	13.9	19.4	17.3	21.1	23.7	27.8	37.0

资料来源：中国商务年鉴 2014。

（五）中国—智利自由贸易协定

中国与智利于2005年签署《自贸协定》（2006年10月生效），2008年签署《服务贸易协议》（2010年8月生效），2012年签署《关于投资的补充协定》。

1. 货物贸易

随着自贸区的建设，中国与智利的双边贸易发展非常迅速。据中国海关统计，除2009年受国际金融危机影响，双边贸易与上年持平外，其余年份均呈现增长态势。2013年，中智双边贸易额达到339.1亿美元，是自贸协定签署前2004年的6.3倍，年均增长22.7%。同期，中智贸易占中国对外贸易的比重也在逐步上升，由2004年的0.46%提高到2013年的0.82%。中国在中智双边贸易中一直处于贸易逆差，随着贸易额的增长，逆差额也在不断扩大，2011年一度达到97.5亿美元，2013年回落至76.9亿美元。

表 2-28　2005—2013年中智贸易情况（中方统计）

单位：亿美元，%

年份	贸易总额		中国出口		中国进口		贸易差额
	金额	比重	金额	比重	金额	比重	
2004	53.6	0.46	16.9	0.28	36.7	0.65	-19.8
2005	70.9	0.50	21.5	0.28	49.4	0.75	-27.9
2006	88.0	0.50	31.1	0.32	56.9	0.72	-25.8
2007	146.6	0.67	44.2	0.36	102.4	1.07	-58.2

续 表

年份	贸易总额		中国出口		中国进口		贸易差额
	金额	比重	金额	比重	金额	比重	
2008	175.1	0.68	61.5	0.43	113.6	1.00	-52.1
2009	175.0	0.79	49.3	0.41	125.6	1.25	-76.3
2010	257.8	0.87	80.3	0.51	177.6	1.27	-97.3
2011	314.0	0.86	108.2	0.57	205.8	1.18	-97.5
2012	332.2	0.86	126.1	0.61	206.1	1.13	-80.0
2013	339.1	0.82	131.1	0.59	208.0	1.07	-76.9

数据来源： UN Comtrade Database.

从智利的统计来看，即使在2009年金融危机时期，智中贸易也在稳步增长。2004—2013年，智中贸易在智利对外贸易中的比重迅速提高，2004年时仅为9.5%，2013年达到22.3%，提高了12.8个百分点。2004年中新自贸区签署的前一年，中国为智利第二大贸易伙伴、第三大出口市场和第四大进口来源国；而2013年，中国已经超过美国成为智利第一大贸易伙伴、第一大出口市场和第二大进口来源国。

表2-29　2005—2013年智中贸易情况（新方统计）

单位：亿美元，%

年份	贸易总额		智利出口		智利进口		贸易差额
	金额	比重	金额	比重	金额	比重	
2004	50.6	9.5	32.1	10.4	18.5	8.3	13.7
2005	69.3	10.1	43.9	11.4	25.4	8.5	18.5
2006	84.2	9.3	49.3	8.8	34.9	10.0	14.5
2007	148.3	13.7	99.5	15.1	48.8	11.4	50.7
2008	166.5	13.2	98.5	14.2	68.0	12.0	30.6
2009	166.4	18.8	115.4	23.1	51.0	13.3	64.4
2010	247.3	20.6	164.6	24.4	82.7	15.7	81.8
2011	290.3	19.8	183.5	22.7	106.8	16.1	76.7

续 表

年份	贸易总额		智利出口		智利进口		贸易差额
	金额	比重	金额	比重	金额	比重	
2012	302. 9	20. 6	178. 2	23. 2	124. 6	17. 7	53. 6
2013	329. 3	22. 3	191. 1	25. 0	138. 2	19. 3	52. 9

数据来源： UN Comtrade Database.

数据来源中国对智利出口商品主要集中在机电、纺织品、车辆及其零附件、钢铁及其制品、家具等领域，产品较为多元化，主要是我国有竞争力的工业制成品。机电产品一直是中国对智利出口最多的产品，2013 年出口额合计 32. 9 亿美元，占当年中国对智利出口总额的 25. 1%，比 2004 年提高了 2. 2 个百分点。服装、鞋类仍然是出口的第二大产品，2013 年，中国对智利出口额达到 31. 3 亿美元，占比为 23. 9%，比 2004 年降低了 8. 2 个百分点。

表 2－30　2004 年和 2013 年中国对智利出口前十位商品对比

单位：亿美元，%

2004 年				2013 年			
HS	名称	金额	比重	HS	名称	金额	比重
85	电机、电器、音像设备及其零附件	2. 8	13. 0	85	电机、电器、音像设备及其零附件	18. 1	13. 8
62	非针织或非钩编的服装及衣着附件	2. 7	12. 4	84	核反应堆、锅炉、机器、机械器具及零件	14. 8	11. 3
61	针织或钩编的服装及衣着附件	2. 5	11. 5	61	针织或钩编的服装及衣着附件	13. 1	10. 0
84	核反应堆、锅炉、机器、机械器具及零件	2. 1	9. 9	62	非针织或非钩编的服装及衣着附件	10. 8	8. 2
64	鞋靴、护腿和类似品及其零件	1. 7	8. 1	87	车辆及其零附件，但铁道车辆除外	9. 8	7. 5

续 表

2004 年				2013 年			
HS	名称	金额	比重	HS	名称	金额	比重
54	化学纤维长丝	0.7	3.2	64	鞋靴、护腿和类似品及其零件	7.4	5.7
87	车辆及其零附件，但铁道车辆除外	0.7	3.1	73	钢铁制品	5.8	4.4
95	玩具、游戏或运动用品及其零附件	0.6	3.0	72	钢铁	5.4	4.1
73	钢铁制品	0.6	2.6	94	家具、寝具等；灯具；活动房	4.7	3.6
39	塑料及其制品	0.5	2.5	39	塑料及其制品	4.6	3.5
合计		14.9	69.3	合计		94.5	72.1

数据来源： UN Comtrade Database.

中国自智利进口商品较为集中，以铜等矿产品、木浆、木及木制品、水果、海产品等为主，2013 年，前 10 类产品进口额占中国自智利进口总额的比重达到 98.4%。铜及其制品是中国自智利进口的第一大类产品，2013 年进口额超过 100 亿美元，占比达到 48.9%，比 2004 年提高了 4.9 个百分点。矿砂、矿渣及矿灰进口为 74.7 亿美元，占比为 35.9%，比 2004 年下降了 2.4 个百分点。自贸区建设以来，食用水果及坚果自智利进口增长较快，2013 年进口额为 6.3 亿美元，占比为 3%，比 2004 年提高了 1.8 个百分点。

表 2－31　2004 年和 2013 年中国自智利进口前十位商品对比

单位：亿美元，%

2004 年				2013 年			
HS	名称	金额	比重	HS	名称	金额	比重
74	铜及其制品	21.7	44.0	74	铜及其制品	101.6	48.9
26	矿砂、矿渣及矿灰	18.9	38.3	26	矿砂、矿渣及矿灰	74.7	35.9
47	木浆等纤维状纤维素浆；废纸及纸板	3.8	7.8	47	木浆等纤维状纤维素浆；废纸及纸板	11.4	5.5
23	食品工业的残渣及废料；配制的饲料	2.0	4.0	08	食用水果及坚果；甜瓜等水果的果皮	6.3	3.0
29	有机化学品	0.6	1.3	28	无机化学品；贵金属等的化合物	2.6	1.2
08	食用水果及坚果；甜瓜等水果的果皮	0.6	1.2	23	食品工业的残渣及废料；配制的饲料	2.2	1.1
28	无机化学品；贵金属等的化合物	0.6	1.2	44	木及木制品；木炭	2.2	1.0
44	木及木制品；木炭	0.4	0.7	22	饮料、酒及醋	1.7	0.8
03	鱼及其他水生无脊椎动物	0.3	0.5	12	油籽，子仁；工业或药用植物；饲料	1.2	0.6
22	饮料、酒及醋	0.1	0.3	03	鱼及其他水生无脊椎动物	1.0	0.5
合计		49.1	99.3	合计		204.8	98.4

数据来源： UN Comtrade Database.

2. 投资合作

（1）智利对华投资

中智 FTA 签署以来，智利对华投资经历了起伏与快速发展的阶段。2004—2007 年，智利对华直接投资流量由 339 万美元提高到 719 万美元，此后又逐步回落至 2010 年的 146 万美元。2011—2013 年，智利对华直接投资出现新进展，2011 年投资流量达到 1679 万美元，2012 年和 2013 年均保持在 2000 万美元以上。但总体上看，智利对华投资水平仍然较低。

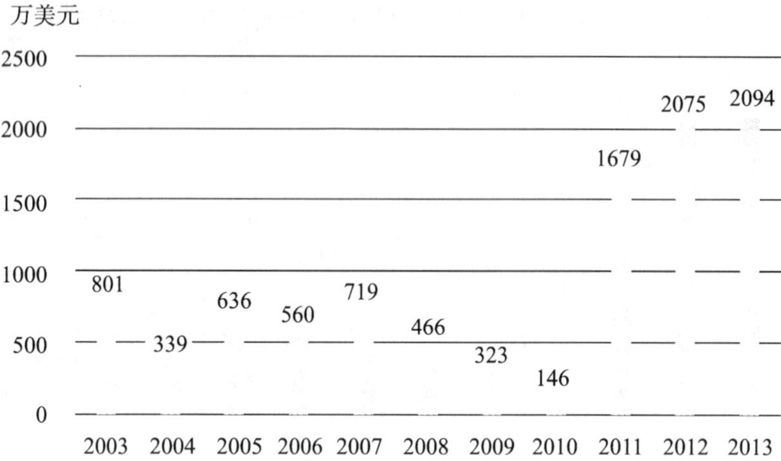

图 2－16　智利对华直接投资情况

资料来源：中国统计局。

（2）中国对智利投资

自贸区建设以来，中国对智利投资在起伏波动中不断发展。协议生效的 2006 年，中国对智利投资流量为 658 亿美元，是前一年的 3.7 倍，此后又经历了回落，2008 年仅为 93 万美元。2009 年开始，中国对智利投资有了新的发展，2010 年为 3371 万美元，一度达到历史最高水平，此后几年

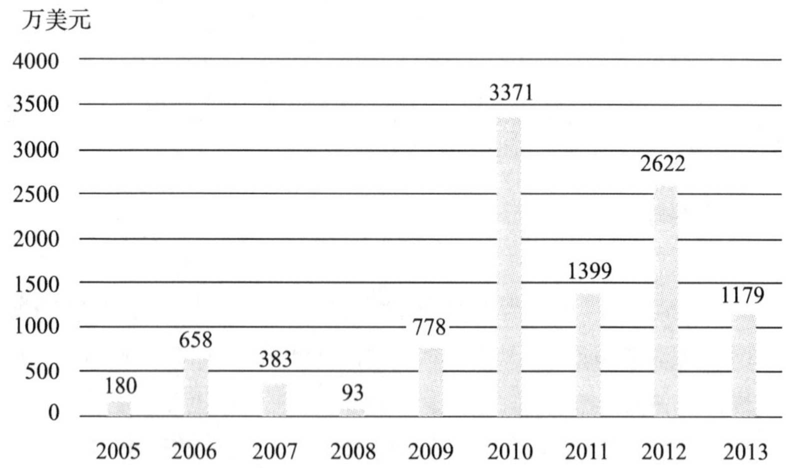

图 2－17　中国对智利直接投资存量

数据来源：中国统计局。

内一直保持在1000万美元以上的水平。截至2013年年底，中国对智利直接投资存量为1.8亿美元，占中国对拉丁美洲直接投资存量的2.1%。

3. 经济技术合作

2005年中国与智利签署FTA之前，中国在智利承包工程不多，有些年份营业额还是零。2005—2011年，中国在智利承包工程完成营业额由2734万美元增长至1.9亿美元，年均增速达到38.7%。2012和2013两年有所回落，但也保持在1亿美元以上的较高水平。

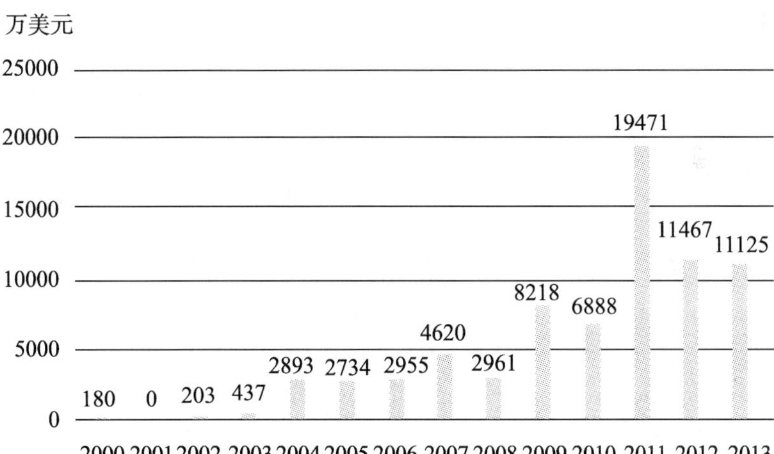

图2-18　中国在智利承包工程完成营业额

数据来源：中国统计局。

（六）中国—新西兰自由贸易协定[①]

2004年中国与新西兰签署《贸易与经济合作框架》，2008年两国签署《自贸协定》，并于当年10月生效。中新自贸区建成6年来，两国在双边贸易、相互投资、劳务合作、旅游及文化交流等领域展开了更进一步的合作，并取得丰硕成果。

1. 双边贸易跨越式发展

中新自贸协定规范的重点领域是货物贸易，焦点是关税消减。根据中方统计，从贸易总量看，2013年中新贸易额达132.3亿美元，是2007年的3.6

---

① 本部分作者为尹政平。

倍，6 年来贸易年均增速高达 23.7%。从贸易差额看，中新自贸协定签订后，中国对新西兰的贸易逆差逐年增长，从 2007 年协定签订前的 6.2 亿美元顺差变为 2013 年的 19.5 亿美元逆差。自贸区成立 6 年来，中国对新西兰的出口虽然翻了将近一番，但是相对中国的出口总量来说，占比基本不变，维持在 0.19% 左右。同期，中国从新西兰的进口大幅上升，从 2007 年的 15.4 亿美元，占比 0.16%，跃升至 2013 年的 91.0 亿美元，增长了近 5 倍，占比达 0.47%。

表 2－32　2007—2013 年中国—新西兰货物贸易情况（中方统计）

单位：亿美元，%

年份	中新贸易总额		中国对新西兰出口		中国从新西兰进口		贸易差额
	金额	占中贸易比重	金额	占中出口比重	金额	占中进口比重	
2007	37.0	0.17	21.6	0.18	15.4	0.16	6.2
2008	44.0	0.17	25.1	0.18	18.9	0.17	6.2
2009	45.7	0.21	20.9	0.17	24.8	0.25	－3.9
2010	65.2	0.22	27.6	0.18	37.6	0.27	－10.0
2011	87.2	0.24	37.4	0.20	49.8	0.29	－12.4
2012	96.7	0.25	38.6	0.19	58.1	0.32	－19.5
2013	132.3	0.32	41.3	0.19	91.0	0.47	－49.7

数据来源： UN Comtrade Database.

2007 年自贸协定签署前，中国是新西兰的第三大贸易伙伴，其中，新对中出口占新出口总额的第四位，从中国进口占新进口总额的第二位。2008 年，尽管在全球金融危机的压力下世界各国经贸发展受阻，但据新方统计，当年中国却跃居新西兰第二大贸易伙伴。2013 年，中国成为新西兰第一大贸易伙伴，同时也是其第一大出口市场和进口来源地。

根据新方统计，新中贸易总额占新西兰贸易的比重从 2007 年的 9.62% 逐年提高，跃升至 2013 年的 18.95%。同期，新西兰对中国的进出口均呈稳步增长态势，特别是到 2013 年，新西兰对中国首次出现 12.5 亿美元的贸易顺差。

表 2 -33　2007—2013 年新西兰—中国货物贸易情况（新方统计）

单位：亿美元，%

年份	新中贸易总额		新西兰对中国出口		新西兰从中国进口		贸易差额
	金额	占新贸易比重	金额	占新出口比重	金额	占新进口比重	
2007	55.6	9.62	14.4	5.34	41.2	13.35	-26.8
2008	63.8	9.82	18.1	5.91	45.7	13.28	-27.6
2009	61.4	12.16	22.8	9.14	38.6	15.08	-15.8
2010	82.4	13.29	34.3	10.93	48.1	15.72	-13.8
2011	104.4	13.96	46.5	12.34	57.9	15.60	-11.4
2012	118.1	15.63	55.6	14.89	62.5	16.34	-6.9
2013	149.9	18.95	81.2	20.60	68.7	17.32	12.5

数据来源： UN Comtrade Database.

新方统计与中方统计虽然有出入，但总体趋势是吻合的。说明中新自贸区的建设对促进新西兰贸易发挥了举足轻重的作用，中国市场和中国商品对新西兰变得越来越重要，中新自贸区明显促进了新西兰对中国的贸易往来，并使新西兰受益颇多。

从中国对新西兰出口前十位的商品结构看，2013 年和 2007 年相比，货物种类变化不大，出口量分别有 50% 至 100% 以上的增长。2013 年中国对新西兰出口排名第一和第二的产品分别是“核反应堆、锅炉、机械器具及零件”，出口 6.1 亿美元，占中国对新西兰出口总量的 14.8%；“电机、电气、音像设备及其零附件”出口 5.1 亿美元，占比 12.4%，与 2007 年的区别不大，第一二位的位次互换，总量增加。钢铁制品、塑料制品、有机化学品的出口比重上升，纺织服装、家具、灯具等产品的出口比重下降。这也反映出了我国产业升级和贸易结构整体优化的影响，劳动密集型产品的出口比重下降，出口产品更为多元化，集中度呈下降趋势。

从中国从新西兰进口前十位的商品结构看，2013 年和 2007 年相比，进口第一大类为“乳；蛋；蜂蜜；其他食用动物产品”；第二类为“木及木制品；木炭”。最大的特点是从新西兰进口商品的集中度明显上升，“乳；蛋；蜂蜜；其他食用动物产品”从2007年的2.9亿美元，占比18.9%，猛涨至2013年的33.0亿美元，增长了10倍多，占比40.0%。此外，“蛋白类物质；改性淀粉；胶；酶”类产品从2007年的第十五位上升到第十位，但占比未变。其他前十位的产品进口量普遍增长，但种类变化不大，变化相对明显的还有“肉及食用杂碎”，从第九位上升至第三位，而“木浆等纤维状纤维素浆；废纸及纸板”从第三位下降至第九位。新西兰乳制品出口的大幅增长反映出我国对之旺盛的需求，包括其他进口产品数量和占比的变化，都说明了自贸区关税的下降和其他相关措施对新西兰产品出口的促进作用和出口结构的影响巨大，特别是新西兰对中国出口的奶粉产品增速迅猛，是拉动新西兰贸易增长的决定性因素。

表2-34　2007年和2013年中国对新西兰出口前十位商品对比

单位：亿美元，%

2007年				2013年			
HS	名称	金额	比重	HS	名称	金额	比重
85	电机、电气、音像设备及其零附件	3.5	16.2	84	核反应堆、锅炉、机械器具及零件	6.1	14.8
84	核反应堆、锅炉、机械器具及零件	3.4	15.6	85	电机、电气、音像设备及其零附件	5.1	12.4
61	针织或钩编的服装及衣着附件	2.0	9.4	94	家具、寝具等；灯具；活动房	3.4	8.3
62	非针织或非钩编的服装及衣着附件	1.4	6.7	61	针织或钩编的服装及衣着附件	3.3	7.9
94	家具、寝具等；灯具；活动房	1.3	6.0	62	非针织或非钩编的服装及衣着附件	2.4	5.8
73	钢铁制品	1.0	4.6	73	钢铁制品	2.0	4.8
39	塑料及其制品	0.7	3.3	39	塑料及其制品	1.9	4.7

续 表

2007 年				2013 年			
HS	名称	金额	比重	HS	名称	金额	比重
63	其他纺织制品；成套物品；旧纺织品	0.6	3.0	63	其他纺织制品；成套物品；旧纺织品	1.1	2.7
64	鞋靴、护腿和类似品及其零件	0.5	2.4	64	鞋靴、护腿和类似品及其零件	1.1	2.6
95	玩具、游戏或运动用品及其零附件	0.5	2.2	29	有机化学品	1.0	2.3
合计		15.0	69.5	合计		27.4	66.3

数据来源： UN Comtrade Database.

表 2 –35　2007 年和 2013 年中国从新西兰进口前十位商品对比

单位：亿美元，%

2007 年				2013 年			
HS	名称	金额	比重	HS	名称	金额	比重
4	乳；蛋；蜂蜜；其他食用动物产品	2.9	18.9	4	乳；蛋；蜂蜜；其他食用动物产品	33.0	40.0
44	木及木制品；木炭	2.4	15.8	44	木及木制品；木炭	18.6	22.5
47	木浆等纤维状纤维素浆；废纸及纸板	1.6	10.3	2	肉及食用杂碎	7.2	8.7
51	羊毛等动物毛；马毛纱线及其机织物	1.2	7.8	51	羊毛等动物毛；马毛纱线及其机织物	3.3	4.0
41	生皮（毛皮除外）及皮革	0.8	5.4	3	鱼及其他水生无脊椎动物	3.2	3.9
19	谷物粉、淀粉等或乳的制品；糕饼	0.7	4.8	19	谷物粉、淀粉等或乳的制品；糕饼	2.9	3.5
15	动、植物油、脂、蜡；精制食用油脂	0.7	4.6	41	生皮（毛皮除外）及皮革	1.7	2.0

续 表

2007 年				2013 年			
HS	名称	金额	比重	HS	名称	金额	比重
3	鱼及其他水生无脊椎动物	0.6	3.8	26	矿砂、矿渣及矿灰	1.7	2.0
2	肉及食用杂碎	0.5	3.3	47	木浆等纤维状纤维素浆；废纸及纸板	1.6	1.9
26	矿砂、矿渣及矿灰	0.5	3.1	35	蛋白类物质；改性淀粉；胶；酶	1.5	1.8
合计		12.0	77.9	合计		74.5	90.3

数据来源：UN Comtrade Database.

2. 相互投资小幅增长

对比中新自贸区建成前后的投资情况，可以看到，中国对新西兰的直接投资在自贸区建成后有较大的增长，从 2007 年的净流入 0.02 亿美元，增长到 2012 年的净流出 0.94 亿美元；投资存量从 2007 年的 0.51 亿美元增长到 2012 年的 2.74 亿美元。总体来说，中国对新西兰的直接投资占中国对外投资的比重基本稳定，但份额很小。2012 年的投资流量有较大幅度增长，是 2011 年 3.4 倍，占比是 2011 年的 2.8 倍，但仅占中国对外直接投资的 0.11%。

表 2-36　中国对新西兰的直接投资情况（流量）

单位：亿美元

年份	中国对新西兰投资	中国对世界投资总额	对新西兰投资占比
2007	-0.02	265.1	-0.01%
2008	0.06	559.1	0.01%
2009	0.09	565.3	0.02%
2010	0.64	688.1	0.09%
2011	0.28	746.5	0.04%
2012	0.94	878.0	0.11%

资料来源：UNCTAD FDI 统计。

表 2－37　中国对新西兰的直接投资情况（存量）

单位：亿美元

年份	中国对新西兰投资	中国对世界投资总额	对新西兰投资占比
2007	0.51	1179.1	0.04%
2008	0.70	1839.7	0.04%
2009	0.94	2457.6	0.04%
2010	1.59	3172.1	0.05%
2011	1.85	4247.8	0.04%
2012	2.74	5319.4	0.05%

资料来源：UNCTAD FDI 统计。

新西兰对外直接投资波动较大，尤其是 2008 年全球金融危机之后，对外直接投资为净流入。2012 年对中国的直接投资流量 0.19 亿美元，是 2009 年的 2.1 倍。对中国的直接投资存量从 2007 年的 0.31 亿美元增长到 2012 年的 1.49 亿美元，是 2007 年的 4.8 倍。但从新西兰对外直接投资存量来看，新西兰对中国的投资占其对外投资的比重较小，2012 年占 0.78%。

可以发现，中新自贸区对双方贸易的促进作用非常明显，但对投资的促进力度很小。实际上，中新自贸区对两国企业孕育着大量投资机会，也有一些典型企业从中受益。例如，新西兰咖啡连锁企业 ESQUIRES 在华经营点从 2 家逐渐扩大到 250 家；中国海尔集团通过收购成为新西兰菲雪派克公司最大的股东，对我国企业的国际化战略具有重要意义。未来，两国在相互投资领域应有更大的合作潜力。

3. 劳务合作、旅游及文化交流更加密切

在人员流动方面，新西兰承诺对中国的中医、中餐厨师、中文教师、武术教练、中文导游等 5 类职业提供不超过 800 个劳动力准入机会，并承诺提供 1000 名中国青年赴新勤工俭学的机会。就执行情况来看，上述安排在我国颇具市场，但因缺少外派渠道、信息交流不畅等原因，实际这 1800 个名额的使用并不充分。从 2007 年到 2012 年，中国在新西兰承包工程的新签合同额和完成营业额呈波动上升趋势，但总体而言，承包工程的总量不大，未来仍具发展潜力。

表 2－38　中国在新西兰承包工程情况

单位：亿美元

年份	2007	2008	2009	2010	2011	2012
新签合同额	0.06	0.69	0.21	0.51	0.92	0.45
完成营业额	0.10	0.46	0.36	0.29	0.38	0.53

资料来源：历年中国商务年鉴。

中新自贸协定的实施也促进了两国旅游和文化交流。2007 年，中国是新西兰的第四大游客来源国。2013 年，中国已成为新西兰第二大游客来源国，赴新西兰旅游的中国游客达 22.8 万人，同比增长 16%，中国游客在新西兰旅游的开销总额达 7.23 亿新元（约合 6.21 亿美元），同比上涨 7%。同期新西兰来华旅游人数 12.86 万人。2013 年，中国有 2 万多学生前往新西兰留学。中新两国还多次互办电影节、文化展演等文化活动。密切的人文交流增进了两国人民之间的了解和友谊，为中新关系可持续发展创造了良好的社会基础。

（七）中国—新加坡自由贸易协定

在中国与东盟整体建立自贸区的过程中，中国于 2008 年 10 月与新加坡单独签署了自由贸易协定。自 2009 年 1 月 1 日中新自贸协定生效之后，中国与新加坡在经贸领域的合作也取得了突出成效。

1. 货物贸易

2009 年是中新自贸协定生效后的第一年，受国际金融危机影响，当年双边贸易额并没有出现增长，反而下降 9%，降至 476.9 亿美元。自 2010 年开始，中新双边贸易迅速回升。2010 年达到 569.2 亿美元，同比增长 19.4%。2011—2013 年，中新双边贸易也保持了较为稳定的增长态势，由 630.6 亿美元增长至 754.7 亿美元。但中新自贸协定签署以来，中新双边贸易在中国对外贸易中的比重略有下降，从 2009 年的 2.2% 下降至 2013 年的 1.8%。中国对新加坡长期保持高额的贸易顺差，除 2010 年和 2011 年下降至 70 多亿美元，其余年份均在 100 亿美元以上，2013 年高达 157.5 亿美元。

表 2-39　2005—2013 年中新贸易情况（中方统计）

单位：亿美元，%

年份	贸易总额		中国出口		中国进口		贸易差额
	金额	比重	金额	比重	金额	比重	
2008	523.9	2.0	323.3	2.3	200.6	1.8	122.6
2009	476.9	2.2	300.5	2.5	176.4	1.8	124.1
2010	569.2	1.9	323.3	2.0	245.8	1.8	77.5
2011	630.6	1.7	353.0	1.9	277.6	1.6	75.4
2012	687.5	1.8	403.2	2.0	284.3	1.6	118.9
2013	754.7	1.8	456.1	2.1	298.6	1.5	157.5

数据来源： UN Comtrade Database.

从新加坡的统计来看，也呈现类似的轨迹，除 2009 年双边贸易下降外，其余年份均在平稳增长。与此同时，新中贸易在新加坡对外贸易中的比重也在不断上升，2008 年为 9.9%，2013 年上升至 11.7%，提高了 1.8 个百分点。2008 年中新自贸区签署的当年，中国为新加坡第二大贸易伙伴；而 2013 年，中国已经超过马来西亚成为新加坡的第一大贸易伙伴。

表 2-40　2005—2013 年新中贸易情况（新方统计）

单位：亿美元，%

年份	贸易总额		新加坡出口		新加坡进口		贸易差额
	金额	比重	金额	比重	金额	比重	
2008	648.1	9.9	311.0	9.2	337.0	10.5	-26.0
2009	522.8	10.1	263.2	9.8	259.6	10.6	3.6
2010	700.6	10.6	363.8	10.3	336.7	10.8	27.1
2011	806.9	10.4	426.8	10.4	380.0	10.4	46.8
2012	831.9	10.5	439.7	10.8	392.1	10.3	47.6
2013	920.6	11.7	483.7	11.8	436.9	11.7	46.7

数据来源： UN Comtrade Database.

中国对新加坡出口商品主要集中在机电、船舶、矿物燃料、钢铁及其制品等领域。对比2013年与自贸区建设前的2008年中国对新加坡出口商品结构，机电产品始终是中国对新加坡出口最重要的商品，占比一直保持在50%以上。2008年以来，“家具、寝具等；灯具；活动房”等对新加坡出口增长迅速，2013年出口金额达到24.2亿美元，占比达到5.3%。

表2-41　2008年和2013年中国对新加坡出口前十位商品对比

单位：亿美元，%

2008年				2013年			
HS	名称	金额	比重	HS	名称	金额	比重
85	电机、电器、音像设备及其零附件	102.7	31.8	85	电机、电器、音像设备及其零附件	104.1	22.8
84	核反应堆、锅炉、机器、机械器具及零件	59.6	18.4	84	核反应堆、锅炉、机器、机械器具及零件	81.7	17.9
89	船舶及浮动结构体	39.4	12.2	89	船舶及浮动结构体	51.0	11.2
27	矿物燃料、矿物油及其产品；沥青等	16.9	5.2	27	矿物燃料、矿物油及其产品；沥青等	35.0	7.7
72	钢铁	13.9	4.3	94	家具、寝具等；灯具；活动房	24.2	5.3
73	钢铁制品	10.5	3.3	72	钢铁	15.3	3.4
61	针织或钩编的服装及衣着附件	10.4	3.2	73	钢铁制品	13.9	3.0
29	有机化学品	5.5	1.7	61	针织或钩编的服装及衣着附件	12.6	2.8
90	光学、照相、医疗等设备及零附件	5.3	1.6	39	塑料及其制品	11.8	2.6
86	铁道车辆、轨道装置；信号设备	4.2	1.3	90	光学、照相、医疗等设备及零附件	8.3	1.8
合计		268.4	83.0	合计		357.9	78.5

数据来源：UN Comtrade Database.

中国自新加坡进口以机电产品、矿物燃料、塑料、化学产品以及“光学、照相、医疗等设备及零附件”等为主。2008 年以来，机电产品和矿物燃料虽然仍然保持成为中国自新加坡进口的前三位产品，但所占比重持续下降，2013 年三者占比小计为 62.5%，比 2008 年下降了近 10 个百分点。“有机化学品”和“光学、照相、医疗等设备及零附件”自新加坡进口增长很快，2013 年进口额分别为 30 亿美元和 13.1 亿美元，占比为 10% 和 4.4%，都较 2008 年有了较大提升。

表 2－42　2008 年和 2013 年中国自新加坡进口前十位商品对比

单位：亿美元，%

2008 年				2013 年			
HS	名称	金额	比重	HS	名称	金额	比重
85	电机、电器、音像设备及其零附件	64.4	32.1	85	电机、电器、音像设备及其零附件	93.3	31.3
27	矿物燃料、矿物油及其产品；沥青等	42.4	21.2	27	矿物燃料、矿物油及其产品；沥青等	51.4	17.2
84	核反应堆、锅炉、机器、机械器具及零件	37.7	18.8	84	核反应堆、锅炉、机器、机械器具及零件	42.0	14.1
39	塑料及其制品	21.0	10.4	39	塑料及其制品	34.3	11.5
29	有机化学品	10.5	5.2	29	有机化学品	30.0	10.0
90	光学、照相、医疗等设备及零附件	5.0	2.5	90	光学、照相、医疗等设备及零附件	13.1	4.4
38	杂项化学产品	4.0	2.0	38	杂项化学产品	8.1	2.7
19	谷物粉、淀粉等或乳的制品；糕饼	1.8	0.9	91	钟表及其零件	5.5	1.8
73	钢铁制品	1.7	0.8	49	印刷品、手稿、打字稿及设计图纸	4.6	1.5

续表

2008年				2013年			
HS	名称	金额	比重	HS	名称	金额	比重
98	其他特殊交易品及未分类商品	1.6	0.8	19	谷物粉、淀粉等或乳的制品；糕饼	2.6	0.9
合计		190.1	94.8	合计		284.8	95.4

数据来源：UN Comtrade Database.

2. 投资合作

（1）新加坡对华直接投资稳步增长

一直以来，新加坡都是中国吸收外资的主要来源国，尤其是中新自贸协定签署之后，新加坡对华投资进展更快。2000—2006年，新加坡对华年直接投资金额大多在20亿美元左右，在中国吸收外资中的比重也由5.3%下降至3.6%。2006年8月，中新开始进行FTA谈判，此后从2007年开始，新加坡对华投资出现较为稳定的增长态势，2007年超过30亿美元，2010年超过50亿美元，2013年达到72.3亿美元，占同期中国吸引外商直接投资的比重提高到6.1%。

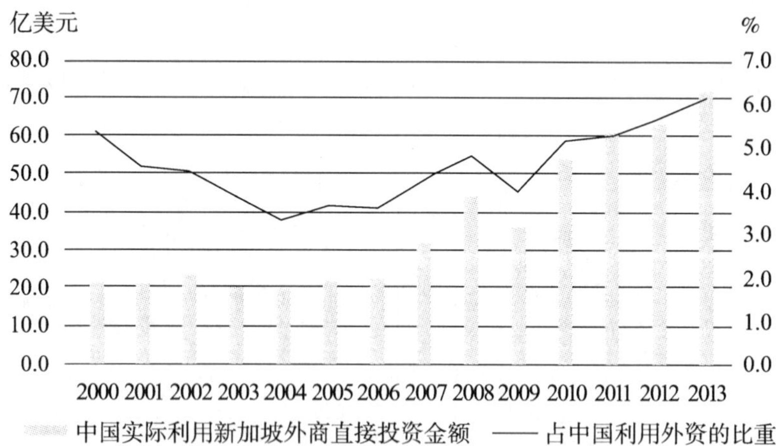

图2-19　新加坡对华直接投资情况

资料来源：中国统计局。

新加坡对华投资主要集中在房地产业和制造业，此外还有交通运输、仓储和邮政业、批发和零售业、租赁和商务。2012 年，新加坡对这两个产业的投资占对华投资总额的 72. 4% 。其中新加坡在房地产业实际投资 23. 8 亿美元，占总额的 37. 7% ；在制造业实际投资 21. 9 亿美元，占 34. 7% 。从地区分布来看，新加坡对华投资主要集中在东部地区。2002—2012 年，东部地区累计使用新加坡投资 328. 4 亿美元，占比 84. 4% ；中部地区和西部地区分别占比 7. 7% 和 8. 8% 。

（2）中国对新加坡投资

2008 年中新自贸协定签署以来，中国对新加坡直接投资有了质的增长。2008 年之前，中国每年对新加坡直接投资流量仅有数亿美元。2008 年，中国对新加坡直接投资流量达到 15. 5 亿美元，同比增长 290% 。此后，一直保持在 10 亿美元以上，2011 年曾经达到 32. 7 亿美元的高点。截至 2013 年年底，中国在新加坡的投资存量为 147. 5 亿美元，占同期中国对外直接投资存量的 2. 2% 。

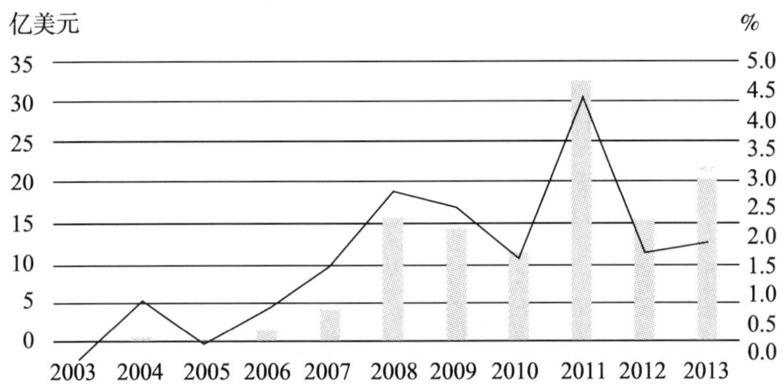

图 2 – 20　中国对新加坡直接投资流量及占比

数据来源：中国统计局。

3. 经济技术合作

新加坡是中国对外开展承包工程业务较早的国家，2000 年，中国在新加坡承包工程完成营业额就已经达到 6. 5 亿美元，占当年中国对外承包工程完成营业额的 7. 8% 。此后随着中国—东盟自贸区的建设以及中新自贸区的建设，中国在新加坡承包工程完成营业额不断增长，2013 年为 28.1 亿美元，但在中国承包工程完成营业额中比重不断下降，仅为 2%，较 2000 年下降了 5.8 个百分点。

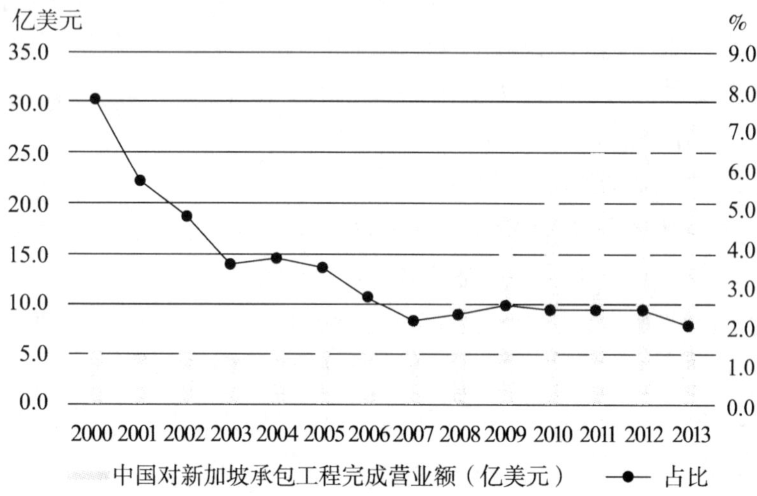

图 2－21　中国对新加坡承包工程完成营业额及占比

数据来源：中国统计局。

（八）中国—秘鲁自由贸易协定

2009 年，中国与秘鲁正式签署《自贸协定》，2010 年 3 月协定正式生效。

1. 货物贸易

自中秘签署自贸协定以来，两国之间的货物贸易保持了较为稳定的增长态势。据中国海关统计，2009—2013 年，中秘双边贸易由 62.7 亿美元增长至 146.7 亿美元，年均增长 23.7%，在中国对外贸易中的比重也由 0.3% 上升至 0.4%。其中，中国自秘鲁进口由 21 亿美元提高至 61.9 亿美元，出口由 41.7 亿美元提高至 84.9 亿美元，年均增长率分别达到 31% 和 19.5%。中国对秘鲁一直保持为贸易逆差，金额在 20 亿～30 亿美元浮动。

表 2－43　2005—2013 年中秘贸易情况（中方统计）

单位：亿美元，%

年份	贸易总额		新加坡出口		新加坡进口		贸易差额
	金额	比重	金额	比重	金额	比重	
2009	62.7	0.3	21.0	0.2	41.7	0.4	－20.7
2010	96.7	0.3	35.5	0.2	61.2	0.4	－25.6
2011	125.2	0.3	46.6	0.2	78.7	0.5	－32.1
2012	138.1	0.4	53.3	0.3	84.8	0.5	－31.4
2013	146.7	0.4	61.9	0.3	84.9	0.4	－23.0

数据来源： UN Comtrade Database.

根据秘鲁统计，2009—2013 年，秘中贸易增长也很稳定，不仅双边贸易额由 73.2 亿美元增加到 157.3 亿美元，占秘鲁对外贸易的比重也由 15.1%提高到 18.4%。2009 年，中国为秘鲁第二大贸易伙伴，2011 年和 2012 年，中国超过美国成为秘鲁第一大贸易伙伴，2013 年受金融矿产品价格下降影响，秘鲁对中国出口下降，中国又跌回第二大贸易伙伴。

表 2－44　2005—2013 年秘中贸易情况（秘方统计）

单位：亿美元，%

年份	贸易总额		秘鲁出口		秘鲁进口		贸易差额
	金额	比重	金额	比重	金额	比重	
2010	105.4	16.2	54.2	15.5	51.2	17.0	3.1
2011	133.3	15.9	69.6	15.2	63.7	16.8	5.9
2012	156.0	17.7	77.8	17.1	78.2	18.4	－0.4
2013	157.3	18.4	73.4	17.5	83.9	19.2	－10.5

数据来源： UN Comtrade Database.

从出口来看，中国对秘鲁出口以机电产品、车辆及其零附件、钢铁及其制品、纺织品、塑料产品、家具等为主。2013 年，中国对秘鲁出口机电产品 17.7 亿美元，占同期中国对秘鲁出口总额的 28.5%，比自贸区建设之前的 2009 年降低了 7.4 个百分点。中国对秘鲁车辆及其零附件的出口较为稳定，2013 年出口额为 6.9 亿美元，占比为 11.2%，比 2009 年提高了 0.3 个百分点。钢铁和钢铁制品对秘鲁出口增长较快，2013 年出口额为 6.5 亿美元，占比为 10.6%。

表 2-45　2009 年和 2013 年中国对秘鲁出口前十位商品对比

单位：亿美元，%

2009 年				2013 年			
HS	名称	金额	比重	HS	名称	金额	比重
85	电机、电器、音像设备及其零附件	4.3	20.3	85	电机、电器、音像设备及其零附件	9.4	15.2
84	核反应堆、锅炉、机器、机械器具及零件	3.3	15.7	84	核反应堆、锅炉、机器、机械器具及零件	8.3	13.4
87	车辆及其零附件	2.3	10.9	87	车辆及其零附件	6.9	11.2
73	钢铁制品	0.9	4.2	72	钢铁	3.5	5.7
29	有机化学品	0.6	2.9	73	钢铁制品	3.0	4.9
62	非针织或非钩编的服装及衣着附件	0.6	2.8	39	塑料及其制品	2.9	4.6
39	塑料及其制品	0.5	2.6	94	家具、寝具等；灯具；活动房	2.5	4.0
61	针织或钩编的服装及衣着附件	0.5	2.5	61	针织或钩编的服装及衣着附件	2.0	3.2
60	针织物及钩编织物	0.5	2.3	62	非针织或非钩编的服装及衣着附件	1.6	2.7
40	橡胶及其制品	0.5	2.2	64	鞋靴，护腿和类似品及其零件	1.6	2.5
合计		13.9	66.3	合计		41.6	67.3

数据来源：UN Comtrade Database.

中国自秘鲁进口的产品高度集中，主要是铜、锌等矿产品、农产品以及木及木制品，2013 年前 10 大进口产品进口额合计占同期中国自秘鲁进口总额的98.8%。2013 年，中国自秘鲁进口矿砂、矿渣及矿灰、铜及其制品、锌及其制品分别为 61 亿美元、10.2 亿美元和 1.1 亿美元，占比分别为71.9%、12%和1.3%，均较 2009 年有不同幅度的增长。食品工业的残渣及废料也是中国自秘鲁进口的重要产品，2013 年进口额为 7.9 亿美元，占比 9.3%，较 2009 年下降了 6.9 个百分点。肉、水果、鱼等农产品自秘鲁进口增长很快，2013 年进口额分别为 1.1 亿美元、1 亿美元和 0.3 亿美元，占比均较 2009 年有所提升。

表 2－46　2009 年和 2013 年中国自秘鲁进口前十位商品对比

单位：亿美元，%

2009 年				2013 年			
HS	名称	金额	比重	HS	名称	金额	比重
26	矿砂、矿渣及矿灰	28.6	68.7	26	矿砂、矿渣及矿灰	61.0	71.9
23	食品工业的残渣及废料；配制的饲料	6.8	16.2	74	铜及其制品	10.2	12.0
74	铜及其制品	3.7	8.9	23	食品工业的残渣及废料；配制的饲料	7.9	9.3
44	木及木制品；木炭	0.6	1.3	16	肉及其他水生无脊椎动物的制品	1.1	1.3
03	鱼及其他水生无脊椎动物	0.5	1.1	79	锌及其制品	1.1	1.3
15	动、植物油、脂、蜡；精制食用油脂	0.3	0.8	08	食用水果及坚果；甜瓜等水果的果皮	1.0	1.2
16	肉及其他水生无脊椎动物的制品	0.2	0.4	12	油籽，子仁；工业或药用植物；饲料	0.5	0.6
12	油籽，子仁；工业或药用植物；饲料	0.1	0.3	03	鱼及其他水生无脊椎动物	0.3	0.4

续 表

2009 年				2013 年			
HS	名称	金额	比重	HS	名称	金额	比重
51	羊毛等动物毛；马毛纱线及其机织物	0.1	0.3	15	动、植物油、脂、蜡；精制食用油脂	0.3	0.4
08	食用水果及坚果；甜瓜等水果的果皮	0.1	0.3	44	木及木制品；木炭	0.3	0.4
合计		41.1	98.5	合计		83.9	98.8

数据来源：UN Comtrade Database.

2. 投资合作

（1）秘鲁对华投资

秘鲁对华投资金额较小，中秘 FTA 签署之前，投资流量时有波动，多的年份如 2007 年曾经达到 527 万美元，少的年份如 2006 年仅有 73 万美元。中秘 FTA 签署后，秘鲁对华投资更加缩减，最高的年份如 2011 年也仅有 87 万美元，2013 年对华没有新增投资。

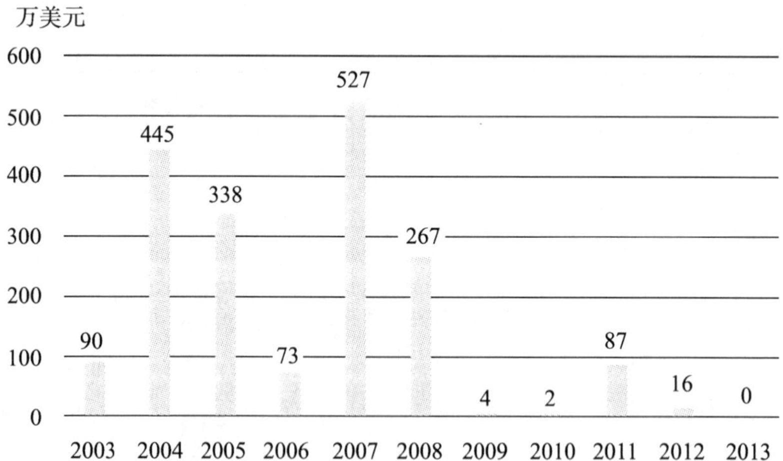

图 2－22　秘鲁对华直接投资情况

数据来源：中国商务部。

（2）中国对秘鲁投资

中国企业对秘鲁投资增长很快，尤其是在2009年中秘FTA签署之后，中国企业对秘鲁投资力度进一步加大。2010年突破1亿美元，2011年突破2亿美元，2013年回落至1.1亿美元。截至2013年年底，中国企业在秘鲁直接投资存量达到8.7亿美元，占同期中国企业对拉丁美洲直接投资存量的比重为10.1%。

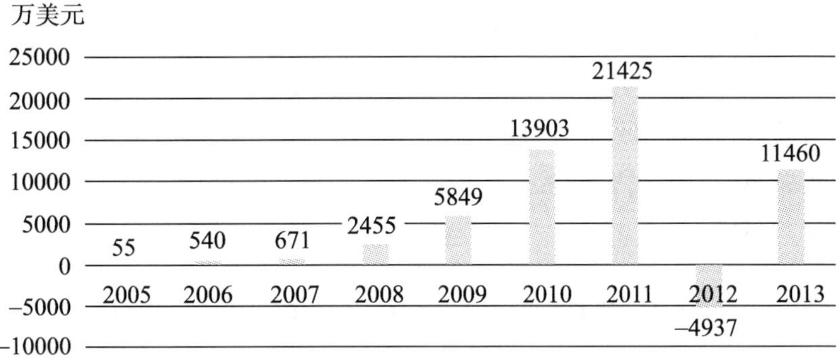

图2－23　中国对秘鲁直接投资流量

数据来源：中国统计局。

（3）经济技术合作

近年来，中国在秘鲁承包工程进展较为稳定，发展势头较好。2000—2009年，中国在秘鲁承包工程完成营业额由2312万美元逐步提高到1.9亿美元。尤其是2009年中秘FTA签署之后，中国在秘鲁承包工程再上新

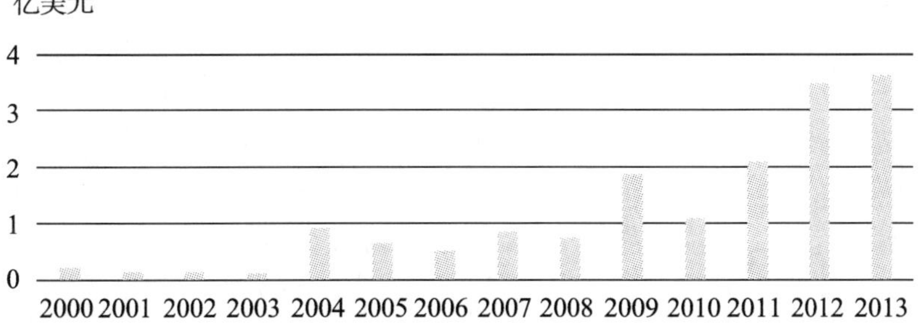

图2－24　中国在秘鲁承包工程完成营业额

数据来源：中国统计局。

台阶，2011 年突破 2 亿美元，2012 突破 3 亿美元，2013 年达到 3.6 亿美元，占中国在拉丁美洲承包工程完成营业额的 2.7%。

（九）中国—哥斯达黎加自由贸易协定

2010 年，中国与哥斯达黎加签署《自贸协定》，2011 年 8 月协定正式生效。

1. 货物贸易

2010 年，中国与哥斯达黎加达成自贸协定，2011 年自贸协定生效后两国贸易快速增长，2012 年达到 61.7 亿美元，同比增长 30.5%。2013 年，两国贸易额回落至 56.8 亿美元，同比减少 8%。中国与哥斯达黎加的贸易额相对较小，在中国对外贸易中的比重不足 0.2%。中国对哥斯达黎加长期保持贸易逆差，2013 年逆差额为 38.3 亿美元。

表 2 -47　2010—2013 年中哥贸易情况（中方统计）

单位：亿美元，%

年份	贸易总额		中国出口		中国进口		贸易差额
	金额	比重	金额	比重	金额	比重	
2010	37.9	0.13	6.9	0.04	31.1	0.22	-24.2
2011	47.3	0.13	8.8	0.05	38.4	0.22	-29.6
2012	61.7	0.16	9.0	0.04	52.7	0.29	-43.7
2013	56.8	0.14	9.3	0.04	47.6	0.24	-38.3

数据来源：UN Comtrade Database.

据哥方统计，2010 年以来，哥中贸易增长势头良好，2013 年达到 21.3 亿美元，年均增长 19.1%。同期，哥中贸易在哥对外贸易中的比重也在稳步上升，由 2010 年的 5.5% 提高到 2013 年的 7.2%。哥方统计显示，哥斯达黎加对中国也长期存在贸易逆差，且逐年增长，2013 年为 13.7 亿美元。2013 年，中国为哥第 7 大出口市场和第二大进口来源国，仅次于美国。

表 2－48　2010—2013 年哥中贸易情况（哥方统计）

单位：亿美元，%

年份	贸易总额		哥斯达黎加出口		哥斯达黎加进口		贸易差额
	金额	比重	金额	比重	金额	比重	
2010	12.6	5.5	2.7	3.0	9.9	7.1	－7.2
2011	15.7	5.7	2.1	2.1	13.5	7.8	－11.4
2012	17.7	6.0	3.3	2.9	14.5	7.8	－11.2
2013	21.3	7.2	3.8	3.3	17.5	9.6	－13.7

数据来源： UN Comtrade Database.

中国对哥斯达黎加出口商品较为多元化，主要有机电产品、车辆及其零附件、塑料及其制品、有机化学品、家具、寝具等。2013 年，前 10 大类出口商品占当年中国对哥出口总额的64.3%，比2010 年提高了10.9 个百分点。2013 年，中国对哥出口机电产品、车辆及其零附件和塑料及其制品分别为2.7 亿美元、0.9 亿美元和0.4 亿美元，占比分别为19.8%、9.3%和4.7%，比2010 年分别提高了7.4、4.3 和1.6 个百分点。

表 2－49　2010 年和 2013 年中国对哥斯达黎加出口前十位商品对比

单位：亿美元，%

2010 年				2013 年			
HS	名称	金额	比重	HS	名称	金额	比重
85	电机、电器、音像设备及其零附件	1.1	15.5	85	电机、电器、音像设备及其零附件	1.8	19.7
84	核反应堆、锅炉、机器、机械器具及零件	0.5	6.9	84	核反应堆、锅炉、机器、机械器具及零件	0.9	10.1
87	车辆及其零附件，但铁道车辆除外	0.3	5.0	87	车辆及其零附件，但铁道车辆除外	0.9	9.3
39	塑料及其制品	0.2	3.1	39	塑料及其制品	0.4	4.7
29	有机化学品	0.3	4.2	29	有机化学品	0.4	4.3
94	家具、寝具等；灯具；活动房	0.2	3.0	94	家具、寝具等；灯具；活动房	0.3	3.6

续 表

2010年				2013年			
HS	名称	金额	比重	HS	名称	金额	比重
73	钢铁制品	0.3	3.9	73	钢铁制品	0.3	3.5
72	钢铁	0.2	3.0	72	钢铁	0.3	3.2
90	光学、照相、医疗等设备及零附件	0.4	6.0	90	光学、照相、医疗等设备及零附件	0.3	3.1
40	橡胶及其制品	0.2	2.8	40	橡胶及其制品	0.3	2.9
合计		3.7	53.4	合计		6.0	64.3

数据来源： UN Comtrade Database.

中国自哥斯达黎加进口高度集中于电机、电器、音像设备及其零附件，2013年进口额为46.5亿美元，占当年中国自哥斯达黎加进口总额的97.7%，比2010年下降了0.9个百分点。

表2-50　2010年和2013年中国自哥斯达黎加进口前十位商品对比

单位：亿美元，%

2009年				2013年			
HS	名称	金额	比重	HS	名称	金额	比重
85	电机、电器、音像设备及其零附件	30.64	98.63	85	电机、电器、音像设备及其零附件	46.47	97.74
41	生皮（毛皮除外）及皮革	0.15	0.47	90	光学、照相、医疗等设备及零附件	0.37	0.79
20	蔬菜、水果等或植物其他部分的制品	0.07	0.21	41	生皮（毛皮除外）及皮革	0.21	0.43
39	塑料及其制品	0.04	0.13	20	蔬菜、水果等或植物其他部分的制品	0.12	0.25
08	食用水果及坚果；甜瓜等水果的果皮	0.04	0.12	74	铜及其制品	0.10	0.21
84	核反应堆、锅炉、机器、机械器具及零件	0.03	0.11	84	核反应堆、锅炉、机器、机械器具及零件	0.08	0.17

续 表

2009 年				2013 年			
HS	名称	金额	比重	HS	名称	金额	比重
06	活植物；茎、根；插花、簇叶	0.02	0.07	39	塑料及其制品	0.06	0.12
90	光学、照相、医疗等设备及零附件	0.02	0.07	44	木及木制品；木炭	0.04	0.08
76	铝及其制品	0.02	0.06	08	食用水果及坚果；甜瓜等水果的果皮	0.03	0.06
44	木及木制品；木炭	0.02	0.05	06	活植物；茎、根；插花、簇叶	0.02	0.04
合计		31.0	99.9	合计		47.5	99.9

数据来源： UN Comtrade Database.

2. 投资合作

（1）哥斯达黎加对华投资

哥斯达黎加对华直接投资金额很少，中哥 FTA 的签署没有对这一领域产生实质性的影响。2009 年之前，仅 2004—2006 年哥斯达黎加对华有直接投资，最高的年份流量仅为 60 万美元；2010—2011 年，分别有 10 万美元和 22 万美元的投资，其余的年份则没有新增投资。

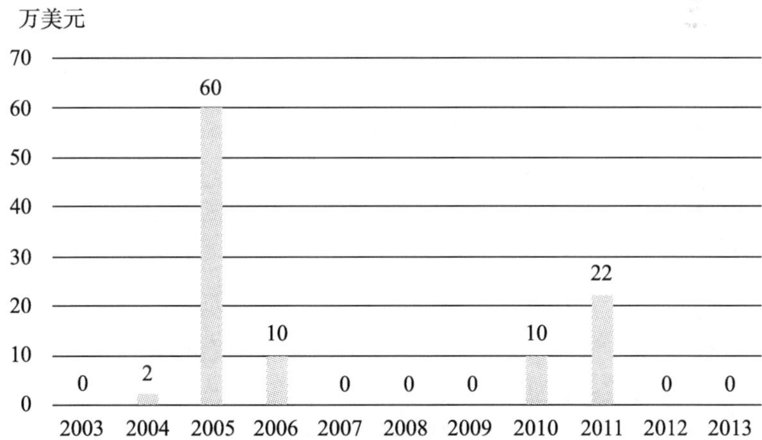

图 2-25　哥斯达黎加对中国直接投资情况

数据来源： 中国统计局。

（2）中国对哥斯达黎加投资

中国企业对哥斯达黎加也非常少，2010 年之前，几乎没有在该国的投资。2010 年直接投资额为 8 万美元，2011 年 1 万美元，2013 年为 117 万美元。截至 2013 年年底，中国在哥斯达黎加的投资存量为 326 万美元。

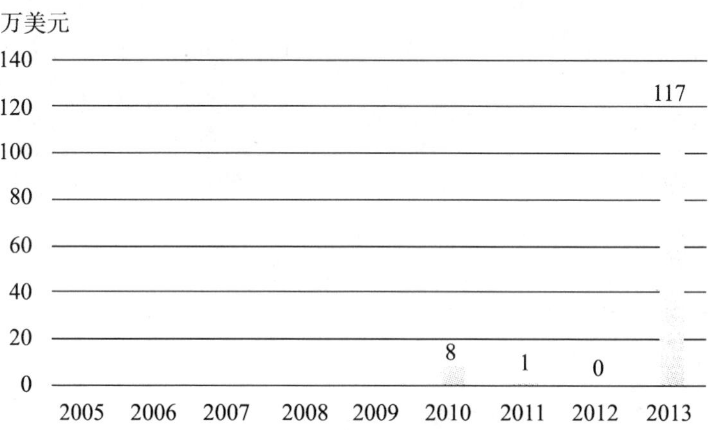

图 2－26　中国对哥斯达黎加直接投资情况

数据来源：中国统计局。

3. 经济技术合作

由于建交时间很晚，2009 年之前，中国在哥斯达黎加几乎没有承包工

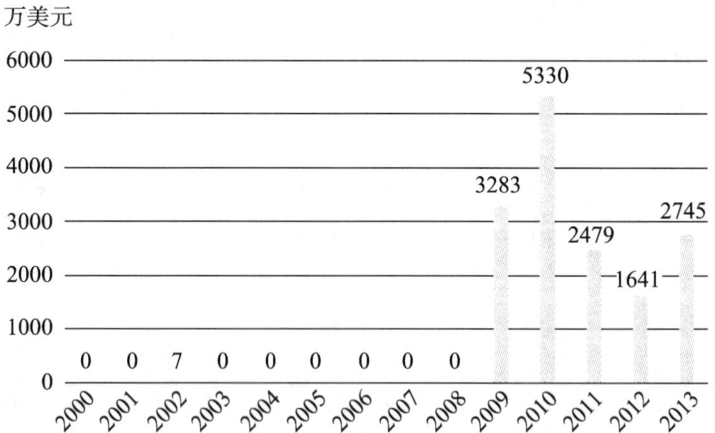

图 2－27　中国在哥斯达黎加承包工程完成营业额

数据来源：中国统计局。

程业务。随着自贸区的建设，中国与哥斯达黎加的经贸往来日益密切，工程承包合作也不断向前发展。2013 年，中国在哥斯达黎加承包工程完成营业额为 2745 万美元。

（十）海峡两岸经济合作框架协议

2010 年，大陆与台湾签署《海峡两岸经济合作框架协议》（2011 年 1 月生效），正式开启了两岸建设自贸区的进程。2012 年 8 月，双方签署《海峡两岸投资保护和促进协议》（2013 年 1 月 31 日生效）和《海峡两岸海关合作协议》。2013 年 6 月再次签署《海峡两岸服务贸易协议》，但目前仍未生效。

1. 货物贸易

2010 年，大陆与台湾签署《海峡两岸经济合作框架协议》，协议明确了双方在货物贸易领域开展早期收获计划。根据协定，2011 年 1 月 1 日起，台湾将对原产于大陆的 268 个 8 位数税号项下产品实施降税。同时，从 2011 年 1 月 1 日起，大陆将原产于台湾的 557 个 8 位数税号的产品实施降税。由于降税涉及产品数量有限，不足全部海关税目的 10%，因此反映到整体贸易上效应不明显。2010—2013 年，大陆与台湾贸易额由 1452.9 亿美元增长至 1971.6 亿美元，年均增长 10.7%。同期，大陆对台湾贸易逆差不断扩大，由 860 亿美元提高至 1158.6 亿美元。

表 2-51 2010—2013 年大陆与台湾贸易情况（大陆统计）

单位：亿美元，%

年份	贸易总额		大陆出口		大陆进口		贸易差额
	金额	比重	金额	比重	金额	比重	
2010	1452.9	4.89	296.4	1.88	1156.5	8.30	-860.0
2011	1599.6	4.39	350.7	1.85	1249.0	7.17	-898.3
2012	1689.6	4.37	367.7	1.79	1321.9	7.27	-954.3
2013	1971.6	4.74	406.5	1.84	1565.1	8.03	-1158.6

数据来源： UN Comtrade Database.

虽然总体效果不突出，但早期收获计划仍然给大陆与台湾的进出口企业带来了实惠。据大陆海关统计，2014 年全年，自台湾进口 ECFA 早期收获产品中，共减免关税约 8 亿美元。截至 2014 年年底，自台湾进口 ECFA 早期收获产品累计减免关税约 22 亿美元。据台湾海关统计，2014 年全年，自大陆进口 ECFA 早期收获产品中，共减免关税约 8200 万美元。截至 2014 年年底，自大陆进口 ECFA 早期收获产品累计减免关税约 2.2 亿美元。

台湾统计也显示 ECFA 生效以来，台湾与大陆贸易保持低速的稳定增长。2013—2010 年，台湾与大陆贸易额由 1058.9 亿美元提高至 1194.6 亿美元，年均增长仅为 3.2%。2013 年，大陆继续保持成为台湾第一大贸易伙伴、第一大出口市场和仅次于日本的第二大进口来源地。

表 2－52　2010—2013 年台湾与大陆贸易情况（台湾统计）

单位：亿美元，%

年份	贸易总额		台湾出口		台湾进口		贸易差额
	金额	比重	金额	比重	金额	比重	
2010	1085.9	21.1	726.4	27.7	359.5	14.3	366.9
2011	1216.2	21.2	781.8	26.8	434.5	15.5	347.3
2012	1168.5	21.1	759.9	26.7	408.6	15.1	351.2
2013	1194.6	21.5	770.1	26.8	424.5	15.8	345.5

数据来源： UN Comtrade Database.

大陆对台湾出口商品以机电产品、“光学、照相、医疗等设备及零附件”、钢铁、化学品、塑料及其制品等为主。2013 年，大陆对台湾出口机电产品 211.9 亿美元，占当年大陆对台湾出口总额的 52.1%，比 2010 年提高了 3 个百分点。“光学、照相、医疗等设备及零附件”和钢铁也是大陆对台湾出口的重要产品，2013 年出口额均超过 20 亿美元，合计占比达到 10.8%。

表 2－53　2010 年和 2013 年大陆对台湾出口前十位商品对比

单位：亿美元，%

2010 年				2013 年			
HS	名称	金额	比重	HS	名称	金额	比重
85	电机、电器、音像设备及其零附件	102.0	34.4	85	电机、电器、音像设备及其零附件	164.1	40.4
84	核反应堆、锅炉、机器、机械器具及零件	43.6	14.7	84	核反应堆、锅炉、机器、机械器具及零件	47.8	11.8
90	光学、照相、医疗等设备及零附件	20.0	6.8	90	光学、照相、医疗等设备及零附件	23.1	5.7
38	杂项化学产品	15.0	5.1	72	钢铁	20.9	5.1
29	有机化学品	12.0	4.1	29	有机化学品	14.5	3.6
72	钢铁	11.4	3.8	38	杂项化学产品	14.2	3.5
39	塑料及其制品	6.9	2.3	39	塑料及其制品	9.4	2.3
27	矿物燃料、矿物油及其产品、沥青等	6.2	2.1	87	车辆及其零附件，但铁道车辆除外	8.8	2.2
87	车辆及其零附件，但铁道车辆除外	6.1	2.1	03	鱼及其他水生无脊椎动物	7.8	1.9
28	无机化学品、贵金属等的化合物	5.7	1.9	74	铜及其制品	7.6	1.9
合计		228.9	77.2	合计		318.2	78.3

数据来源： UN Comtrade Database.

大陆自台湾进口商品也较为集中，主要是机电产品、“光学、照相、医疗等设备及零附件”、塑料及其制品、有机化学品、铜及其制品、玻璃及其制品等。2013 年，前十位商品进口占同期大陆自台湾进口比重达到

93.9%。机电产品是大陆自台湾进口的第一大类产品，2013 年进口额达到 990.1 亿美元，占比为 63.3%，比 2010 年提高了 11.6 个百分点。光学、照相、医疗等设备及零附件和塑料及其制品虽然继续保持成为第二、第三大类进口商品，但占比持续下滑，2013 年分别为 12.8% 和 6.8%，分别下降了 4.8 和 2.2 个百分点。

表 2－54　2010 年和 2013 年大陆自台湾进口前十位商品对比

单位：亿美元，%

2009 年				2013 年			
HS	名称	金额	比重	HS	名称	金额	比重
85	电机、电器、音像设备及其零附件	508.4	44.0	85	电机、电器、音像设备及其零附件	896.1	57.3
90	光学、照相、医疗等设备及零附件	202.7	17.5	90	光学、照相、医疗等设备及零附件	199.7	12.8
39	塑料及其制品	103.6	9.0	39	塑料及其制品	105.8	6.8
84	核反应堆、锅炉、机器、机械器具及零件	88.7	7.7	84	核反应堆、锅炉、机器、机械器具及零件	94.0	6.0
29	有机化学品	77.3	6.7	29	有机化学品	84.6	5.4
72	钢铁	25.3	2.2	74	铜及其制品	24.8	1.6
74	铜及其制品	25.2	2.2	70	玻璃及其制品	18.9	1.2
38	杂项化学产品	12.7	1.1	72	钢铁	18.8	1.2
54	化学纤维长丝	11.6	1.0	38	杂项化学产品	16.0	1.0
70	玻璃及其制品	11.3	1.0	54	化学纤维长丝	11.1	0.7
合计		1066.7	92.2	合计		1469.7	93.9

数据来源：UN Comtrade Database.

2. 投资合作

（1）台湾对大陆投资

2000年以来，台湾对大陆投资经历了多次起伏与波动。2002年，台湾对大陆投资流量达到39.7亿美元的高点，此后逐步回落，2007年降为17.7亿美元。2008年以后，台湾对大陆投资在波动中不断向前发展，2012年达到28.5亿美元，2013年又回落至20.9亿美元。同期，台湾在大陆投资总额在大陆实际利用的外商直接投资总额中的比重不断下滑，由2002年的7.5%下降至2013年的1.8%，降低了5.7个百分点。

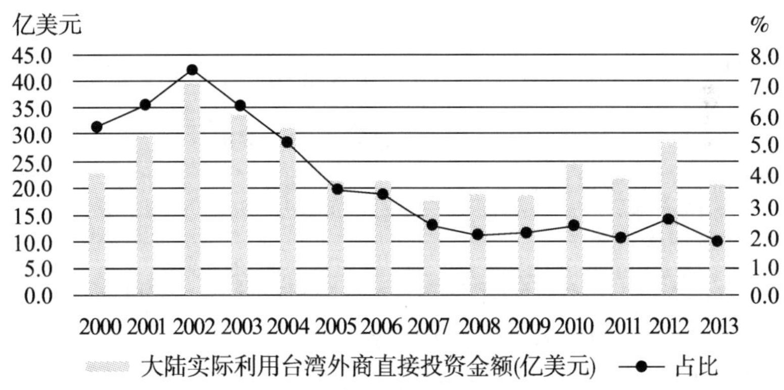

图2-28　台湾对大陆直接投资情况

资料来源：中国商务部统计。

台湾对大陆投资主要集中在制造业，从2002年开始，台湾对大陆制造业实际投资额一直占对大陆投资总额的70%以上。2012年，台湾对大陆制造业投资项目数为847个，占台湾对大陆投资项目总数的38%；实际投资金额为21.7亿美元，占76.3%。此外，台湾对大陆批发和零售业、房地产业、农、林、牧、渔业的投资也比较多。

（2）大陆对台湾投资

与台湾对大陆的活跃形成对比，大陆对台湾投资非常少。2010年之前投资流量仅为几万美元。2010年ECFA的建设，带动了大陆对台湾投资的增长。2010—2013年，大陆对台湾直接投资流量由1735万美元增长至1.8亿美元，年均增长16.7%。截至2013年年底，大陆对台湾直接投资存量仅为3.5亿美元。

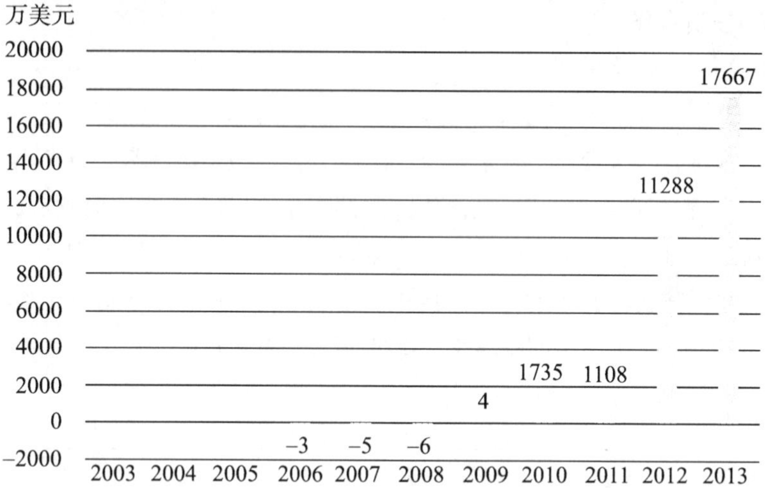

万美元
20000
18000
16000
14000
12000
10000
8000
6000
4000
2000
0
–2000
17667
11288
1735 1108
4
–3 –5 –6
2003 2004 2005 2006 2007 2008 2009 2010 2011 2012 2013

图 2 –29　大陆对台湾直接投资流量

数据来源： 中国统计局。

3. 经济技术合作

2000 年以来，大陆对台湾承包工程发展起伏较大。2000—2006 年增长较快，2006 年大陆对台湾承包工程完成营业额达到 1. 8 亿美元，此后的几年一直处于回落状态，直至 2010 年才有起色，当年承包工程完成营业额为

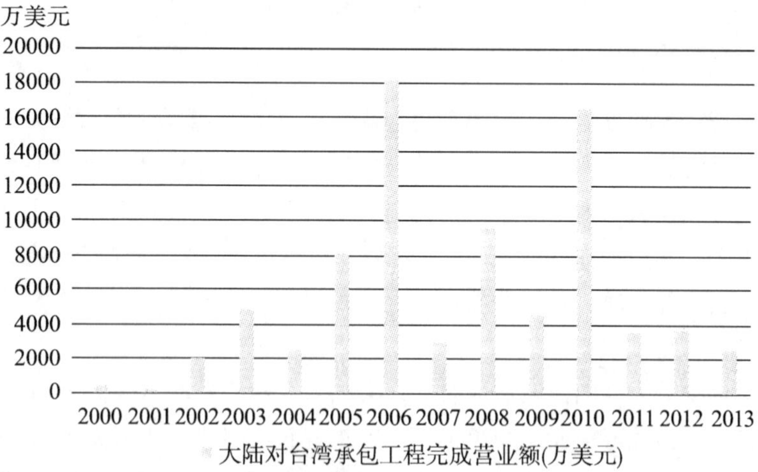

图 2 –30　大陆对台湾承包工程完成营业额

数据来源： 中国统计局。

1.7 亿美元。ECFA 协议签署后的三年内，大陆对台湾承包工程仍然进展缓慢，2013 年完成营业额为 2616 万美元，仅占当年中国对外承包工程完成营业额的 0.019%。

（十一）中国—冰岛自由贸易协定[①]

中冰两国于 1971 年建立外交关系，之后两国高层交往频繁，经贸合作日益扩大。1987 和 1994 年，中冰两国政府分别签署了《中冰政府贸易协定》和《中冰投资保护协定》，1995 年又签署了《关于设立中冰贸易与经济合作联委会的协议》，这些协议均有力推动了两国在渔业、地热、承包工程等领域的经贸合作，也为拓展两国经贸关系深入发展奠定了基础。2005 年 5 月胡锦涛主席与来华进行国事访问的冰岛总统格里姆松达成共识，签署了《关于加强经济与贸易合作的谅解备忘录》，冰岛成为在西欧首个承认我市场经济地位的国家，双方正式启动建立中冰自贸区的可行性研究。中国—冰岛自贸区谈判于 2006 年 12 月启动并进行了 4 轮谈判，2009 年，因冰岛提出加入欧盟申请，双方谈判中止。2012 年 4 月，中冰两国领导人商定重启中冰自贸区谈判。后经 2 轮谈判，双方于 2013 年 1 月结束实质性谈判，就协定内容达成一致。2014 年 5 月 20 日，中国商务部与冰岛外交外贸部官员在北京互换了《中国—冰岛自由贸易协定》的生效照会，按照《协定》生效条款有关规定，《协定》已于 2014 年 7 月 1 日正式生效。

中国和冰岛自 1971 年建交以来，在双方的共同努力下，经贸合作取得长足进展，合作规模逐步扩大。虽然 2008 年金融危机对冰岛冲击很大，但随着全球经济复苏以及政府财政状况好转，加之 IMF 以及北欧国家外部救助，冰岛经济逐渐走出下降趋势，自 2011 年起 GDP 出现正增长。2013 年 GDP 为 146.2 亿美元，同比增长 2.9%。2013 年中冰自由贸易协定的签订，开创了中冰经贸合作的新纪元，经贸合作日益紧密。

1. 货物贸易

中国与冰岛双边贸易额比较小，但近年来增长较快。2006 年起中国开始成为冰岛在亚洲最大贸易伙伴，2007 年中国超过日本，成为冰岛在亚洲最大

---

① 本部分作者为姜菲菲。

的进口国。受金融危机影响，中冰贸易也受到了冲击，据中国海关统计，2009 年中国与冰岛贸易总额 0. 87 亿美元，同比下降 32%，中国自冰岛进口 0. 33 亿美元，同比下降 5. 7%，中国对冰岛出口 0. 21 亿美元，同比下降了 63. 8%。自 2010 年起双边贸易额开始回升，2013 年双边贸易额为 2. 22 亿美元，同比增长 20. 7%，其中中国向冰岛出口 1. 47 亿美元，同比增长 53. 7%，中国从冰岛进口 0. 76 亿美元，同比下降 14. 8%。对冰岛主要出口商品为电子机械和其他机械设备、橡胶、家具、有机化学药品等；自冰岛主要进口商品为冻鱼和海产品、机械设备、铝及制品、油脂等。2003—2013 年这十年中，中国在双边贸易中一直享有顺差。中国从冰岛进口波动不大，表明中国对冰岛进口产品需求一直较为稳定。自金融危机后中国从冰岛进口显著增长，贸易顺差逐步缩小。但 2013 年中国自冰岛进口出现下降，贸易顺差有所扩大。

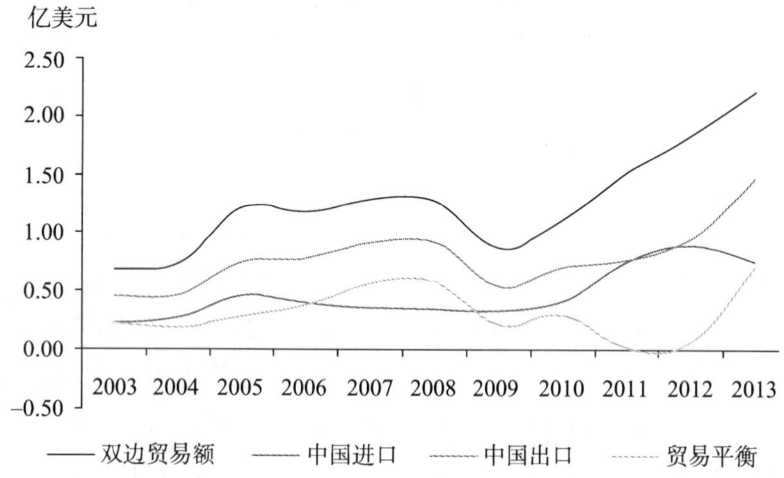

图 2－31　中冰双边贸易情况（2003—2013）

资料来源：中国海关。

表 2－55　2013 年中国自冰岛进口前十类商品

单位：万美元

序号	HS 编码	商品名称	进口额
1	03	鱼和海产品	5079
2	84	机械器具	940

续 表

序号	HS 编码	商品名称	进口额
3	76	铝及其制品	685
4	15	油脂和油	435
5	90	光学、照相、医疗等设备及零件	116
6	05	其他动物产品	74
7	39	塑料及其制品	52
8	28	无机化学品，贵金属的化合物	36
9	30	药品	27
10	29	有机化学制品	24

资料来源：中国海关。

表 2－56　2013 年中国向冰岛出口前十类商品

单位：万美元

序号	HS 编码	商品名称	出口额
1	85	电机、电气设备	10176
2	94	家具	543
3	40	橡胶及其制品	357
4	84	机械设备	350
5	87	车辆及其零附件	339
6	62	非针织或非钩编的服装及衣着附件	332
7	29	有机化学品	299
8	61	针织或钩编的服装及衣着附件	244
9	63	其他纺织制品	232
10	39	塑料及其制品	217

资料来源：中国海关。

2. 服务贸易

中国和冰岛的服务贸易呈逐年增长态势，从 2009 年的 1484 万美元增长到 2013 年的 2467 万美元，增长了 66%。自 2010 年后冰岛自中国服务贸易进口额高于对中国服务贸易出口额，中国逐渐享有对冰岛服务贸易顺差。另一方面，中国与冰岛的服务贸易占冰岛服务贸易的比重还比较小，2013 年冰岛对中国服务贸易出口仅占冰岛服务贸易出口总额的 0.6%，冰岛自中国服务贸易进口额占冰岛服务贸易进口总额的 1.2%，双方服务贸易领域合作还有较大发展空间。

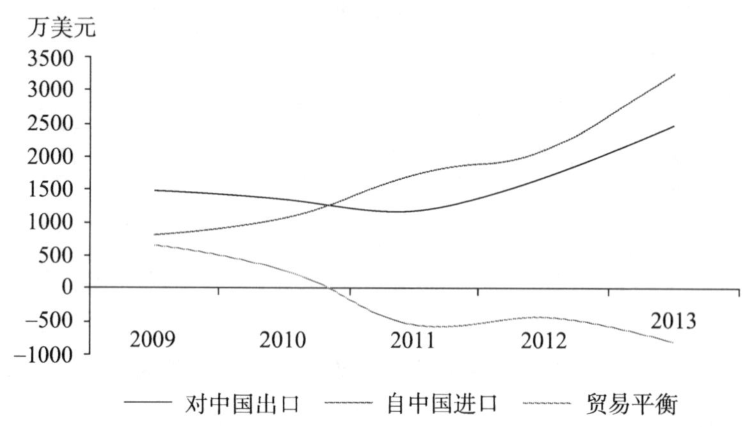

图 2－32　中国和冰岛服务贸易情况（2009—2013）

资料来源：冰岛统计局。

（1）旅游合作。得益于独特的地形地貌和自然环境，冰岛旅游资源丰富，被联合国教科文组织列为世界遗产之一的辛格维德利国家公园，以及瓦特纳冰川国家公园、冰川峡谷河国家公园、蓝湖、黄金圈等是当地著名的旅游景点。此外冰川、雪地旅行、观鲸、水疗项目也很受旅客欢迎。中国幅员辽阔，历史悠久，其地貌旅游资源、水体旅游资源、生物旅游资源、人文旅游资源均十分丰富。欧盟旅游委员会数据显示，2013 年冰岛外国游客数量增幅约为 21%，为欧洲国家之最。在旅游客源方面，冰岛人热爱旅行，据冰岛旅游局统计，每年有 90% 的冰岛人外出旅行，其中有超过 60% 的冰岛人去国外旅行。据中国国家旅游局统计，我国公民出境游市场持续快速增长，2012 年出境人数达到 8318 万人次，比上年增长 18.4%，尤其是因私出境人数达到 7705 万人次，比上年增长 20.2%。以资源和客源为基础，中冰双方旅游合作前景广阔。

（2）金融合作。金融危机前，冰岛金融市场高度开放，金融业基础良好。金融危机发生后，冰岛金融业资产大幅缩水，流动性不足，冰岛央行加强了监管。中国人民银行与冰岛中央银行于2010年6月9日在冰岛签署了《双边本币互换协议》，交易金额35亿元人民币/660亿冰岛克朗，执行期为三年，经双方同意可展期，开创了中冰金融合作的新纪元。目前，中国国家开发银行在冰岛派驻了瑞典—冰岛工作组，但尚无中国金融机构在冰岛开设分支机构，正式开展业务。

（3）承包劳务。截至2013年年底，中国企业累计签订在冰岛承包工程合同金额6012万美元，2012年完成营业额163万美元。2013年中国企业未在冰岛签订新的承包工程合同。

表2－57　中国企业在冰岛的主要承包工程项目

单位：万美元

年份	企业	合同金额	项目内容
1998年以来	辽宁省机械出口公司 中国船舶工业贸易公司	4000	建造16艘渔船和1艘油轮
2006年以来	华为公司	逾3000	供应3G移动通讯设备
2011年	华为公司		提供4G移动通讯设备和技术服务
2006年	中国第二冶金建设公司	990	出口81台电解槽
2007年	武汉凌云建筑装饰工程有限公司	1845	雷克雅未克音乐会议中心玻璃幕墙
2011年	山东荣成神飞船舶制造有限公司	5000	供应2艘875TEU支线集装箱运输船

资料来源：中国商务部驻冰岛经参处。

3. 相互投资

（1）冰岛对华投资。冰岛企业看好并积极开拓中国市场，2001年起冰岛企业开始在中国投资。截至2013年年底，中国共批准冰岛企业在华投资项目27个，实际利用外资1935万美元。2011年中国共批准冰岛企业在华投资项目1个，实际利用外资金额4万美元。2012年没有新的投资项目。2013年新批准冰岛企业在华投资项目1个，实际利用外资金额755万美元。

表 2-58　截至 2013 年年底在中国投资的主要冰岛企业及其业务

单位：万美元

企业	投资方式	注册资金	主要业务
陕西绿源地热能源开发有限公司	合资	1571	地热能源开发
大连三星水产品有限公司	合资	250	水产品加工
绿钻（中山）科技有限公司	独资	130	专业防滑鞋
冰华（青岛）贸易有限公司	独资	20	进出口贸易
滁州海蓓玩具有限公司	独资	80	毛绒玩具
南京海蓓玩具有限公司	独资	60	玩具
优居碧贸易（上海）有限公司	独资	40	进出口贸易
北京奥申菲斯贸易有限公司	独资	7.35	进出口贸易

资料来源：中国商务部。

（2）中国对冰投资。据中国商务部统计，中国在冰岛无对外直接投资项目和企业。目前，驻冰中资机构为深圳华为技术公司瑞典代表处冰岛办事处，在冰岛从事通讯设备销售和技术维护，主要合作伙伴有 Nova 移动、Siminn 电信和沃达丰公司。此外还有国家开发银行青海分行瑞典—冰岛工作组。2011 年 4 月 14 日，中国化工集团公司下属中国蓝星（集团）股份有限公司斥资 20 亿美元完成了对挪威埃肯公司 100% 股权收购，其中包括埃肯冰岛硅铁厂。

（十二）中国—瑞士自由贸易协定①

中瑞两国的经贸关系在两国各自对外经贸关系中都占据着重要地位。自 20 世纪 90 年代两国高层互访后，中瑞两国经贸关系稳步发展，双边贸易额由 1990 年的 5.7 亿美元增加至 2013 年的 595 亿，24 年间增长了 100 倍。尽管 2012 年受到全球经济危机的影响，中瑞双边贸易额出现下滑，但 2013 年中瑞双边贸易呈现爆发式增长，涨幅高达 126%。2013 年 7 月《中国—瑞士自由贸易协定》的顺利签署为两国经贸关系健康发展提供了制度保障，为深化双边合作创造了良好环境，更提振了双方信心。

① 本部分作者为田伊霖。

1. 货物贸易

根据中国海关统计，瑞士是目前中国在欧洲第五大贸易伙伴。2013年，中瑞双边贸易额达到595亿美元，较2012年增长126%。其中，瑞士出口560亿美元，增长145%；中国出口35亿美元，增长0.6%。中方逆差525亿美元，逆差较2012年大幅增大。

据瑞方统计，2013年瑞中贸易额为195.9亿瑞郎，增长10.8%。其中，瑞对华出口82.1亿瑞郎，增长10.7%；瑞自华进口113.8亿瑞郎，增长10.9%；瑞方逆差31.7亿瑞郎，中国是瑞第四大逆差来源国。

表2－59　2009—2013年中瑞双边贸易情况（中方统计）

单位：亿美元，%

年份	两国贸易总额	贸易总额增长率	中国对瑞士出口额	出口额增长率	中国自瑞士进口额	进口额增长率	瑞士贸易顺差
2009	95.6	－15.1	26.6	－32.0	69.0	－6.1	42.4
2010	200.7	110.3	30.3	14.0	170.4	147.4	140.1
2011	309.1	54.0	37.0	22.1	272.1	59.7	235.1
2012	263.1	－14.9	34.9	－5.6	228.2	－16.1	193.3
2013	595.3	126.3	35.1	0.6	560.2	145.5	525.1

数据来源：根据《中国统计年鉴》整理。

表2－60　2009—2013年瑞中双边贸易情况（瑞方统计）

单位：亿瑞郎，%

年份	两国贸易总额	贸易总额增长率	瑞对华出口额	出口额增长率	瑞自华进口额	进口额增长率	瑞士贸易顺差
2009	106.4	－4.2	55.1	－9.9	51.3	2.6	3.8
2010	135.5	27.1	74.7	35.7	60.8	17.9	13.9
2011	181.2	37.9	84.4	19.2	96.8	54	－12.4
2012	176.8	20.0	74.2	－12.2	102.6	－63.2	－28.4
2013	195.9	10.8	82.1	10.7	113.8	10.9	－31.7

数据来源：瑞士联邦海关。

据统计，2013年中国对瑞出口的主要商品大类：服装及衣着附件，鞋类，自动数据处理设备及其部件，医药品，珍珠、钻石、宝石及半宝石；中国自瑞进口的主要商品是：手表、医药品、计量检测分析自控仪器及器具、金属加工机床和变压、整流、电感器及零件。

表 2－61　2013 年中国对瑞士出口前十位商品对比

单位：亿美元，%

HS	名称	金额	比重
85	电机、电气设备及其零件；录音机及放声机、电视图像、声音的录制和重放设备及其零件、附件	6.3	18
84	核反应堆、锅炉、机器、机械器具及其零件	4.6	13
64	鞋靴、护腿和类似品及其零件	4.0	11
29	有机化学品	3.4	10
61	针织或钩编的服装及衣着附件	2.0	6
71	天然或养殖珍珠、宝石或半宝石、贵金属、包贵金属及其制品；仿首饰；硬币	1.8	5
62	非针织或非钩编的服装及衣着附件	1.7	5
90	光学、照相、电影、计量、检验、医疗或外科用仪器及设备、精密仪器及设备；上述物品的零件、附件	1.6	5
94	家具；寝具、褥垫、弹簧床垫、软坐垫及类似的填充制品；未列名灯具及照明装置；发光标志、发光铭牌及类似品；活动房屋	0.9	3
91	钟表及其零件	0.8	2
合计		27.1	78

数据来源： UN Comtrade Database.

表 2－62　2013 年中国从瑞士进口前十位商品对比

单位：亿美元，%

HS	名称	金额	比重
84	核反应堆、锅炉、机器、机械器具及其零件	21.1	3.8
91	钟表及其零件	18.0	3.2
85	电机、电气设备及其零件；录音机及放声机、电视图像、声音的录制和重放设备及其零件、附件	12.9	2.3

续 表

HS	名称	金额	比重
90	光学、照相、电影、计量、检验、医疗或外科用仪器及设备、精密仪器及设备；上述物品的零件、附件	12.2	2.2
30	药品	11.1	2.0
29	有机化学品	5.9	1.1
71	天然或养殖珍珠、宝石或半宝石、贵金属、包贵金属及其制品；仿首饰；硬币	5.6	1.0
39	塑料及其制品	2.0	0.3
73	钢铁制品	1.1	0.2
87	车辆及其零件、附件，但铁道及电车道车辆除外	0.9	0.1
合计		90.8	16.2

数据来源： UN Comtrade Database.

中瑞自贸协定实施后，瑞士将对99.99%的进口商品进行降税处理，其中瑞方将对从中方进口的99.7%的商品立即实施零关税，这将极大促进中国商品进入瑞士市场，扩大中国对瑞士出口额，丰富对瑞士出口产品种类。由于瑞士境内多山地，耕地资源有限，瑞士对农产品进口较为敏感，但协定中仍承诺瑞士方面将对中国960多种农产品实施零关税，涉及中国对瑞士农产品出口的76%以上，[①] 对中国农产品进入欧洲市场具有先行先试的意义，也将为下一步中国与欧洲进行自由贸易探讨积累经验。

2. 服务贸易

瑞士是服务贸易输出大国。2007年瑞士服务贸易出口总额高达662.5亿美元。[②] 其中，旅游、通讯以及金融保险服务等表现突出。中瑞两国在服务贸易领域也长期保持着良好的经贸关系。

---

① 赵雪敏．中国—瑞士自贸区的建立对中国经济影响的研究［J］．安徽大学硕士论文，2014-05-01.

② 数据来源：中国服务贸易指南网。

（1）旅游合作。旅游是中瑞经贸合作的重点领域之一。旅游业是瑞士第四大出口行业，也是最大的服务出口行业，是国家外汇收入的重要来源之一，对 GDP 的贡献约为 6%。该行业涵盖与旅游相关的餐饮、住宿和交通等产业，年收入约 355 亿瑞郎，带动就业 14.48 万人。[①] 2012 年瑞士旅游服务出口额约为 150 亿瑞郎，约占出口总额的 4.8%。2011 年，赴瑞士旅游的中国游客数量已经达到创纪录的 54 万人次，访问中国的瑞士游客也已达到 7 万人次，两国旅游合作正向着更高水平迈进。

（2）金融合作。瑞士是全球银行密度最高的国家，金融保险业十分发达。2003 年 5 月，中国证监会与瑞士联邦银行委员会签署了《证券监管合作谅解备忘录》。中瑞深化金融合作为两国贸易发展提供了有力保障。

（3）承包劳务。据中国商务部统计，2013 年，中国企业在瑞士新签承包工程合同 4 份，新签合同额 527 万美元，完成营业额 629 万美元；当年派出各类劳务人员 8 名，年末在瑞士劳务人员 25 名。[②]

新签大型工程承包项目包括伯利体斯（上海）工程技术有限公司承建 AK700 项目等。

（4）技术引进。瑞士是中国在欧洲重要的技术引进来源国。截至 2013 年年底，中国累计批准自瑞技术引进合同 2497 项，合同金额 67.3 亿美元。[③] 2013 年，中国新批准自瑞技术引进合同 173 个，合同金额 6.6 亿美元。[④] 中国自瑞技术引进项目主要集中在电器、机械制造和医药等领域。

表 2-63　2006—2013 年中国从瑞士技术引进合同情况

单位：份，亿美元

年份	2006	2007	2008	2009	2010	2011	2012	2013
新签合同	161	141	146	137	160	161	161	173
合同额	3.0	2.6	3.1	3.1	4.8	5.3	6.2	6.6

资料来源：中国商务年鉴。

① 数据来源：《对外投资合作国别指南 2013 瑞士篇》。
② 数据来源：《对外投资合作国别指南 2013 瑞士篇》。
③ 连俊，辛闻．开放的中国与世界分享机遇．经济日报 2013-05-29.
④ 连俊，辛闻．开放的中国与世界分享机遇．经济日报 2013-05-29.

《中国—瑞士自由贸易协定》中关于服务贸易的条款将促进两国服务贸易的深入开展。瑞士在签证、居留许可方面同意规定办理期限；在旅游、翻译方面也做出了进一步开发的承诺。[①] 此外，协定对瑞士提供金融服务做了特别说明，将大大促进中瑞双方金融服务贸易的往来。

3. 相互投资

中瑞双边投资历史久远并保持稳步发展。瑞士自 1980 年起开始在华投资，瑞士银行（投资银行）和裕利公司（药品分销）更是中国服务业对外开放过程中首批进入中国市场的外国企业。

（1）瑞士对华投资。ABB、雀巢和罗氏等多家瑞士大型企业已在华设立了投资性公司。截至 2010 年 6 月，已有大约 300 家瑞士企业在中国成立了 700 多家分支机构，雇用中国雇员超过 12 万人，累计对华投资达到 35 亿美元。[②] 瑞士是中国在欧洲第六大外资来源国，也是欧洲对华投资最多的非欧盟国家。2013 年，中国新批瑞在华投资项目 77 个，同比下降 7.2%；实际利用瑞资 3.1 亿美元，下降 64%。[③] 瑞士对华投资主要集中在化工化纤、食品加工、电器工具、医疗用品、汽车配件、建筑材料、纺织服装和贸易等领域。

表 2-64　2006—2013 年瑞士对中国直接投资情况

单位：亿美元

年份	2006	2007	2008	2009	2010	2011	2012	2013
投资流量	2.0	3.0	2.4	3.0	2.6	5.5	8.7	3.1
投资存量	37.6	41.8	30.5	33.5	36.2	41.8	50.5	53.4

资料来源：中国商务年鉴。

（2）中国对瑞投资。根据商务部统计，2013 年当年，中国对瑞士直接投资流量 1.28 亿美元。截至 2013 年年底，中国对瑞士直接投资存量 2.97 亿美元。除欧盟国家外，瑞士是目前中国在欧洲的第四大海外投资国。

---

① 王昭，刘美辰．中瑞将提升双边经贸水平．中国信息报 2014-07-09.

② 韩燕．优势互补互利双赢—建立中瑞自由贸易区的积极效应及政策建议［J］．厦门广播电视大学学报 2011-02-15.

③ 数据来源：《对外投资合作国别指南瑞士篇》。

第三篇 中国自贸区谈判的经验总结

一、我国以往自贸区谈判的经验总结

经过十几年的自贸区建设，我国已签署并实施了12个自贸协定，在谈判的机制、方式、原则、技巧等方面积累了许多经验，对于今后一个时期自贸区谈判具有较强的借鉴意义。

（一）谈判组织机制与程序

1990年，我国依据国家宪法规定，根据形势变化，重新制定了《中华人民共和国缔结条约程序法》。根据该法的相关条款，国务院，即中央人民政府，对同外国缔结条约和协定进行统一领导，而全国人大常委会决定同外国缔结的条约和重要协定的批准和废除。外交部作为国家的外事工作主管部门，在国务院领导下管理缔约具体事务，起到协调和在重要问题上协助把关的作用。[①] 对于条约和重要协定的批准由全国人大常委会决定，对于其他协定和具有条约性质的文件签署后，由外交部或者国务院有关部门会同外交部，报请国务院核准。[②] 自贸协定属于后者，不需由全国人大常委会批准，仅需国务院核准。

在实践中，自贸区谈判一般先启动联合可行性研究，两国在此基础上达成一致并决定启动谈判后，商务部牵头组织质检总局、财政部、海关总署、工业和信息化部、发展改革委、农业部、银监会、质检总局等相关部

---

① 赵建文. 国际条约在中国法律体系中的地位［J］. 法学研究，2010，6：190－206.

② 同上。

委对外参与自贸区谈判，谈判中涉及各部门业务领域由各主管部委出具谈判意见，意见不一致时由商务部与相关部委协商解决，如协商后意见仍不一致报国务院协调解决。

（二）谈判对象布局

1. 立足周边国家和地区，逐步向外拓展

周边国家和地区在我国对外战略全局中占有重要地位。自贸区建设能够使我国经济发展红利和巨大市场潜力惠及周边国家和地区，有利于双方建立健康的经贸联系，创造稳定的外部经济环境。我国的自贸区建设正是以周边国家和地区为基础，逐步向世界其他国家和地区拓展。东盟是我国第一个自贸伙伴，由于地理位置相邻，交通相对便利，双方深化经贸合作的愿望较为强烈，通过自贸区建设，我国与东盟国家间的区域大市场逐步形成，为地区经济发展做出了重要贡献。香港和澳门地区的经济对内地依赖程度较强，作为单独的关税区，与内地建立《更紧密经贸关系安排》能够促进双方货物、资本和人员的自由流动，最终实现真正意义上的经济一体化。随着中国台湾与大陆关系的缓和以及经贸合作愿望的增强，双方签署了《两岸经济合作框架协议》，有利于在现有基础上迅速、全面地深化两岸经贸合作关系。巴基斯坦也是我国较早的自贸伙伴，自贸区的建设密切了双方的经贸合作，深化了两国全天候战略合作伙伴关系。除了亚洲外，我国还积极推进跨洲际的自贸区建设，自贸伙伴涵盖了大洋洲的新西兰，拉丁美洲的智利、秘鲁和哥斯达黎加，以及欧洲的冰岛和瑞士，自贸区网络覆盖范围逐步扩大。

2. “南南合作”与“南北对话”并行推进

在自贸区建设进程中，我国对自贸伙伴的选择早期以发展中国家为主，主要是“南南合作”，选择与我国政治和外交关系较好的发展中国家开展自贸区谈判，在实践中积累了一定经验。我国与东盟、巴基斯坦、智利、秘鲁等国家的自贸区建设有利于加强“南南合作”，在新形势下推动建立公正合理的国际新秩序。而发达国家多数产业比较成熟，国际竞争力强，开放程度高，因而首先选择一些双方互补优势明显、经济总量不大的发达国家作为自贸伙伴，逐步适应较高标准的国际规则。新西兰是我国自贸伙伴中的第一个发达国家，由此开始，我国的自贸区建设从单纯的“南南合作”发展为“南南合作”与“南北对话”并行推进，此后又与冰岛和瑞士签署了自贸协定，我国的市场开放程度进一步提高，自贸区网络也进一步拓展。

（三）谈判方式

1. 分领域分阶段谈判

我国较早开展谈判的几个自贸区，如中国—东盟自贸区、中国—巴基斯坦自贸区和中国—智利自贸区，均采取了分领域分阶段的谈判方式。以中国—东盟自贸区为例，首先签署了一个总体的《中国—东盟全面经济合作框架协议》，并启动了农产品领域的早期收获计划。而后在2003—2009年期间，我国与东盟10国分别就货物贸易和争端解决机制、服务贸易和投资领域分阶段开展谈判，逐步达成了《货物贸易协定》《争端解决机制协定》《服务贸易协定》和《投资协定》，逐步形成和完善中国—东盟自贸区的法律框架。

2. 各领域并进谈判

从中国—新西兰自贸区开始，我国的自贸区谈判采取了各领域并进的谈判方式，以最终达成包含所有领域的一揽子的自贸区协定。以中国—新西兰自贸区为例，在2011年4月首轮谈判就确定了谈判大纲，设立了谈判工作机制，并明确了货物贸易、服务贸易、知识产权、贸易救济、原产地规则等分组同时进行谈判，到2013年2月经过9轮谈判所有的议题都达成一致后，才于同年5月签署了《关于结束中国—瑞士自由贸易协定谈判的谅解备忘录》，8月签署了包含全部谈判领域的《中国—瑞士自由贸易协定》。

（四）谈判原则或方针

1. 与世贸组织相一致的原则

自贸协定的发展与世贸组织的进展密切相关，两者相互竞争又互为补充。依据《1994年关税与贸易总协定》第24条的相关规定，自贸协定在满足一定条件下可以作为多边最惠国待遇下的例外。我国作为世贸组织成员，在对外开展自贸区谈判时遵循了与世贸组织相一致的原则，不仅在协定文本列明这一原则，而且在许多具体的条款和要求上，也基本参照世贸组织相关协定的模式与标准。如在货物贸易领域，关税自由化的覆盖面达到90%以上，实现自由化的时间基本在10年以内，服务贸易承诺也基于世贸组织的出价，贸易救济、争端解决机制等条款也参照了世贸组织的模式和标准。

2. 对欠发达国家给予优惠安排

在自贸区谈判中，我国坚持在平等互利的原则上对欠发达国家给予优惠安排。以中国—东盟自贸区为例，我国在协定中充分照顾到老挝、缅甸、柬埔寨、越南等东盟新成员国的发展实际，对其给予了特殊待遇，尤其是在货物贸易降税方面，对其产品分类更细，降税更为平缓，缓冲时间也更长。

3. 考虑敏感产业或部门的利益

在自贸区就货物贸易和服务贸易进行谈判的过程中，商务部根据各行业主管部门的意见，结合对我国与谈判对象产业竞争力的评估，最大程度地维护我国相对弱势的敏感产业或部门的利益，尽可能减少和减缓开放对这些产业产生的影响。在我国签署的自贸协定中，均引入了双边保障措施（过渡性保障措施），保护受到实质损害的产业。

4. 循序渐进扩大开放

我国的自贸区建设基本遵循了从易到难、循序渐进的发展原则。在与自贸伙伴开展协定谈判时，也采取了较为灵活的谈判策略。在自贸区建设早期，我国在谈判过程中不断摸索和总结经验，先签订“早期收获计划”，减免部分商品关税，取得共识后再谈判签署全面的货物贸易协定，之后逐步将开放安排扩大到服务、投资等领域。如中国与东盟在签署《货物贸易协定》之前，先在农产品领域实施早期收获计划，使各成员方尽快享受贸易自由化带来的利益，为进一步深化合作树立信心，之后再达成覆盖所有商品的自由化协议；在服务贸易领域，2007年达成的《服务贸易协定》开放承诺基本与各国对WTO的承诺开放水平相当，自由化程度较低。2011年，随着我国服务贸易领域开放程度的提高，我国与东盟重新签署了《服务贸易协定》第二批具体承诺的议定书，进一步提升了服务贸易领域的开放度。2014 年 8 月，中国与东盟正式启动了自贸区升级版的谈判，未来还将继续扩大服务贸易的开放度，提升整体自由化水平。

（五）谈判领域

随着我国自贸区建设的不断推进，签署自贸协定的内容也不断丰富，由传统的以货物贸易、服务贸易和投资自由化为主，逐步拓展至知识产权、环境保护、竞争政策、透明度和管理机制等领域，甚至还涵盖了政府采购、劳工与就业合作等敏感领域。我国与东盟和巴基斯坦的自贸区谈判起步较早，协定内容主要集中在货物贸易、服务贸易和投资领域，后续通过议定书形式不断完善协定内容。港澳地区是我国的单独关税区，其与内地签署的自贸协定开放程度更高，还专门设立了贸易投资便利化章节，在贸易投资促进、通关便利化、电子商务、法律法规透明度、中小企业合作、产业合作，以及商品检验检疫、食品安全和质量标准等领域加强合作，并鼓励专业人员资格互认。中国—新西兰自贸协定作为我国第一个与发达国家签署的自贸协定，在内容上更加全面，除传统领域外，还涉及自然人移动、知识产权、透明度、合作、管理机制等内容。尤其是针对两国的互补优势，新西兰专门针对我国劳务人员临时入境制定了《中国特色职业政策》和《中国技术工人政策》，提供更多市场准入机会。中国—瑞士自贸协定还涉及了政府采购、环境、劳工与就业合作、知识产权、竞争等相对敏感的议题。

二、中国自贸区谈判的策略研究

（一）谈判技巧

1. 谈判前的充分准备

在进行自贸区谈判前，我国通常会与谈判对象启动联合可行性研究，双方就建立自贸区的基础、利益、困难等进行全面分析，并提出建立自贸区应该加强合作的具体领域和政策建议。同时，商务部会在谈判前征求相关部委和行业协会的意见，准备大量的谈判资料。

2. 谈判中的灵活应对

自贸区谈判涉及货物、服务、投资等诸多领域，经常会遭遇焦点难点问题而导致谈判无法进行的情况，这时就特别需要灵活应对，针对问题的根源提出解决之道。

3. 谈判后的成熟处理

谈判结束协定签署后，也可能会遇到一些问题导致协定无法执行，这种情况下更需要谈判者以理智和成熟的方式进行处理，以推动协定的顺利执行。仍以中国—东盟自贸区为例，根据2004年签署的《货物贸易协定》，2010年1月1日是中国与东盟老成员国（文莱、马来西亚、菲律宾、印度尼西亚、新加坡、泰国）实现全部一轨正常产品零关税的时间。而从2009年年底开始，印尼国内工商界担心产业受冲击，向政府施加压力，要求暂缓履行降税，并重新就228种产品的关税进行谈判，涉及钢铁、纺织、电子产品、基础无机化工产品、石化产品、家具、鞋、机械、化妆品、草药等。对此，我国坚持积极与印尼进行友好协商，2010年1月21日，我国国务委员戴秉国专门对印尼进行了访问，签署了《关于落实战略伙伴关系联合宣言的行动计划》。同年4月，在中国—印尼经贸联委会第十次会议上，我国商务部部长陈德铭提出，将通过多种方式加深与印尼的合作。在贸易方面，将会鼓励企业扩大进口印尼有优势的机械电子、天然橡胶、棕榈油、热带水果、矿产和轻工产品，以改善贸易结构和扩大双边贸易规模。① 在投资方面，将会进一步扩大中国对印尼投资，尤其是在纺织、钢铁、水泥等领域，以实现互利合作，并增强区域产业竞争力。② 在印尼特别关心的基础设施建设领域，中国也提出了一些务实的合作建议和支持政策。通过这种有针对性的务实合作，最终妥善解决了印尼要求延缓自贸区降税和重开谈判要求。

（二）配套措施

1. 充分做好谈判前准备

深化自贸区研究。召集自贸区相关领域的专家学者，建立自贸区谈判智库，担任谈判咨询顾问，配合政府部门对重点问题进行深入研究，为自

---

① 陈德铭. 把握自贸区机遇扩大中国印尼经贸合作. 中国新闻社广西分社. http://www.gx.china.

② 同上。

贸区谈判提供充分的基础材料和前期准备。一是对世界范围内自贸区建设进程和发展趋势、自贸区谈判中的国际经贸规则，以及重点自贸协定谈判过程和内容等进行充分研究；二是对我国自贸区战略、产业发展情况与开放潜力，以及相关国内政策和体制机制等方面进行深入研究；三是对谈判对象的经济与产业发展、竞争优势、主要诉求、与其他国家自贸区谈判情况，以及谈判实力和经验等方面进行研究；四是对自贸区未来发展进行可行性研究，既包括我国内部研究和双方联合研究，也包括对自贸区建设的静态和动态研究，还要对自贸区建设效果以及产生的影响进行分析和预测，包括产业发展、产品价格、就业、利润、生产等各个方面。

加强谈判前评估。探索建立包括贸易竞争性指数、显性比较优势指数、出口相似度指数、贸易互补性指数、产业内贸易指数、市场份额指数、贸易份额指数等在内的综合指标体系，在谈判开始前，对自贸区建设的可行性进行充分评估。[①] 一是商务部、发改委、财政部、农业部、工信部、海关总署和质检总局等相关政府部门针对各自工作领域对自贸区进行评估；二是机械、电子、纺织、钢铁等行业协会针对各自行业特点以及企业意见反馈对自贸区进行评估；三是引入独立的第三方咨询机构，以更加客观的立场，对自贸区可行性进行评估，并出具专业意见。

组建完备的谈判队伍。加大对自贸区谈判人员的投入力度，适当增加人员编制，给予谈判人员更多学习和培训机会，提高其综合能力和水平。在具体自贸协定谈判前应首先成立谈判小组，选择素质过硬、专业知识领域互补的谈判人员，尤其是首席谈判代表应冷静、机敏、意志力强、知识面广、经验丰富，具有对谈判进程的掌控力。谈判成员应各有所长，分工明确，相互补充。在谈判人员之外还应聘请专家或成立咨询顾问小组提供专业意见。

2. 妥善处理谈判中问题

制定科学的谈判方案。由首席谈判代表牵头制定谈判方案，一方面，根据我国及谈判对象的进攻利益和防守利益，将谈判目标分为最高目标、

---

① 袁波，王蕊，张雪妍. 以自贸区战略促进中国产业发展［J］. 2014，5：42－46.

中间目标和最低目标三个层次，进而确定各领域具体谈判计划，并明确人员分工；另一方面，根据前期研究成果以及与谈判对象初步接触获得的信息，预估谈判中可能遇到的各种情况和问题，以及谈判对象可能的反应，提前制定各阶段的应对策略，并寻找可供选择的替代方案。

加强同各部委的沟通与协调。在国家自贸区谈判领导小组的统筹协调下，针对谈判对象在具体领域的出要价，与发改委、财政部、农业部、工信部、海关总署和质检总局等国内相关部门进行反复沟通，确定各领域的关键敏感产品与开放底线。同时，通过正式或非正式途径试探对方谈判底线，与相关部门及谈判咨询顾问进行研究和分析，并对谈判计划进行调整和修正。

建立与产业界的联系机制。在自贸区谈判过程中，应根据《自贸区谈判原则与程序法》的要求，与国内产业界建立完善的联系机制，为各类企业提供意见反馈平台。一方面，在确定我国谈判出要价时听取企业意见；另一方面针对谈判对象的出要价征求相关企业意见，充分发挥企业参与自贸区谈判的积极性和主动性，尤其是在敏感领域，应主动向企业进行政策解读，推动其主动进行结构调整。

以总体利益为基准推动谈判。当自贸区谈判因少量敏感产业或部门的阻碍无法推动时，应从国家总体利益的角度进行衡量，综合评估是否需要在谈判中做出让步。[①] 同时，明确我国与对象国谈判的核心利益，是完全考虑经济利益还是要兼顾政治因素，并依此衡量谈判中让步的程度。此外，还需建立敏感产业和部门的利益补偿机制，换取其对谈判的让步，从而推动谈判进程。

灵活应对谈判中的问题。在自贸区谈判过程中，需要积极争取话语权和主动权，在坚持原则和底线的基础上，灵活处置焦点和难点问题。对于谈判对象的要价应分清虚实，利用可供交换的筹码，在双方可接受范围内达成妥协。当谈判陷入僵局时，应尽快找出其中的关键问题、关键人物以及掣肘因素，研究突破僵局的策略。可深入分析双方希望获得的潜在利益和利益共同点，从对方角度考虑问题，寻求替代方案，在维护自身利益的

---

① 袁波，王蕊，张雪妍．以自贸区战略促进中国产业发展［J］．2014，5：42－46.

同时，兼顾对方利益。

3. 加强谈判后跟踪与推广

强化谈判后跟踪与评估机制。在自贸区谈判完成后，应根据协定要求建立联合委员会，对协定实施情况进行跟踪，就实施中出现的问题与对方开展沟通，积极推进相关补充协定的签署。建立谈判后评估机制，国内相关部委应根据自身业务领域定期对自贸协定实施效果和影响进行评估，同时参考自贸区谈判智库和专业咨询机构的评估报告，并根据上述评估报告的建议采取应对措施。

增强公开性和透明度。在谈判完成后，应根据《自贸区谈判原则与程序法》的要求，通过公众信息平台，及时发布谈判成果，并详细介绍谈判对象的经济发展情况以及协定实施后对国内企业的机遇与挑战，使企业有所准备。在协定实施过程中，受影响企业可直接向自贸协定联合委员会的我方负责机构反馈意见，并在核实后能及时通过自贸协定联合委员会得到解决。①

加大宣传与培训力度。谈判完成后，应向国内企业大量发放自贸协定介绍和宣传材料，并与电视、广播、网络平台等公众媒体合作，制作宣传片或专题报道，积极扩大协定影响力。同时，应举办政策宣讲班和培训班，对地方商务官员和企业相关人员进行系统培训，使企业有效利用自贸协定，合理降低成本并获得更多收益，帮助企业 A 在利益受损或面临损害威胁时，通过自贸协定规定的反倾销、反补贴和保障措施等条款维护自身利益。

三、案例分析

案例一：中国—东盟自贸区

（一）谈判与建设历程

2002 年，中国与东盟通过谈判达成《全面经济合作框架协议》，在其

① 袁波，王蕊，张雪妍．以自贸区战略促进中国产业发展［J］．2014，5：42－46.

中提出建立自贸区的目标。此后，双方通过分步签署《货物贸易协定》、《争端解决机制协定》、《服务贸易协定》和《投资协定》，逐渐确立了中国—东盟自贸区的法律框架。[①] 具体而言，中国—东盟自贸区的谈判与建设历程可以分别以下几个发展阶段。

1. 自贸区的启动与“早期收获”计划的实行

2000年，第四次中国—东盟领导人会议上，中国国家总理朱镕基提出了建立中国—东盟自贸区的倡议，得到了东盟领导人的积极回应。2001年3月，中国—东盟经济合作专家组正式成立。专家组围绕中国加入世贸组织的影响及中国与东盟建立自由贸易关系两个议题进行了充分研究，最终形成了名为《形成21世纪中国与东盟更紧密经济关系》（Forging Closer ASEAN - China Economic Relations in the 21st Century）的报告，认为中国与东盟建立自贸区是双赢的决定，并建议用10年建成自贸区[②]。这一报告得到了中国—东盟高官会和经济部长会的认可。同年11月6日，第五次中国—东盟领导人非正式会议期间，朱镕基总理正式提出依据报告结论，推动建立中国—东盟自贸区的建议，并倡议尽早启动相关谈判。这一建议得到了东盟国家的一致赞同，一致同意制定一个经济合作框架，在10年内建立一个对东盟新成员国实施特别、差别待遇和弹性的中国—东盟自贸区，并指示各国的部长和高级官员开始谈判以尽快达成协定。

2002年5月，在第三次中国—东盟经济高官会议上，中国与东盟国家对《框架协议》相关事项进行磋商，决定给予东盟新成员国以差别待遇。此次会上，正式成立了中国—东盟自由贸易谈判委员会（TNC）启动具体谈判工作。此后，中国与东盟陆续举行了六轮TNC谈判。2002年11月，朱镕基总理在第六次中国—东盟领导人非正式会议上，明确提出启动中国—东盟自由贸易区进程。双方在此次会议上签署了《中国—东盟全面经济合作框架协议》，自贸区建设进程正式启动。在此协议中，双方同意在货物贸易、服务贸易、投资等领域进行谈判，以实现十年建成中国—东盟自由贸易区的目标。为加速此协议的实施，双方在协议中提出了“早期收

① 李光辉．中国—东盟战略伙伴关系与经贸合作十年回顾与前景展望．国际经济合作，2013-09-20.

② http://news.xinhuanet.com/world/2009-12/31/content_12735266.htm.

获计划”，率先在农产品贸易领域，提前进行降税，先行开放市场。[①] 根据协议，“早期收获”产品范围为 HS 编码中 01 - 08 章的农产品，同时双方也同意柬埔寨、老挝、菲律宾和越南提出的部分例外产品。

2003 年 10 月，在印尼巴厘岛举行的第九次东盟峰会期间，中国与东盟签署了《关于修改〈框架协议〉的议定书》,[②] 在议定书中，对原框架协议的部分条款进行了修改，如修改“早期收获计划”（EHP）的相关规则、确定了原产地规则、标准、签证操作程序、原产地证书的样本以及“早期收获计划”中例外产品和特定产品清单。双方在此次峰会上提出建立面向和平与繁荣的战略伙伴关系，并将加快推进中国—东盟自贸区谈判。[③] 双方认为中国—东盟自贸区是双方经贸合作的重要支柱，应确保在 2010 年前顺利建成，并帮助东盟新成员国有效参与中国—东盟自贸区并从中获益。[④]

2.《货物贸易协定》与《争端解决机制协定》的签署

2003 年，中国与东盟连续召开四次 TNC 会议，建立原产地规则、服务贸易和投资工作组，就相关问题进行磋商。由于东盟有 10 个国家，每个国家的经济发展水平不一，产业结构也有差异，各方的诉求也不一样，在敏感产品、降税时间表等各个方面协调起来难度很大。因此，要在一年多的时间内达成协议的难度很大。但是，在中国与东盟各方的共同努力下，经过数轮的谈判和协商，终于达成了一致。2004 年 11 月，中国与东盟签署了《货物贸易协定》和《争端解决机制协定》。[⑤]

《货物贸易协定》的签署具有里程碑式的意义，它为全面开展中国—东盟自贸区建设进程奠定了基础，铺平了道路。[⑥]《争端解决机制协定》则是落实《框架协议》的重要步骤和措施，也是实施《框架协议》的核心机

---

① 周德刚，袁波．自贸区框架下中国东盟农产品贸易与投资．国际经济合作，2012 年第 10 期．

② www. aseansec. org.

③ 《中华人民共和国与东盟国家领导人联合宣言——面向和平与繁荣的战略伙伴关系》，2003 - 10 - 8。http://www. fmprc. gov. cn/chn/pds/gjhdq/gjhdqzz/lhg.

④ 《中华人民共和国与东盟国家领导人联合宣言——面向和平与繁荣的战略伙伴关系》，2003 - 10 - 8。http://www. fmprc. gov. cn/chn/pds/gjhdq/gjhdqzz/lhg。

⑤ 周德刚，袁波．自贸区框架下中国东盟农产品贸易与投资．国际经济合作，2012（10）.

⑥ 同上。

制之一，它的实施进一步加强了《框架协议》的法律效力和社会影响，使中国与东盟间全面的经济合作进一步走向规范化和制度化。

3. 《服务贸易协定》的签署

经过数轮谈判，2007 年 1 月召开的第十次中国—东盟领导人会议上，中国和东盟签署了《服务贸易协定》。[①] 这标识着中国与东盟在服务贸易领域的自由化迈出了实质性的一步，是自贸区建设的重要阶段性成果。在《服务贸易协定》中，中国与东盟分别做出了高于世贸组织的第一批开放承诺，这些承诺是根据中国和东盟国家服务业的特点和具体需求而做出的，相互放开了部分服务行业领域的股比限制要求。《服务贸易协定》已于 2007 年 7 月 1 日正式生效。根据各方的经济发展水平和服务业的特点，中国和东盟选择进行渐进式开放，在协议中为将来双方进一步开放服务贸易预留了空间。

4. 《投资协定》的签署

2007 年《服务贸易协定》签署之后，中国与东盟开始了《投资协定》的谈判。[②] 2008 年，国际金融危机爆发，给中国与东盟各国经济带来了不利影响，出口和国内经济增长都有所下滑。[③] 面临严峻的国际环境，中国和东盟仍于当年 11 月完成了《投资协定》的谈判，并于 2009 年 8 月，在泰国曼谷举行的第八次中国—东盟经贸部长会议上，签署了《投资协定》。[④] 《投资协定》的签署标志着双方完成了自贸协定所需的基本法律框架。

5. 协定的补充和更新阶段

签署《货物贸易协定》第二议定书。2010 年 10 月，第十三次中国—东盟领导人会议上，中国与东盟共同签署《〈货物贸易协定〉第二议定书》，对原产地规则中的签证操作程序进行了修改，以进一步促进贸易便利化，提高中国—东盟自贸区的利用率。

签署《〈服务贸易协定〉第二批具体承诺的议定书》。为进一步提升服

---

① 周德刚，袁波．自贸区框架下中国东盟农产品贸易与投资．国际经济合作，2012（10）．

② 同上。

③ 同上。

④ 同上。

务贸易自由化的水平，2011 年 11 月中国与东盟签署了《关于实施〈服务贸易协定〉第二批具体承诺的议定书》，并于 2012 年 1 月 1 日正式生效。[①]在第二批承诺中，中国进一步开放了公路客运、职业培训、娱乐文化和体育服务等部门。[②] 同时，东盟各国的第二批承诺涵盖的部门也明显增加，开放水平也有所提升。[③]

签署有关技术性贸易壁垒（TBT）和卫生与植物卫生措施（SPS）的议定书。2012 年 11 月 19 日，在柬埔寨金边举行的东亚领导人系列会议期间，中国与东盟共同签署了《关于修订〈中国—东盟全面经济合作框架协议〉的第三议定书》和《关于在〈中国—东盟全面经济合作框架协议〉下〈货物贸易协定〉中纳入技术性贸易壁垒和卫生与植物卫生措施章节的议定书》。[④] 其主要内容分别是明确中国—东盟自贸区联合委员会的法律地位和职责范围，以及双方在技术性贸易壁垒和卫生与植物卫生措施方面的权利、义务和合作安排，显示了各国进一步努力消除非关税壁垒的决心。[⑤]

（二）谈判经验总结及对策建议

中国—东盟自贸区作为中国与其他国家商谈的第一个自贸区，具有其独特之处。中国在协定谈判时充分体现了对东盟的尊重，将东盟视为一个整体予以谈判的同时又照顾到东盟新成员国发展实际，探索性地创造了“早期收获计划”，先期在农产品领域相互开放市场，使双方尽快享受贸易自由化的成果。在协议的签署上，也是从容易达成的货物贸易领域开始，渐进地予以推进，在协定的文本上也体现出最大的包容性与渐进性，做到求同存异与互利共赢。

1. 开创性地提出“早期收获”计划

2000 年 10 月，朱镕基向东盟各国领导人提出建设中国—东盟自贸区

① 周德刚，袁波．自贸区框架下中国东盟农产品贸易与投资．国际经济合作，2012（10）．

② 韦红泉，李光辉．中国—东盟自由贸易区的进展与趋势．国际经济合作，2012（11）．

③ 同上。

④ 张海琦，袁波．深化中国—东盟自贸区合作的总体思路与措施．国际经济合作，2013（7）．

⑤ 东南亚地区形势 2012～2013 年回顾与展望——专家访谈录．东南亚纵横，2013（1）．

倡议时，新加坡、泰国等表现较为积极，而其他国家态度较为犹豫，担心中国产品竞争力过强冲击其国内市场，导致谈判遇到了一些困难。注意到农业在东盟大多数国家中占据重要地位，农产品贸易是其关注的重点领域。为了彰显我国的诚意，赢得东盟各国在谈判中的共识，我国提出了在农产品领域实施“早期收获”计划、分阶段取消农产品关税的建议。这一建议给予东盟新成员国以优惠待遇，允许其晚于其他国家降税，但又可以提前享受到我国开放农产品市场的福利，得到了东盟国家尤其是东盟新成员国的认同，从而大大地推动了后续《货物贸易协定》的谈判进程。

2. 将东盟十国视为一个整体

中国在与东盟建立自贸区的过程中，始终将东盟十国视为一个整体来对待，表现在《货物贸易协定》、《服务贸易协定》等各种相关协议的签署上，中国没有采取同每个国家单独签署协议的做法，而是统一签署一份协议。在具体条款的设定上，也体现了这一原则，如中国在《货物贸易协定》中对东盟提出一份敏感产品清单，但同时适用于十国。

3. 体现了先易后难、循序渐进的原则

自贸区建设不是一件容易的事情，尤其是对于中国和东盟这样的发展中国家来说，不仅参与国多达 11 个，而且国家之间经济产业发展水平差距很大，各国诉求不一，协调起来难度很大。为此，各方没有采取一次签订一揽子协定的办法，而且从先易后难、循序渐进的原则出发，先从较容易的货物贸易入手，在《货物贸易协定》逐步落实之后，再商订签署《服务贸易协定》，之后才是《投资协定》的签署，最终完成自贸区所需的法律程序。

4. 给予合理的缓冲时间

在建设自贸区尤其是在实施货物贸易降税的过程中，协定给予了各方合理的缓冲时间，将降税过程分为几个阶段，循序渐进，以减缓对各国相关产业的冲击。如在降税步骤上，对中国和东盟老成员，正常产品自 2005 年 7 月起开始降税，2007 年和 2009 年各进行一次关税削减，2010 年将关税最终削减为零；对东盟新成员，也是分阶段直至 2015 年将关税降为零。在降税起点上，又将产品按其降税起点税率的高低进行分类，每一类都遵循一定的降税模式，最终将关税降为零。对于目前实施税率较高的产品降税幅度较大，降速较快，关税较低的产品降税幅度较小，速度也较慢，从而减缓了对相关产业的冲击。

5. 给予东盟新成员国特殊优惠待遇

在建立自贸区的过程中，中国还充分照顾到东盟新成员国的发展实际，对其给予了特殊待遇，尤其是在货物贸易降税方面，对其产品分类更细，降税更为平缓，缓冲时间也更长。如在敏感产品上，允许东盟老成员国保留不超过400个HS 6位税目的敏感产品，而对东盟新成员国，则允许保留不超过500个HS 6位税目的敏感产品，同时对老挝、柬埔寨、缅甸不再设定进口比例限制。在降税时间安排上，也给予了东盟新成员国更长的缓冲期。对于正常商品和早期收获产品的降税安排上也都体现了这一原则。

6. 通过友好协商妥善解决自贸协定降税问题。

2010年1月1日，是中国与东盟老成员国（文莱、马来西亚、菲律宾、印度尼西亚、新加坡、泰国）在《货物贸易协定》中规定的实现全部一轨正常产品零关税的时间。2009年年底以来，一些东盟成员国如印尼，其国内工商界担心产业受冲击，向政府施加压力，要求暂缓履行降税，并重新就228种产品的关税进行谈判，涉及钢铁、纺织、电子产品、基础无机化工产品、石化产品、家具、鞋、机械、化妆品、草药等。对此，中国坚持积极与印尼进行友好协商，2010年1月21日，中国国务委员戴秉国专门对印尼进行了访问，签署了《关于落实战略伙伴关系联合宣言的行动计划》。同年4月，在中国印尼经贸联委会第十次会议上，中国商务部部长陈德铭提出，将通过多种方式加深与印尼的合作。在贸易方面，将会鼓励企业扩大进口印尼有优势的机械电子、天然橡胶、棕榈油、热带水果、矿产和轻工产品，以改善贸易结构和扩大双边贸易规模。① 在投资方面，将会进一步扩大中国对印尼投资，尤其是在纺织、钢铁、水泥等领域，以实现互利合作，并增强区域产业竞争力。② 在印尼特别关心的基础设施建设领域，中国也提出了一些务实的合作建议和支持政策。通过这种有针对性的务实合作，最终妥善解决了印尼要求延缓自贸区降税和重开谈判

① 陈德铭. 把握自贸区机遇扩大中国印尼经贸合作. 中国新闻社广西分社. http://www.gx.china.

② 同上。

要求。

7. 结合形势发展需要对更新补充协定内容

在自贸区运行过程中，中国与东盟定期召开会议，对自贸区的运行进行审议，及时解决发现的问题，使自贸区的运行更加顺畅。如针对原产地规则操作中存在的问题，2010 年 10 月，中国与东盟共同签署了《〈货物贸易协定〉第二议定书》，对自贸区原产地规则项下的签证操作程序进行了修订，允许使用第三方发票，以惠及香港等周边地区和国家，促进跨国产业链的发展，进而提高自贸区利用率。

案例二：中国—巴基斯坦自贸区

中国与巴基斯坦是睦邻友好国家和全天候伙伴，两国友谊经受了长期的历史考验。中巴经贸关系一直保持稳定发展，但总体规模较小，与两国密切的政治关系相比稍显逊色。而且，中巴经济互补性较强，双方开放市场能够实现双赢，因而中巴两国大力推进经贸合作，积极开展自贸区建设。

（一）谈判与建设历程

1. 谈判准备

2003 年 11 月 3 日，巴基斯坦总统穆沙拉夫在海南出席博鳌亚洲论坛第二届年会后，对中国进行国事访问，两国在北京签署了《优惠贸易安排》，适用《曼谷协定》的有关条款，自 2004 年 1 月 1 日起实施；此外，双方在同日签署的《关于中巴双边合作发展方向的联合宣言》中明确指出，“同意根据新签署的优惠贸易安排扩大双边贸易，并将以建立自由贸易安排作为最终目标而努力”。2004 年 10 月 18 日，中国同巴基斯坦启动自贸区联合研究，巴基斯坦于当年 12 月 15 日承认中国完全市场经济地位，为自贸区的建立奠定了良好基础。

2. 货物贸易和投资谈判

2005 年年初，中巴两国正式启动自贸区“早期收获”谈判，并于同年 4 月 5 日签署了《早期收获协定》和《关于自由贸易协定及其他贸易问题的谅解备忘录》，目的是让双方企业和人民提前享受自由贸易的好处，增强双方推进自贸区全面建设的信心。2005 年 12 月 9 日，中巴两国商务部长共同签署《早期收获协定》生效换文，自 2006 年 1 月 1 日起正式实施，而先前签署的《优惠贸易安排》随即废止。

2005 年 8 月，中巴自贸区全面降税的谈判正式拉开序幕，经过 5 轮谈判，中巴两国于 2006 年 11 月 24 日在伊斯兰堡签署了《自由贸易协定》，自 2007 年 7 月 1 日起对全部货物产品分两个阶段实施降税。中巴两国还于 2008 年 10 月 15 日签署了《自由贸易协定补充议定书》及附件。

表 3－1　中巴《自由贸易协定》各轮谈判主要内容

	时间地点	主要内容
第一轮	2005 年 8 月 15 日－16 日 中国新疆乌鲁木齐	中巴双方成立谈判委员会，确定谈判工作大纲；讨论降税模式、原产地规则等问题，就原产地规则文本基本达成一致。
第二轮	2005 年 12 月 7 日－8 日 中国北京	就主要商品的零关税问题达成协议。
第三轮	2006 年 5 月 16 日－17 日 巴基斯坦伊斯兰堡	就降税模式及自贸协定文本基本达成一致；就市场准入、技术性贸易壁垒、卫生和植物卫生措施、贸易救济、与货物贸易有关的法律问题进行深入磋商。
第四轮	2006 年 10 月 10 日－12 日 中国北京	就市场准入、卫生和植物卫生措施（SPS）、贸易救济、投资等问题进行深入磋商。
第五轮	2006 年 11 月 7 日－10 日 中国北京	就市场准入和自贸协定文本达成一致，基本完成谈判。

资料来源：根据商务部网站，中华人民共和国驻巴基斯坦大使馆经济商务参赞处，中国自贸区服务网等资料整理。

3. 服务贸易谈判

2006 年 11 月，中巴两国在签署《自由贸易协定》的同时，宣布启动服务贸易协定谈判。双方就自贸区服务贸易协定内容和服务部门开放承诺表等进行了 5 轮谈判，于 2008 年 12 月全部达成一致。2009 年 2 月，中巴两国政府正式签署了《服务贸易协定》，并于同年 10 月 10 日实施，标志着中国—巴基斯坦自贸区进入涵盖货物贸易、服务贸易和投资等内容的全面建设实施阶段。

4. 货物贸易第二阶段谈判

2012 年 12 月 31 日中巴两国完成第一阶段降税，两国完成了协定目标，各自税目总数 85% 的产品实现不同程度的降税。其中，两国 36% 的产品实现零关税，中国 35% 的产品关税降至 5% 以下，巴基斯坦 20% 的产品关税降至 5% 以下，其他产品也实现 50% 或 20% 的关税削减。

2011 年 3 月 10 – 11 日，中巴自贸区第二阶段降税第一轮谈判在伊斯兰堡举行，双方商定了第二阶段降税谈判大纲，并讨论了降税模式等问题。2013 年 11 月，中巴双方在北京召开了中巴自贸区第二阶段降税谈判第二次会议，就深化中巴自贸区建设交换了意见。

（二）谈判经验总结及对策建议

1. 通过良好政治关系推进自贸区建设

巴基斯坦是第一个与中国建交的伊斯兰国家，也是中国与伊斯兰世界沟通的重要桥梁。中巴两国拥有长期友好合作的历史，巴基斯坦是中国唯一的全天候战略合作伙伴。紧密的政治关系为中巴自贸区建设发挥了重要的推动作用。早在 2004 年 12 月巴基斯坦就承认中国完全市场经济地位，为自贸区建设奠定了良好基础。整个货物贸易和投资谈判仅五轮就达成一致，只用了 1 年多的时间，服务贸易谈判虽历时 2 年多，但也只进行了 5 轮谈判即达成一致。而且谈判期间，两国高层互访频繁，还签署了《中巴经贸合作五年发展规划》《中巴全面经贸合作联合规划》等，使双方的经贸合作不断加强。因此，在今后的自贸区谈判中，可考虑优先选择与我国政治关系较好且具有一定地区影响力的国家，利用高层的密切往来和民间的深厚情感为自贸谈判创造良好氛围，既便于谈判中的沟通与协调，也能发挥较好的效果。

2. 利用早期收获计划使双方尽早得到实惠

中巴自贸区在建设初期参照中国—东盟自贸区模式，首先签署了《早期收获协定》，中国向原产于巴基斯坦的 769 个 8 位税目产品提供零关税待遇，对1671个8位税目产品实施优惠关税；巴基斯坦向原产于中国的486个8位税目产品提供零关税待遇，对575项6位税目产品实施优惠关税。早期收获计划自2006年1月1日起实施，于2008年1月1日前完成，比自贸区正式实施提前了一年半。因此，在今后的自贸区谈判中，可考虑与市场开放度较低的国家实施早期收获计划，尽早实现部分产品的自由化，使双方企业和人民提前享受到自贸区的好处，减少阻力，推动自贸谈判的顺利进行。

3. 突出重点合作领域

投资是中巴经贸关系中非常重要的一部分，在中巴《自由贸易协定》中，专门列入了有关投资的章节，使其成为中国对外签署的第一个涉及投资的自由贸易协定，也是第一个投资谈判先于服务贸易谈判的协定。此外，中巴两国还针对投资专门签署了《补充议定书》，大力推动中国—巴基斯坦投资区建设，降低或消除投资区出口货物的关税。巴基斯坦还专门给予中巴投资区12条优惠政策，作为补充议定书的附件，使投资成为中巴合作的亮点。因此，在今后的自贸区谈判中，可考虑将双方关注的重点领域首先纳入谈判，尽快达成一致并实施，还可通过《补充议定书》及附件等形式对重点领域合作给予更多支持，促进双边经贸关系的进一步推进，也使自贸区谈判更富实际意义。

4. 实现较高水平的贸易自由化

中巴自贸区实行两阶段降税，第一阶段为5年，但自由化率不高，零关税税目占两国税目总数的比重均不足36%，第二阶段计划从第6年开始，力争使零关税产品占比达到90%。但由于目前中巴自贸区第二阶段降税谈判进展较为缓慢，迟滞了两国的自由化进程。而中国签署的其他自贸协定自由化率均在90%以上，加之巴基斯坦自身产业竞争力不足，导致其产品进入中国市场步伐较为缓慢。巴基斯坦认为，巴方从中巴自贸区获益明显少于中方，使贸易逆差持续扩大，希望在第二阶段关税减让产品清单中纳入其具有竞争优势的产品。因此，在今后的自贸区谈判中，应尽可能提高协定的自由化水平，一次性将90%以上的税目列为正常产品，最终实现零关税，对于一些较为敏感的产品，可通过设置过渡期的方式降低对国内产业的影响。

案例三：中国—新西兰自贸区[1]

2008 年 4 月 7 日，中国与新西兰正式签署《中华人民共和国政府与新西兰政府自由贸易协定》，该协定于 2008 年 10 月 1 日生效。协定执行 6 年来，中新两国在贸易、投资、经济技术合作等方面往来明显增多，经贸合作的制度性保障增强，商业环境更加开放，协定的履行进展顺利。中新自贸协定是中国与发达国家签署的第一个自贸协定，也是中国与其他国家签署的第一个涵盖货物贸易、服务贸易、投资等多个领域的自贸协定，在协定谈判准备、磋商与实施中均积累了重要经验，对我国其他自贸区谈判尤其是与发达国家的自贸区谈判具有较强的启示。

（一）谈判与建设历程

1. 谈判准备

自 1972 年建交以来，中新双边关系不断发展。至 2003 年，两国呈现出政治互信不断增强、贸易及投资不断增长、人员往来日益增多、经济互补优势明显、高层交往势头良好等局面。新西兰与中国的经贸关系十分良好，是第一个完成与中国入世双边谈判的国家。在此背景下，两国在经贸领域展开深入合作的必要性渐渐凸显，同时也具备了合作的基础。

2003 年 10 月，时任国家主席胡锦涛在对新西兰进行国事访问时，与新西兰领导人就商签中新经贸合作框架达成共识。2004 年 5 月，《中国与新西兰贸易与经济合作框架》签署，新西兰成为世界上第一个正式承认中国市场经济地位的发达国家，为自贸区建设奠定了基础。2004 年 6 月，中新双方正式启动自贸区联合可行性研究，并于当年 9 月完成《中国—新西兰自贸区联合可行性研究报告》。该研究对拟建中新自贸区的货物贸易、服务贸易和投资等领域进行研究，指出建立中新自贸区将促进双边贸易增长，实现双赢，并建议两国政府尽早启动自贸区谈判。中新两国领导人根据联合研究报告的结果，并考虑到两国关系的长远发展，于 2004 年 11 月做出了启动中新自贸区谈判的决定。

2. 谈判过程

中新自贸区谈判共经过 15 轮磋商。在整个谈判过程中，两国领导人给

---

① 本部分作者为尹政平。

予高度关注，达成多项共识，有力地推动了谈判进程。2005 年 5 月 30 日，时任新西兰总理的海伦·克拉克来中国访问，并在出席工商界人士午餐会时指出，虽然两国在某些问题上仍待磋商，但她相信谈判会最终取得成功。2006 年 4 月，时任中国总理温家宝访问新西兰，又一次推动了谈判进程。2007 年，两国领导人在多种场合会晤，不断促进谈判向良好预期发展。至 2007 年 12 月，中新双方对谈判的实质性问题达成一致。2008 年 4 月，历经了 3 年 17 轮的艰苦谈判，《中国—新西兰自由贸易协定》正式签署，并于当年 10 月 1 日正式生效实施。

3. 协定的履行

中新自贸协定签署之后，两国政府首先就协定内容和意义对相关部门、人员进行了宣讲。新西兰政府组织了较大规模的庆祝酒会，并由主管经济推广的政府机构——贸易企业局在新西兰 5 大城市组织了自贸协定宣讲活动，充分宣传自贸协定的重大意义、利用自贸协定带来的巨大商机。2009 年 4 月，为开拓中国市场，新西兰贸易发展局在上海创办“新西兰之窗”，通过举办宣传推广等活动，加强中新两国企业往来，支持贸易和投资发展。中国方面，首先由商务部就协定主要内容召开记者招待会进行介绍，接下来由商务部会同相关部门予以宣传。

在中新自贸区成立的 6 年中，协定顺利实施。双方政府和主管部门分别召开数次会议，就协议履行开展研讨，或开展中期审议，对自贸协定在执行中予以细化和补充，并签署相关后续协议。例如，中新两国召开自贸区联合委员会会议，全面审议双边自贸协定自实施以来的进展情况，讨论和交流协定实施过程中的有关事项和问题。两国还召开了中国—新西兰自由贸易协定卫生与植物卫生措施（SPS）联合管理委员会，并签署了《中国—新西兰卫生与植物卫生措施（SPS）联合管理委员会程序规则》等有关文件，就进一步加强双方在卫生与植物卫生措施领域的合作、扩大中新自贸协定卫生与植物卫生措施联系点、确定双方市场准入优先产品顺序清单、确定检验检疫证书样本、双边贸易区域化和等效性等问题达成了共识，做出了规定。中新自贸协定的附件之一——《关于电子电器产品及其部件合格评定的合作协定》于 2008 年一并签署，两国有关部门为使协定能及时顺利实施展开了一系列工作，并于 2014 年 4 月起全面实施该电器产品互认协定。

（二）谈判经验总结及对策建议

1. 善于运用学术研究对谈判进行支持和引导

在中新自贸区谈判前期准备中，《中国—新西兰自贸区联合可行性研究报告》对谈判启动发挥了重要作用。谈判双方进行的自贸区可行性研究是谈判准备阶段必不可少的支撑之一。关于自贸区对两国经济、社会、福利等方面的影响，学术研究能够从定性、定量等多个角度提供理论支持或实证分析，从而为谈判提供理论依据和参考。尤其是对方国家对自贸区进行的可行性研究中对我方有利的成果，更能为我所用，更具说服力。但是，在我国的产业发展和企业诉求方面，谈判部门掌握的不够系统，也缺乏信息反馈机制和相关研究，这是我国自贸区谈判中现存的一块短板。

未来在我国自贸区谈判准备阶段，第一，可通过学术界的联合研究、委托研究等方式，邀请对方国家的知名大学、专家学者、科研机构等进行自贸区可行性研究，从而为我国自贸区谈判提供谈判依据，减少反对意见，消除双方疑虑，增进各方对自贸区建设必要性、可行性和安全性的了解。同时这种方式还能够增进对方政府智库、研究机构等智囊对中方的了解与亲近，有利于为我方顺利开始自贸区谈判造势。第二，我国应重视自身专家学者、政府智库、科研机构、高校等对我国自贸区建设的可行性研究，建立与学界的联合研究机制，由政府向可信的研究机构提供数据与资料，倾听相关领域专家学者的意见建议，从而获取更多有利于谈判的论点、论据，使谈判目标的制定更具科学性，使谈判博弈更加有据可依。第三，应建立官、产、学、研联络平台，尤其是密切与行业的关系，建立谈判部门与行业的联络委员会机制，及时收集来自行业的意见和建议，从而做好谈判准备，在谈判中适时体现行业诉求，合理保护行业利益。

2. 通过增强政治互信和高层推动化解谈判僵局

中新自贸区谈判有一个突出特点，即双方启动自贸区谈判的政治互信基础非常牢固，并且在谈判僵局之际，双方高层经常通过互访、开会交流、餐会等多种形式，在多种场合发出积极声音，从而帮助化解僵局，推动谈判进程。领导人和谈判代表的个人因素也有较大影响力。时任新西兰总理海伦·克拉克与中国的关系较好，首席谈判代表大卫·沃克对中国也比较友好，这些都成为谈判顺利进行的有利因素。

未来我国自贸区谈判除重视双方经济利益交集外，也应重视政治互信基础是否夯实。好的政治互信基础是成功的开始，也能够成为我方谈判的砝码之一。谈判是人的谈判，谈判也是一门艺术。应在谈判中将政府高层表态作为一种策略，从官方、半官方、私人等多个角度，通过会晤、受访、参会、宴请等多种渠道由政府高层适时进行表态，从而助推谈判。对对方谈判首席代表、团队成员的个人特点、喜好等应充分了解，选择我方对应的谈判人员，做好谈判队伍的组织、管理与配合，从而合理运用谈判技巧，促进我方谈判利益的达成。

3. 明确谈判利益的多元性

我国商务部在实施自贸区战略时曾提出，中国选择谈判对象的标准在于：战略意义突出、经济互补性强、市场规模大或者资源丰富、推动和谐发展效果显著。[①] 新西兰充分符合上述标准，这为谈判的顺利进行打下了良好的基础。当时我国在与澳大利亚进行自贸区谈判，我国认为中新自贸区的尽快达成对实施自贸区战略具有战略意义，希望通过中新自贸区谈判推动中澳自贸区谈判。尽管后来未能实现这一构想，但这种对谈判利益的界定理念值得借鉴。

自贸区谈判的核心利益是经济利益。但是在经济利益之外，还存在着政治利益、战略利益等多种利益。未来我国应在谈判目标的制定中，充分将双方的各种利益诉求纳入考虑，将谈判利益的蛋糕做大，从而扩大谈判目标的交集，使不同的自贸区谈判最终为我国自贸区战略这一整体目标服务。

4. 重视自贸协定的履行

自贸区谈判经历了谈判准备、报价、磋商和成交等阶段之后，其实远未结束。自贸协定的履行、监督、沟通、协调、反馈，以及协定未来的更新与升级，与谈判同样重要，甚至更为重要。中新自贸区协议签署后，两国都对协议进行了深度解读与广泛宣传，为协议履行打好了基础。但是，虽然双方在劳务合作、投资等方面有较好的愿景，囿于实际执行中的困难

---

① 解读中国与新加坡自由贸易协定．http://www.shandongbusiness.gov.cn/index/content/sid/77822.html.

和配套机制缺乏，比预期的作用、影响要小。

实施自贸区战略是一项系统工程，其中自贸协定的落实是一个普遍问题，也尤为重要。第一，建立双边协定执行情况评估机制，实时提出执行方案，切实让谈判成果转化为现实的经济和社会利益，从而实现互利共赢、共同发展。[①] 第二，根据协定有关章节的规定，对出现产业冲击、产业损害的情况予以重视，积极收集反馈信息和数据，启动跟踪研究，并在未来的协定评估与升级谈判中加以补救，在新的自贸区谈判中予以借鉴。第三，建立自贸协议履行协调机制。自贸协议的履行涉及到多部门的沟通协调与配合，应建立跨部门的专门协调机制，以助自贸协议的顺利实施。

案例四：中国—瑞士自由贸易协定[②]

2013 年 7 月 6 日，中华人民共和国商务部部长高虎城与瑞士联邦委员兼经济部长约翰·施奈德—阿曼正式在北京签署中国—瑞士自由贸易协定。这是中国与欧洲大陆国家签署的第一个一揽子自贸协定。自贸协定的签署是两国经贸合作发展中的又一里程碑。协定为中瑞两国经贸往来制定了制度框架，促使双方经济更好地发展。[③]

（一）谈判与建设历程

1. 谈判准备

历史上，中瑞两国始终保持着良好的政治关系，瑞士是最早承认中国的西方国家之一。1950 年 9 月 14 日两国建交后经贸关系发展顺利。1974 年 12 月，两国签订了贸易协定并成立了中瑞贸易混合委员会。1979 年，瑞士政府给予中国普惠制待遇。[④] 这为中瑞经贸合作的发展奠定了良好的基础，也为两国进一步拓展、夯实深层次合作做了充分准备。

2007 年 7 月，时任瑞士联邦主席兼瑞士经济事务部部长多丽丝·罗伊特访华期间与时任商务部部长薄熙来在北京商谈中国与瑞士建立自贸区一

---

① 邢厚媛．中国—新西兰自贸区助推企业“走出去”．2011 - 08 - 09. http://www.caitec.org.cn/c/cn/news/2011 - 08/09/news_ 2856. html.

② 本部分作者为田伊霖。

③ 张棉棉．中瑞两国签署《自由贸易协定》．西部时报，2013 - 07 - 09.

④ 新华网．中国—瑞士经贸关系．2001 - 06 - 06.

事。会议期间，双方就建立中国—瑞士自贸区意向进行了初步磋商。

2009 年 1 月，时任国务院总理温家宝与瑞士联邦主席在伯尔尼共同做出了关于进行中国—瑞士双边自由贸易协定联合可行性研究的决定。2009 年 11 月 30 日，中国—瑞士自贸区联合可行性研究在日内瓦正式启动，该研究为两国自贸区谈判奠定了基础。2010 年 1 月 26 日，即中瑞建交六十年之际，时任中国国务院副总理李克强与瑞士联邦主席洛伊特哈德在瑞士首都伯尔尼举行会谈，双方表示将于 2 月 4 日至 5 日在北京举行第一次有关启动中瑞自贸区联合可行性研究的会议，争取尽快取得成果，并在年内正式启动谈判。

2. 谈判历程

2011 年 1 月 28 日，中瑞自贸区谈判在瑞士达沃斯正式启动。[①]《中国—瑞士自由贸易协定》是中国与欧洲大陆国家签订的第一个一揽子自贸协定，历经九轮谈判，谈判内容涉及广泛。

2013 年 5 月，中瑞双方签署关于完成自贸区谈判的谅解备忘录。2013 年 7 月，商务部部长高虎城与瑞士联邦委员兼经济部长施耐德—阿曼代表两国政府在京签署《协定》。2014 年 4 月 29 日，中国和瑞士双方在京互换了《中国—瑞士自由贸易协定》的生效照会。按照《协定》生效条款有关规定，《协定》将于 2014 年 7 月 1 日正式生效。

（三）谈判经验总结及对策建议

《中国—瑞士自贸协定》是中国与欧洲大陆国家签订的第一个自贸协定，也是中国对外达成的水平最高、最为全面的自贸协定之一。协定内容丰富，涵盖面十分广泛，具有零关税比例高、机制性强和规则新等特点。协定的签署对中国继续探索与世界其他国家，特别是发达国家发展自贸区具有重要作用。

1. 树立今后南北经济合作典范

中国—瑞士自贸区是典型的南北型自贸区。中国与瑞士在要素禀赋和

---

① 新华网. 中国—瑞士自由贸易区谈判 28 日在达沃斯正式启动. http://news.xinhuanet.com/fortune/2011-01/29/c_121038414.htm.

经济发展水平上都有较大差距。短期来看，中瑞自贸区是“中国制造”和高附加值的“瑞士制造”之间的竞争与互补。中国是制造业大国，拥有丰富劳动力资源。在中瑞自贸谈判中，瑞方将对中方 99.7% 的出口立即实施零关税，降税幅度大，产品涉及面极广，有利于促进中国产品打入瑞士市场。同时，中方将对瑞方 84.2% 的出口最终实施零关税，确保中国国内产业不会立刻受到冲击，有充足时间适应市场新形式。

2. 注重知识产权保护规则谈判

中国—瑞士自贸协定第十一章专门就“知识产权保护”制定了 5 节共 22 条条款，涵盖面广，规定细，是中国对外签署的自由贸易协定中对知识产权保护规定最详尽的协定。发达国家注重保护知识产权，保护体系完备，各方面立法规定也相当充分。中国应在今后对本国知识产权保护问题给予更多重视，建立健全知识产权法律保护体系，培养国民保护知识产权意识。此外，在今后南北型自贸区谈判中，中国可以中瑞自贸协定关于知识产权保护一章为蓝本，不断充实完善，逐步实现在该方面与国际接轨。

3. 注重环境保护规则谈判

中瑞自贸协定包含了“环境问题”章节，这是环境相关内容在中国的自贸协定中第一次以独立章节形式出现。“环境问题”章节规定了双方在环境方面合作的目标、方式、资金安排等内容，重申了双方对以可持续方式促进经济发展和不断提高环境保护水平的意愿。发达国家重视环境和资源保护，环保标准、环评规则及各类法律法规健全。中国在今后建立南北型自贸区谈判中应保持与时俱进的态度，倡导不将环保标准用于贸易保护主义目的。

第四篇　专　题　篇

一、TPP 协定对我国的影响及对策建议[①]

（一）TPP 协定谈判进程

1. 协定缘起

当前由美国主导的《跨太平洋伙伴关系协定》（TPP）谈判源于太平洋周边四个小国间的自由贸易协定。2002 年 10 月，新西兰、新加坡和智利启动了《太平洋三国更紧密经济伙伴关系》谈判，文莱加入后，四国于 2005 年 6 月在 APEC 贸易部长会议上完成了《跨太平洋战略经济伙伴关系协定》，简称 P4 协定，同时达成《环境合作协议》和《劳工合作备忘录》。P4 协定于 2005 年 7 月正式签署（文莱于 8 月初签署），并于 2006 年 5 月实施。其主旨是通过加强贸易、投资等领域的合作以密切成员国之间的关系，其突出特点：一是跨度大，四国连接三大洲，形成横跨太平洋两岸的自由贸易区；二是质量高，不仅在货物贸易上要求成员完全取消关税，不承认例外，而且涉及众多社会经济条款；三是开放性，协定专门设有接纳新成员的条款，APEC 成员和“其他国家”都可以申请加入，但要同所有成员国进行“一对一”谈判，并接受 P4 相关条款。美国正是看中了 P4 的这些特点，才选择其作为“重返亚洲”的切入点。

2008 年 3 月、6 月和 9 月，P4 成员就金融服务和投资进行谈判，美国也正式参与其中，并将《跨太平洋战略经济伙伴关系协定》的简称变更为

---

① 根据 2013 年院级课题及 2012 年 TPP 战略研究报告成果改写，课题组成员：李光辉、王泺、袁波、王蕊、祁欣、朱思翘等。

TPP。2008年9月，美国宣布全面加入TPP谈判，这一协定也骤然变为亚太地区最引人注目的区域经济合作安排。美国明确表态后，澳大利亚、秘鲁、越南也表示了参与谈判的意向。第一轮TPP扩容谈判计划于2009年3月举行，但是在2009年2月，美国表示由于政府更迭需要时间评估其贸易政策及战略重点，要求推迟谈判，但美国的相关准备工作仍在进行。直至2009年11月，奥巴马利用出访亚洲的时机，在日本东京高调重申美国将加入TPP，扩容谈判也正式进入议程。

美国大力推动TPP谈判，有其独特的背景和深刻的战略考量。奥巴马自上任以来，十分重视美国与亚太地区的关系，甚至自诩为美国首位“太平洋总统”，主张美国更多地参与亚洲事务。奥巴马曾公开表示，“作为太平洋国家，美国将在这一非常重要的地区加强并维持领导力。美国将全面参与创造和发展打造这一地区未来的组织。”① 美国将TPP作为其亚太战略乃至全球战略的重要组成部分，希望通过TPP获得更大利益。

其一，TPP是美国“重返亚洲”战略的重要一环。近年来，亚太地区特别是亚洲区域经济一体化建设快速发展，东盟与中国、韩国、日本、澳（大利亚）新（西兰）和印度均建立了自由贸易区，而以中、日、韩、印为核心的自由贸易区网络也正迅速扩大。然而，以东亚为核心的区域经济合作未将美国纳入其中，美国担心，一旦被排除在亚洲一体化进程之外，将对其在亚洲的政治、经济和安全利益造成重大威胁。因此，为了重新获得对亚洲的控制权，美国高调宣布“重返亚洲”，力图通过主导TPP扩容谈判，将亚太国家纳入其中，重新掌握亚洲经济一体化进程的主导权，进而实现其全球战略。

其二，TPP对美国的经济发展具有重要的现实意义。美国次贷危机引发的全球金融危机对美国经济造成重大冲击，虽然全球经济正在复苏，但主要动力是以中国为主的发展中国家，美国经济增长较慢，面临严峻的失业问题。奥巴马政府2010年3月提出“国家出口计划”，要在未来5年使美国出口增长一倍，创造200万个就业机会。而亚太地区经济发展较为迅

---

① 奥巴马自称美国首位“太平洋总统”，http://www.chinanews.com/gj/gj-gjrw/news/2009/11-16/1966979.shtml.

速，且拥有广阔的市场空间，在美国对外贸易中占据重要地位。美国认为，如果被排除在亚洲区域经济一体化进程之外，其经济将受到严重影响，出口与就业目标也无法实现。据美国著名智库彼得森国际经济研究所估计，一个没有美国参与的东亚自由贸易区可能使美国公司的年出口至少损失 250 亿美元，或者约 20 万个高薪岗位。因此，美国希望通过介入并主导 TPP 扩容谈判，与亚太国家建立更紧密的联系，分享亚洲经济发展红利，拓展出口市场，创造更多经济机会。

其三，TPP 是美国遏制中国发展的重要手段。近年来，中国经济快速发展，尤其是金融危机之后，中国成为全球经济复苏的重要引擎，并在 2010 年超过日本成为全球第二大经济体。同时，中国—东盟自由贸易区于 2010 年全面建成，在区域经济合作中发挥重要作用，对地区经济、政治等方面的发展产生重要影响。因此，美国主导 TPP 谈判，并极力拉拢中国周边国家尤其是东盟国家和日韩加入，有遏制中国崛起势头的意图，试图借 TPP 的不断扩大，抵消中国—东盟自由贸易区的影响力，削弱中国在东亚经济一体化中的重要作用。

其四，TPP 是推行“美式标准”的重要平台。美国选择 TPP 作为其“重返亚洲”战略的切入点，很重要的一个原因是原 P4 协定几乎包含了美国希望的所有条款，如知识产权、服务贸易、投资、竞争政策、政府采购、贸易便利化以及环保和劳工两个附件。在美国介入并主导 TPP 谈判后，力图强化和增加其需要的条款与标准，并将这些标准推而广之。由于美国推动的 TPP 不仅仅局限于现有成员，而是要“形成一个拥有广泛成员的区域贸易协定”，因此，美国将 TPP 视为亚太区域经济一体化的主渠道以及未来亚太自由贸易区的基石，希望通过 TPP 谈判及扩员推行“美式标准”，并从中获得更大的利益。

2. 各方立场

美国主导的 TPP 谈判在亚太地区产生了巨大反响。对于美国宣称要打造涵盖整个亚太地区的自由贸易区样板计划，许多国家和地区表示支持与响应，希望通过参加 TPP 谈判密切与美国的关系，扩大国际影响。尤其是在 WTO 多哈回合与 APEC 茂物目标难以突破的情况下，许多亚太国家希望通过区域经济一体化建设，扩大市场，拉动增长，摆脱金融危机的负面影响。但也有部分国家对 TPP 的态度较为谨慎，密切关注其发展动向。

（1）原 P4 成员

新西兰、新加坡、智利和文莱本身的市场开放度非常高，非常重视区域经济一体化的利益，而且 P4 协定的初衷也是 APEC 成员贸易自由化先行先试的样板，欢迎更多国家加入其中。因此，对于美国大力推进 TPP 扩容谈判，原 P4 成员十分积极，认为可以借助美国的力量扩大协定覆盖面和影响，从中获得更大利益。

原 P4 成员积极推动 TPP 扩容谈判，一是基于经济利益的考虑。P4 成员经济规模相对较小，市场空间不足。其中新加坡原本关税就很低，新西兰与智利主要出口自然资源，而文莱的石油和天然气也很难跨越太平洋，相互间贸易机会较少。因而，P4 成员亟须拓展市场，希望通过 TPP 扩大市场空间。而亚太地区是全球经济增长的重要动力，占据了全球 GDP 的 60% 和国际贸易的约 50%；而且，美国是世界上最大的经济体，拥有 2.7 亿高收入的消费者。因此，P4 成员均看好 TPP 的经济效应，希望通过 TPP 扩容达成一揽子协议，进一步提升各国的经济开放度，扩大贸易规模，获得更多的经济利益。尤其是智利和新西兰认为，TPP 是最有希望将美洲和大洋洲与亚洲联系起来的合作机制，希望借 TPP 进入亚洲经济圈，分享亚洲经济快速发展的成果。二是基于长期战略考虑。成员不断增加的 TPP 协定，能够通过消除贸易和投资壁垒使区域经济一体化的范围不断扩大，从而促进生产力的提高和经济的增长。同时，TPP 扩容能够推动亚太地区贸易和投资的自由和开放，是建立亚太自由贸易区的潜在途径。TPP 协定的高标准与宽领域，也能在一定程度上促进多边谈判。

（2）TPP 谈判新成员

澳大利亚和秘鲁在受到美国邀请后，很快做出积极回应，表示愿意参与 TPP 谈判。越南在受邀后态度也十分积极，但考虑到其国内实际情况，其他成员同意越南作为观察员参与谈判一段时间后，再做出是否正式参加的决定。越南认为，参加 TPP 谈判体现了其继续改革的决心以及更深更广地融入国际经济的愿望。马来西亚最初并不重视 TPP 谈判，一度认为这会挤占大量谈判资源，影响对东亚区域合作的投入。但在美国表示不愿再与马来西亚进行双边 FTA 谈判，而是希望其加入 TPP 谈判之后，马来西亚政府的态度有了明显改变，最终选择加入谈判。墨西哥和加拿大作为北美自由贸易协定（NAFTA）成员，在美国的邀请下也很快加入谈判。

新成员加入TPP谈判的考虑，一是获得经济利益。澳大利亚十分重视通过各种自由贸易安排促进与伙伴国的贸易和商业联系，为出口商和投资者拓展重点市场提供更多的机会。澳大利亚希望在TPP框架内提高现有与美国、P4成员以及东盟自由贸易区的质量，同时加强与亚洲以及拉美的贸易机会。秘鲁是拉美国家中对自由贸易协定态度最积极的国家，目前已经与美国、泰国、新加坡、加拿大、中国等国家和地区经济组织签署了14个自由贸易协定。秘鲁拥有丰富矿产资源，希望通过TPP开展更广泛的国际合作，共同开展资源开发项目，并鼓励更多的国家进入本地市场，进而刺激其工业发展，创造更多的就业机会。马来西亚和越南希望通过加入TPP谈判，使大部分商品免税进入美国市场，并获得更加优惠的待遇，增强在美国市场的竞争力。同时，马来西亚和越南也希望通过参加TPP谈判，与美国、澳大利亚、新西兰等亚太国家达成协定，实现贸易投资等领域的自由化，将进一步密切与这些国家的经贸关系，更深层次地融入亚太地区的经济产业体系之中。加拿大和墨西哥也希望通过参加TPP谈判进一步开拓亚太地区市场，扩大出口，增加就业，并发挥在全球价值链中的作用。

二是掌握规则制定权。澳大利亚、秘鲁和马来西亚认为，TPP拥有成为亚太区域经济一体化基石的潜力，参与TPP谈判具有战略意义，而且应尽早参与其中，以便掌握主动权，影响TPP协定的基本规则和发展方向，如果TPP谈判成功，能够为建立亚太范围内的自由贸易区奠定基础。[①] 越南也认为，在谈判一开始就加入，可以参与最终规则的制定，而不是像之前加入WTO那样被动地接受规则，并且美国出于想尽快达成TPP协定的目的，也许会在某些领域对越南放宽标准，而规则制定后的加入者很难要求美国让步。因此，对于越南而言，先加入谈判的优势明显大于后加入谈判。墨西哥和加拿大与美国同为NAFTA成员，对于“美式标准”的接受程度较高，也希望推广这种标准，以便获得更多主动权。

---

① Prioritiesand objectives for participation in the Trans Pacific Partnership, http://www.trademinister.gov.au/speeches/2008/tpp_ priorities.html.

三是追随美国。对澳大利亚而言，美国是其外交与贸易政策的基石，因此在美国加入 TPP 谈判并发挥主导作用后，澳大利亚也积极参与，以便与美国建立更加紧密的经济及政治关系。秘鲁积极参与 TPP 谈判也受到其“亲美路线”的影响。美国是秘鲁最大的贸易伙伴，且双方签署了《贸易促进协议》，秘鲁参与 TPP 能够进一步巩固与美国的关系。对于马来西亚和越南，美国是其最重要的贸易伙伴和投资来源国，参与 TPP 谈判能够与美国形成具有约束力的自由贸易协定，使双边关系更加紧密。加拿大和墨西哥是美国“唯二”的陆地邻国，与美国的经贸关系十分密切，尤其是加拿大，在政策上长期追随美国，而加入 TPP 谈判是对美国表示支持的重要途径。

此外，日本是美国在亚太地区的重要盟友，奥巴马政府在主导 TPP 谈判后，也向日本发出邀请，菅直人政府多次表示出对 TPP 谈判的兴趣，并要求国内加强研究和准备工作，同时，日本也利用各种机会与 TPP 谈判成员进行沟通和磋商，最终于 2013 年 7 月正式加入谈判。日本加入 TPP 谈判有其自身的政治经济考量。一是巩固日美同盟的需要。由于美国在日军事基地问题，两国关系曾一度倒退，而日本希望通过支持 TPP 谈判密切双边关系，并配合美国亚洲战略的实施，借以制衡中国。二是推动农业改革。一直以来，日本对农业实行高度的保护措施，使得农产品成为日本推行贸易自由化的一个症结。菅直人政府希望以参加 TPP 谈判为契机，逐步对农业进行改革，提高农产品的市场竞争力。三是抵消韩国对其不利影响。由于日本与韩国的出口产品结构相似度较高，在许多市场形成竞争。而近年来，韩国大力推行 FTA 战略，自由贸易区网络不断扩张，尤其是与美国签署 FTA，将对日本出口造成不利影响。因此，日本希望通过加入 TPP，为出口产品创造更好的外部环境。

（3）非成员国家

韩国也是美国在亚太地区的重要盟友，美国多次力邀韩国加入 TPP 谈判，但韩国的态度相对谨慎。在美国的多次劝说下，韩国表示“会认真考虑”，并在国内开展有关 TPP 经济影响的研究。韩国对 TPP 不甚积极主要有三方面原因。其一，经济收益不大。韩国已经与 TPP 现有的所有成员完成或正在进行 FTA 谈判，按照美国双边磋商的原则，韩国无法从 TPP 中获得更多的利益。其二，更多关注双边 FTA。韩国将双边自贸区建设作为其 FTA 战略的重点，希望成为区域经济一体化的"中流砥柱",[①] 韩美 FTA 已经生效，其他双边 FTA 也正在积极推进。其三，不愿破坏与中国的关系。韩国认为，与美国 FTA 已经生效，与中国 FTA 已完成草签，因而在中美之间基本保持了平衡，而加入 TPP 会破坏这种平衡，不利于中韩关系的发展。虽然韩国对加入 TPP 态度谨慎，但是鉴于韩美同盟关系以及美国的巨大影响，韩国最终加入 TPP 的可能性较大。

东盟国家在加入 TPP 问题上存在分歧。其中，菲律宾政府的态度较为积极，认为经济一体化已是普遍现象，如菲律宾被排除在外，将使其利益受损。菲律宾积极寻求加入 TPP 的考虑，一是由于美国是菲律宾第一大贸易伙伴和出口市场，加入 TPP 是与美国形成贸易协定的唯一可行办法，有利于确保其产品在美国市场的竞争力；二是由于东盟中的马来西亚、越南已经加入了 TPP 谈判，使菲律宾感到竞争压力，不希望落后于邻国。但菲律宾要加入 TPP 谈判需要进行修宪以及大规模的法律调整，短期内难以实现。泰国政府对 TPP 的发展很感兴趣，但认为在 2015 年前，将以建成东盟经济共同体为优先。而泰国国内也有希望政府参加 TPP 谈判的呼声，认为如果泰国没有加入 TPP，与其它参加 TPP 的国家相比，在进口关税上将不具优势，可能导致外资生产基地转移。目前泰国政府没有明确表示要加入 TPP 谈判，但也在密切观察其进展情况。印尼对 TPP 的态度较为谨慎，认为当前最重要的是建成东盟经济共同体，而在多边谈判上应更加重视多哈回合谈判。印尼在短期内不准备加入 TPP 谈判，一是由于国内产业竞争力较弱，中国—东盟 FTA 的全面降税已使许多企业倍感压力，无法承受进一步开放的冲击；二是由于国内民众对 FTA 的负面意见较多，目前在谈 FTA 均已搁置，需要对已签 FTA 进行消化和调整；三是担心参加 TPP 会影响东盟一体化进程，并削弱东盟在东亚区域经济合作中的领导者地位。

此外，中国台湾也希望能加入 TPP 谈判。因为一直以来中国台湾被排除在区域经济一体化进程之外，而美国主导的 TPP 谈判以 APEC 成员为核心，目标是建成亚太自由贸易区，因此，中国台湾认为，作为 APEC 成员，

---

① Korea Outlines New Trade Policy Direction, Korean Ministry of Trade, Industry and Energy.

其有资格参与 TPP 谈判。而且随着亚洲区域经济一体化进程的不断加快，中国台湾也担心被边缘化将损及其经济利益。中国台湾希望以两岸签署的经济合作框架（ECFA）为契机，逐步融入亚洲经济一体化之中。

3. 谈判进展

目前，美国将推动 TPP 谈判视为政府对外政策的战略重点之一，并将 TPP 定位为“高标准、全面的自由贸易协定”，努力将其打造成“21 世纪的 FTA 样板”。从 2010 年 3 月 TPP 开始进行扩员谈判至 2015 年 2 月底，共举行了 19 轮谈判以及 10 多次首脑会议、部长级会议或首席谈判代表会议。就谈判成员来看，P4 成员新西兰、新加坡、智利、文莱，与美国、澳大利亚、秘鲁参与了全部谈判；越南作为观察员也从 2010 年第一轮谈判开始介入，第四轮谈判时成为正式成员；马来西亚从第三轮谈判开始作为正式成员加入；自 2012 年 12 月第十五轮谈判起，墨西哥和加拿大正式加入；而自 2013 年 7 月第十八轮谈判起，日本正式加入。

TPP 谈判进展见附录表 11。

目前，TPP 谈判已进入最后的焦点阶段，一些基本原则和大部分协定文本已达成一致，但在一些核心议题上仍存在分歧。

在谈判模式的选择上，TPP 谈判采取美国提出的方案，即现有协定无需重开谈判，只与尚未签署 FTA 的国家进行双边谈判。各方还就吸纳新成员的标准和程序达成一致，新成员需与所有在谈成员进行双边磋商，各方同意后方能加入 TPP 谈判，而且，除须对 TPP 合作目标有共识之外，新成员还必须接受已达成的协定，并不能对将要达成协议的部分提出异议。[①]

市场准入一直是 TPP 谈判中棘手的关键问题，各成员间存在较多分歧。例如，新西兰希望扩大乳制品的市场准入程度，尤其是进一步拓展美国市场，澳大利亚希望加大对美食糖出口，越南也希望美国放宽纺织品准入条件；而美国认为对澳大利亚和新西兰开放农产品市场将会对其国内产业造成冲击，纺织行业也要求对越南纺织品采取特别措施。尤其是在日本加入 TPP 谈判后，美日之间关于农产品和汽车市场准入的磋商成为焦点问

① Demetrios Marantis, Deputy Trade Representative of the United States, “The Trans - Pacific Partnership and the Future of International Trade”, speech to the Woodrow Wilson Center, August 27, 2012.

题。大米、小麦、牛猪肉、乳制品、砂糖是日本所谓的“圣域”，希望作为例外产品不参与降税，同时希望美国在汽车领域实施零关税，而美国则要求日本全面开放农产品市场，两国谈判屡屡陷入僵局。

规则领域谈判也是TPP谈判的焦点和难点。美国以美韩FTA为蓝本，大力推行美式高标准，不仅希望将环保、劳工标准纳入TPP正文，还提出更高的服务贸易、投资、知识产权、政府采购、国有企业、电子商务和跨境数据流动等方面的要求。但这些高标准，尤其是环保和劳工标准，对于马来西亚和越南等发展中国家来说，要完全达到面临极大困难。而对于较高的知识产权标准尤其是药品知识产权保护、投资者—国家争端解决机制以及跨境数据流动要求，即使澳大利亚和新西兰这样的发达国家也难以完全接受。

4. 发展前景

2014年以来，TPP谈判成员国进行了较为密集的谈判与磋商，美国总统奥巴马曾在2014年6月对TPP谈判设定目标，希望在11月亚洲之行或年底前达成实质性成果，但并未如愿。虽然在2014年11月发布的领导人声明和部长报告中均未明确规定谈判结束的时间表，仅强调“实质性问题将决定谈判结束的具体时间”，但在2015年内完成谈判的可能性很大。据悉，美国希望在2015年中期前结束谈判，这一目标也获得了新西兰、智利等国家贸易部长的支持。

TPP能否如期达成主要受两点因素影响。一方面，日美磋商是TPP谈判成功与否的关键，许多成员将美国和日本的农业市场准入协议和汽车贸易作为完成更广泛谈判的先决条件。日本首相安倍晋三在2014年大选中胜利，有利于日本采取更具弹性的谈判态度。① 另一方面，美国政府能否获得国会对于贸易促进授权（TPA）可能对TPP谈判产生重要影响，一些成员以“美国未获TPA”为由不提出谈判最终方案。②

---

① 闫海防．日美TPP谈判有望达成妥协．经济日报，2015－2－10，http://paper.ce.cn/jjrb/html/2015－02/10/content_231683.htm.

② 中国世界贸易组织研究会．在TPP收尾阶段，美国在获得TPA紧迫性上面临更大压力．2014－02－10，http://cwto.mofcom.gov.cn/article/d/201402/20140200482042.shtml.

表4-1　TPP成员间现有自由贸易协定情况

	美国	澳大利亚	新西兰	新加坡	文莱	智利	秘鲁	马来西亚	越南	墨西哥	加拿大	日本
美国												
澳大利亚	√											
新西兰		√										
新加坡	√	√	P4+√									
文莱		○	P4+○	ASEAN+P4								
智利	√	√	P4	P4	P4							
秘鲁	√			√		√						
马来西亚		○	√	ASEAN	ASEAN							
越南		○	○	ASEAN	ASEAN			ASEAN				
墨西哥	NAFTA					√	√					
加拿大	NAFTA					√	√			NAFTA		
日本		√		√+○	√+○	√	√	√+○	√+○	√		

注：√表示双边自贸区，○表示与东盟签署的自贸区

资料来源：作者根据相关网站资料整理。

（二）TPP 协定谈判重点条款剖析

TPP 协定谈判不仅涵盖传统的货物贸易、服务贸易和投资领域，还涉及到政府采购、竞争政策、知识产权、劳工、环保等领域。以下，将对这些领域的重点条款谈判予以分析。

1. 货物贸易重点条款

目前，各国在 TPP 货物贸易领域的谈判中，重点的条款包括市场准入条款、原产地条款、贸易救济条款等。

（1）市场准入条款

原 P4 协议的特点之一是在货物贸易领域实现 100% 的自由化，四个国家均承诺分阶段消除所有贸易商品的关税，没有例外产品和配额限制。协议规定各国自 2006 年 5 月 1 日开始降税，新加坡是协议生效之日起关税立即降为零，新西兰和文莱将于 2015 年 1 月 1 日、智利将于 2017 年 1 月 1 日将所有贸易商品的关税降到零。在 TPP 协定谈判中，原 P4 成员国也有意在各国之间相互取消包括农产品在内的所有贸易商品的关税，达到 100% 的货物贸易自由化。尤其是澳大利亚希望在农产品和矿业服务等领域获得更好的市场进入机会，如澳大利亚的食糖具有较强的竞争优势，其原糖出口居世界第二位，但在澳美自贸协议中，食糖被排除在外。越南也希望在 TPP 谈判中使服装和鞋类对美出口获得关税减让和更加宽松的原产地要求。但美国在谈判中提出保留部分例外产品，尤其是美国农业（乳制品、制糖业）和纺织团体要求让现有的市场准入安排保持"关闭"，以避免来自秘鲁、澳大利亚、新加坡和智利的农产品和来自越南纺织产品的冲击。因此，TPP 谈判很难像原 P4 协议一样达到 100% 的贸易自由化程度，大多数国家仍将保留一定比例的例外产品，在农产品和纺织品等敏感产品的市场准入谈判上也还会有很大分歧。

由于我国在已经签订的 10 个自贸协定中均包含了格式规范的货物贸易市场准入条款，因此接受此条款在技术上并不存在困难，对于我国而言，接受此条款的挑战主要在于应对各国可能提出的农产品、汽车、石化等领域的开放要求。

（2）原产地条款

在原产地条款上，原 P4 协议的规定与现行的大部分 FTA 规定相似。

对于农产品基本上适用完全获得的标准；对于“纺织、服装、鞋类和地毯”商品，必须符合改变后的税目分类（CTC）加上50%的区域价值成分（RVC）增值规定；对于部分化学、塑料、食品、家具、机动车及其商品，可以任选CTC或RVC标准，其RVC起始点为45%；对于特定清单里的商品（主要是机器和电器）只能接受RVC标准，其RVC起始点为45%。原产地证书采取自我证明方式，由出口业者或制造厂商制作。原P4协议还规定了货物的直运原则，即经由第三国的货物在第三国滞留的时间不超过6个月，在装卸以及不需要进行其他作业来保持货物良好状态的情况下，按关税规定的特惠待遇执行。目前，在TPP谈判中，对于原产地条款的争议主要集中在对纺织品的原产地规则上。美国过去在几乎所有的FTA中都对纺织品使用了“从纱认定”（yarn forward）的原产地规则，即从纺纱、织布、裁剪至加工为成衣的过程都必须在自贸区境内完成，方能享有关税的优惠待遇。目前，美国纺织组织委员会（NCTO）也要求美国贸易代表处确保纺织品“从纱认定”的原产地规则，这样才能控制越南纺织品运输到美国的数量，因为越南纺织品大量使用来自中国的原料。而参与TPP谈判的发展中国家，尤其是越南、马来西亚、智利等国希望有一个宽松的原产地规则，可以扩大劳动密集型产品的对美出口。在这个问题上，各国存在分歧。经过谈判，各国目前在大部分产品的原产地规则方面已经取得重大进展，已经制定了计划以便完成支持无缝供应链的原产地规则。

我国在已经签订的10个自贸协定中，均有规范的原产地条款，而且一些协定的具体规则比原P4协议和美国—韩国FTA更加宽松，如接受更加苛刻的原产地规则，对我国劳动密集型产品的出口不利，我国能从贸易自由化中获得的收益也将有限。

（3）贸易救济条款

原P4协议文本的贸易救济条款较为简略，对于保障措施、反倾销和反补贴措施的规定均未超出GATT 1994对贸易救济的要求，指出将严格遵照其执行，不附加任何以外的其他权利和义务，仅是规定出于礼貌，一方应告知其他缔约方保障措施调查的发起及原因。美国在其已经签订的FTA中，除了美国—以色列没有此项内容外，其他的FTA均包含了贸易救济或保障措施的章节，对于贸易救济条款的规定比P4更加具体。如在美国—

韩国FTA中，对于保障措施，规定了实施条件、实施限制和实施时间以及临时措施、补偿等相关内容；对于反倾销和反补贴措施，表示同意严格遵守WTO关于反倾销和反补贴的规定，仅对通知、磋商和实施程序有一些简单的程序上的规定，且规定同此条相关争议不得适用FTA的争端解决机制；协议还表示建立贸易救济委员会，对此章的规定实施监督。美国在FTA中提出的贸易救济条款虽然较P4协议有所进步，但也仍较为保守，基本精神也与WTO规定一致，预计在谈判中各国达成一致的难度相对较小。我国在“贸易救济”领域多处于受害者地位，在目前我国已经签订的FTA中，大多也包含“贸易救济”内容，许多协定的内容都超出了原P4协议的范围，因此，接受此条款对我国而言难度相对较小。

2. 服务贸易重点条款

原P4协议的服务贸易章以GATT的《服务贸易总协定》（GATS）为依据，由定义、目标、国民待遇、最惠国待遇、市场准入、不符措施、审议、国内规制、专业资格和注册、利益的拒绝、透明度、补贴、转移支付等规定、关于金融服务的附件、关于专业服务的附件以及关于智利的两个附件组成。目前，TPP谈判在服务贸易领域的重点争议条款主要是“负面清单”和服务贸易开放承诺条款。

（1）“负面清单”条款

原P4协议在服务贸易领域采取了“负面清单”的方式，即如果某一服务行业未被列入清单（或被服务或常规例外章节排除），则此行业能享受国民待遇，市场开放和最惠国待遇。在TPP谈判中，美国也要求对“服务贸易”以“负面清单”形式予以承诺，仅允许对列在清单上的行业加以限制。而马来西亚、越南等国在之前签订的FTA中，均是以“正面清单”形式对服务贸易予以承诺，即仅列出自由化的特定部门，要接受“负面清单”条款还面临一定的挑战。之前我国签订的FTA中，对于服务贸易的承诺全是以“正面清单”方式列出，还未曾有过“负面清单”的先例，从2013年9月开始，我国设立上海自由贸易试验区，制定了第一版负面清单；2015年3月1日生效的广东省对港澳基本实现服务贸易自由化协议，采取“准入前国民待遇+负面清单”模式，这些都为下一阶段我国全面接受负面清单规则奠定了基础。

（2）服务贸易开放承诺条款

原P4协议中，除文莱外，新加坡、新西兰和智利均做出了相应的市场开放承诺，仅有少数部门承诺高于WTO中的GATS谈判出价，而对于商务人员的临时入境，各方则只是再次确认了它们在GATS中做出的有关商务人员调动的承诺，承诺在协定生效后两年重审此章节。

在服务贸易谈判中，美国一方面要求各国对金融、电信、速递、文化、法律等服务贸易领域给予较高的市场开放水平，一方面又对发展中国家关心的自然人移动领域持保守态度。同美国相比，马来西亚、越南等国在服务贸易领域处于弱势地位，很难达到美国所期望的开放水平；而对于其有优势的自然人移动领域又很难得到美国的承诺，各方想达成一致显然存在很大的现实困难。我国在已经签订的10个FTA中，除对中国香港和中国澳门在服务贸易领域有较大突破外，对于其他的FTA，在服务贸易领域所作承诺有限，能超出WTO中GATS谈判出价的行业也不多。而TPP谈判成员中的美国、澳大利亚等国在金融、电信、速递、文化、法律等服务贸易领域竞争力明显强于我国，要与各国就服务贸易开放承诺达成一致，难度也相当大。

3. 投资重点条款

原P4成员（新西兰、新加坡、智利和文莱）尚未在投资领域达成协定，此次TPP谈判，对于投资条款也有较大的争议。

（1）准入前国民待遇条款

发达国家签订的许多FTA在投资领域均要求承诺给予准入前国民待遇，即在准入、设立、获得、扩大等投资的处置方面也给予不低于其在同等条件下给予其本国投资者及其投资的待遇。对于这个条款，现有TPP谈判成员国在与其他国家签订的FTA中，均有过此承诺，因此，达成此条款的困难不大。

我国在已经正式签署的FTA中，均未给予此承诺，但已在中国（上海）自由贸易试验区中试行“准入前国民待遇+负面清单”的外资管理模式，为我国今后的自贸区投资自由化措施先行先试，并承诺在中美双边投资协定（BIT）谈判以及中韩自贸协定下一阶段投资谈判中采用“准入前国民待遇+负面清单”模式。因此，未来接受些条款的难度也大大降低。

（2）投资者—国家争端解决机制条款

许多 FTA 在投资协定中提出投资者—国家争端解决机制条款，基本方式是先通过磋商与谈判的方式予以解决，同时都允许寻求国际仲裁解决。美国在以往签订的 FTA 中，除了与澳大利亚和约旦的 FTA 中没有提出投资者—国家争端解决机制，对于其他的 FTA 均提出投资者—国家争端解决机制。目前，美国国内存在着争议。一方面，是在海外有投资的利益集团要求确保投资者—国家争端解决机制，提出 TPP 投资章的实施应是有回溯性的，以对已经存在的投资进行保护，并且美国应建立全面的规则以确保 TPP 国家的国有企业能以确保开放和公平竞争的方式运作。另一方面，面临与外国企业竞争的国内企业则希望降低投资者—国家争端解决机制中对于外国投资者的保护，以在投资保护与公共利益之间实现平衡。为此，美国国内许多团体倾向于对越南、马来西亚这样法制不完善的国家强化这一机制，对于澳大利亚、新西兰、新加坡等法制完善的国家则倾向于降低这一机制，这种双重的标准在谈判中也将会受到挑战。

我国对外签署自贸协定的投资措施中大多包含投资者—国家争端解决机制，主要包括磋商、东道国国内救济和国际仲裁三种方式。其中，磋商是争端解决的首选途径，如 6 个月内无法解决争议，则可寻求法院或仲裁等其他途径，但对提交国际仲裁的条件以及适用范围进行一定限制。中国—冰岛自贸协定的投资措施基本采用双方 1994 年 3 月 31 日签署的《关于促进和相互保护投资协定》，其中要求“将争议提交接受投资的缔约一方有管辖权的法院”，仅在涉及征收补偿款额时才能提交国际仲裁。而其他自贸协定的投资措施取消了对国际仲裁适用范围的限制，允许任何投资争议提交国际仲裁，但在提交条件上仍有一定限制。在我国与巴基斯坦、哥斯达黎加、东盟、秘鲁的投资措施中，要求投资者将争议提交国际仲裁前，用尽缔约方国内行政复议程序，与新西兰、智利的协定进一步规定这一程序不超过 3 个月。而对于提起争端解决的时效，各协定均规定为对投资者造成损失或损害时起 3 年内。相比较而言，美式的投资者国家争端解决机制在程序要求上更加严格和复杂，这也对我国形成了一定的挑战。

4. 政府采购条款

原 P4 协议对政府采购条款做出了详细规定，其基本内容和原则与世界贸易组织（WTO）政府采购协定（GPA）相一致，强调各成员对其他缔约国企业实行内国民待遇和无差别待遇。在政府采购方面，各成员对其他缔约国的物品、服务以及其提供者，都不能实行低于本国物品、服务以及其提供者的待遇，对与其他缔约国的自然人保持关系或所有关系的本国提供者，也不能实行低于本国物品、服务以及其提供者的待遇。政府采购的标准金额是物品和服务为5万SDR，建设项目为500万SDR。除了文莱之外，新加坡、新西兰和智利均就政府采购实体、门槛价、货物和服务以及建筑服务的范围、例外条款等作出具体承诺。P4成员中的新加坡于1997年签署了GPA协定，其在P4中的承诺略高于GPA协定中的承诺，如新加坡承诺在23个主要公共部门（包括地区机关）政府采购的投标中给予TPP成员国与当地供应商相等的待遇。新西兰与智利为GPA的观察员，在P4协议中，两国也作出了积极的承诺。如新西兰的承诺包含了在新西兰政府部门法令1988年第一进度表中列出的35个核心公共服务部门以及国防和警察，但当地政府的采购不包含在政府采购章节中。智利承诺在20个主要公共部门（包括地区机关）政府采购的投标中给予TPP成员国与当地供应商相等的待遇，但金融服务采购是唯一的例外。

美国是GPA的签约国，一直尽力在其FTA中纳入这些政府采购规定。美国在FTA谈判中，不仅要求对方开放政府采购市场，而且还要求在实施政府采购时将环保和劳工要求纳入考虑范围，要价高于GPA。目前，马来西亚和越南均不是GPA的签约国，而美国在FTA协定中对于政府采购的要求高于GPA协议，要接受的美国的要价难度很大。对于一些国家而言，政府采购市场是国内中小企业赖以生存的主要收入来源，如果完全对外开放，必将难以同美国企业竞争。如目前马来西亚中小企业达到企业总数的95%。大多数中小企业依靠政府维持生计，如果开放政府采购，外资企业的竞争将对这些企业产生不可估量的负面影响。美国要与各国达成一致，也将面临较大困难。我国自2007年12月28日正式启动《政府采购协定》（GPA）谈判，目前尚未完成。在自贸协定中也较少涉及这一议题，仅在与冰岛和瑞士协定的合作章节中有所提及，但仍为原则性表述，要求加强合作、协商，以及信息交流和公开，并在我国完成GPA谈判后尽快启动双边政府采购谈判。而美国在TPP谈判中对于政府采购的要价要高于GPA的水平，因此，接受更高要求的美式政府采购条款对于我国而言困难更大。

5. 竞争政策与国有企业条款

原 P4 协议设有“竞争政策”一章，主要包括目标、竞争法规与实施、合作、通知、磋商和信息交换、包括指定垄断在内的公共企业和委托以特定或专营权的企业、争端解决等九条内容，以及新西兰和新加坡列出的商业活动例外的附件。P4 协议认为创造和保持公开、竞争的市场环境有利于提高经济效率和消费者福利，因此，每一成员方应当采取和维持禁止反商业行为的竞争法律，应特别重视反竞争协议、竞争者的合谋或滥用市场地位行为对竞争的扭曲和限制。竞争法应当适用于包括货物和服务等在内的所有商业行为，但成员方可以有一些例外措施和部门，其前提是这些例外是透明的、或是出于公共政策或公共利益的目的，并且这些例外不得对成员国之间的贸易产生消极影响。P4 协议虽然提出“竞争”章的任何条款都不禁止任何成员根据其各自法律设立或维持公共垄断或私人垄断企业，但这些私人垄断和国有企业不得采取造成成员方之间商品和服务贸易扭曲的措施，以避免对本协定和成员的利益造成不利影响。在处理竞争争端的解决机制方面，P4 协议不允许一成员国挑战另一成员国竞争管理部门在执行适当的竞争法律、法规时所做出的任何决定。同时，因“竞争”章所引起的、或者与之有关的竞争争端，不得适用 FTA 的争端解决机制。

美国在已经签订的 FTA 中，大多数都包含了“竞争政策”章节，其政策思路与 P4 协议基本一致，强调各国在竞争政策方面的合作和信息的交换，不禁止垄断的存在，并且规定竞争政策引起的争端不得适用 FTA 的争端解决机制而是由成员国进行磋商来解决，只是在内容上更丰富和更具体一些。但是同时，美国在此次 TPP 谈判中提出新的国有企业规则谈判，要求消除国有企业补贴，消除给予国有企业海外投资的特惠融资措施，保护外国私营企业经济活动，撤销政府采购的优惠偏好等要求，意在限制国有企业的不公平竞争。

我国与东盟、巴基斯坦等早期的自贸协定并无独立的竞争条款，与秘鲁和哥斯达黎加的协定在合作章节包含竞争条款，但内容较为宽泛，主要是促进信息交流、能力建设、技术援助和人力资源培训等；与冰岛和瑞士的协定单独设立了竞争章节，但仍主要是原则性规定，并明确指出“竞争章节不对缔约双方的经营者创设任何具有法律约束力的义务”，且不适用自贸协定项下的争端解决机制。对于美欧等发达国家要求的包含限制国有企业内容的竞争中立政策，目前在我国自贸协定中尚未涉及，要接受的难度还很大。

6. 知识产权条款

原 P4 协议中知识产权章的规定较为简单，包括定义、知识产权原则、总则、商标、地理标志、国名和合作等七个部分，在要求合作方重申自己对 WTO《与贸易有关的知识产权（包括假冒商品贸易）协议（草案）》（TRIPS）的承诺外，附加了信息交换等合作内容。

而美国以其对 IPR 的保护标准超过 TRIPS 著称，在其与 20 个国家签订的 14 个 FTA 中，均设有“知识产权”内容和相关章节。1985 年美国第一个 FTA，与以色列自由贸易协议就包含了“知识产权”内容（第 14 条），随后签订的 13 个 FTA 中均单独设置“知识产权”一章。根据美国在 FTA 中提出的 IPR 条款和其 IPR 保护的最新动向，可以推测美国可能在 TPP 谈判中提出的 IPR 标准主要有以下几条：

（1）承诺履行多项国际公约义务

在履行 TRIPS 协定的基础上，还需履行涉及专利合作、人造卫星播送信号、商标国际注册、微生物保存、植物新品种保护、商标法、版权、表演和录音制品等多个领域的国际条约和公约。

（2）加强互联网版权保护和实施

为解决网上盗版问题，要求顶级域名（ccTLD）管理依据统一域名争议解决政策原则建立争端解决机制。

（3）强化药品等实验数据的保护

规定药品和农业化学品市场准入后若干年内，对方不得以其提交市场许可的数据信息为基础，销售同样或相似的产品。要求增强政策和执行透明度，并设立申述机制。

（4）强调政府介入知识产权标准化制定

将专利制度与技术标准巧妙结合，使标准利用技术优势，推动美国市场规则和标准在国际层面的实施。

（5）加强专利保护

包括扩大专利保护范围，限制强制许可及平行进口，限制专利的撤销，禁止在专利申请授权前提出异议，延长专利保护期等内容。

（6）增强作品保护力度

规定作者、表演者、录音制品制作者及其利益继受者有权授权或禁止任何方式的，永久或暂时的复制行为。自然人作品保护期不得少于作者有生之年加去世后 70 年。

（7）扩大商标保护期限和商标权客体

规定商标的首次注册及每次续展注册期限不少于 10 年。不得要求视觉可感知成为商标注册条件，注册商标可由声音或气味组成，同时提供商标注册异议申述机制。

（8）替代争端解决机制

允许一国用替代争端解决程序解决与知识产权有关的民事争端。

对于 TPP 谈判成员中的马来西亚、越南等发展中国家来说，要接受美国严格的知识产权条款，存在很大的困难。如在农业领域，更强的知识产权保护将使马来西亚农民获得种子的价格增加；在医药品领域，更强的知识产权保护将会使药物价格变得难以承担。就连澳大利亚这样的发达国家在知识产权保护领域的标准也达不到美国的要求，如澳大利亚目前对于包括生物制剂在内的所有的药物给予 5 年的数据专属期，这远低于美国一直在 TPP 中寻求的 12 年的期限。

严格的知识产权保护标准是一把双刃剑。美国 FTA 中高于 TRIPS 协定的知识产权保护标准超出我国的接受范围，将束缚并损害我国企业和公众利益，增加我国的行政和立法调整成本，目前接受这一条款还面临很大困难。但另一方面，严格的知识产权保护也将有利于我国专利、技术、商标及传统文化等的保护，从长远看也有利于我国企业与国际接轨，减少贸易摩擦，因此，也是我国未来改革的方向之一。

7. 透明度条款

原 P4 协议包含了“透明度”章节，主要包含定义、公布、行政程序、复议和上诉、联系点、通报和信息提供等 6 个条款，主要是要求 FTA 相关信息、行政程序和行政行为的透明、公开和及时反馈，与 WTO 透明度条款的要求较为接近，也没有对时间限制予以规定。

美国在其已经签订的 FTA 中，也都包含了“透明度”条款，基本原则与原 P4 协议基本一致，但包含的内容更多，也更加具体，如美国—韩国 FTA 还涵盖了“反腐败”等新议题，还要求至少提前 40 天公布行政裁决。由于美国与 P4 原协议在透明度条款的设置上，与 WTO 透明度条款的要求较为接近，因此，各国在此条款上争议会比较少。

我国在已经签订的中国—新西兰 FTA、中国—智利 FTA 和中国—哥斯达黎加 FTA 中，均单独设置了“透明度”条款，其中中国—新西兰 FTA 中也有一些对于行政程序时间限制的规定，接受此条款的难度不大。但值得注意的是，美国在签订的 FTA 中，不仅是单独设置“透明度”条款，而是将“透明度”的要求贯彻于每一个具体的章节中，无论是货物贸易、服务贸易、投资还是知识产权等其他领域，基本都有单独的“透明度”条款要求，这对于许多发展中国家而言，无疑将增加许多行政调整成本。

8. 环保条款

原 P4 协议本身并没有包含环保条款，但新加坡、新西兰、智利和文莱四国 2005 年在新西兰惠灵顿签署了对各方均有约束力的《环境合作协定》，主要包括目标、核心承诺、合作活动、机制安排、磋商、信息披露、与 P4 协定关系等方面的内容。其中关键的是三个方面的内容：

（1）六个主要承诺

一是重申其承诺寻求高水平的环境保护，以及履行其各自的多边环境承诺。二是将努力确保其环境法律、法规、政策和实践与现有的国际义务相一致。三是尊重各方依据其国内轻重缓急来制定、管理和实施环境法律和法规的主权。四是承认为贸易保护的目的而制定或使用环境法律、法规、政策和实践是不合适的。五是承认通过放松、不实施或不执行其环境法律和法规来鼓励贸易或投资是不合适的。六是同意促进国内公众对于其环境法律、法规、政策和实践的认知。

（2）机制安排

每个国家将指派一个环境事务的国家联系点，以便利各方在环境事务上的交流。各国将在协议签署之日起一年内召开高官层面的会议来讨论潜在的合作活动领域，对协议的实施进行审议或提出任何议题。三年之后，各方将对协议的运作进行审议。

（3）磋商机制

协议还设置了争端解决机制。对于因实施六个核心承诺引起的争端，各方将努力寻求通过对话、磋商和合作进行解决。

美国在1994年的NAFTA中就加入了环境合作的内容，随后在与新加坡（18章）、澳大利亚（第19章）、智利（第19章）、中美洲（第17章）、哥伦比亚（第18章）、秘鲁（第18章）也都加入了“环境”章。目前，美国在FTA中倡导的环保条款主要包含以下几个方面的内容：

①承诺履行多边环境协定（MEAs）七项公约的义务

涉及濒危野生动植物、消耗臭氧层物质、船舶污染、湿地、南极海洋生物、捕鲸、金枪鱼等领域。

②严格的环境法实施原则

承诺不以削弱或降低环境保护和影响各方贸易投资的方式取消或违背，或提出取消或违背类似的法律。

③制定详细的加强程序保证环境法的实施

包括确保利益人可向主管当局请求调查违反环境法的行为，并依据法律给予适当考虑；确保司法、准司法或行政程序是可为违反环境法行为提供制裁或救济，且利益人有权获得此程序。

④环境事宜可寻求FTA争端解决机制

除同国际协定义务相关的争端解决机制另有安排外，其余环境事宜均可在磋商、斡旋、调和、调解不成之后应用FTA中的争端解决机制，寻求救济或补偿。

⑤建立由双方高官组成环境事务委员会

定期召开会议，处理环境事宜并监督协议执行，并制定详细的程序安排。

⑥提升公众参与的机会

包括确保公众获得相关信息、发展与公众就环境事务进行沟通的程序、向公众征求意见、为书面意见提供回执与反馈意见、利益人可向主管当局请求调查环境法的违反行为等内容。

在环保领域，美国在FTA中的标准远远高出原P4协议的标准，对于

TPP 谈判中的大多数成员国都是难以接受的，此条款将面临较大的争议。从我国目前的实践来看，尚没有将环境条款纳入 FTA 的先例。即使是在中国—智利 FTA 和中国—新西兰 FTA 中，也仅是提及双方应通过《环境合作协定》加强在环境问题上的交流与合作。原 P4 协议的《环境合作协定》，争端解决机制仍以磋商为主，对我国产生的影响有限，有考虑接受的可能性，但美式标准的 FTA 中的“环境”章，尤其是美国—秘鲁 FTA 与美国—韩国 FTA 中的“环境”章标准，提出在涉及影响贸易的环境违法行为时，可寻求 FTA 协定本身的争端解决机制来予以解决，将对我国企业产业严重影响，接受难度相当大。但同时也应注意到，严格的环境保护标准，可能会使地方政府和企业的利益暂时受损，但对于国内人民的福利是有益的。从短期看，更严格的环境保护标准可能增加企业的成本，但从长期看，还是有可能提升企业的国际竞争力的，这也是与我国在“十二五”发展规划建议中提出的“坚持把建设资源节约型、环境友好型社会作为加快转变经济发展方式的重要着力点”相适应的。

9. 劳工条款

原 P4 协议并没有包含劳工条款，仅达成了有关劳工合作的谅解备忘录。TPP 协议在序言中特别地提出要加强各方在劳工和环境等有共同利益的事务上的合作，并达成了有关劳工合作的谅解备忘录。

而美国自 NAFTA 的《北美劳工合作协议》以来，就开始在其 FTA 中纳入劳工条款。在与 TPP 现有成员达成的 FTA 中，都单独包含了“劳工”章。目前，美国在其主导的 TPP 谈判中，也对于劳工条款提出了严格的标准，要求按照国际劳工组织公约的规定，确保缔约方保障劳工结社自由、保障集体谈判薪酬权利、废除强制劳动、禁止童工、取消就业歧视，规定不得以减损或降低这些劳工标准来影响贸易和投资，并允许劳工争议适用 FTA 的争端解决机制。

（1）承诺采用和维持国际劳工组织（ILO）的五大核心劳工标准

承诺采用和维持国际劳工组织（ILO）的五项核心劳工标准，包括自由结社权、有效承认集体谈判权、消除一切形式的强迫和义务劳动、有效废除童工并为本协议目的禁止最恶劣形式的童工以及消除就业和职业歧视，同时规定不得以减损或降低这些劳工标准来影响贸易和投资。

（2）设立程序保障劳工条款

承诺保证利益人能获得通过行政、准司法、司法或劳动仲裁法庭执行劳工法律的程序，规定详细要求以保证程序的公正、公平和透明，并承诺这些程序的当事方可寻求救济以确保其实现权利。

（3）建立劳工事务委员会

要求成立一个由双方劳动部门或其他适当机关的高级官员组成的劳工事务委员会，开会审查执行情况并提供公开报告。在劳动部门内指定办公室作为联系点，为公众及个人提供沟通渠道。组建由公众组成的国家劳工顾问委员会为劳动条款执行提供建议。

（4）劳工问题适用 FTA 的争端解决机制

要求先以磋商解决问题，磋商不成请求劳工事务委员会通过调解或调停等程序解决，此后才可根据 FTA 的争端解决机制寻求救济。

（5）加强劳工合作机制

提出合作领域，如基本劳工权利及其有效实现，童工问题，社会保障计划等；确定合作方式，包括访问学习，信息交流，组织研讨会、工作组等。

美国在劳工条款上提出的高标准，对于马来西亚、越南等 TPP 谈判成员国而言，要接受这些条款，势必面临国内立法的调整，困难重重。从我国立场来看，原 TPP（P4）文本中，有关劳工合作谅解备忘录的内容，同我国与新西兰签订的劳工合作谅解备忘录很接近，并且没有将贸易与劳工直接挂钩，我国可以考虑接受。美国提出的劳工标准，要求遵守国际劳工组织的五项核心劳工标准，并可将劳工争议应用 FTA 的争端解决机制并寻求补偿和救济，鉴于我国的发展实际，目前接受的可能性还不大。

（三）TPP 对我国外部环境的影响

TPP 的形成与发展涉及我国周边环境、战略安全、区域合作、对外经贸关系以及国内经济发展等多方面，将对我国产生重大影响。

1. 对周边环境的影响

随着我国经济规模迅速扩大，综合实力逐步提升，国际影响力显著增强，周边国家对我国的不信任感也不断升温，“中国威胁论”不绝于耳。

东盟希望搭上中国经济快车，又因经济结构相似而与中国形成竞争关系。东盟奉行“大国平衡”战略，希望美国从中东地区分身后更多参与亚太事务，以制衡中国在地区“一家独大”。朝鲜半岛问题紧张化促使日本与韩国在经济层面进一步靠拢美国，进而密切日韩与美国的同盟关系。应该看到的是，美国加入 TPP 的动机一方面是主动推进其亚太战略，另一方面也是对亚太地区，特别是东亚国家提出的以美国力量更深介入来制衡中国这一要求的回应。亚太地区各国普遍对美国加入 TPP 持欢迎态度，是希望加强与美国的经济联系以促进各国经济发展，但与此同时也一定程度折射出这些国家对中国的戒备心理。当前，亚太地区正处于各国力量对比有升有降、国家间关系发生变化的敏感时期。TPP 成员扩容强化了美国的亚太地区影响力，将加快亚太成员间政治经济关系重组，使我国周边地区环境愈发复杂多变，这为我国调整周边政治经济外交战略提出了新的难题。

2. 对战略安全的影响

亚太地区是我国的战略安全要地。TPP 的迅速发展对我国维护亚太地区的经济战略安全将产生深刻影响。TPP 致力于形成一个高水平的亚太自由贸易区，谈判是参与各方通过利益博弈共同制定游戏规则的过程。一旦美国、日本、韩国、东盟等亚太地区主要经济体均加入其中，并率先就货物贸易、服务贸易、原产地规则、知识产权、竞争政策、政府采购、劳工、环境、投资等敏感条款达成一致，我国将有可能陷入两难境地。如果选择加入会迫使我国被动接受已形成的条款规则，讨价还价的腾挪空间受到挤压。如果选择不加入，就要承受贸易和投资转移的巨大成本，面临在国际经济交往中被孤立和边缘化的危险。

3. 对多哈回合谈判的影响

2011 年曾被视为多哈谈判进程的“机遇之窗”。TPP 作为高水平、排他性的自贸协定，是对世界贸易组织“最惠国待遇”条款的例外。若 TPP 先于多哈谈判结束，其高标准无形中将提高美国在多哈谈判中的要价，增加我国参与谈判的难度，并对协议的最终达成带来难以估量的挑战。如 TPP 涵盖日本、韩国等美国主要贸易伙伴，多哈谈判对美国的吸引力将大幅降低。同时，美国的主要精力均投入到 TPP 谈判中，会相应减少对多哈回合的关注，进而迟滞谈判进程。

4. 对区域经济合作的影响

在东亚及亚太地区存在着若干个区域经济合作方案，如从早期的10+3、10+6、东亚共同体、亚太共同体到目前的亚太自由贸易区、APEC以及TPP、RCEP等。从TPP的目前走势看，不排除其有最终整合或取代其他区域经济合作方案的可能。TPP今后的发展有可能影响我国参与区域经济合作的节奏与步伐。一直以来，我国支持东亚和亚太地区的经济一体化，坚持以东盟为主导，推动现有各种合作机制，为最终实现东亚共同体创造条件。① 在合作领域方面，我国优先发展贸易、金融与货币合作，对劳工、环境等非经济问题持谨慎态度。由于美国的强势介入，TPP从主导权到涵盖领域都对我国正在参与推动的区域合作方案构成了挑战。

5. 对大国经贸关系的影响

美国、日本是我国最重要的对外经贸伙伴。中美经贸关系面临一系列复杂难题，任何问题处理不当都可能引发危机。中日经贸关系与地区主导权相互纠缠，是影响东亚区域经济合作取得实质进展的主要障碍。就现状而言，中美、中日都不可能在短期内签订自由贸易协定。作为更加广泛的区域经济合作框架，TPP可以为缓解中美、中日间的利益冲突提供更多余地和条件。中国与美国、日本有可能在更多领域进行利益互惠交换，众多谈判方的共同参与可在一定程度弱化中国、美国、日本在地区经济秩序上的主导权之争，减少中美、中日之间正面冲突的可能性。中国可以充分发挥在发展中国家中的影响力，争取其他谈判方支持，分散或转移美、日对我在敏感问题上的压力，减小美、日遏制政策所带来的不利影响，为自己营造更好的地区环境。

6. 对涉台问题的影响

中国台湾已提出以APEC成员身份加入谈判。我国若反对，可能引起岛内民众反弹，“台独”势力会借机滋事，美国极有可能将此作为又一张王牌向我国施压。若允许台湾在大陆之前加入TPP，将违背台湾与他国进行自贸谈判“我先台后”原则，日后难以掌控涉台问题多边化引发的连锁反应，甚至动摇一个中国原则。不过，在大陆对TPP态度不明确情况下，

---

① 张蕴领，沈铭辉主编．东亚、亚太区域合作模式与利益博弈．第334页．

台湾与美国均不会贸然行动，同时台湾也会担心因此会拖延 ECFA 后续四项协议。

7. 对国内经济发展的影响

如果 TPP 将我国以外的所有主要亚太经济体囊括在内，将会因巨大的贸易转移严重挤压我国的外贸空间，直接影响国内经济发展。如果我国选择加入 TPP，就要进一步开放国内市场，特别是一些敏感行业，这个过程也必然伴随不小的利益损失。加入与否各有利弊，这与我国当年加入 WTO 时的情况有些类似。不同的是，我国的经济规模已今非昔比，对市场开放的承压能力大大增强。应该说我国有实力应对来自 TPP 的挑战。当前，我国的国内改革正处于攻坚阶段。由加入 WTO 引发的开放“倒逼”改革的能量已基本释放完毕。TPP 对市场开放度、贸易投资自由化等方面的更高要求和更强约束力，有可能打破国内利益集团的垄断格局，形成促进国内深化改革的外部动力。

（四）应对 TPP 的政策建议

1. 在客观评估 TPP 对我国影响基础上择机加入

经过 30 多年的改革开放和经济发展，我国的综合国力和国际地位显著提升，随着经济结构调整和发展方式转变，国内产业的国际竞争力和抗风险能力明显增强，企业适应国际规则的能力也进一步提升。通过对经济增长、产业发展的影响分析，可以判断在未来十年，我国如选择不加入 TPP，宏观经济和主要产业所受到的冲击和负面影响尚在可承受范围内。不过应该看到的是，当前我国已发展成为世界上举足轻重的新兴力量，赢得了平等参与建立国际政治经济新秩序的可能。若我国轻易表态拒绝加入 TPP，而 TPP 成员涵盖了美国、日本、韩国等我国主要经济贸易伙伴，将使我国政治经济外交面临被动局面，束缚我国外部发展空间，无法享受进一步自由化的收益。此外，美国等发达国家很可能借此给我国贴上意欲挑战国际规则与秩序的标签，对我国施压，我国将失去参与影响谈判进程的机会，特别是美国、日本、东盟、韩国等主要经济体若就 TPP 条款率先达成一致，将胁迫我国被动加入，我国在谈判中的回旋余地将受到严重挤压。为此，我国宜考虑在 2015 年至 2020 年期间择机宣布加入 TPP 谈判，既避免中国对外形成一个阻止协定达成的破坏者形象，又可影响谈判进度及内容向有利于我国的方向发展。虽然风险与挑战并存，但总体而言，参与 TPP 可能成为我国拓展地区影响，谋求广阔战略空间的有效途径。我国应充分认识和依托自身实力及国际影响力，以实际行动在 TPP 谈判中发挥建设性作用，力争有所作为。

2. 积极实施以我为中心的自贸区战略

目前，TPP 在美国主导下谈判进展较快，引起了包括日本、韩国、印尼等东亚国家的密切关注。不过，中国是东亚地区最为重要的经济体，没有中国的参与，任何一种形式的东亚区域经济一体化安排都将是不完整的，也不符合东亚国家的利益。因此，日本、韩国等东亚国家即便选择加入 TPP，同时也不会放弃推动有中国参与的东亚区域经济一体化。为此，我国应客观评估与东亚国家的经济利益融合程度，稳住阵脚，扎实推动以我为主的自贸区战略，巩固和加强 10 +1 自贸区建设，加快推动实现两岸四地经济一体化，以中韩、中日韩、10 +3 自贸区为重要抓手，对冲 TPP 对我国造成的冲击。积极务实地解决与澳大利亚的自贸区谈判遗留问题，扫清我国加入 TPP 的外围。更加主动地与具有战略节点意义的国家，特别是资源富集型和新兴市场国家谈判建立自贸区，争取尽快结束与海合会的自贸区谈判，构建以我为主的自贸区网络，以抗衡 TPP 的贸易转移效应，为今后可能参与的 TPP 谈判增加权重和砝码。

3. 大力推进中国与东盟自由贸易区建设

东盟是发展中经济体，各国经济发展水平参差不齐，对 TPP 中更多开放国内市场的要求有很大疑虑。此外，虽然东盟希望通过美国、日本在 TPP 框架中更多介入亚太事务来约束中国，但又担心因此威胁自身在东亚区域经济合作中的主导地位。针对东盟的顾虑及矛盾心态，我国应与东盟主要国家坚持发展中国家的共同立场，在谈判中谋求相似的利益诉求，例如对劳工、环境等非经济问题的应对方式。与此同时，大力推进中国与东盟自由贸易区建设，使东盟切实享受到与我国建立自贸区的好处，加强经济技术合作，加大对东盟不发达经济体的援助力度，支持东盟巩固其在东亚区域经济合作中的主导地位。

4. 坚持推进多哈回合与 APEC 合作进程

TPP 如果进展顺利，将不可避免地对 WTO 多哈回合谈判产生负面影响。一个“以规则治理、以制度为基础”的全球自由贸易体系，是符合我国核心利益的，为此，我国应坚持以开放自信的心态参与其中，并积极发挥作用，推动多哈回合贸易谈判取得实质进展。此外，我国应继续维护APEC在亚太地区政治和经济事务中的地位和作用，充分利用APEC的非约束性平台来平衡TPP对亚太区域合作的影响。相对于TPP的强约束力，APEC的自主自愿和非约束性原则更符合中国和平崛起的战略需求。

5. 与美国、日本发展多元平衡关系

美国、日本将是我国在TPP中最主要的谈判对手。中美TPP谈判将是继中国加入WTO后两国间关于重塑经贸游戏规则的新一轮博弈。与上次双边谈判不同的是，中美经济实力对比发生了很大变化，中国对开放市场的抗压能力显著提高，国内市场纵深不断加大，这些都扩大了中国在谈判中讨价还价的空间，有利于换取美国做出更多承诺为中国提供一个可预测的更加开放的美国市场。此外，我国可有效利用TPP这一开放式区域合作机制框架，推动解决中美关系中的重要原则问题。当然，我们需认识到中美TPP谈判的艰巨性、复杂性，不能寄希望于TPP能解决所有敏感问题，还要继续加强中美高层对话机制的作用，使其与TPP谈判相辅相成、互相促进。中日经济总量对比已发生逆转，日本国内市场逐渐萎缩，基于扩大市场和约束中国的考虑，日本很有可能在短时期正式加入TPP谈判。[①] 我们应密切关注日本各界围绕TPP进行的讨论，把握日本政府对TPP的主流认识。与此同时，应与日本就TPP问题加强沟通，建议将TPP相关议题纳入到中日经济高层对话中，以便交换意见，协调立场。

6. 进一步加快国内改革开放步伐

研究结果表明，如TPP将我国以外的所有主要亚太经济体涵盖在内，将会因巨大的贸易转移和投资替代效应挤压我国外部市场空间，直接影响国内经济发展。如果我国选择加入TPP，就要进一步开放国内市场，特别是一些敏感行业，并对国内现有法律法规和行政管理体制进行全面调整。当前，我国国内改革正处于攻坚阶段，TPP对市场开放度、贸易投资自由化等方面的更高要求和更强约束力，有可能打破国内利益集团的垄断格

① 2013年3月，日本已正式加入TPP谈判。

局，形成促进国内深化改革的外部动力。为此，我国应巧借 TPP 形成的外部动力，一方面加快对国内主要产业特别是垄断行业的改革步伐和开放进度，促进产业升级和结构调整，增强产业竞争力，转变经济发展方式；另一方面加快调整国内相关立法和司法程序，加强执法，完善相关法律、法规，规范行政审批体制，使其进一步与国际接轨，为我国最终加入 TPP 扫清法律和体制障碍。

7. 谨慎处理台湾问题

面对东亚地区兴起的区域经济合作浪潮，台湾非常担心受到贸易转移和歧视，甚至被边缘化。两岸签署 ECFA 一定程度缓解了台湾的忧虑。TPP 的发展趋势又引起台湾的密切关注。APEC 是为数不多的中国大陆与台湾同在其中的国际经济合作机制，如何在机制内处理好台湾问题一直是中国政府极为关注的问题。如果台湾提出仿效 WTO 和 APEC 做法，以单独关税区身份加入 TPP，将会对目前相对稳定的两岸关系产生影响。如果同意台湾加入 TPP，中国大陆需处理好两岸 ECFA 与 TPP 相关条款的关系问题，以及注意将台湾的活动及影响严格限制在经济事务中，避免台海问题多边化。如果坚持将台湾排除在 TPP 谈判之外，需考虑是否应通过两岸 ECFA 适当平衡台湾的利益损失。此外，还需要对美国可能施加的压力有所准备。

8. 加强对 TPP 相关问题的跟踪研究与前瞻分析

当前，TPP 的发展势头强劲，需要立即着手启动 TPP 相关重大专项课题的研究工作，以尽快明确我国是否加入 TPP 谈判、何时加入、采取何种谈判立场以及必须坚持的原则等紧要问题。第一，从地缘政治及经济外交的角度分析加入或不加入 TPP 的重大影响与利弊得失；第二，量化分析参与 TPP 谈判可能对我国经济发展和对外贸易的影响；第三，详细分析石化、电子、钢铁、机械、汽车、农业、金融、电信等主要行业竞争力及进一步开放的可行性；第四，研究 TPP 中劳工、环境、知识产权、政府采购、竞争政策等法律条款与我国现行法律冲突之处及协调空间；第五，研究 TPP 与 WTO 多哈回合谈判的关系及规则一致性问题；第六，分析 TPP 对东亚地区现存 FTA 及其他区域经济合作方案的影响；第七，动态跟踪 TPP 谈判进程以及美国、日本、韩国、东盟等重要经济体对 TPP 的考虑。

9. 加强自贸区业务领域的人力资源培训

我国参与 FTA 谈判的历史不长，谈判资源有限。加入 TPP 必然会增加大量的谈判工作，转移现有行政资源。TPP 涵盖领域广泛，我国不仅缺乏自贸协定领域的业务骨干，在应对复杂的贸易投资问题以及众多新议题方面，现有的人才队伍也暴露出知识储备、专业技能及谈判经验不足的问题。为此，我国急需加大投入，强化人力资源培训，在短期内迅速培养一批能够胜任复杂贸易谈判工作的专业人才。

二、对 RCEP 谈判的前景判断与思考①

2012 年 11 月 20 日，东亚系列领导人会议期间，区域全面经济伙伴关系协定（RCEP）谈判宣布启动，标志着东亚区域经济合作进入一个新的发展阶段。RCEP 由东盟主导提出，谈判成员包括东盟 10 国和与其签订了自贸协定的中国、日本、韩国、澳大利亚、新西兰和印度。东盟希望通过推动 RCEP 谈判来强化东盟在区域经济合作中的中心地位，促进东盟共同体的建设，并推动地区产业价值链分工合作。RCEP 建成后，将涵盖亚太 16 国，拥有约一半的世界人口、生产总值近 20 万亿美元的大市场，超过全球经济总量的 1/4，出口约 5 万亿美元，超过世界的 1/3。2013 年 5 月，备受关注的 RCEP 首轮谈判在文莱首都举行，正式迈开了通往东亚区域经济一体化的实质步伐。同年 9 月，各方在澳大利亚举行了第二轮谈判。未来，RCEP 谈判的发展前景如何，我国应在其中发挥怎样的作用，值得我们认真思考。

（一）对 RCEP 谈判的前景判断

2012 年 11 月 20 日，16 国通过了《RCEP 谈判的指导原则与目标》，提出在 2015 年年底完成谈判的目标。2013 年 2 月 26—28 日，在印尼举行的东盟—自贸伙伴国高官会和工作组会议上，16 国经过磋商确定了《贸易谈判委员会职责范围》。5 月 9 – 13 日，RCEP 首轮谈判在文莱启动，正式

① 本文作者为袁波。

成立了货物贸易、服务贸易和投资三个工作组。9 月 23 – 27 日，在澳大利亚举行的第二轮谈判中，三个工作组分别就各自的具体议题进行了讨论和意见交换。截至 2014 年年底，各方已举行了六轮谈判。

16 国已就 RCEP 谈判的目标、原则和谈判领域等达成一致。其中，RCEP 谈判目标为：在东盟成员国与东盟自贸伙伴之间达成一个现代、全面、高质量、互惠的经济伙伴协定。谈判原则共有 8 条，主要包括与世界贸易组织（WTO）相关规则相一致、在现有 5 个东盟 +1（10 +1）自贸协定（FTA）基础上扩展、深化和改进、对最不发达的东盟成员国提供更多灵活性、设有开放准入条款等。谈判领域将涉及货物贸易、服务贸易、投资、经济技术合作、知识产权、竞争政策、争端解决以及其他议题。

RCEP 将基于东盟现有的 5 个 10 +1 FTA 进行整合，在规则层面，各协议的框架标准较为接近，基本都与 WTO 相关规则相一致。虽然在投资准入前国民待遇和原产地规则方面有差异，但分歧并非完全不可调和，在更多的领域如货物贸易、服务贸易、投资、检验检疫、争端解决机制、政府采购、电子商务、环境、经济技术合作等条款上的共识则多于分歧。

在自由化水平层面，目前东盟—澳新 FTA 的水平最高，东盟—印度 FTA 的水平最低，东盟与中、日、韩三国 FTA 的水平较为接近。在货物贸易领域，RCEP 提出的谈判目标是在现有 RCEP 参与国之间自由化水平基础上，通过对高比例的关税税目和贸易额的产品取消关税，以实现高水平的关税自由化。在目前 RCEP 参与成员中，只有澳大利亚、新西兰和新加坡达到了货物贸易完全自由化的标准，而除印度和东盟新成员国之外的大多数国家零关税产品的税目占比和贸易金额占比基本都在 90% 以上。要实现更高水平的自由化水平，大部分国家都会存在较大压力，尤其是我国、印度以及一些东盟国家。在服务贸易领域，虽然各国均赞成 RCEP 应高于 WTO《服务贸易总协定》（GATS）的自由化水平，但实际上，各成员国在已经签订的 FTA 中，对服务贸易的开放程度并不高。东盟在服务贸易领域对外承诺的水平明显低于在东盟共同体中的承诺水平，中国、韩国、日本等在与东盟各国签订的 FTA 中对东盟承诺水平也很有限，仅澳、新对东盟的承诺水平较高。因此，RCEP 谈判的服务贸易水平能超出 GATS 水平多少尚存疑问。

表 4 –2　5 个 10 +1 自贸协定框架分析

东盟—中国 FTA	东盟—日本 EPA	东盟—韩国 FTA	东盟—澳新 FTA	东盟—印度 FTA
全面经济合作框架协议 货物贸易协议 争端解决机制协议 服务贸易协议 投资协议 货物贸易协议议定书 服务贸易协议议定书 全面经济合作框架协议议定书 纳入技术性贸易壁垒和卫生与植物卫生措施章节的议定书	全面经济合作伙伴框架协议 全面经济伙伴（EPA）协议 序言 第 1 章一般条款 第 2 章货物贸易 第 3 章原产地 第 4 章检验检疫措施 第 5 章技术标准及合格评定程序 第 6 章服务贸易 第 7 章投资 第 8 章经济合作 第 9 章争端解决 第 10 章最终条款	全面经济合作框架协议 争端解决机制 货物贸易协议 服务贸易协议 投资协议 关于泰国加入服务贸易协议的议定书 关于泰国加入货物贸易协议的议定书	序言 第 1 章建立 FTA 的目标与定义 第 2 章货物贸易 第 3 章原产地规则 第 4 章海关程序 第 5 章卫生和植物检验措施 第 6 章技术标准及合格评定程序 第 7 章保障措施 第 8 章服务贸易 第 9 章自然人移动 第 10 章电子商务 第 11 章投资 第 12 章经济合作 第 13 章知识产权	全面经济合作框架协议 货物贸易协议 争端解决机制 全面经济合作框架协议的修正 服务贸易协议 投资协议

续表

东盟—中国 FTA	东盟—日本 EPA	东盟—韩国 FTA	东盟—澳新 FTA	东盟—印度 FTA
	附件 1：削减关税的安排 附件 2：特定产品规则 附件 3：信息技术产品 附件 4：签证操作程序		第 14 章竞争 第 15 章一般条款和例外 第 16 章制度性条款 第 17 章磋商和争端解决 第 18 章最终规定 附件 1：关税承诺安排 附件 2：特定产品规则 附件 3：特定服务承诺安排 附件 4：自然人移动承诺安排	

资料来源：作者根据 5 个 10 + 1 自贸协定文本整理。

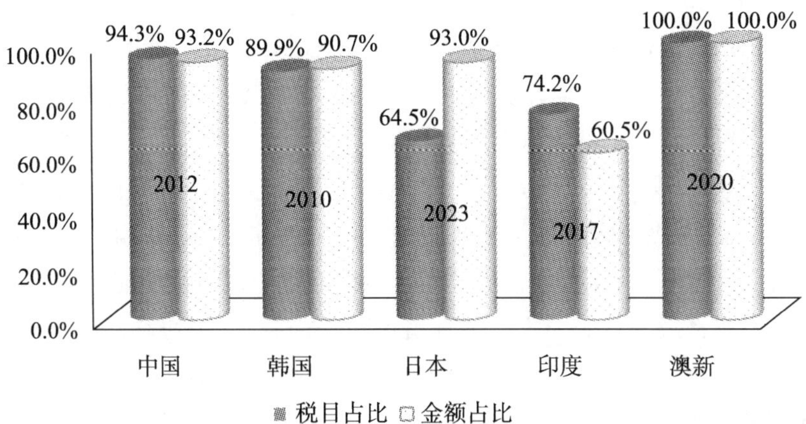

图 4－1　中、韩、日、印度与澳新对东盟的贸易自由化水平比较

资料来源：作者根据 5 个 10＋1 自贸协定文本整理与计算。

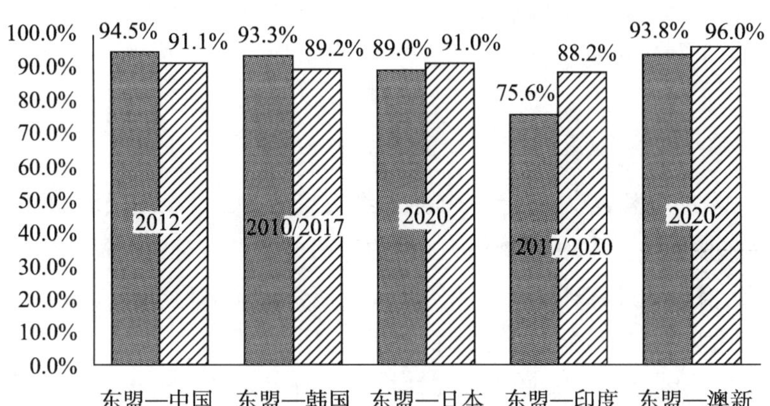

图 4－2　东盟对中、韩、日、印度及澳新的贸易自由化水平比较

注：此处实现贸易自由化的时间依据东盟老成员国的时间表。

资料来源：作者根据 **5** 个 **10＋1** 自贸协定文本整理与计算。

综上所述，在自由化水平层面，如果要寻求 95% 以上的货物贸易自由化水平和大幅超出 GATS 水平的服务贸易开放承诺，谈判难度将相当大，在 2015 年年底前完成谈判几乎是不可能完成的任务；在规则层面，难度相对较小，2015 年年底达成共识则有很大可能性。

当前，美国主导的跨太平洋战略合作伙伴协定（TPP）在许多领域已取得实质进展，高标准宽领域的自贸协定模板初具雏形。同时，美国还在推动跨大西洋经济伙伴合作协定（TTIP）和多边服务贸易协议谈判，谋求在全球范围内重构经贸规则体系，对东盟、中国、印度等未加入TPP的成员国客观上形成了巨大的压力，其推动RCEP的紧迫感也在日益增加。RCEP由东盟主导推动，东盟在推进内部共同体和外部区域合作中一贯采取协商、和谐和合作的“东盟方式”。如果东盟能在谈判中能切实发挥主导作用，最低限度2015年年底前能就规则达成一个框架协议，此后再继续进行实质谈判；如果同时中国也在其中发挥积极主动的作用，16国在2015年年底前达成一个自由化水平较高的方案，这个可能性仍然很大。总之，东亚地区将形成RCEP与TPP并行的区域经济合作格局，大多数国家将面临“双轨制”的区域经济合作安排，而TPP与RCEP是渐行渐远还是逐步融合，仍取决于这两个机制内各国的选择，中国与美国推动力会更大，但其他国家的选择也很重要。

（二）建成RCEP符合我国的战略利益

RCEP的顺利建成，对于我国争取经贸规则的主动权和发展的自主权，改变在东亚区域合作和产业价值链中的被动地位，为对外经贸合作创造较TPP更为宽松的外部环境，为我国和平发展营造和谐稳定的周边环境，维护和延长战略发展机遇期，都具有重要意义。

第一，RCEP建成后将会减少我国在对外贸易与投资中的障碍，使我国能更加充分地发挥比较优势，获得总体福利的增长。根据CEPEA联合研究专家组的测算，10+6范围内的关税消除和贸易便利化合作，将使中国的GDP增长4.65%。南开大学的研究成果也表明，在TPP推进的条件下，如果10+6能够建成，将给中国带来巨大的福利增加。总之，通过显著消除区域内的贸易与投资壁垒，RCEP将促进货物贸易、服务贸易和投资自由化，这将有助于我国对外贸易和投资规模的扩大。

第二，RCEP不仅使东亚各国产业合作更加密切，而且提供了一个巨大的市场空间，我国能借此机会配合国内产业结构的调整升级，进一步加大承接国际先进技术转移和“走出去”力度，与日韩、东盟、印度等国深化区域内产业链合作，实现互利共赢，并有机会逐步改变长期以来在东亚区域生产网络中处于产业价值链低端环节的被动地位。

第三，我国通过 RCEP 谈判，与周边国家友好协商，制定总体上有助于亚洲国家尤其是发展中国家利益的区域经贸合作规则，不仅有利于我国争取国际经贸规则的主动权和国内发展的自主权，还将为我国对外贸易与投资合作创造较 TPP 更加宽松的外部环境。

第四，推进 RCEP 有助于我国加快实施自由贸易区战略，增强国内深化改革开放的动力。我国已经签订了 10 个自贸协定，但已签自贸协定对象国经济体量不大，对国内经济发展作用有限。2012 年，我国与东盟 10 国加上巴基斯坦、新西兰、智利、秘鲁、哥斯达黎加这 15 个自贸伙伴国的进出口额仅占当年我国对外贸易进出口总额的 12.3%。RCEP 参与成员经济体量大，对于我国经济发展和改革开放的促进作用将更加明显。通过推进 RCEP，在货物贸易、服务贸易、投资等领域适当提高自由化标准，不仅能解决我国当前在推进自贸区谈判中的焦点难点问题，还可倒逼我国破除体制机制障碍，以局部竞争带动国内产业健康发展，推动我国改革开放向纵深发展。

第五，RCEP 的建设将增强亚太地区的凝聚力，为我国和平发展营造和谐稳定的周边环境。近年来，随着我国的和平崛起和美国的介入，我国与周边国家在领土岛屿争端、产业竞争、对外投资合作等方面冲突加大，周边环境日趋恶劣。除澳大利亚、新西兰外，RCEP 参与国均是我国重要的周边国家，通过自贸区建设，进一步密切与周边国家的经贸关系，深化互利合作，让周边国家共享我国经济增长的利益，对于改善我国的周边环境将起到积极作用。

（三）我国应敢于在 RCEP 谈判中发挥主动作用

虽然目前东亚地区政治安全环境不容乐观，各国领土领海纠纷不断，但 RCEP 与中日韩自贸区谈判的启动表明参与成员愿意积极推进东亚区域经济一体化的政治决断。当前，东盟主导推动 RCEP 谈判的积极性很高，日韩也一改往日对东亚区域经济合作的消极态度，我们应抓住这一契机，下大决心抓紧实施突破，寻求早日达成 RCEP 协议。为此，我国应统一思想，根据《中共中央关于全面深化改革若干重大问题的决定》提出的要

"加快自由贸易区建设"、"以周边为基础加快实施自由贸易区战略"、"形成面向全球的高标准自由贸易区网络"的要求，敢于将 RCEP 作为我国新一轮改革开放的试验区域，率先在若干领域进行政策突破，在 RCEP 谈判中真正发挥积极主动作用，推动谈判取得务实成果，以进一步开放加速国内改革进程。

1. 应有自信能接受规则与自由化水平较高的 RCEP 协议

经过 30 多年的改革开放，特别是加入 WTO 十多年来的快速成长，我国的经济总量、企业竞争力、经济管理水平都显著提升，参与全球竞争的能力大大增强，亟待进一步拓展外部市场。RCEP 参与成员众多，发展水平参差不齐，我国与东盟大多数国家均处于中间水平，要达成规则与自由化水平较高的自贸协定，我国有较大回旋余地。当前，比我国发展水平更低、综合实力更弱的东盟国家和印度都在积极考虑日、韩、澳、新等发达国家提出的较高标准，我国也应以更为进取的姿态和自信尝试主动破除体制机制障碍，以达成协议。

2. 应有自信能通过 RCEP 来加快对外开放和国内改革进程

我国改革开放正进入深水期，进一步推进步履维艰，迫切需要利用倒逼机制，以开放促进新一轮改革。当前，美国利用 TPP、TTIP 谈判在亚太地区乃至全球构筑新的贸易协定标准体系，虽然其中很多标准符合我国未来发展方向，但短期内全盘接受不仅会对经济和部分产业产生较大冲击，而且还会对政治、经济运行体制形成严峻挑战。相对而言，RCEP 的自由化水平以及规则标准将比 TPP 低，更为适宜我目前经济发展水平，我国应有自信将 RCEP 作为进一步推动对外开放和国内改革的缓冲地带和试验区域。在 RCEP 谈判中率先进行政策突破，推动敏感产业与部门适度开放，承诺给予投资准入前国民待遇，考虑在服务贸易和投资领域以负面清单方式进行开放的可行性，加强国内对知识产权和环境的保护力度，主动完成 WTO《政府采购协定》谈判，提升经贸领域法律规章的透明度和公众参与意识。

3. 应有自信能利用综合保障措施实现 RCEP 与产业开发发展的良性互动

即使进一步对日、韩、澳、新等开放可能会使我国个别产业的高端产品面临竞争压力，但可通过设置过渡期、产业损害预警、贸易调整援助等综合措施减弱受冲击力度，给予企业明确预期，促其主动进行产业结构调整，从长远发展的眼光看也有益于我国提升产业国际竞争力和实现社会福利最大化，我国应综合考量整体利益与战略利益的得失，而不应一味回避保护以致错失谈判良机。

4. 应有自信能灵活周旋处理好 RCEP 与中日韩自贸区的关系

目前两者互有重叠，同时推进，某些时候可能会产生冲突，我国应有自信能在其中灵活周旋，顺势顺时而为。一方面，在维护东盟的主导和中心地位的同时，也需要改变完全“不当头”的消极做法，应积极主动与东盟协商就自由化水平与规则制定尽早达成一致立场，在 RCEP 谈判中不拉后腿，有条件时甚至要主动推动谈判取得进展。另一方面，也要与日韩灵活磋商，必要时做出适当让步，以增强日韩尤其是日本对东亚区域一体化的信心，使其不放弃 RCEP 而完全投向 TPP。

5. 应有自信能与美沟通合作协调好 RCEP 与 TPP 的关系

TPP 与 RCEP 在东亚区域内的并行推进，可能是未来一段时间我国必须面对的现实。我国需要在 RCEP 中发挥主动作用，以平衡 TPP 对我国的不利影响，但也不宜采取对抗和回避的姿态。我国应有自信，充分利用 APEC、WTO 等多边平台，加强 RCEP 与 TPP 的沟通与合作，大胆就环保、劳工、竞争等敏感议题进行探讨，积极在人才储备、能力建设等领域加强合作，建立不同合作机制之间的沟通渠道，加强各自信息通报，提升规则制定中的透明度，充分展示我国积极主动的开放姿态。

三、中韩 FTA 对东亚区域格局的影响分析①

中韩两国作为近邻，多年来一直保持着良好密切的经贸合作关系。随着这种经贸关系不断向广度和深度发展，建立中韩自由贸易区逐步成为两国的共识并提上了议事日程。2004 年 APEC 会议期间，时任中国国家主席胡锦涛与韩国前总统卢武铉就签署中韩自由贸易区的可行性达成共识，正式开始了中韩构建 FTA 的行动进程。2005 年 3 月，中韩两国研究机构——中国国务院发展研究中心与韩国对外经济政策研究院正式签署了《建立中

① 本文作者为宋志勇。

韩自由贸易区的可行性研究备忘录》。2007 年 3 月，中国与韩国正式启动了“中韩自由贸易区官产学联合可行性研究”，并于 2011 年进一步达成协议，确定年内继续协商中韩自由贸易区。次年 5 月，中韩两国在北京正式宣布启动自由贸易协定谈判。经过多轮谈判，中韩 FTA 取得了积极成效，为两国尽早达成协定奠定了基础。

2014 年 7 月 3—4 日，中国国家主席习近平应韩国总统朴槿惠的邀请，对韩国进行了正式访问。访问期间，两国领导人同意，中韩将加大两国自贸区谈判力度，争取年底前结束谈判。中韩自由贸易区谈判进入到关键阶段，并且非常有可能按照两国领导人的意愿于 2014 年年底前结束谈判，正式建立中韩自由贸易区。

在中国举办 2014 年 APEC 峰会期间，中国国家主席习近平和韩国总统朴槿惠于 11 月 10 日共同宣布，中韩 FTA 已经就实质性谈判达成一致，中韩自贸区谈判是我国迄今为止对外商谈覆盖领域最广、涉及国别贸易额最大的自贸区。协定范围涵盖了货物贸易、服务贸易、投资和规则等 17 个领域，包含电子商务、竞争政策、政府采购、环境等，而中国首次将金融、通信和电子商务纳入到 FTA。根据谈判结果，货物贸易方面，中韩两国同意在 20 年内对以产品品目为准的 90% 以上的商品取消关税。其中，中国将对 91% 以产品品目为准的商品、以进口额计算的 85% 的商品（约 1371 亿美元）取消关税。韩国将对 92% 以产品品目为准的商品、以进口额计算的 92% 的商品（约 736 亿美元）取消关税。在立即取消关税的商品中，以进口额计算，中方为 44%，韩方为 52%。关于农产品，中韩两国将对 70% 以上以产品品目为准、以进口额计算的 40% 的商品取消关税，并且确定大米不列入中韩自贸协定中，还确定辣椒、大蒜、洋葱等主要调味蔬菜以及猪肉、牛肉、苹果、梨等 610 多个品目为撤销关税例外产品。中韩 FTA 结束实质性谈判，标志着两国经贸合作将进入一个全新的发展阶段。

（一）中韩建立 FTA 背景

1. 经济全球化的发展需要中韩建立自由贸易区

自由贸易协定是指两个或两个以上的独立关税主体，依据 WTO 的相关规则，以自愿结合的方式就贸易自由化及相关问题所达成的协定。按照自由贸易协定，协定成员的货物可获得进口税和关税减免优惠，并且有助于简化成员国之间进出口货物海关手续。当协议方之间存在不公平贸易时，自贸协定还可协助贸易商予以补救。传统意义上的自贸区涵盖领域主要包括货物贸易、原产地规则、争端解决机制等。但是，随着区域经济一体化的快速发展，自贸区的内涵和外延不断扩展，包括服务贸易、贸易投资便利化、投资自由化、技术性贸易壁垒、卫生和植物卫生措施、贸易救济、透明度、知识产权、竞争政策、政府采购、环境标准、劳工标准等内容成为自贸区谈判的新内容。

截至 2013 年 7 月 31 日，全球向世界贸易组织通报的区域贸易协定多达 575 个，其中生效的有 379 个。国内生产总值（GDP）在全球排名前 30 位的国家和地区都加入到了区域经济合作进程中，并签署了双边或多边贸易协定。144 个 WTO 成员国中，近 90% 分属各种区域经济合作组织。大部分地区都被多个相互交织的区域经济合作组织所覆盖，其中，欧盟、北美自由贸易区、东盟等区域经济组织在国际贸易和世界经济发展中占有日益重要的地位。由于自由贸易区具有排他性，任何区域外的国家都将失去众多的贸易和投资机会，在经济全球化进程中面临边缘化的危险，因此，世界各国都非常重视区域经济合作的发展。

在全球区域经济合作发展非常迅猛的同时，东北亚地区各国之间的合作却没有多大起色，虽然日韩谈判多年，但因多种因素影响，始终未取得实质性突破，处于停滞状态，中日 FTA 的相关研究已经有十几年时间，正式谈判始终未能启动。因此，推动中韩自贸区加快谈判进程谈判，尽早达成协议，适应全球区域经济发展符合两国的根本利益，也有助于推动东亚地区区域一体化发展进程。

2. 北美自贸区以及欧盟的示范效应影响巨大

1950 年法国外长罗贝尔·舒曼提出了建立《欧洲煤钢共同体》，正式开始了欧洲一体化的进程。经过 40 多年的努力，1991 年 12 月，在荷兰的马斯特里赫特举行的第 46 届欧共体首脑会议上，当时欧共体 12 国首脑正式签署了《欧洲联盟条约》，通称《马斯特里赫特条约》（简称《马约》），1993 年 11 月 1 日，《马约》生效，欧盟正式诞生。目前，欧盟已经发展成为有 28 个成员国、5 亿人口、经济规模超过 16.1 万亿美元的巨大市场。

1992 年 8 月，美国、加拿大和墨西哥签署了三国间全面贸易协议，1994 年 1 月 1 日正式成立北美自由贸易区，人口 4.5 亿，经济规模超过 17.3 万亿美元，是全球最大的区域经济一体化组织。

欧盟和北美自由贸易区的建立和发展对本地区乃至世界经济都产生了重要影响。由于区域经济组织的排他性以及逐步取消区内贸易壁垒，推动了区域内生产要素的自由有序流动，使资源配置和利用更趋合理，并进一步提高了规模经济效益。据测算，欧盟由于实现了商品、服务、资本和人才的自由流动，取消壁垒获益 3000 亿美元，国民生产总值增长 5%，公共费用减少 20%，工业成本降低 7%，就业机会增加 200 万 ~ 300 万个。北美自贸区使墨西哥、加拿大和美国受益匪浅，仅贸易方面，出口年增长率分别达到 20%、10% 和 5%。欧盟和北美自贸区建立以后取得的成效，对中国乃至世界产生了巨大的示范效应和推动作用。

3. 中韩两国具有建立自贸区的有利条件

（1）中韩两国经济贸易联系日益密切

作为近邻、处于不同发展阶段的两个国家，中韩经济贸易具有较强的互补性、合作潜力巨大：韩国在资本和技术密集型产业领域竞争优势明显，而中国的竞争优势主要表现在资源或劳动密集型产品方面，两国互为重要的经贸合作伙伴和目标市场。2013 年，中韩双边贸易额达 2742 亿美元，超过了韩美、韩日、韩欧贸易额的总和，是建交之初的 55 倍，中国已成为韩国最大贸易伙伴、最大出口市场、最大进口来源国、最大海外投资对象国。中韩双边服务贸易也增长迅速，从 2000 年的 42.55 亿美元快速增长至 225.47 亿美元，年均增长率为 23.18%。同时，韩国已成为中国第三大外商直接投资来源地，据统计，截至 2013 年年底，韩国对华实际投资累计 559.5 亿美元。中国对韩国投资也在逐年增加，实际投资累计 11.8 亿美元。

（2）中韩 FTA 将进一步促进两国经贸融合

建立中韩自贸区，不仅可以有效促进两国之间的贸易与投资，还可以成为加强双边关系的重要载体，使两国在一个全面的制度性框架下就广泛内容展开合作。同时，加强中韩之间的合作与交流，将有力地促进东亚地区的经济一体化进程和相互之间的经济融合。因此，未来将要建立的中韩

FTA 将在东亚区域经济一体化进程中具有里程碑式的意义，它将对推动亚太地区乃至全球经济发展发挥积极而重要的作用。

双边贸易方面，中国已经成为韩国的第一大出口市场、最大的贸易伙伴，通过双边 FTA 可实现韩国对外贸易的持续增长，韩国对外经济政策研究院研究报告认为，中韩建立 FTA 将会进一步带动韩国高端产品等对华出口，中国则可积极扩大对韩出口农产品、劳动密集型产品等，发挥双方的互补性。由于双方贸易保持增长，对中韩的经济产生积极的拉动作用，据韩国三星经济研究所测算，中韩建立 FTA 以后，韩国进口与出口将分别增长 4.28% 和 4.93%，GDP 增长 2.72%，对韩国的拉动效果高于韩美 FTA 和韩欧 FTA。韩国对外经济政策研究院也发表研究报告认为，即便签署低水平的 FTA（指不包括农产品等敏感产品），协定生效后的 10 年里，韩国 GDP 将增加 275.9 亿美元，增长 2.28%。若能签署高水平的中韩 FTA，5 年后韩国 GDP 将增长 1.25%，10 年后将增长 3.04%。同时，将带动中国的 GDP 增长 0.4% -0.59%。可见，中韩 FTA 对双方的经济发展都会带来益处。

中韩 FTA 建立以后，由于投资环境的改善，韩国为增强在中国市场的竞争力，将会进一步增加对华投资，同时也会促进中国对韩国的投资规模的扩大。不仅如此，韩美 FTA 和韩欧 FTA 为中国企业和产品进入两个市场提供条件，美欧也可借助中韩 FTA 进入中国市场，韩国在此可充分发挥“FTA 桥梁”的作用，从而实现吸引外资和扩大就业的最大效果。而韩国对华投资的增加也会发挥同样积极的作用，促进中国经济发展和就业的增加，实现互利共赢、共同发展的目标。

4. 中韩两国将建立 FTA 视为国家战略

中国与韩国非常重视多边框架下的贸易自由化进程，对推进多哈回合谈判持积极态度。同时，也积极参加 FTA，将其视为促进贸易自由化的补充路径。

在 2001 年加入 WTO 以后，中国本着共同受益、合作共赢、共同发展的原则同多个贸易伙伴开展了 FTA 谈判。目前，中国已经与新西兰、东盟、智利、新加坡、秘鲁、巴基斯坦和哥斯达黎加等国家和地区签署了 FTA，与香港特别行政区和澳门特别行政区建立了“更紧密经贸关系的安排”（CEPA）。中国大陆还和台澎金马单独关税区签订了“海峡两岸经济合作框架协议”。2012 年 5 月，中国和韩国宣布正式启动中韩双边 FTA 谈判。2013 年，中国先后与冰岛、瑞士正式签署了自由贸易协定，其中中国—冰岛 FTA 是中国与欧洲国家签署的首个自贸协定。此外，中国还在积极与海湾合作委员会、南部非洲关税同盟、澳大利亚和挪威进行磋商谈判建立 FTA 事宜。

韩国积极参与 FTA 的目标主要有三个，即促进贸易增长、提高经济效率、提升福利水平。截至目前，韩国与智利、新加坡、欧洲自由贸易联盟（EFTA）、东盟、印度、欧盟、秘鲁、美国等 9 个 FTA 已经生效。此外，韩国正在与澳大利亚、新西兰、海湾合作组织、哥伦比亚、土耳其、加拿大和墨西哥等进行谈判。韩国和日本正在进行磋商，旨在恢复从 2004 起中止的日韩 FTA 谈判。

中韩两国一旦建立 FTA，不仅符合两国的经济发展利益，而且有助于推动东亚乃至全球区域经济合作的发展，进而推动世界经济的发展，实现全球共同富裕的目标。同时，将对东亚区域经济格局产生重要影响。

（二）中韩 FTA 谈判的难点

建立中韩 FTA，可以使两国在新的贸易框架下开展更为有效的双边合作，有利于开拓两国经贸合作新的局面，实现双方互利共赢、共同繁荣与发展的目标。但是，中韩两国在 FTA 谈判中的难点也不容忽视，需要双方共同努力，做出相互妥协，方可达成高水平的 FTA。

1. 农业问题

韩国作为中等发达国家，工业的相对竞争力比较强，农业则始终是韩国最为担忧的部门，这也是韩国在与美国、欧盟等国家和地区谈判 FTA 时最大的难点，当然，这也成为中韩建立 FTA 的主要难点之一。韩国农村经济研究院发表的报告认为，2008 年，中国农业 GDP 为 1068 万亿韩元，韩国 2009 年农业 GDP 仅为 43 万亿韩元，仅相当于中国农业 GDP 的 4%。在反映国际市场竞争力水平的显性比较优势指数（RCA）方面，以 2008 年为基准，韩国农业领域的 25 个主要农产品中，中国农产品竞争力占据优势的有 20 个，韩国农产品竞争力占据优势的仅为 5 个。价格方面也可看成中国农产品的价格具有很强的竞争力，例如，2010 至 2011 年，在韩国的 31 个主要农产品中，批发价格比中国价格高 2 倍以上的有 28 个。由于农产品价格差距巨大，韩国对华农产品贸易一直为逆差。鉴于多数中国农产品竞争优势明显，韩国农业界始终对中韩建立 FTA 持反对态度，不断向政府施加压力。韩国政府也担心如果全面放开农产品贸易，韩国农业恐将不复存在，因此，在中韩 FTA 谈判中，韩国政府坚持农产品只实行有限开放，且将诸多农产品列为“敏感产品”，实施超长期保护，这成为中韩 FTA 谈判中的一个重要难点。

2. 钢铁等领域

由于中韩两国处于不同的发展阶段，两国均有各自竞争力较强的领域，对中国而言，中国的工业制成品水平相对韩国还比较落后，特别是钢铁、化工、汽车、电子等行业，生产技术与韩国差距较大，竞争力较弱，建成中韩自由贸易区后，中国在这些领域将面临较大的竞争压力。

钢铁产业方面，由于韩国钢铁业集中度很高，无论技术研发、产品质量和装备水平，还是操作工艺和成本，在全球范围内都具有较明显的优势，属于名副其实的钢铁强国。而我国钢铁行业粗放型发展特征明显，集中度低，在产品结构、产业结构、技术创新以及劳动生产率等方面的差距仍然很大，整体国际竞争力低于韩国。两国显示性比较优势指数表明，我国出口具有比较优势的钢铁产品大部分是粗加工和低附加值产品，韩国优势出口产品的技术含量高于我国。我国平均关税为 5.034%，韩国为 0.398%，且只对少数几种原材料征收 3% 左右的关税，很明显我国的平均关税远高于韩国。中韩 FTA 的建立必然会对我国钢铁产业产生重大影响，甚至可能对我国钢铁行业及绝大多数钢铁企业造成实质性威胁。

汽车产业方面，中韩双方并未将汽车列入 FTA 关税减免对象，这比较符合中韩两国汽车行业的利益。因为中国和韩国分别征收 22.5% 和 8% 的汽车进口关税，虽然韩汽车产业规模较大且竞争力较强，韩国汽车界仍担心汽车如果分阶段削减关税，韩国对中国出口的高档汽车会受益。但随着中国汽车产业的发展，韩国从中国进口汽车的数量会有较大幅度增长，特别是德系汽车以及日本丰田等受韩国消费者喜爱的进口品牌汽车会因关税降低而大量出口到韩国，因此，韩方也同意将汽车不列入 FTA 减免关税对象。鉴于韩国主要汽车企业已经大量投资中国并形成较大规模的生产基地和拥有较强市场影响力的营销网络与品牌，未来，韩国汽车企业会进一步加强在中国的本土化战略。

石化产业方面，由于韩国石化企业规模大，生产优势与效益优势明显，在国际市场具有较强的竞争力，相比之下，中国石化企业技术水平较弱，规模效益差，加之国内市场需求大，中韩建立 FTA 后，韩国产品凭借竞争优势将会进一步扩大对中国市场的出口。这从中韩尚未建立 FTA 的 2011 年数据也可证实，韩国是对二甲苯酸和乙烯的第一和第二大出口国，金额分别为 44.75 亿美元和 8.6 亿美元，其中向中国出口分别占 82.75% 和 84.47%。显然，韩国的石化产品具有较强的国际竞争力。

需要指出的是，中韩 FTA 建立后，A 为了满足中国的贸易需求，提高竞争力，韩国企业会加速向技术密集型产业方向发展，通过产业结构调整与升级，走产品高端化路线，进一步提升韩国产品的竞争力和附加值。A 相应地在韩国的劳动密集型和低附加值产业也将进行结构调整，部分产业会加速向中国转移，这些调整将成为韩国巨大的经济负担，也成为中韩 FTA 谈判中的阻力。

中小企业在韩国经济中占有重要地位，2012 年 6 月《亚洲经济报》报道，韩国近 40% 的中小企业表示从韩美及韩欧 FTA 中获益。中韩两国巨大的劳动力成本差距令韩国中小企业非常担心，一旦中韩建立 FTA，中国劳动力低成本优势将会进一步吸引韩国企业来华投资，进而可能导致韩国国内产业空洞化，直接影响韩国中小企业的生存。因此，韩国中小企业也成为中韩 FTA 的阻力之一。

3. 服务贸易领域

与我国相比，韩国服务业相对较为发达。由于服务业以及服务贸易管理体制发展的相对滞后，我国建议中韩 FTA 采取肯定清单承诺方式。经过谈判，中韩两国一致同意，在开放服务贸易市场方式上，自由贸易协定生效时先发表以正面清单方式拟定的协定文本，之后经过后续谈判重新拟定采用负面清单方式的文本。因此，中韩 FTA 谈判中，我国服务贸易开放面临负面清单承诺的压力。

就服务贸易的具体领域而言，韩国在金融服务、通信服务、专有权利使用费和特许等方面具有较强的竞争优势，在建筑服务、运输服务方面也显示出一定的优势。而我国在通信服务中面临的主要压力集中在基础电信子部门的进一步开放，对其他服务业开放冲击不大。对于会计、法律、建筑、运输、旅游等服务部门，尽管面临一定的加大开放压力，但由于我国之前对相关服务部门开放水平较高，国内市场的竞争也较为充分，所以，进一步开放的相对冲击较小。

4. 韩方提出过分要价

任何谈判都需要通过条件交换和妥协方可达成，过分强调己方利益，只能使谈判陷入僵局甚至不排除破裂的可能性。实际上，在中韩宣布正式启动 FTA 谈判时，两国已就谈判原则、方式和步骤等达成一致，尽管在双方进入具体谈判阶段时，不可避免地会出现分歧甚至对立的情况，但求同存异、相互妥协应是双方共同努力遵循的方向，而不顾大局和长远利益，不断提高要价，只能损害谈判的进程。从中韩 FTA 的谈判过程可以看出，韩国的一些专家学者以所谓的国家利益为重，为政府提出了一些不切实际的所谓谈判对策，如提高谈判标准和要求，抢占所谓谈判主导权；借助所谓民意，向中方施加压力，等等，使双方谈判不断出现周折。特别需要指出的是，中国国家主席习近平 2014 年 7 月访韩期间，与韩国总统达成一致，同意争取年底前中韩 FTA 达成协议，部分谈判韩国人员据此认为中方谈判人员为了落实领导人的精神，必然会做出很大的让步，因此以各种方式向中方施加压力，力求韩国利益最大化。这种不顾两国实际情况，一味从自己获益最大化的角度出发，增加了谈判的难度，使谈判经常陷入停滞甚至僵局，影响了谈判进程。应该说，中方为了加快中韩 FTA 谈判进程，肯定会做出一些让步，以加快达成 FTA ，但在一些涉及国家利益和维护国内稳定安全的领域，中方不会以牺牲国家的利益换取签署中韩 FTA 。因此，从实际出发，相互妥协，促进谈判早日达成，应是双方谈判的出发点。

5. 美国因素不容忽视

作为全球最强大的国家，美国对世界各国经济、政治等都有不同程度的影响力。过去 60 多年时间里，韩国在利用美国军事实力保护自己的同时，充分借助作为美国盟国的优势地位，大力发展自己，成为东亚地区重要的经济力量。但是，基于自身的条件限制，韩国在东亚地区的生产与发展始终无法摆脱对美国的依赖。美国对中国经济实力的快速上升和对东亚地区的影响力不断扩大感到非常不舒服。近年来，美国在积极回归亚太地区，实施“重返亚太战略”，建立跨太平洋伙伴关系协议（TPP），增强在东亚地区存在的同时，必然会强化美韩纽带作用，充分利用美韩同盟的优势地位，千方百计牵制中韩两国政治接近，还通过韩美 FTA 加强与东亚的经济联系，防范中韩经济关系紧密化，迟滞韩国融入中国经济圈，削弱中国在东亚地区的影响力，这成为中韩 FTA 谈判中的一个重要影响因素。

此外，其他影响因素也不容忽视，如部分韩国媒体肆意炒作中韩 FTA，在韩国社会制造紧张气氛，干扰政府决策；两国民众在一些历史、文化等方面纷争不断，这也都可能成为中韩 FTA 谈判过程中的障碍因素。

（三）中韩 FTA 对东亚区域格局的影响

对东亚地区而言，中韩建立 FTA 是一个非常重要的事件，它标志着东亚地区最重要的经济国家之间开始建立起了自由贸易区域，必将对东亚地区乃至世界经济产生重要影响，对推动世界区域经济合作产生积极的促进作用。

1. 将成为加速东亚区域经济一体化的起爆剂

从 20 世纪 90 年代中期开始，经济全球化发展异常迅猛，各类区域经济组织数量快速增加，在加速成员国（经济体）之间资本相互渗透的同时，也进一步深化了相互之间的依存关系和国际分工，从而促进了相互间的对外投资和国际贸易增长。由于区域成员的数量持续增加，经济一体化的内容不断深化，进而推动了经济全球化的发展。但是，在全球经济一体化不断发展的同时，东亚区域之间的经济合作发展相对比较缓慢，特别是东北亚地区，中日韩三国分别与东盟 10 国签署了 FTA，各自形成了 10 + 1 的局面，韩国还先后与美国、欧盟等签署了 FTA，但是，作为东亚大国的中国、日本、韩国之间始终未能达成 FTA。作为全球最具活力的东亚地区，中韩建立 FTA 将成为推动东亚地区加速发展的起爆剂。由于韩国经济技术水平的不断提升，日韩在全球市场上相互竞争的产品日渐增加，作为全球最重要的市场，中国与韩国建立 FTA，韩国产品将进一步获得竞争优势，相应地挤占日本产品在中国的市场份额，削弱其竞争力。据日本贸易振兴机构（JETRO）亚洲经济研究所测算，中韩 FTA 建立后，约有 53 亿美元的日本出口商品被韩国取代，影响的产品包括液晶设备和蓄电池等。面对这种竞争压力和形势，日本很可能会主动加快中日韩之间的 FTA 谈判进程，重启日韩之间的 FTA 谈判，甚至不排除启动中日 FTA 谈判。而中国台湾同样也面临着韩国产品的竞争压力，将加速与中国大陆之间的自由贸易安排的谈判进程。多年未有起色的东北亚地区的区域经济合作将因中韩之间建立 FTA 而呈现出一幅崭新的画面，这一地区的经济合作会推动区域全面经济伙伴关系（RCEP）的发展进程，整个东亚地区区域经济合作将进入一个新的发展阶段。

2. 为中国赢得更大的区域发展空间打下基础

中韩 FTA 对中国意义非同寻常。多年来，中国积极推行 FTA 战略，先后签署了 12 个自由贸易协定，对中国拓展市场发展空间发挥了积极的作用。然而，相对于韩国，与中国签署 FTA 的，大多是发展中国家或市场容量有限的国家或地区，对中国经济发展空间和作用非常有限，因此，尽快与发达国家或市场发展空间较大的国家签署 FTA，对中国非常重要。特别在当前美国积极推进 TPP 和跨大西洋贸易与投资伙伴协议（TTIP）国际经济形势下，中韩 FTA 不仅为中国拓展发展空间提供了可能，而且与首个中等发达国家签署 FTA，为中国与更多发达国家的 FTA 谈判提供了可借鉴的经验。借助已经签署的韩美 FTA 和韩欧 FTA，也可为将来中国与美国、欧盟等经济体的 FTA 谈判做准备，还有助于促进和推动中国与其他国家和地区正在谈判的 FTA 的进程。

3. 进一步提升中国在东亚地区的影响力

作为全球重要的经济增长极之一，无论是贸易、对内对外投资，还是各国经济增长对全球经济的拉动作用，东亚地区在世界经济中都占有重要地位。日本作为东亚地区的经济大国，一直发挥着重要作用，对整个东亚地区保持着重要的影响力。但是，中韩 FTA 的建立，从经济上必将打破原有的格局，使东亚地区的经济格局发生巨大变化。中韩充分发挥互补性的作用，经济一体化的趋势加强，将逐渐成为东亚地区的经济核心区，带动整个东亚地区的经济发展。同时，中韩 FTA 与中国—东盟自贸区将形成

“两翼齐飞”的互动作用，使整个东亚地区区域经济合作进入一个全新的局面，改变东亚地区经济发展的格局，特别是对日本有一定的抑制作用。日本经济虽然在东亚地区仍占有重要地位，但其面临很大的竞争压力，相应地会促使日本更加重视与中国、韩国加强双边与多边合作，进而推动中日韩 FTA 谈判的发展进程，加快建立中日韩 FTA，实现东亚地区的经济一体化。中国作为其中的最重要的经济体，在经济实力增加的同时，其经济吸引力作用将得到进一步加强，对东亚地区的影响力也将获得更大提升，还将有效牵制美国主导的 TPP，避免中国在美国力图主导亚太地区经济格局中处于不利地位。

（四）中国应对策略

作为我国对外经济发展战略的重要组成部分，建立中韩 FTA 不仅有利于促进我国经济发展，推动经济转型升级，对我国更好地适应国际规则，融入国际经济都将发挥重要作用。同时，也会促进东亚地区的经济一体化发展进程，意义非常重大。因此，我们在积极期盼中韩 FTA 建立之时，也应适应中韩 FTA 建立给中国带来的挑战与变化，制定相应的应对之策。

1. 将中韩 FTA 当做促进中国转型升级的强大动力

中国经济经过多年发展，取得了巨大成就，但经济中存在的问题也日益突出，表现为：要素结构不合理，资源消耗偏高，环境压力加大，需求结构不合理，消费率偏低；产业结构不合理，服务业比重偏低，城镇化特别是人口城镇化滞后，制约内需扩大，等等。这些问题不仅严重制约着中国经济的发展，也使中国经济在融入国际经济中面临巨大的挑战。中韩两国经济处于不同的发展阶段，互补性很强。两国建立 FTA 后，中国可以充分利用韩国产业技术水平高，竞争力强特点，通过韩国企业对华投资、韩国产品对华出口增加，对中国市场产生“鲶鱼效应”，促进中国产业转型升级，包括企业更新观念，政府创造更加公平的竞争环境，促使企业走技术创新之路，加快并购重组，形成一批有国际竞争力的跨国企业集团等，借此提升中国产业和产品的国际竞争力，为中国与更多国家包括与欧美发达国家签署 FTA 打下良好的基础。

2. 认真研究中韩 FTA 建立后国际环境变化对中国的影响

由于中韩 FTA 的建立必将改变东亚地区的经济格局，及早研究对策应是中国必然选择，涉及的内容应该包括政治、经济、安全、文化、社会等诸多方面，特别是要对中韩 FTA 之后的国际经济环境进行认真分析研究，制定相应的对策，方可在未来国际竞争中立于不败之地。其中，首先需要认真研究的是美日如何看待中韩建立 FTA 以及可能采取的应对措施。美国不会坐视中韩 FTA 的建立，必然采取相应对策包括利用韩美 FTA 分化制约中韩 FTA，同时也可能会促使美国加速其主导的 TPP 的谈判进程，甚至不排除给予其他国家较大的让步以换取早日建立 TPP。日本对中韩 FTA 持有一种复杂的心理，也会积极采取对策应对中韩 FTA 的建立。

3. 加大改革力度，适应国际规则的变化

韩国作为首个与中国签署 FTA 的发达国家，在中韩 FTA 谈判中必然会提出诸多要求，包括知识产权保护、投资保护等。从全球经济发展趋势看，单靠优惠政策吸引外资、不重视知识产权保护的做法已经无法适应国际需求。因此，借助中韩 FTA，推动中国国内改革，逐步适应国际市场要求，构建比较规范的投资环境，借此吸引外资，提升中国国际竞争力，将对中国经济未来发展发挥越来越重要的作用。

总之，建立中韩 FTA 是我国自贸区战略的重要组成部分。此次中韩达成的 FTA，首次确定了我国可以面向发达国家的开放水平和开放程度，双方还承诺在协定签署后将以负面清单模式开展服务贸易谈判以及以准入前国民待遇和负面清单模式开展投资谈判，它不仅表明我国将实施改革力度更大的对外开放，有利于我国对外经济贸易发展，也将为韩国提供更多的机遇，促进韩国经济实现持续增长。同时，对推动东亚地区经济一体化进程将发挥积极作用，也有助于我国借此打破美国“重返亚太”战略，消除以 TPP 围堵我国的战略意图。而 APEC 第二十二次领导人非正式会议批准的《亚太经合组织推动实现亚太自由贸易区路线图》，标志着亚太自由贸易区进程的正式启动，体现了 APEC 成员推进区域经济一体化的信心与决心，为亚太地区经济增长和各成员共同发展注入了新的活力，此时中韩 FTA 达成一致，必将成为亚太地区经济发展的助推力，推动并加速亚太经济的进一步融合。

四、构建亚太自贸区面临的挑战与对策建议[①]

2014年10月，在亚太经合组织（APEC）第二十二次领导人非正式会议上，21个成员方通过了推动实现亚太自贸区的北京路线图，提出将循序渐进、按照协商一致原则启动并全面系统推进亚太自贸区，这标志着亚太经合组织在推进区域一体化的道路上大大向前迈进了一步，倡议十年之久的亚太自贸区有望由“远景蓝图”转化为可行的现实目标。

（一）亚太自贸区是我国自贸区全球战略布局的优先选择

亚太自贸区（Free Trade Area of the Asia－Pacific，FTAAP）的概念最早于2006年由美国提出，当时是为了化解东亚区域合作，但这一主张在很长一段时间并没有得到多数亚洲国家的认同。同期，中国坚持10+3（东盟+中日韩）的区域一体化路径，而日本坚持10+6（东盟+中日韩、印度、澳大利亚、新西兰）的区域一体化路径，都没有将美国纳入其中。直到美国2009年开始积极推动TPP，亚太自贸区的倡议才开始被更多的亚洲国家接受。2010年，横滨APEC部长级会议再次提出，将在各国之间43项双边及小型自由贸易协定的基础上，在亚太地区建立自由贸易区。2014年8月，在我国的积极推动下，APEC贸易部长会议提出了启动亚太自贸区进程的倡议。2014年10月份，在亚太经合组织（APEC）第二十二次领导人非正式会议上，21个成员方通过了推动实现亚太自贸区的北京路线图。

亚太自贸区如果建成，将成为全球最大的巨型自贸区，经济总量超过跨太平洋伙伴关系协定（TPP）和跨大西洋贸易与投资协定（TTIP），占世界的一半以上，贸易总额约占世界贸易总量的46%，对外投资和吸引外资占世界的比重分别达到66%和60%。亚太区域不仅是世界制造业的中心，也是服务、技术、投资乃至最终产品的重要市场和来源地。亚太自贸区的建设，有助于进一步消除区内贸易投资壁垒，缓解各种自贸协定交叉

---

① 本文作者为袁波。

所带来的“面碗效应”，达到促进区内贸易投资和经济增长的目的。据相关研究，亚太自贸区建成将使亚太区域国民收入增加 20.5 万亿美元，带动经济增长 3.5 个百分点。

对于中国而言，亚太自贸区建成将使中国国民收入增加 6781 亿美元，带动经济增长 3.9 个百分点。亚太经合组织的许多成员国都是重要的贸易伙伴和出口市场，推进亚太自贸区建设，有助于中国与亚太国家深化制度性合作、消除贸易投资壁垒，为对外经贸合作创造更加公平友好的发展环境。2013 年，中国与 APEC 其他 20 个成员的贸易额达 2.5 万亿美元，占我对外贸易总额的 60%。在中国前十大贸易伙伴中，有 8 个是 APEC 成员。2013 年，中国对 APEC 成员直接投资占中国对外直接投资总额的 69%，实际利用来自 APEC 成员的外资占中国实际利用外资总额的 83%。目前，中国已经与 20 个 APEC 成员中的 11 个经济体建立了自贸区，与韩国和澳大利亚实质性结束自贸区谈判，与日本正在中日韩自贸区和区域全面经济关系协定（RCEP）框架下进行谈判，与美国、加拿大、墨西哥、俄罗斯和巴布亚新几内亚没有开展自贸区谈判。中国已经签署的 12 个自贸协定，仅覆盖中国对外贸易总额的 28%，亚太自贸区如果建成将使这一比重提高到 60%。总体上看，亚太自贸区的建设，符合中国的战略利益，也契合十八届三中全会提出的以周边为基础加快实施自贸区战略、构建高标准自贸区网络的战略思路，是中国完善自贸区全球战略布局的重要选择。

（二）启动亚太自贸区谈判进程仍面临诸多挑战

在此次 APEC 会议上，我国提出了要在 2025 年建成亚太自贸区的目标，但美国与日本反对启动亚太自贸区谈判，认为这将影响 TPP 协议的达成，导致最终达成的北京路线图没有提出具体时间表，仅提及要花两年时间进行联合战略研究。当前，亚太区域已经纵横交错地形成了一张复杂的自贸区网络。据世界贸易组织统计，截至 2014 年 9 月，21 个 APEC 成员共签署了 153 个自由贸易协定（FTA），其中 56 个是与区内成员签署的。如果加上 TPP、RCEP、中日韩、日韩等在谈自贸协定，APEC 区内的区域经贸安排将达到 60 个以上。更困难的是，这 60 多个协定差异性很大，一是体现在自由化水平高低不一，既有完全实现货物产品 100% 零关税的协定，也有许多协定自由化比例不足85%；二是规则标准不一致，尤其是体现在原产地规则方面，增值标准和税目改变规则各不相同，还有些附带特殊的区域累积规则；三是涵盖领域各不相同，有的仅涉及货物、服务、投资等边界上措施和少量经济合作内容，有的则全面涉及边界后措施。如何处理亚太自贸区与这些协定的关系，如何在这些协定的基础上进行整合，切实达到消除“面碗效应”的目的，各方看法并不统一，还需要进行细致和深入的研究。同时，21个成员经济发展水平差异很大，既有美国、加拿大这样的发达国家，也有秘鲁、菲律宾、巴布亚新几内亚这样面临减贫压力的发展中国家，要想达成一个高质量、全面的FTA，谈判难度也可想而知。尤其是，区域内TPP和RCEP这两大可能形成亚太自贸区的路径安排，中美各占一方，没有形成共识，互不相融，也使得各方对启动亚太自贸区谈判的态度有所保留。

（三）对推动亚太自贸区建设的几点建议

当前，我国与APEC成员的经济依赖度正在不断上升。据APEC统计，2013年，我国自APEC成员的进口占区域内进口总额的18%，居第二位，仅次于美国；对APEC成员的出口占区域内出口总额的24%，居21个成员之首。我国已经成为韩国、智利等许多APEC成员的第一大贸易伙伴或是第一大出口、进口市场，我国有能力也有必要在亚太自贸区的建设中发挥主导和引领作用。

一是在推进路径上，要加强“东亚轨道”与“亚太轨道”的兼容并蓄与有效桥接。处理好亚太自贸区的具体路径之争，是推进亚太自贸区进程的关键。目前，TPP的12个谈判成员国均为APEC成员国，在TPP的基础上扩容形成亚太自贸区符合美国的利益，也被称为“亚太轨道”，但因其标准过高、规制过严而难以被APEC中的亚洲发展中经济体马上接受。RCEP谈判的16方有12个为APEC成员国，还有印度和老挝、柬埔寨、缅甸4国不是APEC成员，因其以东盟为主导，中日韩均积极参与，而被称为“东亚轨道”。在“东亚轨道”上扩容形成亚太自贸区，虽满足发展中国家不愿过高开放市场的需求，却与美国的21世纪高标准贸易协定相差甚远。对此，我国需要保持开放和灵活的态度，不能拘泥于一定要以某种协定作为固定路径的思维方式，而要坚持“条条道路通罗马”，RCEP、TPP、10+3等各种机制平台都可以是通往亚太自贸区的可行路径。应配合自贸区建设进程的大局需要，主动加强“东亚轨道”与“亚太轨道”的兼容并蓄与有效桥接。当前，TPP谈判已近尾声，美国正积极推动寻求在2015年达成协议，韩国、泰国、菲律宾等也有可能随时加入其中，从而形成TPP路径的事实优势。我们应做好预判，在全力推动RCEP谈判的同时，也应寻求加入TPP的有利时机，在未来的亚太自贸区谈判中占据主动。

二是在成员加入方式上，要坚持对其他的亚太国家开放。原则上所有21个APEC成员都应该有机会参与其中，并且应对其他的亚太国家持开放态度，允许其在满足一定条件的基础上加入。如果仅是部分成员参与，亚太自贸区就仅仅是另外一个TPP或是RCEP，对于推进亚太区域一体化没有实质性的意义。考虑到RCEP谈判成员中印度和老挝、柬埔寨、缅甸还不是亚太经合组织成员，因此需要坚持对其他的亚太国家开放，以使RCEP成为亚太自贸区可行路径的依据更加充分，同时也能争取这些非亚太经合组织成员在亚太自贸区建设上的支持，更好地服务于我国自贸区战略的全球布局。

三是市场准入领域，需要有新承诺与新突破。当前，TPP谈判已经提出了在货物贸易领域仅保留个别产品关税、在服务贸易领域实质性开放敏感行业的高标准。而我国在刚签订的中韩自贸协定中，仅能对韩国这样的大经济体承诺85%的自由化水平，与TPP接近100%的贸易自由化水平尚有很大差距。如果我国要在亚太自贸区建设中发挥引领作用，就要在货物贸易、服务贸易、政府采购等领域做出更高的开放承诺，需要有勇气去增加更多的WTO plus内容，有自信去推动建设更高标准的自贸区。

四是在标准与规则领域，要尽快形成中国方案。美国在TPP谈判中已经纳入许多反映其利益诉求的21世纪议题，诸如劳工、环境、国有企业、互联网数据移动等，以达到重构多边规则的目的。我国在亚太自贸区建设中，迫切需要预先做好有关国际规则标准的研究，结合我国国情，提前设计符合我总体利益的中国方案。比如，可以结合我国的利益与优势，将基础设施建设、工业园区合作、全球价值链等新议题纳入谈判范围进行讨论。同时，也应针对美国提出的劳工、国有企业等敏感议题加强研究，提出应对预案，争取更多亚太国家的共识，以在新一轮规则重构中争取更多的话语权。

五是建设进程中，要体现发展的兼容性。2010 年，APEC 的 11 个发展中经济体仍然有超过 2 亿、约 6% 的人口处于极端贫困状态，还有 21% 的人口处于贫困状态。我们在亚太自贸区的建设中，需要坚持 APEC 的一贯原则，推动贸易投资自由化与经济技术合作两个轮子一起转，在积极推进高标准的市场开放的同时，也要推动高效率的经济技术合作。同时，在尽可能的情况下，要给予不发达成员以例外和过渡，更多地体现发展中成员的利益诉求。

要达成建设亚太自贸区的宏伟目标，任重而道远，需要积极求索，并付诸行动。利用 APEC 这个平台提出路线图是一个很好的开始，但远未达成终点。我们需要积极推动 RCEP、中日韩自贸区谈判，寻求与加拿大和美国、与俄罗斯所主导的欧亚经济联盟等建立自贸区安排，甚至是参与到 TPP 谈判中，将这些自贸区作为未来构建亚太自贸区的基石，真正地、主动地在亚太自贸区的建设中发挥引领作用。

五、印日 CEPA：内容、效果及对我国的影响[①]

自 20 世纪 90 年代以来，印度政府开始实施“东向”战略，加强与“东方”各亚洲国家的联系。尤其是进入 21 世纪，作为非 APEC 成员的印度更是积极推进与东盟、韩国、日本等国的全面合作，希望进一步融入亚太地区，分享经济增长红利，并提高自身在地区及国际上的影响力。在这一过程中，印度努力加强与东南亚和东北亚国家的区域经济合作，与新加坡、韩国、东盟、马来西亚和日本分别签署并实施了自由贸易协定（FTA）。其中，印度与日本签署的《全面经济伙伴关系协定》（CEPA）不仅是印度目前签署的最全面的自由贸易协定，也是其首次与发达国家签署的自由贸易协定，是印度“东向”战略的重要成果。而日本也以 2002 年

① 本文作者为王蕊。

10 月外务省发表的《日本的 FTA 战略》为标志，不断推进自由贸易区建设，并将其上升为国家战略，一方面借以拓展外部市场，另一方面也是为了应对韩国不断扩大的 FTA 网络。2010 年 11 月，日本外务省发布了《全面经济伙伴关系基本方针》，希望通过推进与亚太国家的 FTA/EPA 建设，实现“平成开国”，而印日 CEPA 正是其 FTA/EPA 战略的重要组成部分。

（一）印日 CEPA 的缘起

1. 协定签署

印度与日本自 1952 年建交之后，双边关系几度起伏，双方均不是彼此对外关系的重点。进入 21 世纪，印日关系开始逐步回暖。2000 年 8 月，双方决定建立“全球伙伴关系”；2005 年 4 月，双方发表题为《亚洲新时代下的日印伙伴关系——日印全球伙伴关系的战略方向》的联合声明，并决定举行高级别战略对话、建立全面经济关系、加强安全与科学技术合作、扩大人员交流，以及在亚太地区与国际机构中加强合作，双边关系全面升温。以此为契机，印度与日本于 2005 年 6 月成立了联合研究小组，重点研究全面拓展两国间货物贸易、服务贸易、投资及其他领域经济关系所需要的措施。

2006 年 12 月，印度与日本宣布将两国关系升级为“战略与全球伙伴关系”，并正式组建印日 CEPA 联合工作组，于 2007 年 1 月开始进行谈判。此后，双方的全面合作不断加强。2007 年 8 月，双方发表了《关于新时代日印战略与全球伙伴关系路线图的共同声明》以及《日印环境与能源共同声明》；2008 年 10 月发表了《关于推进日印战略与全球伙伴关系的共同声明》和《关于日印安全保障合作共同宣言》；2010 年 10 月发表了《面向未来十年日印全球战略伙伴关系的构想》。随着印日双方政治、安全、能源等领域合作的不断推进，印日 CEPA 的文本也在经历了 14 轮谈判后，于 2010 年 9 月原则性通过。[①] 2011 年 2 月 16 日，印度与日本在东京签署《全面经济伙伴关系协定》（CEPA），随后于 2011 年 6 月 30 日交换外交照会通知，印日 CEPA 于 2011 年 8 月 1 日正式生效。

---

① 日本外务省网站 . http://www. mofa. go. jp/region/asia - paci/india/index. html.

2. 协定成因

印度作为市场开放度不高的国家与日本能够最终达成较高水平的CEPA，建立自由贸易区，主要是由于双方在政治、经济与安全等各领域具有广泛的共同利益，归根结底是出于各自战略目标的相互需要。一方面，随着印度经济实力的增强，其对大国地位的追求更加迫切，日本也不满足于“经济大国、政治小国”的地位，双方在寻求加入联合国安理会常任理事国问题上一拍即合；另一方面，由于历史因素、地缘关系、政治制度等多方面原因，印度和日本都对我国的发展与崛起保持警惕，希望通过双方的全面合作平衡我国的影响。此外，印度与日本都是贫油国，在能源合作以及确保海上石油进口安全等问题上也拥有共同利益。

与此同时，印度与日本签署 CEPA，开展经济一体化建设，还有各自的利益诉求。对印度而言，日本的先进技术和资金是其经济发展所需要的重要资源。一方面，印度经济增长所带来的高耗能和高污染与其自身的能源资源匮乏形成尖锐矛盾，而日本的节能环保技术和设备非常先进，因此，印度希望通过与日本的经济技术合作提高其自身的技术水平；另一方面，印度经济发展还面临较大的资金缺口，尤其是滞后的基础设施条件严重制约了印度经济社会的发展，而日本是世界主要债权国，资金较为充裕，印度希望通过自贸区建设改善经济合作环境，吸引日本加大对印度能源、水利、交通等基础设施领域的投资。

对日本而言，与印度签署 CEPA，能够进一步拓展市场空间，分散投资风险，并提高在印度市场的竞争力。印度是人口大国，经济发展也较为稳定，具有很大的市场潜力与发展空间。2010 年日本在印度的直接投资额为 28.6 亿美元，在亚洲仅次于其对中国和新加坡的投资；[①] 而印度拥有的 3 亿中产阶级也将是日本工业品的重要出口市场。而且，与日本产业结构相似的韩国已经与印度签署了 CEPA，并于 2010 年 1 月 1 日正式实施，在电子产品出口以及投资等领域与日本形成竞争，因此，日本也需要在印度获得与韩国相同或更高的待遇，进而增强市场竞争力。此外，印度是世界第五大稀土生产国，探明储量大约 310 万吨，占全球储量 3%，总产量占

① 日本贸易振兴机构网站. http://www.jetro.go.jp/en/reports/statistics.

全球的 2.2%。[①] 日本希望通过加强与印度的经贸联系，实现稀土来源的多元化。

（二）印日 CEPA 的内容

印日 CEPA 属于一揽子协定，涵盖的领域较宽，共包含 15 章 147 条，以及 10 个附件，主要涉及总则、货物贸易、原产地规则、海关程序、技术法规、服务贸易、自然人移动、投资、知识产权、政府采购、竞争、改善商务环境、合作、争端解决等内容。

1. 总则

印日 CEPA 的总则中涉及内容较为广泛，除了一般协定包含的目标、适用范围、一般定义、与其他协定的关系等条款外，还包括透明度、行政程序、审查和上诉、反腐败措施、环境保护、机密信息、税收、例外、交流等条款。而且，协定要求印度与日本建立联合委员会，对协定的执行情况进行审查和监督，并提出相关建议；联合委员会下设原产地规则、海关程序、技术法规、服务贸易、改善商务环境、合作等领域的分委会，每年召开一次会议或在双方同意的任何时候召开会议。

2. 货物贸易

印日 CEPA 将产品分为七大类进行降税。其中，A、B5、B7、B10 和 B15 五类均属于通常意义的正常产品，即关税最终降为零，但各类产品的降税期间不同。降税期限最短的是 A 类产品，协定生效后立即取消关税；而 B5、B7、B10 和 B15 类产品，分别在 5 年、7 年、10 年和 15 年内逐步取消关税。Pa 和 Pb 属于通常意义的敏感产品，即关税最终不降为零，二者仅在印度的关税减让表中出现。其中，Pa 代表汽缸容量超过 250 立方厘米的发动机（HS[②] 84082020），到 2017 年 1 月 1 日关税降至 5%；Pb 代表变速箱及其零件（HS 87084000），到 2019 年 1 月 1 日关税降至 6.25%。X 类产品属于除外产品，即不进行关税减让。

---

① 西方欲重绘稀土霸主地图．文汇网．2010 - 11 - 14．http://trans.wenweipo.com/gb/news.wenweipo.com/2010/11/14/IN1011140058_p1.htm。

② HS 表示 2007 年 1 月 1 日修订的海关协调码。

表 4-3 印日 CEPA 降税模式

产品类别		降税方式								
正常产品	A	自协定生效起取消关税								
	B5	5 年内将关税从基准税率降为零								
	B7	7 年内将关税从基准税率降为零								
	B10	10 年内将关税从基准税率降为零								
	B15	15 年内将关税从基准税率降为零								
敏感产品		协定生效日起	2012 年起	2013 年起	2014 年起	2015 年起	2016 年起	2017 年起	2018 年起	2019 年起
	Pa	10.62%	9.68%	8.75%	7.81%	6.8%	5.94%	5%		
	Pb	11.25%	10.63%	10%	9.38%	8.75%	8.13%	7.5%	6.88%	6.25%
除外产品	X	不进行关税减让								

注：各年降税起始日期均为 1 月 1 日。

资料来源：根据相关网站资料整理。

印日 CEPA 的关税减让覆盖范围较广，占双边贸易 94% 的商品将在 10 年内逐步取消关税，其中涉及印度从日本进口额的 90% 以及日本从印度进口额的 97%。[①] 印度关税减免的税目为 87% 左右，其中 17.41% 的税目自协定生效起立即实施零关税（大多数为纺织品），66.32% 的税目在 10 年内逐步降为零，其余产品在 5 年或 7 年内降为零。[②] 印度的除外产品主要涉及农产品、水果、香料、小麦、香米、食用油、葡萄酒和烈酒、汽车及零部件等工业产品。[③] 日本关税减免的税目达到 93% 左右，其中 87% 的税目自协定生效起立即实施零关税，主要涉及水产品、香料、水果、烈酒、多数纺织品，以及化学品等；绝大部分产品的关税将在 10 年内取消，极少部分产品关税在 7 年或 15 年内取消。日本的除外产品主要集中在农产品和

① CEPA to boost Indian Apparel sector. http://www.business-standard.com/india/news/cepa-to-boost-indian-apparel-sector/425520/.

② Indian Business to Reap Major Gains from CEPA withJapan and Malaysia. http://www.ficci.com/pressrelease/734/press-feb21-CEPA.pdf.

③ India-Japan Signs CEPA. http://commerce.nic.in/pressrelease/pressrelease_ detail.asp? id = 2732.

皮革领域，主要包括大米、小麦、食用油、牛奶、糖、皮革和皮革制品等。①

3. 原产地规则

印日 CEPA 中的原产货物包括完全获得或生产的货物以及使用非原产材料生产的货物。完全获得或生产的货物除了包括国际通行惯例涉及的十类产品外，还包括只能处理回收的生产或消费废料或废品，以及从废弃产品中回收的零件或原料。使用非原产材料生产的货物要同时满足两个条件，一是原产价值成分不少于 35%，二是非原产材料在 HS 6 位码水平上发生改变。

$$原产价值成分 = \frac{FOB价 - 非原产材料价值}{FOB价} \times 100\% 或$$

$$原产价值成分 = \frac{原产材料价值 + 直接人力成本 + 直接管理费用 + 利润}{FOB价} \times 100\%$$

印日 CEPA 适用累计规则，即双方的原产材料均属于原产价值成分；还适用微量标准，即如果生产产品的非原产材料不超过特定比例，则不予考虑。此外，原产地规则还对不符合规定的加工、运输标准、未组装或分解的产品、可替代产品和材料、间接材料、附件备件工具和指导或其他宣传材料、包装和包装材料及容器，以及签证操作程序等方面做出了具体规定。

4. 海关程序

印日 CEPA 规定海关法律及有关资料与信息应实现公开、透明，海关程序应简化，尽可能与国际标准相协调，并具有可预测性、一致性和公平性。对于临时入境和过境货物，印日 CEPA 强调要根据《关于货物凭 ATA 报关单证册暂准进口的海关公约》，促进货物临时入境的便利化，并根据 1994 年关贸总协定第 5 条促进过境货物的便利通关。印日 CEPA 还规定，进口方应在货物进口前，发布关于关税分类、海关估价、货物原产地以及原产地证书的书面预先裁定。此外，还规定要进行与海关程序相关的合作

① Indian Business to Reap Major Gains from CEPA with Japan and Malaysia. http://www.ficci.com/pressrelease/734/press-feb21-CEPA.pdf.

与信息交流。

5. 技术法规

印日 CEPA 适用 WTO 的《技术性贸易壁垒协定》和《实施卫生与植物卫生措施协定》，要求双方设立咨询点，回答对方有关技术法规、标准及合格评定程序、卫生与植物卫生措施以及相关信息的问题。

印日 CEPA 特别规定了仿制药（或称非专利药）的合作条款。其中，仿制药是一方主管机关根据法律法规批准的，在有效成分、剂量、用法及适应症与专利药相同的药品。印日 CEPA 要求双方交换有关仿制药品监管措施的信息，同时，考虑放开仿制药市场的登记和其他认证申请，且应实施国民待遇原则，批准程序也应在合理期限内完成。

6. 服务贸易

印日 CEPA 在服务贸易领域适用国民待遇原则和最惠国待遇原则，并对国内规则、相互承认、透明度、垄断和专营服务供应商、支付和转移、补贴等问题做出了具体规定。在服务贸易承诺表中，印度做出了远高于 WTO 的承诺，开放了 11 个部门 29 个分部门，其中新增分销、教育、环境、娱乐文化及体育、运输 5 个新部门及下设的 10 个分部门，原有开放部门中新增房地产、租赁、导游 3 个分部门，其他部门的开放程度也有所提高。而日本由于已经对 WTO 做出了相对较高的承诺，因而在印日 CEPA 中新增部分不多，仍开放 11 个部门，分部门新增邮递、快递以及其他教育服务，达到 45 个。在具体领域上，日本的承诺有所扩大，如在城市规划和景观建筑、医疗及牙科、兽医、助产士和护士、自然科学研究与发展、跨学科研究与发展、船舶及飞机租赁、技术测试与分析、采矿相关服务、调查、信用报告、电话接听、电话呼叫中心、语音电话、广播及电视、船只维护和修理等服务领域对印度开放。

7. 自然人移动

在自然人移动方面，印度给予进入或临时居留的日本人一些特殊优惠。其中，对于日本商务旅客，允许不超过 180 天的停留期，但印度保留自由裁量权，可以延长期限；对于日本公司内部调动人员，不满足移民签证规定的，允许的初始停留期限以 1 年或合同期二者中时间较短者为准，停留期限可以延长，但总期限不得超过 5 年；对于日本合同服务供应商和独立的专业人员，根据移民措施，允许的初始停留期限以 1 年或合同期二者中时间较短者为准。

日本放宽了专业人员的签证条件，给予进入或临时居留的印度人的优惠待遇包括：对于印度商务旅客，允许不超过 90 天的停留期，可以延长；对于印度公司内部调动人员、印度投资者、有资格的法律、会计和税务领域的专业人员、独立的专业人员、合同服务供应商、教师，允许 1 年或 3 年的停留期，可以延长。

8. 投资

印度和日本在 CEPA 中采用负面清单，给予对方投资者及其投资国民待遇和最惠国待遇，但同时允许在不严重损害对投资者保护的前提下，对投资活动规定特殊手续，并为了统计的目的要求投资者提供有关投资的信息。印日 CEPA 根据国际惯例规定了公平与公正待遇原则和充分保护和安全原则，并给予对方投资者在获得司法帮助方面的国民待遇和最惠国待遇，使投资者能够更好地维护自身权益。印日 CEPA 中还规定了业绩要求禁止条款，一方不得在出口业绩、国内含量、优先购买或使用、出口或外汇补偿、销售限制、出口限制、国籍要求、技术转让、特定区域供应要求等领域对对方投资者强加要求。同时，印日 CEPA 包含投资者与国家争端解决机制，当发生投资争议时，应尽可能通过友好协商或谈判解决，如果在 6 个月之内无法解决，则可以提请国际仲裁。此外，协定的投资章节还包括保留和例外、征用及补偿、转让、代位权、临时保障措施、环境措施等内容。

9. 争端解决

印日 CEPA 规定，争端解决机制适用于双方对于印日 CEPA 解释与应用存在的争议，但不适用于技术法规、竞争、改善商务环境、合作等章节。任何一方可以在任何时候要求斡旋、调解或调停。一方以书面形式要求另一方就协定解释及应用问题进行磋商，另一方应在 30 日内（紧急情况下应在 15 日内）做出答复。

如果被诉方没有在 30 天内（紧急情况下 15 日内）对磋商请求做出答复，或磋商未在 60 日内（紧急情况下 30 日内）解决争端，则起诉方可以书面要求建立仲裁庭。在收到建立仲裁庭请求 30 日内，双方均有权指定 1

名本国仲裁员，并提出3名仲裁员作为仲裁庭主席的候选人（但不能是两国中任意一国的国民或居民），并在45日内确定最终人选。仲裁庭主席确定之日即为仲裁庭建立之日。仲裁庭应在120日内（紧急情况下60日内）提交仲裁草案，若未能按时提交，在双方同意的情况下可以延长期限，仲裁庭应在草案提交30日内做出最终裁决，对双方具有约束力。

10. 其他规定

印日CEPA还包括知识产权、政府采购、竞争、改善商务环境、合作等章节，但大多仅具象征意义，缺乏实质性内容。其中，知识产权章节规定，各方应简化知识产权的管理程序，不应要求认证优先权证明文件的翻译文本以及提交授权委托书；同时应提高公众有关知识产权保护的意识，允许计算机程序申请专利，并保护驰名商标；而对于地理标志、安全例外和不公平竞争条款则遵循《与贸易有关的知识产权协议》和《保护工业产权巴黎公约》。政府采购章节规定，各方应确保政府采购措施的透明度和非歧视性，指定联络点并加强信息交流，还规定当印度有意加入《政府采购协议》时双方进行进一步谈判。竞争章节规定，双方应在控制反竞争活动方面加强合作，遵循非歧视原则、程序正义原则和透明度原则。改善商务环境章节规定，双方应设立分委会、咨询小组和联络处，以促进商务环境的改善。合作章节规定，双方的合作涉及环境、贸易和投资促进、基础设施、信息与通信技术、科学和技术、能源、旅游、纺织品、中小企业、卫生、娱乐和信息、冶金等领域。

（三）印日CEPA的效果

印日CEPA于2011年8月正式生效，至今不足4年，加之2012年和2013年印度经济增长放缓，对印日CEPA的实施产生一定不利影响，因而目前很难全面评估这一协定的效果。从近期情况来看，印日CEPA对双方经贸合作的促进作用并不十分显著；而从远期来看，随着印度经济的复苏，这一协定可能会发挥更大的作用。

1. 一定程度上促进了印度对日本出口

印日CEPA中，日本关税减免范围达到税目的93%以及从印度进口额的97%，而且占税目87%以及进口额93%的商品关税在协定生效起立即降为零，其中包括了印度对日本出口的主要商品，如海产品、香料、芒果和柠檬等水果、大部分纺织品、化学品等。[①] 而且，双方还就印度出口实力较强的仿制药品审批等问题达成协议，日本同意给予印度国民待遇，有利于印度对日本的出口。2011 年协定生效当年，印度对日本出口额达到 55.9 亿美元，比上年增长 16.4%；2012 年和 2013 年，在印日双边贸易回落的情况下，印度对日本出口额依然实现 14% 以上的增长率。从 2013 年印度对日本出口前十位商品来看，出口金额最大的汽油类产品接近一半税目在协定生效后立即降为零关税，钻石、铁矿、油渣饼、内燃机、汽车零件、铬铁等商品也全部实现零关税。因而，印日 CEPA 的实施为印度企业对日本出口提供了更多有利条件，尤其是与日本企业对印度出口相比，短期内的效果更为明显。

表 4－4 2013 年印度对日本出口前十位商品

税号	商品名称	金额	日本降税情况
271019	重油制品，不含生物柴油	24.2	7 个 A，10 个 B10
271012 *	轻油制品，不含生物柴油	6.4	6 个 A，6 个 B10
710239	其他非工业用钻石	3.1	A
260111	未烧结的铁矿砂及其精矿，焙烧黄铁矿除外	2.8	A
230400	提炼豆油所得的油渣饼及其他固体残渣	2.7	A
030617 *	其他冻小虾及对虾（长额虾属、褐虾）	2.4	1 个 A，1 个 B10
720230	硅锰铁	1.9	B10
840710	航空器用点燃往复式或旋转式活塞内燃机	0.9	A
870899	8701 至 8705 所列车辆用未列名零件、附件	0.9	A
720241	铬铁，按重量计含碳量 >4%	0.9	A

注：* 协定中适用 2007 年海关编码，271012 降税表中为 271011，030617 降税表中为 030619。

A 类商品为协定生效立即降为零关税；B10 类商品为协定生效 10 年内降为零关税。

资料来源：UN Comtrade 数据库；印日 CEPA 日方降税表。

① COMPREHENSIVE ECONOMIC PARTNERSHIP AGREEMENTBETWEEN THE REPUBLIC OF INDIA AND JAPAN. http://www.aepcindia.com/app/webroot/img/pdf/India－Japan－CEPA.pdf.

然而，印日 CEPA 并未使日本在印度出口市场中的地位得到大幅改善。2000 年印度对日本出口占印度出口总额的 4.3%，随后逐渐降低，到 2009 年金融危机时已降至 1.8%。2011 年协定生效当年，印度对日本出口占印度出口总额的 1.9%，2012 年这一比重增至 2.2%，2013 年基本维持上年水平。

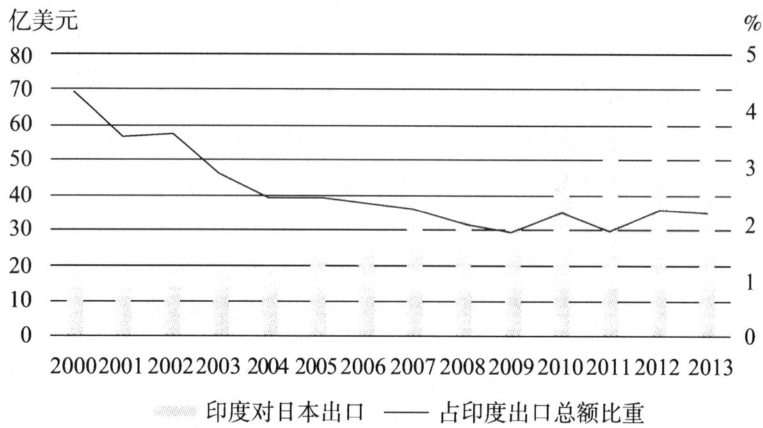

图 4－3　2000—2013 年印度对日本出口额及占比

资料来源：根据 UN Comtrade 数据库计算整理。

2. 短期内日本对印度出口增长效果不显著

印日 CEPA 中，印度关税减免范围达到税目的 87% 以及从日本进口额的 90%，高于韩国与印度 CEPA 以及东盟与印度自贸区中印度的关税减免程度，有利于日本商品占领印度市场。然而，印度仅在协定生效后立即取消 17.41% 的税目关税（全部是纺织品），[①] 因而短期内协定对日本对印度出口的促进效果还不明显。2011 年协定生效当年，日本对印度出口额为 110.8 亿美元，比上年增长 22.5%，但 2012 年和 2013 年，日本对印度出口分别下降 4.4% 和 18.8%，降幅大于日本整体出口降幅。从 2013 年日本对印度出口前十位商品来看，出口金额最大的机动车变速箱为敏感产品，实行分阶段降税，2013 年 1 月 1 日起关税为 10%，其他点燃式活塞内燃发

① COMPREHENSIVE ECONOMIC PARTNERSHIP AGREEMENTBETWEEN THE REPUBLIC OF INDIA AND JAPAN. http://www.aepcindia.com/app/webroot/img/pdf/India－Japan－CEPA.pdf.

动机的零件属于除外产品，不参加降税，而其他主要出口商品在5年和10年内逐步取消关税；同时，印度立即取消关税的纺织类产品未能排在日本对印度主要出口商品的前列，金额最大的其他人造纤维长丝单纱（540339）仅排在第21位，出口额为0.7亿美元。因此，与印度对日本出口相比，日本对印度出口在短期内的增长效果并不显著。

表4-5　2013年日本对印度出口前十位商品

税号	商品名称	金额	印度降税情况
870840	机动车辆用变速箱	2.4	Pb（到2019年降至6.25%）
270400	煤、褐煤或泥煤制成的焦炭及半焦炭；甑炭	1.5	B10
840991	其他点燃式活塞内燃发动机的零件	1.4	X
720839	其他仅热轧普通钢铁卷材，厚<3mm	1.4	B5
845590	其他金属轧机零件	1.2	B10
721049	其他镀或涂锌普通钢铁板材	1.2	B5
853710	电力控制或分配盘、板、台等，V≤1000V	1.1	B10
847989	其他具有独立功能的机器及机械器具	1.1	B10
844540	络纱机（包括卷纬机）或摇纱机	1.0	B10
722511	取向性硅电钢平板轧材，宽度≥600mm	1.0	B5

注：B5类商品为协定生效5年内降为零关税；B10类商品为协定生效10年内降为零关税；Pb类商品为敏感产品，从协定生效起分阶段降税，2019年1月1日降为6.25%；X类商品为除外产品。

资料来源：UN Comtrade数据库；印日CEPA印方降税表。

同时，印日CEPA并未提高印度在日本出口市场中的地位。2000年，日本对印度出口额占日本出口总额的0.5%，随后逐渐上升，到2010年达到1.2%。2011年协定生效当年，这一比重继续上升至1.3%，2012年基本与上年持平，而到2013年，则回落至1.2%。

3. 对日本与印度服务贸易具有一定积极作用

在印日CEPA中，双方均扩大了服务市场的开放程度，并为人员移动提供更多便利。对印度而言，日本进一步开放了医疗及牙医、助产士和护

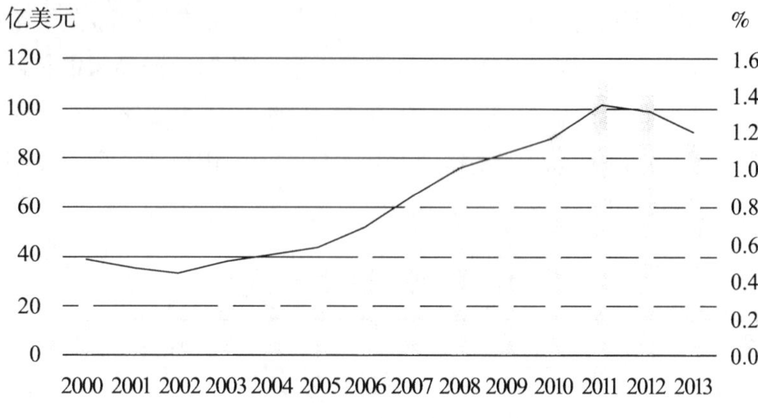

图 4-4　2000—2013 年日本对印度出口额及占比

资料来源：根据 UN Comtrade 数据库计算整理。

士、电话接听、电话呼叫中心、船只维护和修理等印度具有比较优势的领域，并放宽了专业人员的签证条件，有利于印度金融及法律专业人员、IT 人员、工程师、会计、建筑师、瑜伽教练、英语教师、厨师等进入并拓展日本的服务市场。对日本而言，印度与 WTO 承诺相比新开放了分销、教育、环境、娱乐文化及体育、运输 5 个部门的 10 个分部门，在相对较大的范围内向日本开放了服务市场，有利于具有优势的日本服务业向印度拓展。同时，对于商务旅客，印度允许不超过 180 天的停留期，并可以延长，与日本承诺 90 天的停留期相比更加宽松。

印日 CEPA 的实施对双方服务贸易发展起到了一定积极作用。根据日本贸易振兴机构（JETRO）的统计，2000—2010 年，日本对印度服务贸易出口额由 3.3 亿美元增至 20.8 亿美元，占日本服务贸易出口比重由 0.5% 提高到 1.5%，2011 年协定生效当年，日本对印度服务贸易出口进一步增长至 21.3 亿美元，随后虽稍有回落，但 2013 年反弹至 21.4 亿美元，占比为 1.4%；与此同时，日本从印度服务贸易进口额由 4.2 亿美元增至 7.3 亿美元，占日本服务贸易进口比重由 0.4% 提高到 0.5%，2011 年协定生效当年，日本从印度服务贸易进口额小幅增长至 7.5 亿美元，占比回落到 0.4%，到 2013 年，日本从印度服务贸易进口额再度增长至 8.4 亿美元，占比也恢复到 0.5%。随着印日 CEPA 的逐步推进，双方的服务贸易将继

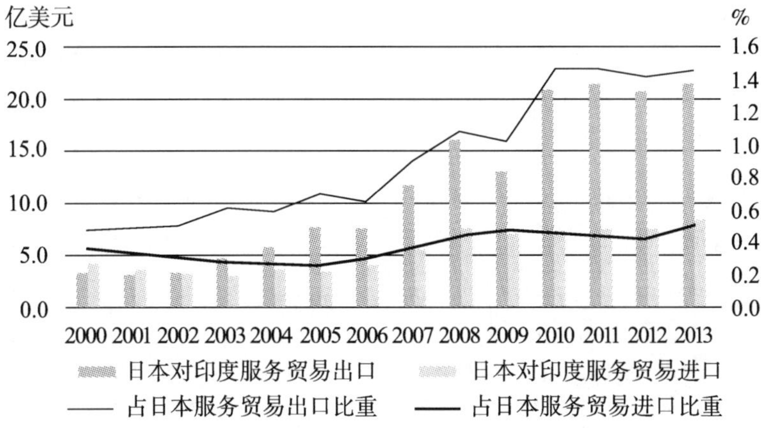

图 4－5　2000—2013 年日本与印度服务贸易进出口额及占比

资料来源：根据日本贸易振兴机构（JETRO）数据计算整理，http://www.jetro.go.jp/world/japan/stats/bop/.

续增长。

4. 为日本对印度投资提供了有利条件

印日 CEPA 为两国投资与技术合作提供了良好契机。印度经济发展需要大量资金与先进技术，双方在协定中也表示要加强基础设施、信息技术、环境、能源、卫生等领域的合作；而日本也希望增加对印度的投资，在一定程度上分散风险，实现投资及市场多元化，并分享印度经济增长的红利。2007 年以来，日本加大对印度投资力度，尤其是在国际金融危机期间的 2008 和 2009 年，印度成为日本在亚洲的第二大投资目的地。但协定生效后，由于印度国内经济低速运行，日本对印度直接投资增长不快。根据日本贸易振兴机构（JETRO）的统计，2011 年协定生效当年，日本对印度直接投资额为 23.3 亿美元，占日本对外投资总额的 2.1%，2012 年，投资额增至 28.0 亿美元，占比提高到 2.3%，而 2013 年，投资额则回落到 21.6 亿美元，占比降至 1.6%。而根据印度工业政策与促进部（DIPP）的数据，2000—2013 财年①，日本对印度直接投资额为 162.7 亿美元，占印度利用外资的 7.5%，是印度第四大外资来源，仅次于毛里求斯、新加坡

① 即 2000 年 4 月至 2014 年 3 月。

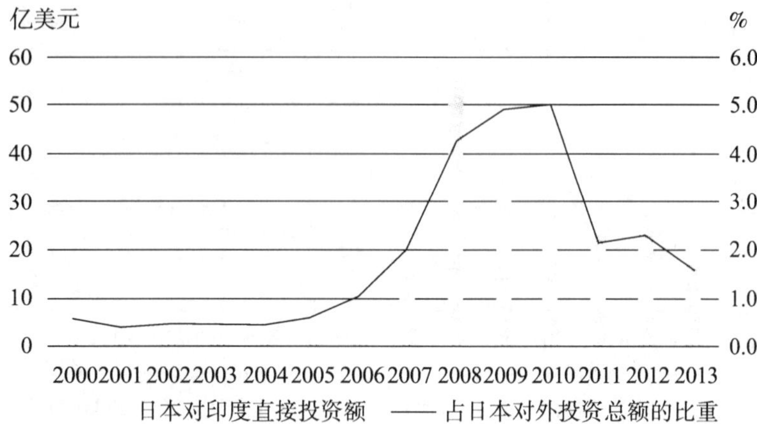

图 4 - 6　2000—2013 年日本对印度直接投资额及占比

资料来源：根据日本贸易振兴机构（JETRO）数据计算整理，http://www.jetro.go.jp/world/japan/stats/fdi/.

和英国。

（四）印日 CEPA 对我国的影响

印度和日本均为我国周边重要经济体，双方建立自由贸易区，推进经济一体化建设，对于我国周边环境以及对外经济关系和战略决策均将产生重要影响。

1. 可能会挤压我国在周边地区的市场份额

日本和印度均为我国重要的贸易伙伴，2013 年，日本是我国第五大贸易伙伴、第五大出口市场和第四大进口来源，印度是我国第十二大贸易伙伴和第八大出口市场。印日 CEPA 生效后，双方实施降税，加速市场融合，会产生贸易创造和贸易转移效应，扩大双边贸易规模。虽然目前，由于两国自身经济原因以及印度在协定生效初期降税范围和幅度不大，印日双边贸易以及在对方市场中的地位并未显著提升，但随着关税的逐步降低，以及两国国内经济的好转，未来双边贸易将进一步提升，使我国商品在两国市场上面临更加激烈的竞争，例如中日在印度机电产品领域的竞争以及中印在日本农产品领域的竞争。同时，印度与日本在服务贸易领域各具优势，尤其是印度的软件与信息服务在国际上具有较强的竞争力，印日 CE-

PA 的实施也将对我国在其市场上的服务贸易拓展形成一定挑战。

2. 可能会增强我国利用外资方面的竞争

我国是亚洲乃至世界重要的外商投资目的地，外资在我国经济发展中发挥了重要作用。近年来，我国低成本优势趋于弱化，加之发达国家实施再工业化战略，利用外资的国际竞争进一步加剧。印日 CEPA 的生效为日本对印度投资提供了较好的制度保障，虽然目前由于印度经济增长放缓以及国内改革推进较慢，日本企业对印投资并未出现突破性进展，但随着印度经济的逐渐回暖，日本对印度投资也将实现反弹，尤其是印日 CEPA 在投资部分采用的是负面清单模式，这就为日本企业对印度投资提供了更多机遇。这就可能会在中日关系本就不稳定的基础上进一步减弱日本对华投资的热情。

3. 可能会为我国自贸区建设带来一些困难

近年来，在区域经济一体化加速推进的形势下，印度和日本均加快实施各自的 FTA 战略，并取得了积极成果。印日 CEPA 是两国 FTA 战略的重要结合点，这一协定的生效将亚洲第三和第二大经济体紧密联系起来，两国经济的一体化程度将逐步加强，这就可能会减弱其对我国经济的依赖程度，进而影响我国在地区经济中的地位以及影响力的发挥。而我国正在推进以周边为基础的 FTA 战略，作为我国周边的重要大国，印度和日本实施 CEPA 可能会对我国的 FTA 建设的推进带来一些困难。例如，目前中日韩 FTA 和区域全面伙伴关系协定（RCEP）正在谈判之中，印日两国可能会要求在投资领域采用负面清单模式，而我国对这一模式正在探索之中，缺少谈判经验。另外，印度市场潜力较大，与我国经济互补性较强，是我国重要的潜在 FTA 伙伴，两国完成联合研究后，由于印方担心我国商品对其国内产业造成冲击，因而并未开启 FTA 谈判。印日 CEPA 生效后，日本的部分商品、资金和技术等将对我国产生替代作用，使得中印 FTA 开启谈判的困难进一步增加。

4. 可能会加剧我国周边环境的复杂性

我国是世界上拥有邻国最多的国家，面临错综复杂的周边环境。近年来，我国与邻国的领土争议、边海争端有明显化和激烈化趋势，周边安全形势不容乐观。就日本与印度而言，我国与日本在历史问题、钓鱼岛问题、东海问题等方面均存在争端，与印度也存在边界问题。印日 CEPA 的生效使两国经济联系更加紧密，并为政治和军事等各领域合作奠定了基础。印日两国逐步加强在东海和印度洋地区的军事合作，多次开展联合军演，并与越南、菲律宾等与我国存在领土争议的国家联合，加大对南海问题的干涉，使我国的周边环境更加复杂，可能会对我国的国家安全造成一定威胁。

六、世界自由贸易区的发展现状与趋势①

（一）世界自由贸易区的发展情况

1. 什么是自由贸易区

目前国内对“自由贸易区”的概念有所混淆。就中文表述“自由贸易区”而言，一般意义上分为 FTA（Free Trade Area）和 FTZ（Free Trade Zone）两种。根据《商务部 海关总署关于规范“自由贸易区”表述的函》（商国际函〔2008〕15 号），FTA 的规范表述为“自由贸易区”，FTZ 的规范表述为“自由贸易园区”。

自由贸易区（FTA）

根据世界贸易组织的有关解释，所谓“自由贸易区”，是指两个以上的国家或单独关税区通过签订协定，在世贸组织最惠国待遇基础上，相互进一步开放市场，分阶段取消绝大部分货物的关税和非关税壁垒，改善服务和投资的市场准入条件，从而形成的实现贸易和投资自由化的特定区域。“自由贸易区”所涵盖的范围是签署自由贸易协定的所有成员的全部关税领土（注：我方关税领土不含香港、澳门和台湾地区），而非其中的某一部分。就其突出特点而言，“自由贸易区”相关国家和单独关税区必须签订具有法律效力的协定，属于协定性自由贸易区。

自由贸易园区（FTZ）

指在某一国或地区境内建立的实行特殊优惠税收和特殊监管政策的小块特定区域，类似于世界海关组织的前身——海关合作理事会所解释的“自由区”。按照该组织 1973 年订立的《京都公约》的解释：“自由区

① 本文作者为梁明。

（Free Zone）系指缔约方境内的一部分，进入这一部分的任何货物，就进口税费而言，通常视为关境之外，并免于实施通常的海关监管措施。有的国家还使用其他一些成为，例如自由港、自有仓等”。就其突出特点而言，“自由贸易园区”不需要与相关国家和单独关税区签订具有法律效力的协定，是自主性的开放措施，属于自主性自由贸易区。

自由贸易区和自由贸易园区的关系

相同点：两者都是为降低国际贸易成本，促进对外贸易和国际商务的发展而设立的。

不同点：在设立主体、区域范围、国际惯例依据、核心政策以及法律依据方面，二者存在明显不同。

表4－6　FTA与FTZ异同分析

		自由贸易区（FTA）	自由贸易园区（FTZ）
不同	设立主体	多个主权国家（或单独关税区）	单个主权国家（或地区）
	区域范围	两个或多个关税地区	一个关税区内的小范围区域
	国际惯例依据	WTO	WCO
	核心政策	贸易区成员之间贸易开放、取消关税壁垒，同时又保留各自独立的对外贸易政策	海关保税、免税政策为主，辅以所得税税费的优惠等投资政策
	法律依据	双边或多边协议	国内立法
相同		两者都是为降低国际贸易成本，促进对外贸易和国际商务的发展而设立的	

2. 世界自由贸易区的发展历程及现状

1. 自由贸易区（FTA）

历程。受WTO多边贸易规则自身特点影响，多边谈判要达成协议非常困难。为促进贸易自由化，WTO允许各国援引GATT（1947）最惠国待遇第24条例外条款，签订双边或区域自由贸易协议（Regional Trade Agreement，RTA）。依据该条规定，区域自由贸易协议可分为自由贸易协议（Free Trade Agreement，FTA）、关税同盟（Custom Union，CU）以及为成立关税同盟和自由贸易区所缔结的“过渡性临时协议”（Interim Agreement）；其区域经济组织型态可按整合程度大致分为自由贸易区（Free Trade Area）、关税同盟、共同市场（Common Market）和经济同盟（Economic Union）。在当前的国际社会，按照自由贸易区（FTA）型态建立的区域经济组织最为发达。

就 FTA 而言，该条协定是专门针对“边境贸易、关税同盟和自由贸易区”做出的，其中第 8 款（b）对自由贸易区概念作了具体解释：“自由贸易区应理解为在两个或两个以上的一组关税领土中，对成员领土之间实质上所有有关产自此类领土产品的贸易取消关税和其他限制性贸易法规。”对于其中的“关税领土”，第 24 条第 2 款规定：“关税领土应理解为一对与其他领土之间贸易实质部分保留单独关税或其它贸易法规的任何领土。”

可见，FTA 这种区域经济组织型态是 WTO 多边贸易体制中最惠国待遇原则的一个重要例外。其核心特点有二：其一，区域外的 WTO 成员国不能通过多边最惠国待遇原则自动享受区域内各成员国享受到的各种优惠，即“排他性”特点；其二，成员间的贸易要“取消关税和其他限制性贸易法规”，即“互惠性”特点。

就发展历程来看，第一个区域贸易安排是欧洲自由贸易联盟（European Free Trade Association，EFTA），1960 年 1 月 4 日，奥地利、丹麦、挪威、葡萄牙、瑞典、瑞士和英国在斯德哥尔摩签订《建立欧洲自由贸易联盟公约》，即《斯德哥尔摩公约》。该公约经各国议会批准后于同年 5 月 3 日生效。

现状。因自由贸易区（FTA）需要相关国家和单独关税区签订具有法律效力的协定（Agreements），并且通报世界贸易组织备案。区域贸易安排（Regional Trade Agreements，RTAS）分为自由贸易协定（Free Trade Agreement，FTA）、关税同盟（Customs Union，CU）、经济一体化协定（Economic Integration Agreement，EIA）和局部自由贸易协定（Partial Scope Agreement，PS）。截至 2014 年 6 月底，向 WTO 通报、仍然生效、以自由贸易区为主的区域贸易安排（RTAS）已达 259 个，其中 FTA（包含 FTA & EIA）218 个，CU（包含 CU & EIA）25 个，EIA（包含 FTA & EIA 和 CU & EIA）118 个，PSA 15 个，FTA 所占的比重达到 84%。259 个协定中，仅包含货物贸易协定的有 141 个，仅包含服务贸易协定的有 1 个，包含货物和服务贸易协定的有 117 个。

据 WTO 专家估计，当前全球贸易有一半以上发生在各种区域集团内部，以优于 WTO 最惠国待遇的条件进行。尤其是 WTO 多哈回合谈判进展不顺的情况下，很多国家都把经贸政策的重点从 WTO 转向自贸区。据美国贸易代表办公室统计，美已签和在谈自贸协定的国家作为一个整体，已成为世界第三大经济体，占除美以外全球 GDP 总量的 14%，吸纳了美 42% 的出口，美对其出口是向其他国家出口增速的两倍。此外，各相关国 FTA 伙伴贸易占其贸易总额的比重如下：加拿大 68%、美国 38%、欧盟 28%、日本 19%、澳大利亚 19%。在新兴经济体中，俄罗斯 9%、墨西哥 81%、土耳其 46%、韩国 35%、南非 35%、印度 20%、巴西 15%。

2. 自由贸易园区（FTZ）

历程。FTZ 起源于欧洲，1970 年有 30 个国家（地区）成立了约 80 个 FTZ，现在则有 120 个国家（地区）成立约 5000 个 FTZ。FTZ 之所以在 20 世纪 70 年代后迅速发展，在某种程度上得益于 WCO 对“自由区”（FreeZone）的规范统一解释。近年来“自由贸易”蔚然成风，各国纷纷上马自由区，但具体做法并不统一，国际国内关于各类自由区的称谓也是花样迭出。但 FTZ 对区域化自由贸易产生的影响不亚于 FTA。例如，美国已有 266 个 FTZ，创造了约 200 亿美元的年出口值与 40 万的就业人口。近 30 年，亚太地区的 FTZ 发展尤其显著，我国内地与台湾地区、新加坡、韩国等均积极发展 FTZ，这也是上述经济体腾飞的重要动力。FTZ 已成为国际贸易领域研究的热点之一。

现状。据不完全统计，目前全球已有 1200 多个自由贸易园区，其中 15 个发达国家设立了 425 个，占 35.4%；67 个发展中国家共设立 775 个，占 65.6%。自由贸易园区的功能趋向综合化，目前世界上多数自由贸易园区通常都具有进出口贸易、转口贸易、仓储、加工、商品展示、金融等多种功能。

目前，世界上有 80 多个国家设立自由贸易园区，类型很多，分属不同的发展阶段，并没有一套全球统一遵从的实践性国际惯例。各国的自由贸易园区大致分为四类：一是准自由贸易园区，比如我国的保税区、鹿特丹的B型保税仓库等。二是标准的自由贸易园区，如美国对外贸易区、欧盟自由区等，比较符合《京都公约》的规则。三是升级的自由贸易园区，像智利、土耳其等国家的自由贸易园区，明确宣示属于“境内关外”，具有海关治外法权，国家立法规定部分国内法在自由贸易园区内不适用。四是自由经济社会制度下的自由港（或自由贸易园区），如香港以及一些“飞地”性质的自由港区。根据功能的不同，又可以分为自由港型、转口集散型、贸工型、出口加工型、保税仓库型、商业零售型和自由边境区等七种类型。国际上较为成功的自由贸易园区有：阿联酋迪拜港自由港区、德国汉堡港自由港区、美国纽约港自由贸易园区、新加坡自由港和香港自由港。

表4－7 主要自由贸易园区类型

	主要功能	区域特点	典型区域
自由港型	装卸、储存、包装、买卖、加工制造	对在规定的自由港范围内进口的外国商品无论是供当地消费或是转口输出，原则上不征关税	香港、新加坡、地中海沿岸的直布罗陀、红海出口处的吉布提
转口集散型	港口装卸、货物储运、货物商业性加工和货物转运	利用自然地理条件，进行集散转运	汉堡自由港和不莱梅自由区、瑞士布克斯货物集散地、巴塞罗那自由区
贸工型	既有国际贸易，又有简单的加工和制造	集加工贸易与转口贸易于一身	菲律宾马里韦莱斯自由贸易园区、土耳其伊斯坦布尔自由贸易园区
出口加工型	以出口加工为主，辅之以国际贸易，储运服务功能	加工为主，贸易为辅	菲律宾的15个、马来西亚的10个、韩国2个、台湾3个、印度2个、印尼2个出口加工区

续 表

	主要功能	区域特点	典型区域
保税仓库型	保税仓储，允许进行再包装、分级、挑选、抽样、混合处理	主要其保税作用，允许外国货物不办理进口手续就可以连续长时间处于保税状态	意大利的巴里免税仓库、雷格亨免税仓库、罗马免税仓库、西班牙的阿利坎特免税仓库
商业零售型	从事商品展示和零售业务	专门辟有商业区，从事商品零售	智利伊基克自由贸易区
自由边境区	加工工业	边境交接处开辟的工业自由区	墨西哥马奎拉多拉边境工业区

3. 世界自由贸易区的发展趋势

1. 自由贸易区（FTA）发展趋势

近期以来，全球自由贸易区的发展呈现出一些新趋势。

全球自由贸易协定大量涌现。目前，世贸组织 159 个成员中除蒙古国外都参与了一个或多个区域贸易安排。截至 2014 年 1 月，向世贸组织通报并仍然有效的区域贸易安排一共有 258 个，属于自由贸易协定的有 217 个，比重占到 84%。

世界贸易日益向各个区域经济集团集聚。据世贸组织专家估计，当前全球贸易的一半左右在各区域经济集团内部进行。

自由贸易区迅猛发展由大国带动的特点非常突出。2012 年，美国、欧盟、韩国、墨西哥的自由贸易协定伙伴分别为 20 个、53 个、47 个、44 个，这些国家和地区同其自由贸易协定伙伴的进出口额占其外贸总额的比重分别为 40%、28%、35%、81%。而我国同已生效自由贸易协定伙伴（不包括台港澳）的贸易额占我国外贸总额的比重只有 12%。

发达国家在自由贸易区中力推国际经贸新规则，力图重塑全球贸易投资规则体系，抢占未来竞争和发展的制高点。最近，美国积极推动 TPP 和 TTIP 的相关谈判进程，力图主导建设全新的世界经济贸易规则。通过 TPP、TTIP，美国正在拉拢欧、日另起炉灶，创建起超越 WTO 规范的全面性经贸自由化网络。在谈判中，美欧日等国推动双向互惠的高规格经营投资保障条件，更以决定技术标准、医药、医疗服务以及电子产品规格、环保指标的方式，组建有利于美欧等自由经济体的全球贸易规则。TPP 和 TTIP 将打造一个以高度自由化为堡垒的市场准入屏障，使中国等相对滞后国家难以加入，在新规则的制定中无发言权，从而阻隔中国经济影响力在全球的扩展。

2. 自由贸易园区（FTZ）发展趋势

20 世纪 90 年代至今，随着国际贸易自由化、市场全球化、知识经济兴起所带来的产业升级以及现代贸易形态的变化，对自由贸易园区的发展带来了重要影响，自由贸易园区也在功能拓展、产业结构调整中，不断适应经济环境的变化，形成新的发展模式。从总体上看，自由贸易园区发展呈现以下新趋势：

园区功能向多样化和综合化发展。从自由贸易园区诞生起相当长的历史时期里，贸易功能一直以来都是自由贸易园区的主要功能。但是进入 20 世纪以后，随着现代贸易形态变化，自由贸易园区的功能出现了多样化和综合化发展趋势。出口加工区、科学工业园区等新的实践形式的出现就是自由贸易园区功能多样化发展的重要表现。特别是在 20 世纪 70 年代以后，出现了以转口贸易和进出口贸易为主的贸易型自由贸易园区与以出口加工制造业为主的自由贸易园区逐渐融合的趋势，以此为基础，一些自由贸易园区的功能进一步拓展，形成了如金融、证券、物流、商品展示、货物仓储等层次分明的服务行业。近年来，自由贸易园区的功能更多的是从单纯的货物贸易向货物与服务贸易协调发展转变，从贸易自由化向贸易、投资、人员往来自由化转变。

竞争优势由政策优惠向加强服务能力转变。随着自由贸易园区的发展，政策的相对稳定以及世界贸易组织等新的合作机制的推行，贸易壁垒逐渐降低，现在自由贸易园区优惠政策的竞争空间越来越小。在这种背景下，自由贸易园区需要加强综合服务能力来增强自身的竞争优势，通过完善区内自然环境和基础设施建设、规范管理活动、精简管理机构等加强服务能力的手段，提高办事效率以满足区内经济活动的需求。

海关监管模式趋向对区内不干预。海关监管制度上，国际上自由贸易园区的有效运转依靠一套适当的监管制度予以保障，其中海关监管制度是重点。自由贸易园区和其他区域的重大区别之一就是避免由于关税和复杂的海关手续所造成的贸易障碍，其核心思想可以概括为“一线放开，二线管住，区内不干预”。其中，“一线放开”是指境外的货物可以自由地、不受海关监管地自由进入自由贸易园区，自由贸易园区内的货物也可以自由地、不受海关监管地自由运出境外；“二线管住”是指货物从自由贸易园区进入国内非自由贸易园区、或货物从国内非自由贸易园区进入自由贸易园区时，海关必须依据本国海关法的规定，征收相应的税收；“区内不干预”是指区内的货物可以进行任何形式的储存、展览、组装、制造和加工，自由流动和买卖，这些活动无需经过海关批准，通常需向海关备案，海关可进行抽查。

优惠政策方面各国竞争更加激烈。各国对自由贸易园区优惠政策主要内容就是税收优惠，通常涵盖关税豁免和其它税减免两方面内容。关税方面，自由贸易园区只有货物从自由贸易园区运入国家关税领土时，才予以缴纳；货物进口到自由贸易园区，然后从自由贸易园区出口，不需要再缴纳关税。关于区内企业税收优惠方面，许多国家均给予税收减免政策。在美国对外贸易区，对从美国境外进口的并以储存、销售、重新包装、分类定级、展览、制造或加工的目的而在对外贸易区保存的商品，或者在美国国内生产并以出口目的而保存于区内的商品，均免征州和地方的从价税。在阿联酋自由区，对企业经营给予 15 年免税期，有的允诺可延长至 50 年，并且不对个人征税。新加坡税收政策是对国内外投资资本不区别对待，对国内相关第二产业、第三产业和出口贸易公司减免税收，为了鼓励航海业发展，对在新加坡当地注册的船舶免除所得税。

七、自贸试验区描绘开放型新体制宏伟蓝图①

2013 年 8 月，国家正式批准设立中国（上海）自由贸易试验区，将其作为深化改革、扩大开放的试验田，以制度创新为核心，探索对外资实行负面清单管理以及扩大服务业开放，掀开了中国新一轮改革开放的大幕。同年 11 月召开的十八届三中全会，明确了建立中国（上海）自由贸易试

① 本文作者为李光辉、袁波。

验区是要为全面深化改革和扩大开放探索新途径、积累新经验，并且提出要在推进现有试点基础上，选择若干具备条件地方发展自由贸易园（港）区。经过一年多的试点，在总结评估上海自贸试验区经验的基础上，2015年3月国家新批准设立了广东、天津、福建三大自贸试验区，同时对上海自贸试验区进行扩区，进一步启动了自贸试验区的2.0升级版，清晰地描绘了中国构建开放型经济新体制的宏伟蓝图，彰显了国家进一步全面深化改革和扩大开放的决心与信心。

（一）自贸试验区承载了国家以开放促改革的重要使命

随着国内改革进入攻坚期，触及到深层次矛盾和重大利益调整，进一步推进改革的难度加大，需要坚定信心，以更大的政治勇气和智慧、更有力的措施和政策推进改革。我国加入世贸组织的历史经验已经证明，在改革面临困难的时期，开放往往推动下一阶段改革的重要外部驱动力。当前，我国全面开放还面临风险和压力，各方争议仍然较多，通过设立自贸试验区的方式试点开放，将其作为我国改革开放的试验田，以局部开放带动全国开放，以自主开放促进改革创新，正是党中央和国务院审时度势做出一项重大战略决策。上海自贸试验区试验之初，就开始积极探索以负面清单方式对外资准入进行管理，同期出台的2013版负面清单，开放水平较我国加入世贸组织承诺有较大提升。运行一年后，上海自贸试验区推出2014版负面清单，开放水平在2013版上有了进一步的提高，并且通过一年的实践推动了国家外商投资管理体制的改革，达到了以开放促改革的目标。2015年4月，在上海自贸试验区清单的基础上，国家发布了统一适用于四个自贸试验区的负面清单，采取了发达国家通行的负面清单制作范式，进一步缩小了限制范围，提升了自贸试验区的开放度和透明度，进一步体现了国家进一步扩大开放的决心和力度。同时，三个新设的自贸试验区，在某些方面的开放水平甚至超出2015版清单，体现了我国自主对外开放的步伐仍在不断加快。如广东自贸试验区在CEPA框架下，进一步取消或放宽对港澳投资者的资质要求、股比限制、经营范围等准入限制，重点在金融、商贸、科技等服务领域取得了突破。福建自贸试验区在ECFA的框架下，进一步扩大在通信、运输、旅游等这些领域的对台开放，进一步降低台商投资的准入门槛，在一些领域放宽台资的股比限制，扩大台企业务的承揽范围，鼓励台胞到自贸试验区创业发展；台湾自然人无需经过外资的备案就可以到区内注册个体工商户。这些新的开放举措，将为国家推动新一轮改革提供更大的驱动力。

（二）自贸试验区体现了引领规则制定的战略思路

自金融危机爆发后，发达国家经济增长陷入停滞，以中国为代表的新兴市场经济发展迅速，在世界经济中的地位不断上升。为了维持其在全球经济中的主导地位，美欧等发达国家积极谋划制定新的全球经贸规则。由于多边贸易体制停滞不前，美欧等积极推进跨太平洋伙伴关系协定（TPP）和跨大西洋贸易与投资伙伴关系协定（TTIP）谈判，通过推进连接太平洋与大西洋的自贸区建设来巩固新一轮国际经贸规则制定的主导权，推行符合其自身利益的新一代高标准与新规则。我国现阶段的自由贸易区发展水平较低，对外开放总体水平远远低于 TPP 和 TTIP 的新标准和新规则，在自贸区建设和国际经贸规则制定中面临被边缘化的风险和压力，顺应国际形势加快建设高标准自贸区网络迫在眉睫。上海自贸试验区设计之初就是要面向这些国际高标准的贸易投资规则，积极开展探索与试验，逐步形成与国际投资贸易通行规则相衔接的基本制度框架。在过去的一年多时间里，上海自贸试验区在仲裁、知识产权等规则领域，围绕国际通行规则积极进行改革创新，就是这种与世界接轨思路的体现。当前，上海在进一步深化改革开放方案中，不仅体现了这种思路，提出的许多措施都围绕负面清单、信息公开与透明度、权益保护、公平竞争等国际规则制定，同时，也在尝试建立符合我国发展利益的新规则体系。新设立的广东、福建和天津在标准、规则领域也都向上海看齐，同时又各有特色，如广东在商事制度、标准等领域与港澳的接轨，福建在对台贸易投资等领域与台湾的接轨、与合作参与制定标准等领域，天津在行政管理、执法领域建立集中统一的综合管理、执法机构的规则探索，都体现了我国在规则制定领域积极探索尝试、争当引领者的战略思路。

（三）自贸试验区体现了服务国家战略的发展定位

上海自贸试验区作为第一块改革开放的试验田，在推进投资贸易便利化、货币兑换自由、监管高效便捷以及法治环境规范等方面，瞄准 TPP、TTIP 等高标准自由贸易协定提前作试验，在顶层设计上体现了服务国家战略、应对国际高标准自由贸易协定的发展定位。在进一步的改革开放方案中，上海自贸试验区更是明确提出了服务国家推动“一带一路”建设和长江经济带发展的目标。新设立的三个自贸区，也都承载了相应的对外、对内战略使命。如广东自贸试验区立足推动内地与港澳经济深度合作、共同打造粤港澳大湾区，福建自贸试验区立足于深化两岸经济合作，都是要服务于祖国统一大业和 21 世纪海上丝绸之路建设的需要。而从对内来看，三个新设自贸区也体现了服务于国家新的区域协调和经济转型发展战略的需要。如广东自贸试验区将通过加工贸易转型，带动泛珠三角区域和内地区域的产业升级，天津自贸试验区旨在通过发挥天津口岸作用、推动区域通关一体化、协同监管、分类监管与创新监管等措施，来促进京津冀协同发展，福建自贸试验区着力加强闽台产业对接、创新两岸服务业合作模式，以此来辐射带动海峡西岸经济发展，上海自贸试验区通过建设长三角区域国际贸易“单一窗口”来推动长江经济带的快速发展。

（四）自贸试验区体现建设制度创新高地的发展思路

党的十八届三中全会首次明确提出要发挥市场的决定性作用，这就要求切实转变政府职能，加强建设服务型政府，构建完善的市场经济体制。在这个转变的过程中，核心是要处理好政府和市场的关系，要求政府不再以“政策优惠”为重点，而需要以“制度创新”重点来优化市场环境。无论是上海自贸试验区，还是新设的广东、天津和福建自贸试验区，都改变了过去以政策优惠为核心诉求的思路，紧紧围绕制度创新做文章，争做制度创新的高地。2013 年以来，上海自贸试验区在在投资管理、贸易便利化、金融创新、事中事后监管等领域积极进行制度创新与探索试验，总结形成了 21 项制度创新成果，并且在经过评估后成功地向全国推广复制。广东、天津和福建自贸试验区虽然刚刚挂牌，但也在制度创新方面积极探索，如广东在建设国际化、市场化、法治化营商环境、国际贸易集成功能等领域，天津在建立综合统一的行政审批机构，实施“一颗印章管审批”等行政体制改革领域，福建在推进贸易发展方式转变等领域，都已经在试点一些独特的制度创新措施，将为今后国家转变政府职能、构建社会主义市场经济体制提供更多的可推广、可复制的经验。

（五）自贸试验区描绘了构建开放型新体制的宏伟蓝图

我国的改革开放始于东部沿海地区，此次的自贸试验区也发端于沿海，以上海自贸试验区为起点，延伸至东部沿海的广东、天津与福建，在沿海地区完成战略布局。沿海的上海自贸区扩容与天津等三个新获批自贸区，形成互有连通、各有侧重、功能完备的自贸区网络，切实发挥引领作用，辐射带动全国，将为构建开放型经济新体制发挥积极作用。下一步，在沿海布局试点的基础上，可以考虑在内陆沿边地区选择一些省份进行自贸试验区的试点，使改革开放的号角在内陆边远地区吹响，与沿海自贸试验区形成互补试验，共同推动构建国家开放型经济新体制的宏伟蓝图。同时，我们还可以针对局部领域试验推动建设一系列特色型试验区，如针对跨境经济合作推动跨境经济合作区的建设、针对跨境电子商务推动跨境电子商务综合试验区、针对地方经济合作推动地方经济合作示范区的建设，等等，通过更加多元化、个性化的平台，提升开放型经济水平，加速国家开放型经济新体制的构建。

附录1：数据与资料

一、中国自贸区建设的进展跟踪

表1　我国已签自贸协定进展

序号	名称	具体协议签署及生效时间
1	中国—东盟自贸协定	2002 年：《全面经济合作框架协议》（2003 年 7 月生效） 2004 年：《货物贸易协议》、《争端解决机制协议》（2005 年 7 月生效） 2007 年：《服务贸易协议》（2007 年 7 月生效） 2009 年：《投资协议》（2010 年 2 月生效） 2010 年：《货物贸易协议》第二议定书（2011 年 1 月生效） 2011 年：《关于实施中国—东盟自贸区〈服务贸易协议〉第二批具体承诺的议定书》（2012 年 1 月生效） 2012 年：《关于修订〈中国—东盟全面经济合作框架协议〉的第三议定书》 2012 年：《关于在〈中国—东盟全面经济合作框架协议〉下〈货物贸易协议〉中纳入技术性贸易壁垒和卫生与植物卫生措施章节的议定书》 2014 年 8 月：启动中国—东盟自贸区升级版谈判 2014 年 9 月：首轮谈判在越南河内举行 2015 年 2 月：第二轮谈判在北京举行

续 表

序号	名称	具体协议签署及生效时间
2	内地与香港关于建立更紧密经贸关系的安排	2003年：《内地与香港关于建立更紧密经贸关系的安排》及6个附件（2004年1月生效） 2004—2013年：10个补充协议
3	内地与澳门关于建立更紧密经贸关系的安排	2003年：《内地与澳门关于建立更紧密经贸关系的安排》及6个附件（2004年1月生效） 2004年—2013年：10个补充协议
4	中国—巴基斯坦自贸协定	2005年：《中巴自贸协定早期收获协议》（2006年1月生效） 2006年：《自贸协定》（2007年7月生效） 2008年：《自贸协定补充议定书》 2009年：《服务贸易协定》（2009年10月生效）
5	中国—智利自贸协定	2005年：《自贸协定》（2006年10月生效） 2008年：《服务贸易协议》（2010年8月生效） 2012年：《关于投资的补充协定》
6	中国—新西兰自贸协定	2004年：《贸易与经济合作框架》 2008年：《自贸协定》（2008年10月生效） 2012年：《关于中国从新西兰输入雏鸡及种蛋检疫和卫生要求议定书》
7	中国—新加坡自贸协定	2008年：《自贸协定》（2009年1月生效） 2011年7月：《关于修改〈中华人民共和国政府和新加坡共和国政府自贸协定〉的议定书》 2012年7月：《在中国—新加坡自贸协定项下进一步开放银行业的换文》
8	中国—秘鲁自贸协定	2009年：《自贸协定》（2010年3月生效）

续 表

序号	名称	具体协议签署及生效时间
9	中国—哥斯达黎加自贸协定	2010 年：《自贸协定》（2011 年 8 月生效）
10	海峡两岸经济合作框架协议	2010 年：《海峡两岸经济合作框架协议》（2011 年 1 月生效） 2012 年 8 月：《海峡两岸投资保护和促进协议》（2013 年 1 月 31 日生效）和《海峡两岸海关合作协议》 2013 年 6 月：《海峡两岸服务贸易协议》
11	中国—冰岛自贸协定	2013 年 4 月：《自贸协定》（2014 年 7 月生效）
12	中国—瑞士自贸协定	2013 年 7 月：《自贸协定》（2014 年 7 月生效）

资料来源：根据中国自贸区服务网资料整理。

表 2　我国在谈自贸协定进展

序号	名称	谈判情况
1	中国—海合会自贸协定	2004 年 7 月，中国与海合会国家签署《中国—海合会经济、贸易投资和技术合作框架协议》，启动自贸协定谈判。之后，双方举行五轮谈判和两次工作组会议。但由于在几种石化产品零关税的问题上双方始终没有达成一致，谈判暂时中止。2014 年 1 月，双方在北京举行第三轮战略对话，会后发表新闻公报，强调要加快中国和海合会自贸区谈判进程，力争重启停滞多年的中海自贸区谈判。

续 表

序号	名称	谈判情况
2	中国—澳大利亚自贸协定	2005 年 4 月，中国与澳大利亚签署《关于承认中国完全市场经济地位和启动中华人民共和国与澳大利亚自贸协定谈判的谅解备忘录》，启动自贸区谈判。2005—2008 年，两国进行了 13 轮谈判，此后，谈判陷入停滞。2010 年 2 月，中澳自贸区恢复谈判，第 14 轮谈判就农产品市场准入、原产地规则、服务贸易、投资等议题进行了深入讨论，交换了意见。到 2014 年 9 月，中澳自贸区已进行 21 轮谈判。 2014 年 11 月 17 日在澳大利亚首都堪培拉，中澳双方共同确认实质性结束中澳自由贸易协定谈判。会晤后，在两国领导人见证下，中国商务部部长高虎城和澳大利亚贸易与投资部长安德鲁·罗布，分别代表两国政府签署了实质性结束中澳自由贸易协定谈判的意向声明。
3	中国—挪威自贸协定	2008 年 9 月 18 日，中挪两国在挪威奥斯陆举行中挪自贸区启动仪式暨第一轮谈判。2008—2010 年，两国进行了八轮自贸区谈判。2010 年 9 月，中挪自由贸易协定第八轮谈判在挪威奥斯陆举行。双方就货物贸易、服务贸易、原产地规则、卫生和植物卫生标准/技术贸易壁垒、贸易救济、贸易便利化等议题进行了磋商。
4	中国—韩国自贸协定	2012 年 5 月 2 日，中韩自贸协定谈判正式启动。两国于 2012 年 5 月—2013 年 9 月先后举行了七轮谈判，就协定范围涉及的各领域模式文件达成一致，完成了中韩自贸区模式阶段谈判。2013 年 11 月—2014 年 11 月，双方举行了中韩自贸区第八至第十四轮谈判，全面开始出要价和协议文本谈判。2014 年 11 月，中韩两国元首在北京共同宣布结束实质性谈判。2015 年 2 月 25 日，中韩双方完成中韩自贸协定全部文本的草签，对协定内容进行了确认。

续 表

序号	名称	谈判情况
5	区域全面伙伴关系协定（RCEP）	2011 年 2 月，东盟提出了区域全面经济伙伴关系协定（RCEP）的概念，同年 11 月，通过了《东盟区域全面经济伙伴关系协定框架》。东盟的提议也得到了中国、日本、韩国、印度和澳新的同意，2012 年 11 月 20 日，东盟与自贸区伙伴国领导人共同发表《启动 RCEP 谈判的联合声明》，并举行了第 1 次东盟与自贸伙伴国经贸部长会议，通过了《RCEP 谈判的指导原则与目标》。 2013 年 5 月，RCEP 首轮谈判在文莱启动，成立了货物贸易、服务贸易和投资三个工作组。第二轮谈判于当年 9 月在澳大利亚布里斯班举行，货物贸易方面，重点讨论了关税减让模式和章节结构及要素等问题，并就关税和贸易数据交换、原产地规则、海关程序等问题进行了交流，决定成立原产地规则分组和海关程序与贸易便利化分组。服务贸易方面，对协定章节结构、要素等问题展开讨论，并就部分各国感兴趣的服务部门开放问题初步交换意见。投资组重点就章节要素进行了讨论。此外，各方还就经济技术合作、知识产权、竞争政策和争端解决等议题进行了信息交流。 2014 年 1 月，RCEP 第三轮谈判在马来西亚吉隆坡举行，继续围绕货物贸易、服务贸易和投资领域的技术性议题展开磋商。各方还决定成立知识产权、竞争政策、经济技术合作和争端解决等四个工作组。此外，各方还就部分成员提出的新领域进行了信息交流，并分别召开了知识产权、服务与投资的关系等两场研讨会。 2014 年 4 月，RCEP 第四轮谈判在广西南宁举行，16 方继续就 RCEP 涉及的一系列议题进行密集磋商，在货物、服务、投资及协议框架等广泛的问题上取得了积极进展。 2014 年 6 月 23 日至 27 日，RCEP 第五轮谈判在新加坡举行。16 方谈判代表就 RCEP 涉及的一系列议题进行了密集磋商，并对将于同年 8 月在缅甸举行第二届 RCEP 贸易部长会进行筹备。在货物方面，各方重点讨论了关税减让模式、贸易救济、原产地规则、海关程序与贸易便利化、标准、技术法规和合格评定程序、卫生与植物卫生措施等议题。在服务方面，就谈判模式、章节要素等领域充分交换了意见。在投资方面，就投资模式文件和投资章节要素进行了深入探讨。新成立的知识产权、竞争政策、经济技术合作和法律问题工作组也就相关议题进行了讨论。 2014 年 12 月 1－5 日，RCEP 第六轮谈判在印度德里举行。 2015 年 2 月，RCEP 第七轮谈判在泰国曼谷举行。

续 表

序号	名称	谈判情况
6	中日韩自贸协定	2012 年 5 月，在北京举行的第五次中日韩领导人会议上，三国签署《中华人民共和国政府、日本国政府及大韩民国政府关于促进、便利和保护投资的协定》，同时中日韩三国领导人决定年内启动中日韩自贸区谈判。2012 年 11 月 20 日，在政治关系处于敏感时期之际，中日韩三国经贸部长在东亚领导人系列会议期间仍然宣布如期启动中日韩自贸区谈判。 2013 年 3 月，中日韩三国在韩国首尔举行首轮谈判，讨论了自贸区的机制安排、谈判领域及谈判方式等议题。 2013 年 7 月底至 8 月初，第二轮谈判在上海举行，就货物贸易、服务贸易、原产地规则、海关程序和便利化、贸易救济、TBT/SPS、竞争政策、知识产权、电子商务等议题举行磋商和交流。 2013 年 11 月，第三轮谈判在日本东京举行。 2014 年 3 月，第四轮谈判在韩国首尔举行，主要就货物贸易的降税模式、服务贸易和投资的开放方式、协定的范围和领域等议题展开磋商。 2014 年 3 月，中日韩自由贸易区第四轮谈判在韩国首尔举行。 2014 年 9 月，中日韩自贸区第五轮谈判在北京举行。三方就货物贸易降税模式、服务贸易和投资开放方式及协定范围与领域等议题展开了富有成效的磋商。本轮谈判中，三方在各个领域特别是协定的范围和领域、谈判未来安排等方面取得积极进展。在货物贸易、服务贸易和投资方面，三方深入交换了意见，进一步缩小了分歧；在范围和领域方面，除已成立的 11 个工作组外，三方同意将电子商务、环境、合作纳入协定并相应成立工作组；三方还通过了未来谈判新安排。 2014 年 11 月，中日韩自贸区第六轮谈判司局级磋商在日本东京举行。 2015 年 1 月，中日韩自贸区第六轮谈判首席谈判代表会议在日本东京举行，三方就货物贸易降税模式、服务贸易和投资开放方式及协定范围与领域等议题进行磋商。

续 表

序号	名称	谈判情况
7	中国—斯里兰卡自贸协定	2014年9月16日，习近平主席在访问斯里兰卡期间与斯总统拉贾帕克萨签署《关于启动中国—斯里兰卡自由贸易协定谈判的谅解备忘录》。 2014年9月17－19日，中斯自贸区首轮谈判在科伦坡举行，双方就谈判工作机制、覆盖范围、推进方式、路线图和时间表、货物贸易降税模式等多项议题进行了深入磋商，并讨论通过指导未来谈判的“职责范围”文件。 2014年11月26日至28日，中国—斯里兰卡自贸区第二轮谈判在北京举行。双方就货物贸易、服务贸易、投资、经济技术合作、原产地规则、海关程序和贸易便利化、技术性贸易壁垒和卫生与植物卫生措施、贸易救济、争端解决等议题充分交换了意见。

资料来源：根据中国自贸区服务网和商务部网站资料整理。

表3 我国开展可研的自贸协定进展

序号	名称	联合可研情况
1	中国—印度区域贸易安排	2005年4月，温家宝总理访问印度期间，两国总理宣布启动中印区域贸易安排联合可行性研究。 2006年3月—2007年10月，由中国商务部与印度商工部牵头的联合研究小组共进行了6次工作组会议。 2007年10月在印度首都新德里举行的第6次工作组会议上，中印双方就货物贸易、服务贸易、投资、贸易便利化、经济合作以及结论和建议等全部章节达成共识，如期完成了联合研究报告。由于印度担心对中国的巨额贸易逆差会因自贸区建立进一步扩大，因此，联合研究之后一直没有新的进展。但印度作为中国重要的周边国家，并且也是RCEP的谈判成员之一，未来中国在RCEP框架下与印度推进贸易投资自由化的同时，仍应积极争取与印度单独建设自贸区。

续 表

序号	名称	联合可研情况
2	中国—哥伦比亚自贸协定	2012年5月9日，在时任国家主席胡锦涛和来访的哥伦比亚总统桑托斯的见证下，商务部部长陈德铭和哥伦比亚贸易工业旅游部长格拉纳多斯签署了《中华人民共和国商务部与哥伦比亚共和国贸易工业旅游部关于开展双边自贸协定联合可行性研究的谅解备忘录》，正式启动两国自贸区联合可行性研究。哥伦比亚是中国在拉美的第八大贸易伙伴，中国是哥第二大贸易伙伴，两国在经贸领域优势互补，具有很大的合作潜力。建立中哥自贸区，对于我国今后拓展与拉美国家的经贸合作，具有重要的意义。
3	中国—马尔代夫自贸协定	2015年2月4至5日，中国—马尔代夫自贸区联合可行性研究第一次工作组会议在马尔代夫首都马累举行。双方就联合可行性研究的工作机制和双方分工、研究报告的结构框架及主要内容、工作组下一步工作安排等问题深入交换了意见，并就指导双方研究工作的职责范围文件达成一致。

资料来源：根据中国自贸区服务网等资料整理。

二、中国与自贸协定伙伴国的货物贸易

表4　2010和2014年我国与自贸伙伴贸易情况

单位：亿美元，%

自贸伙伴	2010年			2014年		
	金额	同比增长	占比	金额	同比增长	占比
东盟	2927.8	37.5	9.9	4803.9	8.3	11.2
中国香港	2305.8	31.8	7.8	3760.9	-6.2	8.7

续 表

自贸伙伴	2010 年			2014 年		
	金额	同比增长	占比	金额	同比增长	占比
中国澳门	22.6	8.0	0.1	38.2	7.0	0.1
智利	258.3	44.8	0.9	340.6	0.7	0.8
巴基斯坦	86.7	27.7	0.3	160.0	12.6	0.4
新西兰	65.2	43.0	0.2	142.5	15.0	0.3
新加坡	570.6	19.2	1.9	797.4	5.0	1.9
秘鲁	97.2	48.4	0.3	143.0	-2.0	0.3
哥斯达黎加	37.9	19.2	0.1	53.0	-6.8	0.1
中国台湾	1453.7	36.9	4.9	1983.1	0.6	4.6
冰岛	1.1	28.4	0.0	2.0	-8.5	0.0
瑞士	200.7	110.3	0.7	435.8	-27.0	1.0
20 个伙伴合计	7457.0	36.9	25.1	11863.1	0.0	27.6
17 个伙伴合计（港澳台除外）	3674.9	40.6	12.4	6080.9	4.1	14.1
世界	29727.6	34.7	100.0	43030.4	3.4	100.0

数据来源：中国海关统计。

表 5　2010 和 2014 年我国对自贸伙伴出口情况

单位：亿美元，%

自贸伙伴	2010 年			2014 年		
	金额	同比增长	占比	金额	同比增长	占比
东盟	1382.1	30.0	8.8	2720.7	11.5	11.6
中国香港	2183.2	31.3	13.8	3631.9	-5.5	15.5
中国澳门	21.4	15.7	0.1	36.1	13.7	0.2
智利	80.3	62.9	0.5	130.2	-0.6	0.6

续 表

自贸伙伴	2010年			2014年		
	金额	同比增长	占比	金额	同比增长	占比
巴基斯坦	69.4	25.5	0.4	132.5	20.2	0.6
新西兰	27.6	32.6	0.2	47.4	14.7	0.2
新加坡	323.5	7.6	2.1	489.1	6.7	2.1
秘鲁	35.5	69.2	0.2	61.0	-1.4	0.3
哥斯达黎加	6.9	28.0	0.0	11.1	19.7	0.0
中国台湾	296.8	44.8	1.9	462.8	13.9	2.0
冰岛	0.7	31.0	0.0	1.4	-2.0	0.0
瑞士	30.3	14.0	0.2	30.9	-12.1	0.1
20个伙伴合计	4134.2	32.2	26.2	7266.0	2.1	31.0
17个伙伴合计（港澳台除外）	1632.8	31.6	10.3	3135.2	10.7	13.4
世界	15779.3	31.3	100.0	23427.5	6.1	100.0

数据来源：中国海关统计。

表6　2010和2014年我国从自贸伙伴进口情况

单位：亿美元，%

自贸伙伴	2010年			2014年		
	金额	同比增长	占比	金额	同比增长	占比
东盟	1545.7	45.0	11.1	2083.2	4.4	10.6
中国香港	122.6	40.9	0.9	129.0	-20.7	0.7
中国澳门	1.2	-49.8	0.0	2.1	-46.8	0.0
智利	178.0	37.9	1.3	210.4	1.6	1.1
巴基斯坦	17.3	37.2	0.1	27.6	-13.8	0.1
新西兰	37.6	51.7	0.3	95.1	15.2	0.5

续 表

自贸伙伴	2010 年			2014 年		
	金额	同比增长	占比	金额	同比增长	占比
新加坡	247.1	38.8	1.8	308.3	2.4	1.6
秘鲁	61.7	38.6	0.5	82.0	-2.5	0.4
哥斯达黎加	31.1	17.4	0.2	41.9	-12.0	0.2
中国台湾	1156.9	35.0	8.3	1520.3	-2.8	7.8
冰岛	0.4	24.3	0.0	0.6	-21.2	0.0
瑞士	170.4	147.4	1.2	404.9	-28.0	2.1
20 个伙伴合计	3322.9	43.4	23.8	4597.1	-3.1	23.5
17 个伙伴合计（港澳台除外）	2042.2	48.9	14.6	2945.6	-2.1	15.0
世界	13948.3	38.7	100.0	19602.9	0.4	100.0

数据来源：中国海关统计。

三、中国与自贸协定伙伴国的投资合作

表 7　2010 和 2013 年我国实际利用自贸伙伴外资情况

单位：亿美元，%

伙伴	2010 年		2013 年	
	金额	占比	金额	占比
东盟	63.2	6.0	83.5	7.1
中国香港	605.7	57.3	734.0	62.4
中国澳门	6.6	0.6	4.6	0.4
智利	0.0	0.0	0.2	0.0
巴基斯坦	0.1	0.0	0.2	0.0

续 表

伙伴	2010年		2013年	
	金额	占比	金额	占比
新西兰	1.4	0.1	0.7	0.1
新加坡	54.3	5.1	72.3	6.1
秘鲁	0.0	0.0	0.0	0.0
哥斯达黎加	0.0	0.0	0.0	0.0
中国台湾	24.8	2.3	20.9	1.8
冰岛	0.0	0.0	0.1	0.0
瑞士	2.6	0.2	3.1	0.3
20个伙伴合计	704.3	66.6	847.2	72.1
17个伙伴合计（港澳台除外）	67.3	6.4	87.8	7.5
世界	1057.3	100.0	1175.9	100.0

数据来源：中国统计年鉴2011、2014。

表8　2010和2013年我国对自贸伙伴投资情况

单位：亿美元，%

自贸伙伴	2010年				2013年			
	投资流量	流量占比	投资存量	存量占比	投资流量	流量占比	投资存量	存量占比
东盟	44.0	6.4	126.1	4.0	72.6	6.7	356.7	5.4
中国香港	385.1	56.0	1990.6	62.8	628.2	58.3	3770.9	57.1
中国澳门	1.0	0.1	22.3	0.7	3.9	0.4	34.1	0.5
智利	0.3	0.0	1.1	0.0	0.1	0.0	1.8	0.0
巴基斯坦	3.3	0.5	18.3	0.6	1.6	0.1	23.4	0.4
新西兰	0.6	0.1	1.6	0.1	1.9	0.2	5.4	0.1
新加坡	11.2	1.6	60.7	1.9	20.3	1.9	147.5	2.2
秘鲁	1.4	0.2	6.5	0.2	1.1	0.1	8.7	0.1
哥斯达黎加	0.0	0.0	0.0	0.0	0.0	0.0	0.0	0.0

续 表

自贸伙伴	2010年				2013年			
	投资流量	流量占比	投资存量	存量占比	投资流量	流量占比	投资存量	存量占比
中国台湾	0.2	0.0	0.2	0.0	1.8	0.2	3.5	0.1
冰岛	0.0	0.0	0.0	0.0	0.0	0.0	0.0	0.0
瑞士	0.3	0.0	0.6	0.0	1.3	0.1	3.0	0.0
20个伙伴合计	436.2	63.4	2167.3	68.3	712.5	66.1	4207.5	63.7
17个伙伴合计（港澳台除外）	49.9	7.3	154.2	4.9	78.6	7.3	399.0	6.0
世界	688.1	100.0	3172.1	100.0	1078.4	100.0	6604.8	100.0

数据来源：中国商务年鉴2011、2014。

表9　2010和2013年我国在自贸伙伴承包工程情况

单位：亿美元，%

自贸伙伴	2010年				2013年			
	新签合同额	占比	完成营业额	占比	新签合同额	占比	完成营业额	占比
东盟	249.1	18.5	150.3	16.3	242.5	14.1	209.7	15.3
中国香港	29.4	2.2	15.9	1.7	33.8	2.0	30.3	2.2
中国澳门	11.7	0.9	11.4	1.2	8.7	0.5	4.2	0.3
智利	1.6	0.1	0.7	0.1	2.3	0.1	1.1	0.1
巴基斯坦	14.3	1.1	21.1	2.3	54.6	3.2	37.0	2.7
新西兰	0.5	0.0	0.3	0.0	0.6	0.0	1.0	0.1
新加坡	20.5	1.5	22.7	2.5	38.5	2.2	28.1	2.0
秘鲁	3.2	0.2	1.1	0.1	2.2	0.1	3.6	0.3
哥斯达黎加	0.1	0.0	0.5	0.1	6.1	0.4	0.3	0.0
中国台湾	0.6	0.0	1.7	0.2	0.9	0.1	0.3	0.0

续 表

自贸伙伴	2010年				2013年			
	新签合同额	占比	完成营业额	占比	新签合同额	占比	完成营业额	占比
冰岛	0.0	0.0	0.1	0.0	0.0	0.0	0.0	0.0
瑞士	0.4	0.0	0.0	0.0	0.1	0.0	0.2	0.0
20个伙伴合计	310.9	23.1	203.2	22.0	351.8	20.5	287.7	21.0
17个伙伴合计（港澳台除外）	269.2	20.0	174.2	18.9	308.4	18.0	252.9	18.4
世界	1343.7	100.0	921.7	100.0	1716.3	100.0	1371.4	100.0

数据来源：中国商务年鉴2011、2014。

四、世界大型自贸区的进展跟踪

表10 TPP谈判进展

	时间	地点	主要内容
第一轮	2010年3月15—19日	澳大利亚墨尔本	讨论了APEC成员参加TPP的问题，主要涉及建立互信、推动自由贸易、消除非关税贸易壁垒、促进电子商务和服务业发展以及保护知识产权等议题。
第二轮	2010年6月14—18日	美国旧金山	主要讨论了市场准入谈判的程序、各成员已缔结的FTA与TPP的调和方式以及中小企业优先、规则一致性、竞争力、供应链、发展与区域整合等问题。

续 表

	时间	地点	主要内容
第三轮	2010 年 10 月 4—9 日	文莱	马来西亚正式加入谈判。 24 个谈判小组分别就工业品、农产品、纺织品以及标准、服务投资、金融服务、知识产权、政府采购、竞争、劳工和环境进行了讨论，各方还就如何促进对接、发展地区管理统一性、促使中小企业更好利用协定等进行了讨论。
第四轮	2010 年 12 月 6—10 日	新西兰奥克兰	越南由观察员转为正式成员。 24 个谈判小组分别讨论了削减关税、非关税壁垒的市场准入问题以及知识产权、通关手续、商务活动、劳动、贸易的技术壁垒、政府采购、竞争政策、投资、卫生植物检疫措施、原产地规则、服务贸易、环境、电子商务等议题，并开始协商部分草案。
第五轮	2011 年 2 月 14—18 日	智利圣地亚哥	各方就货物贸易出价展开讨论，同意 3 月份交换服务贸易、投资和政府采购出价；谈判小组开始考虑如何更好地制定原产地规则，并就促进竞争和商业便利化、推动中小企业参与国际贸易、深化 TPP 成员间的供应链、促进贸易便利化等问题进行磋商。
第六轮	2011 年 3 月 27 日—4 月 1 日	新加坡	货物贸易谈判涵盖了所有部门市场准入的最初出价，在产品特定原产地规则方面取得进展；就服务、投资和政府采购出价进行讨论；对协定法律框架和争端解决机制进行实质性讨论；成立针对水平议题（如提高竞争力、提高供应链无缝化等）的谈判小组；电子商务、知识产权和环境工作小组也进行了富有成果的讨论。

续 表

	时间	地点	主要内容
第七轮	2011 年 6 月 20—24 日	越南 胡志明市	就通信、海关合作、环境、商品贸易、服务贸易、投资、政府采购、竞争政策等领域进行了讨论并提出一些新倡议；在扶持中小企业发展、提高成员国经济发展能力、缩小成员国发展差距等方面达成共识。
第八轮	2011 年 9 月 6—15 日	美国 芝加哥	各方继续就将于 11 月在檀香山举行的 APEC 会议上达成的总体框架问题进行了讨论；对服务、金融服务、投资、海关、电信、知识产权、政府采购、卫生和植物检疫措施和环境保护进行了讨论；部分谈判小组也同步进行双边会议。
第九轮	2011 年 10 月 22—29 日	秘鲁 利马	协议文本的部分章节取得重要进展，包括卫生和植物检疫问题、技术性贸易壁垒和原产地规则；在国有企业章节提出一些新的倡议，并在竞争政策工作组进行了讨论；货物、服务、投资、政府采购的市场准入谈判稳步推进；各方积极讨论知识产权和透明度等敏感议题，但并未取得实质进展。
TPP 首脑会议	2011 年 11 月 12 日	美国 夏威夷	九国领导人共同声明 TPP 总体框架已经完成，今后将更加努力达成 TPP 协定。
第十轮	2011 年 12 月 5—9 日	马来西亚 吉隆坡	少数谈判小组在马来西亚会面，并对原产地规则、服务、投资和知识产权议题进行了讨论；对工业产品、农产品和纺织品的市场准入进行了会谈；减少了议题分歧，在有关市场准入的法律文本和协商安排上取得了重要进展。

续 表

	时间	地点	主要内容
第十一轮	2012 年 3 月 1—9 日	澳大利亚墨尔本	本轮谈判是在 2011 年 11 月 APEC 会议后，谈判小组举行的第一次集体谈判。九国进一步明确了吸纳新成员的标准，除须对 TPP 合作目标有共识之外，新成员还必须接受九国已达成的协定，并不能对将要达成协议的部分提出异议；在监管一致性、透明度、竞争、商务促进、中小企业利益和发展等议题上取得显著进展。
第十二轮	2012 年 5 月 8—18 日	美国达拉斯	谈判小组对协定文本中二十多章的内容有清晰的解决路径，一些尚不能解决的敏感议题将列入后续解决的特定工作计划中。在货物、服务、投资、电信、电子商务、政府采购、海关、知识产权、劳工和竞争议题取得一定进展，并结束了中小企业这一章节；对市场准入议题进行了讨论但未取得实质性进展；规划时间表等问题也未得到解决。
第十三轮	2012 年 7 月 2—10 日	智利圣地亚哥	在海关、跨境贸易服务、电信、政府采购、竞争政策、合作和能力建设议题上取得重大进展；对原产地规则、投资、金融服务和临时条目等议题进行了讨论；谈判代表还对工业品、农产品和纺织品的市场准入以及促进服务市场自由化，利用区域内供应链进行了讨论并达成共识。
TPP 部长级会议	2012 年 9 月 6 日	俄罗斯海参崴	各国贸易部长向领导人提供了一份报告，列出了 TPP 谈判以来取得的实质性进展。TPP 领导人确认了他们的承诺，将尽快达成全面的 TPP 协定，并欢迎新成员加拿大和墨西哥加入谈判小组。

续 表

	时间	地点	主要内容
第十四轮	2012 年 9 月 6—15 日	美国 里斯堡	谈判小组就环境、卫生和植物检疫问题，纺织品和原产地规则和海关、市场准入、劳动力、金融服务和非相容的措施、电信、法律问题等议题进行了探讨。
第十五轮	2012 年 12 月 3—12 日	新西兰 奥克兰	墨西哥和加拿大正式加入谈判。 各方对减少政治干预，缩小地区差异达成共识，并就乳制品、服装、鞋类、糖等市场准入问题进行探讨；对环境、知识产权等议题也进行了深入讨论但并未取得实质进展。
第十六轮	2013 年 3 月 4—13 日	新加坡	谈判在监管一致性、电信、关税和开发等议题已经取得了较大进展；对服务、电子商务、动植物卫生检疫措施、技术性贸易壁垒和政府采购进行了讨论；对知识产权、环境、竞争和劳工等“更具挑战性”的领域进行了深入探讨。
第十七轮	2013 年 5 月 15—24 日	秘鲁 利马	各方讨论了卫生和植物检疫措施、贸易救济措施、劳工、政府采购、跨境服务贸易和法律和制度问题等章节，并取得重大进展；推进其他章节的协定文本进程，包括技术贸易壁垒，电子商务、原产地规则、投资、金融服务、透明度和其他问题；讨论了部分突出议题并就下一步将在知识产权、环境和竞争上减少分歧达成共识。
第十八轮	2013 年 7 月 15—25 日	马来西亚 哥打基纳巴卢	日本正式加入谈判。 谈判解决了协定各章节中更多的技术性议题；谈判已经进入另一个阶段，需要解决更加困难和更敏感的议题，谈判代表继续探讨知识产权、环境和国有企业等敏感议题，努力减少分歧，在这些领域达成共识。

续 表

	时间	地点	主要内容
第十九轮	2013 年 8 月 24—30 日	文莱 斯里巴加湾市	促进协定文本部分章节的技术性问题的解决，包括市场准入、原产地规则、投资、金融服务、知识产权、竞争和环境等；为相互进入市场提供便利，包括货物、服务、投资、金融服务、临时入境和政府采购的市场准入；继续就劳工等突出问题进行讨论。
TPP 首脑会议	2013 年 10 月 8 日	印度尼西亚 巴厘岛	十二国领导人发表联合声明，称有望当年达成高质量的 TPP 协定，并将继续解决悬而未决的问题，在发展水平多样性的基础上实现各国利益共享。
TPP 会议	2013 年 11 月 19—24 日	美国 犹他州盐湖城	十二成员国解决了大量悬而未决的问题，包括关于知识产权、跨境服务贸易、临时入境、环境、市场准入、国有企业投资、金融服务、卫生和植物检疫、政府采购、劳工、电子商务、法律机制、技术贸易壁垒和原产地规则。
TPP 部长级会议	2013 年 12 月 7—10 日	新加坡	十二国部长会面，对 TPP 协定的完成取得实质性进展；对文本中多数关键的突出议题划定潜在“着陆区”，继续灵活处理市场准入等敏感议题。
TPP 部长级会议	2014 年 2 月 22—25 日	新加坡	TPP 协定达成取得重要进展，通过广泛的双边会谈，在市场准入方面取得进展。
TPP 部长级会议	2014 年 3 月 19—20 日	越南 胡志明市	进一步讨论市场准入问题，推进敏感议题的规则制定，就尽快达成 TPP 协定形成共识。
TPP 会议	2014 年 7 月 3—12 日	加拿大 渥太华	首席谈判代表和行者人员对敏感议题进行进一步讨论，包括劳工、国有企业、知识产权和市场准入。

续 表

	时间	地点	主要内容
TPP会议	2014年9月1—10日	越南河内	为进一步实现达成协定的目标，成员国首席谈判代表进行了为期10天的集体会议。稳步推进国有企业、知识产权、投资、原产地规则、透明度和反腐败、劳工权利和环境保护等议题的条款进程。继续推动货物、服务、投资、金融服务、政府采购优先进入成员国市场，并承诺促进商务人员流动便利化。
TPP部长级会议	2014年10月25—27日	澳大利亚悉尼	就市场准入和规则制定进行进一步磋商，在知识产权、国有企业和环境等方面取得进展，并讨论了投资规则和政府采购。
TPP贸易部长和首脑会议	2014年11月8—10日	中国北京	通过了《TPP贸易部长对领导人的报告》，发布了《TPP领导人声明》。各国领导人指示贸易部长要将达成协定作为优先目标，TPP谈判已“进入最后的焦点阶段”。
TPP会议	2014年12月	美国华盛顿	推进解决国有企业、环境保护、原产地规则和纺织品等议题；市场准入和法律问题也在本次谈判中进行了进一步探讨。
TPP会议	2015年1月末—2月初	美国纽约	继续推进市场准入议题的讨论，并取得重大进展；协定草案的文本取得显著进展，TPP谈判接近尾声；下一次谈判预计将于2015年3月9—15日在夏威夷举行。

表 12　TTIP 谈判进展

	时间	地点	主要内容
第一轮	2013 年 7 月 8—12 日	美国华盛顿	首轮 TTIP 谈判强调了谈判的重要性并制定了谈判计划；讨论了投资、政府采购、跨境服务、纺织品、原产地规则、能源和原材料、卫生和植物检疫措施、法律等 20 项议题；美国和欧盟的首席谈判代表进行了会晤。
第二轮	2013 年 11 月 11—15 日	比利时布鲁塞尔	本轮谈判重点讨论了投资规则、服务贸易以及监管一致性、技术贸易壁垒、能源和原材料、卫生和植物卫生措施等议题；除直接谈判外，美欧还进行了视频会议，讨论了医疗措施、知识产权、竞争政策以及中小企业等相关议题。
第三轮	2013 年 12 月 16—20 日	美国华盛顿	本轮谈判就服务和政府采购的市场准入问题、竞争、贸易便利化、劳工、能源和原材料、卫生和植物检疫壁垒、知识产权、劳动和贸易问题、纺织品、中小企业、监管一致性和行业监管模式进行了讨论；谈判小组与来自商界、消费者、劳工组织、环境保护组织等领域的 350 多名代表进行沟通，听取他们对 TTIP 谈判的建议。
第四轮	2014 年 3 月 10—14 日	比利时布鲁塞尔	本轮谈判在市场准入、监管规则和贸易规则取得稳步进展；主要讨论了关税、贸易服务、政府采购、监管一致性、技术性壁垒、卫生与植物检疫措施劳工与环境保护、能源与原材料贸易、海关与贸易便利化等议题；谈判小组与来自各界的 300 多名代表进行沟通，听取他们对 TTIP 谈判的建议。

续 表

	时间	地点	主要内容
第五轮	2014 年 5 月 19—23 日	美国 阿林顿	本轮谈判就货物贸易、服务贸易、投资、政府采购、知识产权、电子商务和电信、环境、劳工、中小企业、能源与原材料、市场准入等议题进行广泛讨论；谈判从讨论基本框架转为主要议题协商，进入文本谈判阶段。
第六轮	2014 年 7 月 14—18 日	比利时 布鲁塞尔	本轮谈判就关税减让、技术标准和审批程序进行了进一步协商；就相互开放服务、投资和政府采购领域的市场的可能性进行了讨论。
第七轮	2014 年 9 月 29 日—10 月 3 日	美国 切维蔡斯	本轮谈判就服务业市场准入、技术法规与标准、减少监管差异等议题的文本草案进行了讨论；重点探讨了协定的监管问题，涉及一般技术法规、技术标准、监管一致性、卫生与植物检疫措施，以及医药、汽车、化学品和工程等具体行业的监管兼容程度。
第八轮	2015 年 2 月 2 日—8 日	比利时 布鲁塞尔	本轮谈判主要涉及关税和监管合作，并讨论了所有交叉监管领域的协议文本用语，包括监管一致性、贸易技术壁垒等。

五、主要国家自贸区的建设情况

表 11　美国签署的自贸协定情况

序号	名称	签署日期	生效日期
1	美国—以色列自贸协定	1985. 04. 22	1985. 08. 19
2	北美自贸协定	1992. 12. 17	1994. 01. 01
3	美国—约旦自贸协定	2000. 10. 24	2001. 12. 17
4	美国—新加坡自贸协定	2003. 05. 06	2004. 01. 01
5	美国—智利自贸协定	2003. 06. 30	2004. 01. 01
6	美国—澳大利亚自贸协定	2004. 05. 18	2005. 01. 01
7	美国—摩洛哥自贸协定	2004. 06. 15	2006. 01. 01
8	美国—中美州自贸协定	2004. 08. 05	2006. 05. 01
9	美国—巴林自贸协定	2005. 09. 14	2006. 01. 11
10	美国—阿曼自贸协定	2006. 01. 19	2009. 01. 01
11	美国—秘鲁自贸协定	2006. 04. 12	2009. 02. 01
12	美国—哥伦比亚自贸协定	2006. 11. 22	2012. 05. 15
13	美国—巴拿马自贸协定	2007. 06. 28	2012. 10. 31
14	美国—韩国自贸协定	2007. 06. 30	2012. 05. 12

资料来源:根据世贸组织与各国 FTA 官方网站资料整理。

表 12　欧盟签署的自贸协定情况

序号	名称	签署日期	生效日期
1	欧盟—瑞士—卢森堡自贸协定	1972. 07. 22	1973. 01. 01
2	欧盟—冰岛自贸协定	1972. 12. 19	1973. 04. 01
3	欧盟—挪威自贸协定	1973. 05. 14	1973. 07. 01
4	欧盟—叙利亚自贸协定	1977. 01. 18	1977. 07. 01
5	欧盟—安道尔关税同盟	1991. 06. 28	1991. 07. 01
6	欧盟—圣马力诺共和国自贸协定	1991. 12. 16	2002. 04. 01

续 表

序号	名称	签署日期	生效日期
7	欧盟经济区(EEA)	1992.05.02	1994.01.01
8	欧盟—土耳其关税同盟	1995.03.06	1996.01.01
9	欧盟—突尼斯自贸协定	1995.07.07	1998.03.01
10	欧盟—以色列自贸协定	1995.11.20	2000.06.01
11	欧盟—摩洛哥自贸协定	1996.02.26	2000.03.01
12	欧盟—法罗群岛	1996.12.06	1997.01.01
13	欧盟—约旦自贸协定	1997.11.24	2002.05.01
14	欧盟—墨西哥自贸协定 & 经济一体化协定	1997.12.08	2000.07.01（货物贸易协定生效）2000.10.01（服务贸易协定生效）
15	欧盟—南非自贸协定	1999.10.11	2000.01.01
16	欧盟—前南斯拉夫马其顿共和国自贸协定 & 经济一体化协定	2001.04.09	2001.06.01（货物贸易协定生效）2004.04.01（服务贸易协定生效）
17	欧盟—埃及自贸协定	2001.06.25	2004.06.01
18	欧盟—阿尔及利亚自贸协定	2002.04.22	2005.09.01
19	欧盟—黎巴嫩自贸协定	2002.06.17	2003.03.01
20	欧盟—智利自贸协定 & 经济一体化协定	2002.11.18	2003.02.01（货物贸易协定生效）2005.03.01（服务贸易协议生效）

续 表

序号	名称	签署日期	生效日期
21	欧盟—阿尔巴尼亚自贸协定	2006.06.12	2006.12.01（货物贸易协定生效） 2009.04.01（服务贸易协定生效）
22	欧盟—黑山共和国自贸协定 & 经济一体化协定	2007.10.15	2008.01.01（货物贸易协定生效） 2010.05.01（服务贸易协定生效）
23	欧盟—塞尔维亚自贸协定 & 经济一体化协定	2008.04.29	2010.02.01（货物贸易协定生效） 2013.09.01（服务贸易协定生效）
24	欧盟—波斯尼亚和黑塞哥维那自贸协定	2008.06.16	2008.07.01
25	欧盟—加勒比论坛国经济伙伴关系协定（EPA）	2008.10.15	2008.11.01
26	欧盟—科特迪瓦自贸协定	2008.11.26	2009.01.01
27	欧盟—喀麦隆自贸协定	2009.01.15	2014.08.04
28	欧盟—巴布新几内亚/斐济自贸协定	2009.07.30	2009.12.20
29	欧盟—东部和南部非洲国家临时 EPA	2009.08.29	2012.05.14
30	欧盟—韩国自贸协定 & 经济一体化协定	2010.10.06	2011.07.01
31	欧盟—哥伦比亚和秘鲁自贸协定 & 经济一体化协定	2012.06.26	2013.03.01

续 表

序号	名称	签署日期	生效日期
32	欧盟—中美洲自贸协定 & 经济一体化协定	2012. 06. 29	2013. 08. 01
33	欧盟—格鲁吉亚自贸协定 & 经济一体化协定	2014. 06. 27	2014. 09. 01
34	欧盟—摩尔多瓦共和国自贸协定 & 经济一体化协定	2014. 06. 27	2014. 09. 01
35	欧盟—乌克兰自贸协定 & 经济一体化协定	2014. 06. 27	2014. 09. 01

资料来源：根据世贸组织与各国 FTA 官方网站资料整理。

表 13 日本签署的自贸协定情况

序号	名称	签署日期	生效日期
1	日本—瑞士自由贸易和经济伙伴关系协定	2009. 02. 19	2009. 09. 01
2	日本—越南经济伙伴关系协定	2008. 12. 25	2009. 10. 01
3	日本—东盟全面经济伙伴关系协定	2008. 4. 14	2008. 12. 1（新加坡、老挝、越南、缅甸）（同文莱 2009. 1. 1. 同马拉西亚 2009. 2. 1. 同泰国 2009. 6. 1. 同柬埔寨 2009. 12. 1. 同菲律宾 2010. 7. 1.）
4	日本—印尼经济伙伴关系协定	2007. 08. 20	2008. 07. 01
5	日本—文莱经济伙伴关系协定	2007. 06. 18	2008. 07. 31
6	日本—泰国经济伙伴关系协定	2007. 04. 03	2007. 11. 01
7	日本—智利战略经济伙伴关系协定	2007. 03. 27	2007. 09. 03
8	日本—菲律宾经济伙伴关系协定	2006. 09. 09	2008. 12. 11
9	日本—马来西亚经济伙伴关系协定	2005. 12. 13	2006. 07. 13

续 表

序号	名称	签署日期	生效日期
10	日本—墨西哥加强经济伙伴关系协定	2004. 09. 17	2005. 04. 01
11	日本—新加坡新时期经济伙伴关系协定	2002. 01. 13	2002. 11. 30
12	日本—印度全面经济伙伴关系协定	2011. 02. 16	2011. 08. 01
13	日本－秘鲁经济伙伴关系协定	2011. 05. 31	2012. 03. 01

资料来源：根据世贸组织与各国 FTA 官方网站资料整理。

表 14　韩国签署的自贸协定情况

序号	名称	签署日期	生效日期
1	韩国—秘鲁自贸协定	2011. 03. 21	2011. 08. 01
2	韩国—美国自贸协定	2011. 02. 10	2012. 03. 15
3	韩国—欧盟自贸协定	2010. 10. 06	2011. 07. 01
4	韩国—印度自贸协定	2009. 08. 07	2010. 01. 01
5	韩国—东盟自贸协定	2006. 08. 24（货物） 2007. 11. 21（服务） 2009. 06. 02（投资）	2007. 06. 01（货物） 2009. 05. 01（服务） 2009. 09. 01（投资）
6	韩国—欧洲自贸联盟自贸协定	2005. 12. 15	2006. 09. 01
7	韩国—新加坡自贸协定	2005. 08. 04	2006. 03. 02
8	韩国—智利自贸协定	2003. 02. 15	2004. 04. 01
9	韩国－土耳其自贸协定	2012. 08. 01	2003. 05. 01
10	韩国－澳大利亚自贸协定	2014. 08. 04	2014. 12. 12
11	韩国－加拿大自贸协定	2014. 09. 23	2015. 01. 01

资料来源：根据世贸组织与各国 FTA 官方网站资料整理。

表15　东盟签署的自贸协定情况

序号	名称	签署日期	生效日期
1	东盟—中国自贸协定	2002年签署《全面经济合作框架协议》 2004年签署《货物贸易协议》《争端解决机制协议》 2007年签署《服务贸易协议》 2009年签署《投资协议》	2005.07货物协议生效 2007.07服务协议生效 2010.02投资协议生效
2	东盟—日本经济伙伴协定	2003年签署《东盟—日本全面经济合作伙伴框架协议》 2008年签署《东盟—日本全面经济伙伴（EPA）协议》 目前，新加坡、泰国、马来西亚、文莱、印尼、菲律宾和越南等东盟七国已与日本单独达成EPA协议。	2008.12生效
3	东盟—韩国自贸协定	2005年签署《全面经济合作框架协议》及该框架下的《争端解决机制》 2006年签署《货物贸易协议》（泰国未签字） 2007年签署《服务贸易协议》（泰国未签字） 2009年签署《投资协议》、《关于泰国加入服务贸易协议的议定书》、《关于泰国加入货物贸易协议的议定书》	2007.06货物协议生效 2009.05服务协议生效 2009.09投资协议生效

续 表

序号	名称	签署日期	生效日期
4	东盟—澳新自贸协定	2004 年:《东盟—澳新纪念峰会上领导人的联合声明》提出要建立 FTA 2009 年:《建立东盟—澳新自由贸易区的协定》	2010. 01 生效
5	东盟—印度自贸协定	2003 年:《全面经济合作框架协议》 2009 年:《货物贸易协议》《争端解决机制》《全面经济合作框架协议的修正》 2012 年 12 月:完成服务贸易和投资谈判	2010. 01 货物协议生效

资料来源: 根据世贸组织与各国 FTA 官方网站资料整理。

表 16　澳大利亚签署的自贸协定情况

序号	名称	签署日期	生效日期
1	澳大利亚—巴布新几内亚自贸协定（CER）	1976. 11. 06	1977. 02. 01
2	澳大利亚—新西兰自贸协定	1983. 01	1983. 03
3	澳大利亚—新加坡自贸协定	2003. 02	2003. 07
4	澳大利亚—美国自贸协定	2004. 05	2005. 01
5	澳大利亚—泰国自贸协定	2004. 07	2005. 01
6	跨太平洋战略经济伙伴协定（P4）	2005. 07	2006. 05
7	澳大利亚—智利自贸协定	2008. 07	2009. 03
8	澳大利亚、新西兰—东盟自贸协定	2009. 02	2010. 01
9	澳大利亚—马来西亚自贸协定	2012. 05	2013. 01
10	澳大利亚—韩国自贸协定与经济一体化协定	2014. 04. 08	2014. 12. 12
11	澳大利亚—日本自贸协定与经济一体化协定	2014. 07. 08	2015. 01. 15

资料来源: 根据世贸组织与各国 FTA 官方网站资料整理。

表 17 新西兰签署的自贸协定情况

序号	名称	签署日期	生效日期
1	澳大利亚—新西兰自贸协定	1983.01	1983.03
2	新西兰—新加坡自贸协定	2000.11	2001.01
3	新西兰—泰国自贸协定	2005.04	2005.07
4	跨太平洋战略经济伙伴协定（P4）	2005.07	2006.05
5	新西兰—中国自贸协定	2008.04	2008.10
6	澳大利亚、新西兰—东盟自贸协定	2009.02	2010.01
7	新西兰—马来西亚自贸协定	2009.10	2010.08
8	新西兰—中国香港自贸协定	2010.03	2011.01
9	新西兰—中国台北自贸协定	2013.07.01	2013.12.01

资料来源：根据世贸组织与各国 FTA 官方网站资料整理。

表 18 印度签署的自贸协定情况

序号	名称	签署日期	生效日期
1	印度—斯里兰卡自由贸易协定（FTA）	1998.12	2001.12
2	印度—阿富汗优惠贸易协定（PTA）	2003.03	2003.05
3	印度—新加坡全面经济合作协定（CECA）	2005.06	2005.08
4	南亚自由贸易区（SAFTA）协定	2004.01	2006.01
5	印度—南共市（MERCOSUR）优惠贸易协定（PTA）	2004.01	2009.06
6	印度—智利优惠贸易协定（PTA）	2006.03	2007.08
7	印度—不丹贸易、商业和运输协定	2006.07	2006.07
8	印度—韩国全面经济伙伴协定（CEPA）	2009.08	2010.01
9	印度—东盟全面经济合作框架协定下的货物贸易协定	2009.08	2010.01
10	印度—尼泊尔贸易条约（修订）	2009.10	2009.10
11	印度—日本全面经济伙伴协定（CEPA）	2011.02	2011.08

续 表

序号	名称	签署日期	生效日期
12	印度—马来西亚全面经济合作协定（CECA）	2011.02	2011.07
13	印度—东盟全面经济合作框架协定下的服务贸易协定	2014.11	未生效
14	印度—东盟全面经济合作框架协定下的投资协定	2014.11	未生效

资料来源：根据世贸组织与各国 FTA 官方网站资料整理。

六、欧美与自贸伙伴的贸易情况

表 19　2013 年欧盟 28 国与自贸伙伴进出口情况

伙伴	出口		进口	
	金额（亿欧元）	占比（%）	金额（亿欧元）	占比（%）
中美洲（CENTRAL AMERICA）*	55	0.3	65	0.4
智利	93	0.5	89	0.5
哥伦比亚	59	0.3	76	0.5
欧洲自由贸易联盟（EFTA）*	2224	12.8	1885	11.2
欧盟地中海（EUROMED）*	940	5.4	726	4.3
韩国	399	2.3	358	2.1
墨西哥	274	1.6	175	1.0
秘鲁	35	0.2	53	0.3
新加坡	291	1.7	176	1.0
南非	245	1.4	156	0.9
土耳其	776	4.5	506	3.0
乌克兰	239	1.4	139	0.8

续 表

伙伴	出口		进口	
	金额（亿欧元）	占比（%）	金额（亿欧元）	占比（%）
西巴尔干（WESTERN BALKANS）*	221	1.3	138	0.8
经济伙伴协定（EPAs）*	208	1.2	256	1.5
合计	6058	34.9	4799	28.5

注：中美洲（CENTRAL AMERICA）包括哥斯达黎加、萨尔瓦多、危地马拉、洪都拉斯、尼加拉瓜和巴拿马6国；

欧洲自由贸易联盟（EFTA）包括冰岛、列支敦士登、挪威和瑞士4国；

欧盟地中海（EUROMED）包括阿尔及利亚、埃及、以色列、约旦、黎巴嫩、摩洛哥、巴勒斯坦、叙利亚和突尼斯9国；

西巴尔干（WESTERN BALKANS）包括阿尔巴尼亚、波斯尼亚和黑塞哥维那、前南斯拉夫的马其顿共和国、黑山、塞尔维亚、科索沃6国；

经济伙伴协定（EPAs）包括喀麦隆，加勒比论坛（安提瓜和巴布达、巴哈马、巴巴多斯、伯利兹、多米尼克、多米尼加共和国、格林纳达、圭亚那、海地、牙买加、圣基茨和尼维斯、圣卢西亚、圣文森特和格林纳丁斯、苏里南、特立尼达和多巴哥15国），东非共同体（布隆迪、肯尼亚、卢旺达、坦桑尼亚、乌干达5国），东南非（科摩罗、马达加斯加、毛里求斯、塞舌尔、津巴布韦和赞比亚6国），太平洋（斐济、巴布亚新几内亚2国），南部非洲发展共同体（博茨瓦纳、莱索托、莫桑比克、纳米比亚、斯威士兰5国），西非（科特迪瓦、加纳2国）。

资料来源：欧盟统计局。

表20　2013年美国与自贸伙伴进出口情况

伙伴	出口		进口	
	金额（亿欧元）	占比（%）	金额（亿欧元）	占比（%）
加拿大	3016.1	19.1	3325.5	14.7
墨西哥	2260.8	14.3	2805.3	12.4
哥斯达黎加	72.2	0.5	119.1	0.5

续 表

伙伴	出口		进口	
	金额（亿欧元）	占比（%）	金额（亿欧元）	占比（%）
多米尼加共和国	71.6	0.5	42.6	0.2
萨尔瓦多	32.7	0.2	24.4	0.1
危地马拉	55.6	0.4	41.7	0.2
洪都拉斯	53.7	0.3	45.4	0.2
尼加拉瓜	10.6	0.1	28.1	0.1
澳大利亚	261.3	1.7	92.7	0.4
巴林	10.2	0.1	6.4	0.0
智利	175.2	1.1	103.8	0.5
哥伦比亚	183.9	1.2	216.3	1.0
以色列	137.5	0.9	228.1	1.0
约旦	20.8	0.1	12.0	0.1
韩国	417.2	2.6	623.9	2.8
摩洛哥	24.8	0.2	9.8	0.0
阿曼	15.7	0.1	10.2	0.0
巴拿马	105.6	0.7	4.5	0.0
秘鲁	101.0	0.6	81.2	0.4
新加坡	306.7	1.9	178.4	0.8
合计	7333.2	46.4	7999.4	35.3

资料来源：美国商务部。

附录2：中国自由贸易试验区总体方案

国务院关于印发进一步深化中国（上海）自由贸易试验区改革开放方案的通知

（国发〔2015〕21号）

中国（上海）自由贸易试验区（以下简称自贸试验区）运行以来，围绕加快政府职能转变，推动体制机制创新，营造国际化、市场化、法治化营商环境等积极探索，取得了重要阶段性成果。为贯彻落实党中央、国务院关于进一步深化自贸试验区改革开放的要求，深入推进《中国（上海）自由贸易试验区总体方案》确定的各项任务，制定本方案。

一、总体要求

（一）指导思想

全面贯彻落实党的十八大和十八届二中、三中、四中全会精神，按照党中央、国务院决策部署，紧紧围绕国家战略，进一步解放思想，坚持先行先试，把制度创新作为核心任务，把防控风险作为重要底线，把企业作为重要主体，以开放促改革、促发展，加快政府职能转变，在更广领域和更大空间积极探索以制度创新推动全面深化改革的新路径，率先建立符合国际化、市场化、法治化要求的投资和贸易规则体系，使自贸试验区成为我国进一步融入经济全球化的重要载体，推动“一带一路”建设和长江经济带发展，做好可复制可推广经验总结推广，更好地发挥示范引领、服务全国的积极作用。

（二）发展目标

按照党中央、国务院对自贸试验区“继续积极大胆闯、大胆试、自主改”、“探索不停步、深耕试验区”的要求，深化完善以负面清单管理为核心的投资管理制度、以贸易便利化为重点的贸易监管制度、以资本项目可兑换和金融服务业开放为目标的金融创新制度、以政府职能转变为核心的事中事后监管制度，形成与国际投资贸易通行规则相衔接的制度创新体系，充分发挥金融贸易、先进制造、科技创新等重点功能承载区的辐射带动作用，力争建设成为开放度最高的投资贸易便利、货币兑换自由、监管高效便捷、法制环境规范的自由贸易园区。

（三）实施范围

自贸试验区的实施范围 120.72 平方公里，涵盖上海外高桥保税区、上海外高桥保税物流园区、洋山保税港区、上海浦东机场综合保税区 4 个海关特殊监管区域（28.78 平方公里）以及陆家嘴金融片区（34.26 平方公里）、金桥开发片区（20.48 平方公里）、张江高科技片区（37.2 平方公里）。

自贸试验区土地开发利用须遵守土地利用法律法规。浦东新区要加大自主改革力度，加快政府职能转变，加强事中事后监管等管理模式创新，加强与上海国际经济、金融、贸易、航运中心建设的联动机制。

二、主要任务和措施

（一）加快政府职能转变

1. 完善负面清单管理模式。

推动负面清单制度成为市场准入管理的主要方式，转变以行政审批为主的行政管理方式，制定发布政府权力清单和责任清单，进一步厘清政府和市场的关系。强化事中事后监管，推进监管标准规范制度建设，加快形成行政监管、行业自律、社会监督、公众参与的综合监管体系。

2. 加强社会信用体系应用。

完善公共信用信息目录和公共信用信息应用清单，在市场监管、城市管理、社会治理、公共服务、产业促进等方面，扩大信用信息和信用产品应用，强化政府信用信息公开，探索建立采信第三方信用产品和服务的制度安排。支持信用产品开发，促进征信市场发展。

3. 加强信息共享和服务平台应用。

加快以大数据中心和信息交换枢纽为主要功能的信息共享和服务平台建设，扩大部门间信息交换和应用领域，逐步统一信息标准，加强信息安全保障，推进部门协同管理，为加强事中事后监管提供支撑。

4. 健全综合执法体系。

明确执法主体以及相对统一的执法程序和文书，建立联动联勤平台，完善网上执法办案系统。健全城市管理、市场监督等综合执法体系，建立信息共享、资源整合、执法联动、措施协同的监管工作机制。

5. 健全社会力量参与市场监督制度。

通过扶持引导、购买服务、制定标准等制度安排，支持行业协会和专业服务机构参与市场监督。探索引入第三方专业机构参与企业信息审查等事项，建立社会组织与企业、行业之间的服务对接机制。充分发挥自贸试验区社会参与委员会作用，推动行业组织诚信自律。试点扩大涉外民办非企业单位登记范围。支持全国性、区域性行业协会入驻，探索引入竞争机制，在规模较大、交叉的行业以及新兴业态中试行“一业多会、适度竞争”。

6. 完善企业年度报告公示和经营异常名录制度。

根据《企业信息公示暂行条例》，完善企业年度报告公示实施办法。采取书面检查、实地核查、网络监测、大数据比对等方式，对自贸试验区内企业年报公示信息进行抽查，依法将抽查结果通过企业信用信息公示系统向社会公示，营造企业自律环境。

7. 健全国家安全审查和反垄断审查协助工作机制。

建立地方参与国家安全审查和反垄断审查的长效机制，配合国家有关部门做好相关工作。在地方事权范围内，加强相关部门协作，实现信息互通、协同研判、执法协助，进一步发挥自贸试验区在国家安全审查和反垄断审查工作中的建议申报、调查配合、信息共享等方面的协助作用。

8. 推动产业预警制度创新。

配合国家有关部门试点建立与开放市场环境相匹配的产业预警体系，

及时发布产业预警信息。上海市人民政府可选择重点敏感产业，通过实施技术指导、员工培训等政策，帮助企业克服贸易中遇到的困难，促进产业升级。

9. 推动信息公开制度创新。

提高行政透明度，主动公开自贸试验区相关政策内容、管理规定、办事程序等信息，方便企业查询。对涉及自贸试验区的地方政府规章和规范性文件，主动公开草案内容，接受公众评论，并在公布和实施之间预留合理期限。实施投资者可以提请上海市人民政府对自贸试验区管理委员会制定的规范性文件进行审查的制度。

10. 推动公平竞争制度创新。

严格环境保护执法，建立环境违法法人“黑名单”制度。加大宣传培训力度，引导自贸试验区内企业申请环境能源管理体系认证和推进自评价工作，建立长效跟踪评价机制。

11. 推动权益保护制度创新。

完善专利、商标、版权等知识产权行政管理和执法体制机制，完善司法保护、行政监管、仲裁、第三方调解等知识产权纠纷多元解决机制，完善知识产权工作社会参与机制。优化知识产权发展环境，集聚国际知识产权资源，推进上海亚太知识产权中心建设。进一步对接国际商事争议解决规则，优化自贸试验区仲裁规则，支持国际知名商事争议解决机构入驻，提高商事纠纷仲裁国际化程度。探索建立全国性的自贸试验区仲裁法律服务联盟和亚太仲裁机构交流合作机制，加快打造面向全球的亚太仲裁中心。

12. 深化科技创新体制机制改革。

充分发挥自贸试验区和国家自主创新示范区政策叠加优势，全面推进知识产权、科研院所、高等教育、人才流动、国际合作等领域体制机制改革，建立积极灵活的创新人才发展制度，健全企业主体创新投入制度，建立健全财政资金支持形成的知识产权处置和收益机制，建立专利导航产业发展工作机制，构建市场导向的科技成果转移转化制度，完善符合创新规律的政府管理制度，推动形成创新要素自由流动的开放合作新局面，在投贷联动金融服务模式创新、技术类无形资产入股、发展新型产业技术研发组织等方面加大探索力度，加快建设具有全球影响力的科技创新中心。

（二）深化与扩大开放相适应的投资管理制度创新

13. 进一步扩大服务业和制造业等领域开放。

探索实施自贸试验区外商投资负面清单制度，减少和取消对外商投资准入限制，提高开放度和透明度。自贸试验区已试点的对外开放措施适用于陆家嘴金融片区、金桥开发片区和张江高科技片区。根据国家对外开放战略要求，在服务业和先进制造业等领域进一步扩大开放。在严格遵照全国人民代表大会常务委员会授权的前提下，自贸试验区部分对外开放措施和事中事后监管措施辐射到整个浦东新区，涉及调整行政法规、国务院文件和经国务院批准的部门规章的部分规定的，按规定程序办理。

14. 推进外商投资和境外投资管理制度改革。

对外商投资准入特别管理措施（负面清单）之外领域，按照内外资一致原则，外商投资项目实行备案制（国务院规定对国内投资项目保留核准的除外）；根据全国人民代表大会常务委员会授权，将外商投资企业设立、变更及合同章程审批改为备案管理，备案后按国家有关规定办理相关手续。对境外投资项目和境外投资开办企业实行以备案制为主的管理方式，建立完善境外投资服务促进平台。试点建立境外融资与跨境资金流动宏观审慎管理政策框架，支持企业开展国际商业贷款等各类境外融资活动。统一内外资企业外债政策，建立健全外债宏观审慎管理制度。

15. 深化商事登记制度改革。

探索企业登记住所、企业名称、经营范围登记等改革，开展集中登记试点。推进“先照后证”改革。探索许可证清单管理模式。简化和完善企业注销流程，试行对个体工商户、未开业企业、无债权债务企业实行简易注销程序。

16. 完善企业准入“单一窗口”制度。

加快企业准入“单一窗口”从企业设立向企业工商变更、统计登记、报关报检单位备案登记等环节拓展，逐步扩大“单一窗口”受理事项范围。探索开展电子营业执照和企业登记全程电子化试点工作。探索实行工商营业执照、组织机构代码证和税务登记证“多证联办”或“三证合一”

登记制度。

（三）积极推进贸易监管制度创新

17. 在自贸试验区内的海关特殊监管区域深化“一线放开”、“二线安全高效管住”贸易便利化改革。

推进海关特殊监管区域整合优化，完善功能。加快形成贸易便利化创新举措的制度规范，覆盖到所有符合条件的企业。加强口岸监管部门联动，规范并公布通关作业时限。鼓励企业参与“自主报税、自助通关、自动审放、重点稽核”等监管制度创新试点。

18. 推进国际贸易“单一窗口”建设。

完善国际贸易“单一窗口”的货物进出口和运输工具进出境的应用功能，进一步优化口岸监管执法流程和通关流程，实现贸易许可、支付结算、资质登记等平台功能，将涉及贸易监管的部门逐步纳入“单一窗口”管理平台。探索长三角区域国际贸易“单一窗口”建设，推动长江经济带通关一体化。

19. 统筹研究推进货物状态分类监管试点。

按照管得住、成本和风险可控原则，规范政策，创新监管模式，在自贸试验区内的海关特殊监管区域统筹研究推进货物状态分类监管试点。

20. 推动贸易转型升级。

推进亚太示范电子口岸网络建设。加快推进大宗商品现货市场和资源配置平台建设，强化监管、创新制度、探索经验。深化贸易平台功能，依法合规开展文化版权交易、艺术品交易、印刷品对外加工等贸易，大力发展知识产权专业服务业。推动生物医药、软件信息等新兴服务贸易和技术贸易发展。按照公平竞争原则，开展跨境电子商务业务，促进上海跨境电子商务公共服务平台与境内外各类企业直接对接。统一内外资融资租赁企业准入标准、审批流程和事中事后监管制度。探索融资租赁物登记制度，在符合国家规定前提下开展租赁资产交易。探索适合保理业务发展的境外融资管理新模式。稳妥推进外商投资典当行试点。

21. 完善具有国际竞争力的航运发展制度和运作模式。

建设具有较强服务功能和辐射能力的上海国际航运中心，不断提高全球航运资源配置能力。加快国际船舶登记制度创新，充分利用现有中资“方便旗”船税收优惠政策，促进符合条件的船舶在上海落户登记。扩大国际中转集拼业务，拓展海运国际中转集拼业务试点范围，打造具有国际竞争力的拆、拼箱运作环境，实现洋山保税港区、外高桥保税物流园区集装箱国际中转集拼业务规模化运作；拓展浦东机场货邮中转业务，增加国际中转集拼航线和试点企业，在完善总运单拆分国际中转业务基础上，拓展分运单集拼国际中转业务。优化沿海捎带业务监管模式，提高中资非五星旗船沿海捎带业务通关效率。推动与旅游业相关的邮轮、游艇等旅游运输工具出行便利化。在符合国家规定前提下，发展航运运价衍生品交易业务。深化多港区联动机制，推进外高桥港、洋山深水港、浦东空港国际枢纽港联动发展。符合条件的地区可按规定申请实施境外旅客购物离境退税政策。

（四）深入推进金融制度创新

22. 加大金融创新开放力度，加强与上海国际金融中心建设的联动。具体方案由人民银行会同有关部门和上海市人民政府另行报批。

（五）加强法制和政策保障

23. 健全法制保障体系。

全国人民代表大会常务委员会已经授权国务院，在自贸试验区扩展区域暂时调整《中华人民共和国外资企业法》、《中华人民共和国中外合资经营企业法》、《中华人民共和国中外合作经营企业法》和《中华人民共和国台湾同胞投资保护法》规定的有关行政审批；扩展区域涉及《国务院关于在中国（上海）自由贸易试验区内暂时调整有关行政法规和国务院文件规定的行政审批或者准入特别管理措施的决定》（国发〔2013〕51 号）和《国务院关于在中国（上海）自由贸易试验区内暂时调整实施有关行政法规和经国务院批准的部门规章规定的准入特别管理措施的决定》（国发〔2014〕38 号）暂时调整实施有关行政法规、国务院文件和经国务院批准的部门规章的部分规定的，按规定程序办理；自贸试验区需要暂时调整实施其他有关行政法规、国务院文件和经国务院批准的部门规章的部分规定的，按规定程序办理。加强地方立法，对试点成熟的改革事项，适时将相关规范性文件上升为地方性法规和规章。建立自贸试验区综合法律服务窗口等司法保障和服务体系。

24. 探索适应企业国际化发展需要的创新人才服务体系和国际人才流动通行制度。

完善创新人才集聚和培育机制，支持中外合作人才培训项目发展，加大对海外人才服务力度，提高境内外人员出入境、外籍人员签证和居留、就业许可、驾照申领等事项办理的便利化程度。

25. 研究完善促进投资和贸易的税收政策。

自贸试验区内的海关特殊监管区域实施范围和税收政策适用范围维持不变。在符合税制改革方向和国际惯例，以及不导致利润转移和税基侵蚀前提下，调整完善对外投资所得抵免方式；研究完善适用于境外股权投资和离岸业务的税收制度。

三、扎实做好组织实施

在国务院的领导和协调下，由上海市根据自贸试验区的目标定位和先行先试任务，精心组织实施，调整完善管理体制和工作机制，形成可操作的具体计划。对出现的新情况、新问题，认真研究，及时调整试点内容和政策措施，重大事项及时向国务院请示报告。各有关部门要继续给予大力支持，加强指导和服务，共同推进相关体制机制创新，把自贸试验区建设好、管理好。

国务院关于印发中国（广东）自由贸易试验区总体方案的通知

（国发〔2015〕18号）

建立中国（广东）自由贸易试验区（以下简称自贸试验区）是党中央、国务院作出的重大决策，是新形势下全面深化改革、扩大开放和促进内地与港澳深度合作的重大举措。为全面有效推进自贸试验区建设，制定本方案。

一、总体要求

（一）指导思想

全面贯彻落实党的十八大和十八届二中、三中、四中全会精神，按照党中央、国务院决策部署，紧紧围绕国家战略，进一步解放思想，先行先试，以开放促改革、促发展，以制度创新为核心，促进内地与港澳经济深度合作，为全面深化改革和扩大开放探索新途径、积累新经验，发挥示范带动、服务全国的积极作用。

（二）战略定位

依托港澳、服务内地、面向世界，将自贸试验区建设成为粤港澳深度合作示范区、21 世纪海上丝绸之路重要枢纽和全国新一轮改革开放先行地。

（三）发展目标

经过三至五年改革试验，营造国际化、市场化、法治化营商环境，构建开放型经济新体制，实现粤港澳深度合作，形成国际经济合作竞争新优势，力争建成符合国际高标准的法制环境规范、投资贸易便利、辐射带动功能突出、监管安全高效的自由贸易园区。

二、区位布局

（一）实施范围

自贸试验区的实施范围 116.2 平方公里，涵盖三个片区：广州南沙新区片区 60 平方公里（含广州南沙保税港区 7.06 平方公里），深圳前海蛇口片区 28.2 平方公里（含深圳前海湾保税港区 3.71 平方公里），珠海横琴新区片区 28 平方公里。

自贸试验区土地开发利用须遵守土地利用法律法规。

（二）功能划分

按区域布局划分，广州南沙新区片区重点发展航运物流、特色金融、国际商贸、高端制造等产业，建设以生产性服务业为主导的现代产业新高地和具有世界先进水平的综合服务枢纽；深圳前海蛇口片区重点发展金融、现代物流、信息服务、科技服务等战略性新兴服务业，建设我国金融业对外开放试验示范窗口、世界服务贸易重要基地和国际性枢纽港；珠海横琴新区片区重点发展旅游休闲健康、商务金融服务、文化科教和高新技术等产业，建设文化教育开放先导区和国际商务服务休闲旅游基地，打造促进澳门经济适度多元发展新载体。

按海关监管方式划分，广州南沙新区片区和深圳前海蛇口片区内的非海关特殊监管区域，重点探索体制机制创新，积极发展现代服务业和高端制造业；广州南沙保税港区和深圳前海湾保税港区等海关特殊监管区域，试点以货物贸易便利化为主要内容的制度创新，主要开展国际贸易和保税服务等业务；珠海横琴新区片区试点有关货物贸易便利化和现代服务业发展的制度创新。

三、主要任务和措施

（一）建设国际化、市场化、法治化营商环境

1. 优化法治环境。

在扩大开放的制度建设上大胆探索、先行先试，加快形成高标准投资贸易规则体系。

按照统一、公开、公平原则，试点开展对内对外开放的执法与司法建设，实现各类市场主体公平竞争。强化自贸试验区制度性和程序性法规规章建设，完善公众参与法规规章起草机制，探索委托第三方起草法规规章草案。对涉及自贸试验区投资贸易等商事案件，建立专业化审理机制。完善知识产权管理和执法体制，完善知识产权纠纷调解和维权援助机制，探索建立自贸试验区重点产业知识产权快速维权机制。发展国际仲裁、商事调解机制。

2. 创新行政管理体制。

按照权责一致原则，建立行政权责清单制度，明确政府职能边界。

深化行政审批制度改革，最大限度取消行政审批事项。推进行政审批标准化、信息化建设，探索全程电子化登记和电子营业执照管理，建立一口受理、同步审批的“一站式”高效服务模式，建设市场准入统一平台和国际贸易“单一窗口”，实现多部门信息共享和协同管理。深化投资管理体制改革，对实行备案制的企业投资项目，探索备案文件自动获准制。建立集中统一的综合行政执法体系，相对集中执法权，建设网上执法办案系统，建设联勤联动指挥平台。提高知识产权行政执法与海关保护的协调性和便捷性。探索设立法定机构，将专业性、技术性或社会参与性较强的公共管理和服务职能交由法定机构承担。建立行政咨询体系，成立由粤港澳专业人士组成的专业咨询委员会，为自贸试验区发展提供咨询。推进建立一体化的廉政监督新机制。

3. 建立宽进严管的市场准入和监管制度。

实施自贸试验区外商投资负面清单制度，减少和取消对外商投资准入限制，重点扩大服务业和制造业对外开放，提高开放度和透明度。对外商投资实行准入前国民待遇加负面清单管理模式，对外商投资准入特别管理措施（负面清单）之外领域的外商投资项目实行备案制（国务院规定对国内投资项目保留核准的除外），由广东省负责办理；根据全国人民代表大会常务委员会授权，将外商投资企业设立、变更及合同章程审批改为备案管理，由广东省负责办理，备案后按国家有关规定办理相关手续。健全社会诚信体系，建立企业诚信制度，开展信用调查和等级评价，完善企业信用约束机制，实施守信激励和失信惩戒制度。完善企业信用信息公示系统，实施企业年报公示、经营异常名录和严重违法企业名单制度。以商务诚信为核心，在追溯、监管、执法、处罚、先行赔付等方面强化全流程监管。配合国家有关部门实施外商投资国家安全审查和经营者集中反垄断审查，实施外商投资全周期监管。探索把服务相关行业的管理职能交由社会组织承担，建立健全行业协会法人治理结构。根据高标准国际投资和贸易规则要求，强化企业责任，完善工资支付保障和集体协商制度，建立工作环境损害监督等制度，严格执行环境保护法规和标准，探索开展出口产品低碳认证。

（二）深入推进粤港澳服务贸易自由化

4. 进一步扩大对港澳服务业开放。

在《内地与香港关于建立更紧密经贸关系的安排》、《内地与澳门关于建立更紧密经贸关系的安排》及其补充协议（以下统称《安排》）框架下探索对港澳更深度的开放，进一步取消或放宽对港澳投资者的资质要求、股比限制、经营范围等准入限制，重点在金融服务、交通航运服务、商贸服务、专业服务、科技服务等领域取得突破。允许港澳服务提供者在自贸试验区设立独资国际船舶运输企业，经营国际海上船舶运输服务。允许港澳服务提供者在自贸试验区设立自费出国留学中介服务机构。支持在自贸试验区内设立的港澳资旅行社（各限 5 家）经营内地居民出国（境）（不包括台湾地区）团队旅游业务。在自贸试验区内试行粤港澳认证及相关检测业务互认制度，实行“一次认证、一次检测、三地通行”，适度放开港澳认证机构进入自贸试验区开展认证检测业务，比照内地认证机构、检查机构和实验室，给予港澳服务提供者在内地设立的合资与独资认证机构、检查机构和实验室同等待遇。允许港澳服务提供者发展高端医疗服务，开展粤港澳医疗机构转诊合作试点。建设具有粤港澳特色的中医药产业基地。优化自贸试验区区域布局，规划特定区域，建设港澳现代服务业集聚发展区。

5. 促进服务要素便捷流动。

推进粤港澳服务行业管理标准和规则相衔接。结合国家关于外籍高层次人才认定以及入出境和工作生活待遇政策，研究制定自贸试验区港澳及外籍高层次人才认定办法，为高层次人才入出境、在华停居留提供便利，在项目申报、创新创业、评价激励、服务保障等方面给予特殊政策。探索通过特殊机制安排，推进粤港澳服务业人员职业资格互认。探索在自贸试验区工作、居住的港澳人士社会保障与港澳有效衔接。创新粤港澳口岸通关模式，推进建设统一高效、与港澳联动的口岸监管机制，加快推进粤港、粤澳之间信息互换、监管互认、执法互助。加快实施澳门车辆在横琴与澳门间便利进出政策，制定粤港、粤澳游艇出入境便利化措施。支持建设自贸试验区至我国国际通信业务出入口局的直达国际数据专用通道，建设互联互通的信息环境。

（三）强化国际贸易功能集成

6. 推进贸易发展方式转变。

粤港澳共同加强与21世纪海上丝绸之路沿线国家和地区的贸易往来，开拓国际市场。鼓励企业在自贸试验区设立总部，建立整合物流、贸易、结算等功能的营运中心。探索自贸试验区与港澳联动发展离岸贸易。加强粤港澳会展业合作，在严格执行货物进出口税收政策前提下，允许在海关特殊监管区域内设立保税展示交易平台。支持开展汽车平行进口试点，平行进口汽车应符合国家质量安全标准，进口商应承担售后服务、召回、“三包”等责任，并向消费者警示消费风险。鼓励融资租赁业创新发展，对注册在自贸试验区海关特殊监管区域内的融资租赁企业进出口飞机、船舶和海洋工程结构物等大型设备涉及跨关区的，在确保有效监管和执行现行相关税收政策前提下，按物流实际需要，实行海关异地委托监管。支持在海关特殊监管区域内开展期货保税交割、仓单质押融资等业务。创新粤港澳电子商务互动发展模式。按照公平竞争原则，积极发展跨境电子商务，完善相应的海关监管、检验检疫、退税、跨境支付、物流等支撑系统，加快推进跨境贸易电子商务配套平台建设。拓展服务贸易新领域，搭建服务贸易公共服务平台。建立华南地区知识产权运营中心，探索开展知识产权处置和收益管理改革试点。积极承接服务外包，推进软件研发、工业设计、信息管理等业务发展。加强粤港澳产品检验检测技术和标准研究合作，逐步推进第三方结果采信，逐步扩大粤港澳三方计量服务互认范畴。改革和加强原产地证签证管理，便利证书申领，强化事中事后监管。

7. 增强国际航运服务功能。

建立自贸试验区与粤港澳海空港联动机制，建设21世纪海上丝绸之路物流枢纽，探索具有国际竞争力的航运发展制度和协同运作模式。探索与港澳在货运代理和货物运输等方面的规范和标准对接，推动港澳国际航运高端产业向内地延伸和拓展。积极发展国际船舶运输、国际船舶管理、国际船员服务、国际航运经纪等产业，支持港澳投资国际远洋、国际航空运输服务，允许在自贸试验区试点航空快件国际和台港澳中转集拼业务。允许设立外商独资国际船舶管理企业。放宽在自贸试验区设立的中外合资、中外合作国际船舶企业的外资股比限制。允许外商以合资、合作形式从事公共国际船舶代理业务，外方持股比例放宽至51%，将外资经营国际船舶管理业务的许可权限下放给广东省。促进航运金融发展，建设航运交易信息平台，发展航运电子商务、支付结算等业务，推进组建专业化地方法人航运保险机构，允许境内外保险公司和保险经纪公司等服务中介设立营业机构并开展航运保险业务，探索航运运价指数场外衍生品开发与交易业务。推动中转集拼业务发展，允许中资公司拥有或控股拥有的非五星旗船，试点开展外贸集装箱在国内沿海港口和自贸试验区内港口之间的沿海捎带业务。在落实国际船舶登记制度相关配套政策基础上，自贸试验区海关特殊监管区域内中方投资人持有船公司的股权比例可低于50%。充分利用现有中资“方便旗”船税收优惠政策，促进符合条件的船舶在自贸试验区落户登记。允许在自贸试验区内注册的内地资本邮轮企业所属“方便旗”邮轮，经批准从事两岸四地邮轮运输和其他国内运输。简化国际船舶运输经营许可程序，优化船舶营运、检验与登记业务流程，形成高效率的船舶登记制度。

（四）深化金融领域开放创新

8. 推动跨境人民币业务创新发展。

推动人民币作为自贸试验区与港澳地区及国外跨境大额贸易和投资计价、结算的主要货币。推动自贸试验区与港澳地区开展双向人民币融资。在总结其他地区相关试点经验、完善宏观审慎管理机制基础上，研究适时允许自贸试验区企业在一定范围内进行跨境人民币融资、允许自贸试验区银行业金融机构与港澳同业机构开展跨境人民币借款等业务。支持粤港澳三地机构在自贸试验区共同设立人民币海外投贷基金。允许自贸试验区金融机构和企业从港澳及国外借用人民币资金。支持自贸试验区内港澳资企业的境外母公司按规定在境内资本市场发行人民币债券。研究探索自贸试验区企业在香港股票市场发行人民币股票，放宽区内企业在境外发行本外币债券的审批和规模限制，所筹资金根据需要可调回区内使用。支持符合条件的港澳金融机构在自贸试验区以人民币进行新设、增资或参股自贸试验区内金融机构等直接投资活动。在《安排》框架下，研究探索自贸试验区金融机构与港澳地区同业开展跨境人民币信贷资产转让业务。允许自贸试验区证券公司、基金管理公司、期货公司、保险公司等非银行金融机构开展与港澳地区跨境人民币业务。支持与港澳地区开展个人跨境人民币业务创新。

9. 推动适应粤港澳服务贸易自由化的金融创新。

在《安排》框架下，完善金融业负面清单准入模式，简化金融机构准入方式，推动自贸试验区金融服务业对港澳地区进一步开放。允许符合条件的外国金融机构设立外商独资银行，符合条件的外国金融机构与中国公司、企业出资共同设立中外合资银行。在条件具备时，适时在自贸试验区内试点设立有限牌照银行。降低港澳资保险公司进入自贸试验区的门槛，支持符合条件的港澳保险公司在自贸试验区设立分支机构，对进入自贸试验区的港澳保险公司分支机构视同内地保险机构，适用相同或相近的监管法规。支持符合条件的港澳保险中介机构进入自贸试验区，适用与内地保险中介机构相同或相近的准入标准和监管法规。在自贸试验区建立与粤港澳商贸、旅游、物流、信息等服务贸易自由化相适应的金融服务体系。积极推动个人本外币兑换特许机构、外汇代兑点发展和银行卡使用，便利港元、澳门元在自贸试验区兑换使用。在完善相关管理办法、加强有效监管前提下，支持商业银行在自贸试验区内设立机构开展外币离岸业务，允许自贸试验区内符合条件的中资银行试点开办外币离岸业务。允许外资股权投资管理机构、外资创业投资管理机构在自贸试验区发起管理人民币股权投资和创业投资基金。建立健全全口径外债宏观审慎管理框架，探索外债管理新模式。在《安排》框架下，推动自贸试验区公共服务领域的支付服务向粤港澳三地银行业开放，允许自贸试验区内注册设立的、拟从事支付服务的港澳资非金融机构，在符合支付服务市场发展政策导向以及《非金融机构支付服务管理办法》规定资质条件的前提下，依法从事第三方支付业务。支持符合条件的内地和港澳地区机构在自贸试验区设立金融租赁公司、融资租赁公司，开展飞机、船舶和海洋工程设备等融资租赁业务。统一内外资融资租赁企业准入标准、审批流程和事中事后监管，允许注册在自贸试验区内由广东省商务主管部门准入的内资融资租赁企业享受与现行内资融资租赁试点企业同等待遇。支持商业保理业务发展，探索适合商业保理发展的外汇管理模式。稳妥推进外商投资典当行试点。创新知识产权投融资及保险、风险投资、信托等金融服务，推动建立知识产权质物处置机制。发展与港澳地区保险服务贸易，探索与港澳地区保险产品互认、资金互通、市场互联的机制。支持自贸试验区内符合互认条件的基金产品参与内地与香港基金产品互认。允许自贸试验区在符合国家规定前提下开展贵金属（除黄金外）跨境现货交易。允许境内期货交易所在自贸试验区内的海关特殊监管区域设立大宗商品期货保税交割仓库，支持港澳地区企业参与商品期货交易。

10. 推动投融资便利化。

探索实行本外币账户管理新模式，在账户设置、账户业务范围、资金划转和流动监测机制方面进行创新。探索通过自由贸易账户和其他风险可控的方式，开展跨境投融资创新业务。在风险可控前提下，开展以资本项目可兑换为重点的外汇管理改革试点。支持自贸试验区金融机构与港澳地区同业合作开展跨境担保业务。允许在自贸试验区注册的机构在宏观审慎框架下从境外融入本外币资金和境外发行本外币债券。深化外汇管理改革，将直接投资外汇登记下放银行办理，外商直接投资项下外汇资本金可意愿结汇，进一步提高对外放款比例。提高投融资便利化水平，统一内外资企业外债政策，建立健全外债宏观审慎管理制度。区内试行资本项目限额内可兑换，符合条件的区内机构在限额内自主开展直接投资、并购、债务工具、金融类投资等交易。构建个人跨境投资权益保护制度，严格投资者适当性管理。建立健全对区内个人投资的资金流动监测预警和风险防范机制。深化跨国公司本外币资金集中运营管理改革试点。研究探索自贸试验区与港澳地区和21世纪海上丝绸之路沿线国家按照规定开展符合条件的跨境金融资产交易。按照国家规定设立面向港澳和国际的新型要素交易平台，引入港澳投资者参股自贸试验区要素交易平台，逐步提高港澳投资者参与自贸试验区要素平台交易的便利化水平。研究设立以碳排放为首个品种的创新型期货交易所。

11. 建立健全自贸试验区金融风险防控体系。

构建自贸试验区金融宏观审慎管理体系，建立金融监管协调机制，完善跨行业、跨市场的金融风险监测评估机制，加强对重大风险的识别和系统性金融风险的防范。探索建立本外币一体化管理机制。综合利用金融机构及企业主体的本外币数据信息，对企业、个人跨境收支进行全面监测、评价并实施分类管理。根据宏观审慎管理需要，加强对跨境资金流动、套利金融交易的监测和管理。做好反洗钱、反恐怖融资工作，防范非法资金跨境、跨区流动，完善粤港澳反洗钱和反恐怖融资监管合作和信息共享机制。探索在自贸试验区建立粤港澳金融消费者权益保护协作机制以及和解、专业调解、仲裁等金融纠纷司法替代性解决机制，鼓励金融行业协会、自律组织独立或者联合依法开展专业调解，建立调解与仲裁、诉讼的对接机制，加大金融消费者维权支持力度，依法维护金融消费者合法权益。支持建立健全金融消费者教育服务体系，积极创新自贸试验区特色的多元化金融消费者教育产品和方式。

（五）增强自贸试验区辐射带动功能

12. 引领珠三角地区加工贸易转型升级。

发挥自贸试验区高端要素集聚优势，搭建服务于加工贸易转型升级的技术研发、工业设计、知识产权等公共服务平台。支持在自贸试验区发展加工贸易结算业务、建设结算中心。支持设立符合内销规定的加工贸易产品内销平台，建设加工贸易产品内销后续服务基地。推进企业依托海关特殊监管区域开展面向国内外市场的高技术、高附加值的检测维修等保税服务业务。允许外商开展机电产品及零部件维修与再制造业务。建立专利导航产业发展工作机制。支持企业依托自贸试验区开展自主营销，拓展境内外营销网络。

13. 打造泛珠三角区域发展综合服务区。

推动自贸试验区与泛珠三角区域开展广泛的经贸合作，依托自贸试验区深化与港澳合作，更好地发挥辐射和带动作用。鼓励自贸试验区内企业统筹开展国际国内贸易，形成内外贸相互促进机制。扶持和培育外贸综合服务企业，为中小企业提供通关、融资、退税、国际结算等服务。强化对泛珠三角区域的市场集聚和辐射功能，开展大宗商品现货交易和国际贸易，探索构建国际商品交易集散中心、信息中心和价格形成中心。

14. 建设内地企业和个人“走出去”重要窗口。

依托港澳在金融服务、信息资讯、国际贸易网络、风险管理等方面的优势，将自贸试验区建设成为内地企业和个人“走出去”的窗口和综合服务平台，支持国内企业和个人参与21世纪海上丝绸之路建设。扩大企业和个人对外投资，完善“走出去”政策促进、服务保障和风险防控体系。鼓励企业和个人创新对外投资合作方式，开展绿地投资、并购投资、证券投资、联合投资等，逐步减少对个人对外投资的外汇管制。允许自贸试验区金融机构按规定为自贸试验区内个人投资者投资香港资本市场的股票、债券及其他有价证券提供服务。加强与港澳在项目对接、投资拓展、信息交流、人才培训等方面交流合作，共同到境外开展基础设施建设和能源资源等合作。探索将境外产业投资与港澳资本市场有机结合，鼓励在自贸试验区设立专业从事境外股权投资的项目公司，支持有条件的投资者设立境外投资股权投资母基金。

四、监管服务和税收政策

（一）监管服务模式

15. 创新通关监管服务模式。

广州南沙保税港区、深圳前海湾保税港区等现有海关特殊监管区域，比照中国（上海）自由贸易试验区内海关特殊监管区域的有关监管模式，实行“一线放开”、“二线安全高效管住”的通关监管服务模式，同时实施海关特殊监管区域整合优化措施，并根据自贸试验区发展需要，不断探索口岸监管制度创新。如海关特殊监管区域规划面积不能满足发展需求的，可按现行海关特殊监管区域管理规定申请扩大区域面积。除废物原料、危险化学品及其包装、散装货物外，检验检疫在一线实施“进境检疫，适当放宽进出口检验”模式，创新监管技术和方法；促进二线监管模式与一线监管模式相衔接，简化检验检疫流程，在二线推行“方便进出，严密防范质量安全风险”的检验检疫监管模式。

广州南沙新区片区、深圳前海蛇口片区内的非海关特殊监管区域，按照现行通关模式实施监管，不新增一线、二线分线管理方式。

珠海横琴新区片区按照《国务院关于横琴开发有关政策的批复》（国函〔2011〕85 号）确定的“一线放宽、二线管住、人货分离、分类管理”原则实施分线管理。经一线进入横琴的进口废物原料、危险化学品及其包装、进入横琴后无法分清批次的散装货物，按现行进出口商品检验模式管理。

16. 加强监管协作。

以切实维护国家安全和市场公平竞争为原则，加强各部门与广东省人民政府的协同，完善政府经济调节、市场监管、社会管理和公共服务职能，提高维护经济社会安全的服务保障能力。

（二）税收政策

抓紧落实现有相关税收政策，充分发挥现有政策的支持促进作用。中国（上海）自由贸易试验区已经试点的税收政策原则上可在自贸试验区进行试点，其中促进贸易的选择性征收关税、其他相关进出口税收等政策在自贸试验区内的海关特殊监管区域进行试点。自贸试验区内的海关特殊监管区域实施范围和税收政策适用范围维持不变。深圳前海深港现代服务业合作区、珠海横琴税收优惠政策不适用于自贸试验区内其他区域。此外，在符合税制改革方向和国际惯例，以及不导致利润转移和税基侵蚀前提下，积极研究完善适应境外股权投资和离岸业务发展的税收政策。结合上海试点实施情况，在统筹评估政策成效基础上，研究实施启运港退税政策试点问题。符合条件的地区可按照政策规定申请实施境外旅客购物离境退税政策。

五、保障机制

（一）法制保障

全国人民代表大会常务委员会已经授权国务院，暂时调整《中华人民共和国外资企业法》、《中华人民共和国中外合资经营企业法》、《中华人民共和国中外合作经营企业法》和《中华人民共和国台湾同胞投资保护法》规定的有关行政审批，自 2015 年 3 月 1 日至 2018 年 2 月 28 日试行。自贸试验区需要暂时调整实施有关行政法规、国务院文件和经国务院批准的部门规章的部分规定的，按规定程序办理。各有关部门要支持自贸试验区在扩大投资领域开放、实施负面清单管理模式、创新投资管理体制等方面深化改革试点，及时解决试点过程中的制度保障问题。授权广东省制定自贸试验区落实《安排》的配套细则。广东省要通过地方立法，制定自贸试验区条例和管理办法。

（二）组织实施

在国务院的领导和统筹协调下，由广东省根据试点内容，按照总体筹划、分步实施、率先突破、逐步完善的原则组织实施。按照既有利于合力推进自贸试验区建设，又有利于各片区独立自主运作的原则，建立精简高效、统一管理、分级负责的自贸试验区管理体系。自贸试验区建设相关事宜纳入粤港、粤澳合作联席会议机制。各有关部门要大力支持，加强指导和服务，共同推进相关体制机制创新，并注意研究新情况，解决新问题，总结新经验，重大事项要及时报告国务院，共同把自贸试验区建设好、管理好。

（三）评估推广

自贸试验区要及时总结改革创新经验和成果。商务部、广东省人民政府要会同相关部门，对自贸试验区试点政策执行情况进行综合和专项评估，必要时委托内地和港澳第三方机构进行独立评估，并将评估结果报告国务院。对试点效果好且可复制可推广的成果，经国务院同意后推广到全国其他地区。

国务院关于印发中国（天津）自由贸易试验区总体方案的通知

（国发〔2015〕19号）

建立中国（天津）自由贸易试验区（以下简称自贸试验区）是党中央、国务院作出的重大决策，是新形势下全面深化改革、扩大开放和加快推进京津冀协同发展战略的重大举措。为全面有效推进自贸试验区建设，制定本方案。

一、总体要求

（一）指导思想

全面贯彻落实党的十八大和十八届二中、三中、四中全会精神，按照党中央、国务院决策部署，紧紧围绕国家战略，以开放促改革、促发展、促转型，以制度创新为核心，发挥市场在资源配置中的决定性作用，探索转变政府职能新途径，探索扩大开放新模式，努力打造京津冀协同发展对外开放新引擎，着力营造国际化、市场化、法治化营商环境，为我国全面深化改革和扩大开放探索新途径、积累新经验，发挥示范带动、服务全国的积极作用。

（二）战略定位

以制度创新为核心任务，以可复制可推广为基本要求，努力成为京津冀协同发展高水平对外开放平台、全国改革开放先行区和制度创新试验田、面向世界的高水平自由贸易园区。

（三）总体目标

经过三至五年改革探索，将自贸试验区建设成为贸易自由、投资便利、高端产业集聚、金融服务完善、法制环境规范、监管高效便捷、辐射带动效应明显的国际一流自由贸易园区，在京津冀协同发展和我国经济转型发展中发挥示范引领作用。

二、区位布局

（一）实施范围

自贸试验区的实施范围 119.9 平方公里，涵盖三个片区：天津港片区 30 平方公里（含东疆保税港区 10 平方公里），天津机场片区 43.1 平方公里（含天津港保税区空港部分1平方公里和滨海新区综合保税区1.96平方公里），滨海新区中心商务片区46.8平方公里（含天津港保税区海港部分和保税物流园区4平方公里）。

自贸试验区土地开发利用须遵守土地利用法律法规。

（二）功能划分

按区域布局划分，天津港片区重点发展航运物流、国际贸易、融资租赁等现代服务业；天津机场片区重点发展航空航天、装备制造、新一代信息技术等高端制造业和研发设计、航空物流等生产性服务业；滨海新区中心商务片区重点发展以金融创新为主的现代服务业。

按海关监管方式划分，自贸试验区内的海关特殊监管区域重点探索以贸易便利化为主要内容的制度创新，开展货物贸易、融资租赁、保税加工和保税物流等业务；非海关特殊监管区域重点探索投资制度改革，完善事中事后监管，推动金融制度创新，积极发展现代服务业和高端制造业。

三、主要任务和措施

（一）加快政府职能转变

创新行政管理方式，提升行政管理水平，建设适应国际化、市场化、法治化要求和贸易投资便利化需求的服务体系。

1. 深化行政体制改革。

加快行政审批制度改革，实行审管职能分离，建立综合统一的行政审批机构，实施“一颗印章管审批”。推进政府管理由注重事前审批向注重事中事后监管转变，完善信息网络平台，提高行政透明度，实现部门协同管理。健全社会信用体系；建立行业信息跟踪、监管和归集的综合性评估机制，加强对企业的管理、监督和服务，健全企业及从业人员信用信息记录和披露制度，完善企业信用约束机制；完善企业信用信息公示系统，实施企业年度报告公示、经营异常名录和严重违法企业名单制度；探索建立市场主体信用评级标准，实施分类管理。提高执法效能，建立集中统一的综合执法机构，整合执法力量，实行“一支队伍管执法”，鼓励社会力量参与市场监督，加大对违法行为打击力度。构建反垄断审查机制。加强知识产权保护和服务，完善知识产权管理和执法体制以及纠纷调解、援助、仲裁等服务机制。发挥专业化社会机构力量，提高知识产权保护成效。将原由政府部门承担的资产评估、鉴定、咨询、认证、检验检测等职能逐步交由法律、会计、信用、检验检测认证等专业服务机构承担。

2. 提高行政管理效能。

天津市依法向自贸试验区下放经济管理权限。自贸试验区内工作部门依法公开管理权限和流程，建立各部门权责清单制度。建立健全行政审批管理目录制度，完善“一口受理”服务模式，改革审批事项，优化审批流程，缩短审批时间，推进审批后监管标准规范制度建设。加强发展规划、政策、标准的制定和实施工作。

（二）扩大投资领域开放

稳步扩大开放领域，改革“引进来”和“走出去”投资管理方式，突出重点，创新机制，有效监管，完善服务，探索建立与国际通行做法接轨的基本制度框架。

3. 降低投资准入门槛。

实施自贸试验区外商投资负面清单制度，减少和取消对外商投资准入限制，提高开放度和透明度。重点选择航运服务、商贸服务、专业服务、文化服务、社会服务等现代服务业和装备制造、新一代信息技术等先进制造业领域扩大对外开放，积极有效吸引外资；金融领域，在完善相关配套措施前提下，研究适当减少对境外投资者资质要求、股权比例、业务范围等准入限制。鼓励跨国公司设立地区性总部、研发中心、销售中心、物流中心和结算中心，鼓励先进制造业延伸价值链，与现代服务业融合发展。支持外资股权投资基金规范创新发展，完善资本金结汇、投资基金管理等新模式，鼓励外资股权投资、创业投资管理机构发起管理人民币股权投资和创业投资基金。允许取得国际资质的外籍和港澳台地区专业服务人员和机构，在自贸试验区内依照有关规定开展相关业务。允许取得中国注册会计师资格的港澳专业人士，在自贸试验区试点担任合伙制事务所的合伙人。

4. 改革外商投资管理模式。

探索对外商投资实行准入前国民待遇加负面清单管理模式。对外商投资准入特别管理措施（负面清单）之外领域，按照内外资一致原则，外商投资项目实行备案制（国务院规定对国内投资项目保留核准的除外），由天津市负责办理；根据全国人民代表大会常务委员会授权，将外商投资企业设立、变更及合同章程审批改为备案管理，备案由天津市负责办理，备案后按国家有关规定办理相关手续。配合国家有关部门实施外商投资国家安全审查制度。完善市场主体信用信息公示系统，实施外商投资全周期监管，建立健全境外追偿保障机制。完善投资者权益保障机制，允许符合条件的境外投资者自由转移其投资收益。

5. 构建对外投资合作服务平台。

确立企业及个人对外投资主体地位，支持企业及个人开展多种形式的境外投资合作，在法律法规规定范围内，允许自担风险到各国各地区自由承揽项目。逐步减少个人对外投资的外汇管制。对不涉及敏感国家和地区、敏感行业的境外投资项目全部实行备案制，属市级管理权限的由自贸试验区负责备案。建立对外投资合作“一站式”服务平台。加强对外投资合作事后管理和服务，建设多部门信息共享平台，完善境外资产和人员安全风险预警和应急保障体系。鼓励设立从事境外投资的股权投资企业和项目公司，支持设立从事境外投资的股权投资母基金。

（三）推动贸易转型升级

积极培育新型贸易方式，打造以技术、品牌、质量、服务为核心的外贸竞争新优势，探索形成具有国际竞争力的航运业发展环境。

6. 完善国际贸易服务功能。

积极探索服务贸易发展的新途径和新模式，搭建服务贸易公共服务平台、服务贸易促进平台，推动现有融资平台依法合规为中小服务贸易企业提供融资服务。按照公平竞争原则，积极发展跨境电子商务，并完善与之相适应的海关监管、检验检疫、退税、跨境支付、物流等支撑系统。发展服务外包业务，建设文化服务贸易基地。建设亚太经济合作组织绿色供应链合作网络天津示范中心，探索建立绿色供应链管理体系，鼓励开展绿色贸易。探索开展财政资金支持形成的知识产权处置和收益管理改革试点，建立华北地区知识产权运营中心，发展知识产权服务业。开展知识产权跨境交易，创新知识产权投融资及保险、风险投资、信托等金融服务，推动建立知识产权质物处置机制。

加快建设国家进口贸易促进创新示范区，促进对外贸易平衡发展。鼓励企业统筹开展国际国内贸易，实现内外贸一体化发展。支持进口先进技术、关键设备及零部件和资源类商品。支持开展汽车平行进口试点，平行进口汽车应符合国家质量安全标准，进口商应承担售后服务、召回、“三包”等责任，并向消费者警示消费风险。建立国际贸易“单一窗口”管理服务模式。在执行现行税收政策前提下，提升超大超限货物的通关、运输、口岸服务等综合能力。扶持和培育外贸综合服务企业，为从事国际采购的中小企业提供通关、融资、退税、国际结算等服务。

在总结期货保税交割试点经验基础上，鼓励国内期货交易所在自贸试验区的海关特殊监管区域内开展业务，扩大期货保税交割试点品种，拓展仓单质押融资等功能，推动完善仓单质押融资所涉及的仓单确权等工作。依法合规开展大宗商品现货交易，探索建立与国际大宗商品交易相适应的外汇管理和海关监管制度。在严格执行货物进出口税收政策前提下，允许在海关特殊监管区域内设立保税展示交易平台。开展境内外高技术、高附加值产品的维修业务试点。探索开展境外高技术、高附加值产品的再制造业务试点。允许外商开展机电产品及零部件维修与再制造业务。推动建立检验检疫证书国际联网核查机制，推进标准和结果互认。改革和加强原产地证签证管理，便利证书申领，强化事中事后监管。鼓励设立第三方检验检测鉴定机构，逐步推动实施第三方结果采信。

7. 增强国际航运服务功能。

促进航运要素集聚，探索形成具有国际竞争力的航运发展机制和运作模式。积极发挥天津港和滨海国际机场的海空联动作用。允许设立外商独资国际船舶管理企业。放宽在自贸试验区设立的中外合资、中外合作国际船舶企业的外资股比限制。允许外商以合资、合作形式从事公共国际船舶代理业务，外方持股比例放宽至51%，将外资经营国际船舶管理业务的许可权限下放给天津市。大力发展航运金融、航运保险业，建设中国北方国际航运融资中心，鼓励境内外航运保险公司和保险经纪公司等航运服务中介机构设立营业机构并开展业务。在落实国际船舶登记制度相关配套政策基础上，中方投资人持有船公司的股权比例可低于50%。充分利用现有中资“方便旗”船税收优惠政策，促进符合条件的船舶在自贸试验区落户登记。

完善集疏运体系，加密航线航班。推动海运集装箱和航空快件国际中转集拼业务发展。允许中资公司拥有或控股拥有的非五星旗船，试点开展外贸集装箱在国内沿海港口和天津港之间的沿海捎带业务。支持天津滨海国际机场增加国际客货运航班，建设航空物流中心。完善国际邮轮旅游支持政策，提升邮轮旅游供应服务和配套设施水平，建立邮轮旅游岸上配送中心和邮轮旅游营销中心。允许在自贸试验区内注册的符合条件的中外合资旅行社，从事除台湾地区以外的出境旅游业务。符合条件的地区可按政策规定申请实施境外旅客购物离境退税政策。

8. 创新通关监管服务模式。

自贸试验区内的海关特殊监管区域比照中国（上海）自由贸易试验区内的海关特殊监管区域有关监管模式，实施“一线放开”、“二线安全高效管住”的通关监管服务模式，积极推动实施海关特殊监管区域整合优化改革措施。可根据自贸试验区发展需求，按现行管理规定向国家申请扩大海关特殊监管区域面积。自贸试验区内的非海关特殊监管区域，仍按照现行模式实施监管。不断探索口岸监管制度创新。

强化监管协作。加强电子口岸建设，推动实现海关、检验检疫等口岸监管部门信息共享。推进企业运营信息与监管系统对接。逐步实现基于企业诚信评价的货物抽验制度。除废物原料、危险化学品及其包装、散装货物外，检验检疫在一线实行“进境检疫，适当放宽进出口检验”模式，创新监管技术和方法；在二线简化检验检疫流程，推行“方便进出，严密防范质量安全风险”的检验检疫监管模式。提高知识产权行政执法与海关保护的协调性和便捷性，建立知识产权执法协作调度中心。

（四）深化金融领域开放创新

深化金融体制改革，实施业务模式创新，培育新型金融市场，加强风险控制，推进投融资便利化、利率市场化和人民币跨境使用，做大做强融资租赁业，服务实体经济发展。

9. 推进金融制度创新。

开展利率市场化和人民币资本项目可兑换试点。将自贸试验区内符合条件的金融机构纳入优先发行大额可转让存单的机构范围，在自贸试验区内开展大额可转让存单发行试点。区内试行资本项目限额内可兑换，符合条件的区内机构在限额内自主开展直接投资、并购、债务工具、金融类投资等交易。深化外汇管理改革，将直接投资外汇登记下放银行办理，外商直接投资项下外汇资本金可意愿结汇，进一步提高对外放款比例。提高投融资便利化水平，解决自贸试验区内企业特别是中小企业融资难、融资贵问题，统一内外资企业外债政策，建立健全外债宏观审慎管理制度。放宽区内企业在境外发行本外币债券的审批和规模限制，所筹资金根据需要可调回区内使用。

推动跨境人民币业务创新发展，鼓励在人民币跨境使用方面先行先试，鼓励企业充分利用境内外两种资源、两个市场，实现跨境融资自由化。支持跨国公司本外币资金集中运营管理。支持自贸试验区内符合条件的单位和个人按照规定双向投资于境内外证券期货市场。支持通过自由贸易账户或其他风险可控的方式，促进跨境投融资便利化和资本项目可兑换的先行先试。

探索在自贸试验区内建立金融消费者权益保护协作机制以及和解、专业调解、仲裁等金融纠纷司法替代性解决机制，鼓励金融行业协会、自律组织独立或者联合依法开展专业调解，建立调解与仲裁、诉讼的对接机制，加大金融消费者维权支持力度，依法维护金融消费者合法权益。支持建立健全证券投资消费者教育服务体系，积极创新自贸试验区特色的多元化证券投资消费者教育产品和方式。

10. 增强金融服务功能。

推动金融服务业对符合条件的民营资本全面开放，在加强监管前提下，允许具备条件的民间资本依法发起设立中小型银行等金融机构。支持在自贸试验区内设立外资银行和中外合资银行。条件具备时适时在自贸试验区内试点设立有限牌照银行。对中小型金融机构实行差别化管理。在完善相关管理办法，加强有效监管前提下，允许自贸试验区内符合条件的中资银行试点开办外币离岸业务。鼓励金融机构积极开展动产融资业务，利用动产融资统一登记平台，服务中小企业发展。支持商业保理业务发展，探索适合商业保理发展的外汇管理模式。开展人民币跨境再保险业务，培育发展再保险市场。支持在自贸试验区内设立专业机构，开展巨灾保险试点工作。逐步允许境外企业参与商品期货交易。

11. 提升租赁业发展水平。

率先推进租赁业政策制度创新，形成与国际接轨的租赁业发展环境。加快建设国家租赁创新示范区。在自贸试验区的海关特殊监管区域内，支持设立中国天津租赁平台，推进租赁资产公示等试点。支持设立中国金融租赁登记流转平台，推进租赁资产登记、公示、流转等试点。统一内外资融资租赁企业准入标准、审批流程和事中事后监管，允许注册在自贸试验区内由天津市商务主管部门准入的内资融资租赁企业享受与现行内资融资租赁试点企业同等待遇。支持符合条件的金融租赁公司和融资租赁公司设立专业子公司。支持金融租赁公司和融资租赁公司在符合相关规定前提下，设立项目公司经营大型设备、成套设备等融资租赁业务，并开展境内外租赁业务。经相关部门认可，允许融资租赁企业开展主营业务相关的保理业务和福费廷业务。支持租赁业境外融资，鼓励各类租赁公司扩大跨境人民币资金使用范围。对注册在自贸试验区海关特殊监管区域内的融资租赁企业进出口飞机、船舶和海洋工程结构物等大型设备涉及跨关区的，在确保有效监管和执行现行相关税收政策前提下，按物流实际需要，实行海关异地委托监管。

12. 建立健全金融风险防控体系。

建立金融监管协调机制，完善跨行业、跨市场的金融风险监测评估机制，加强对重大风险的识别和系统性金融风险的防范。完善对持有各类牌照金融机构的分类监管机制，加强金融监管协调与合作。探索建立跨境资金流动风险监管机制，对企业跨境收支进行全面监测评价，实施分类管理。强化外汇风险防控，实施主体监管，建立合规评价体系，以大数据为依托开展事中事后管理。做好反洗钱、反恐怖融资工作，防范非法资金跨境、跨区流动。

（五）推动实施京津冀协同发展战略

发挥自贸试验区对外开放高地的综合优势，推动京津冀地区外向型经济发展，构建全方位、多层次、宽领域的区域开放型经济新格局。

13. 增强口岸服务辐射功能。

完善京津冀海关区域通关一体化和检验检疫通关业务一体化改革。优化内陆无水港布局，支持内陆地区在条件具备时申请设立海关特殊监管区域和保税监管场所。完善天津口岸与无水港之间在途运输监管模式，推动与内陆口岸通关协作，实现相关部门信息互换、监管互认、执法互助。结合上海试点实施情况，在统筹评估政策成效基础上，研究实施启运港退税试点政策。进一步推动津冀两地港口一体化，在优化港口产业结构的同时，实现两地港口间错位发展和优势互补。支持京冀两地在自贸试验区建设专属物流园区，开展现代物流业务。完善以天津港为出海口的保税物流网络，将意愿结汇等创新政策辐射延伸至京冀两地及港口腹地。依托亚欧大陆桥连接功能，完善多式联运体系，增强对沿线国家及地区转口贸易服务功能，发挥中蒙俄经济走廊重要节点作用和海上合作战略支点作用，推动“一带一路”建设。

14. 促进区域产业转型升级。

抓住全球产业重新布局机遇，充分利用国内国外两种资源、两个市场，提高聚集国际资源要素的能力。通过自贸试验区高端产业集聚，促进京津冀地区优化现代服务业、先进制造业和战略性新兴产业布局，创新区域经济合作模式。以产业链为纽带，在自贸试验区建立市场化运作的产业转移引导基金，促进京津冀地区在研发设计、生产销售和物流配送等环节的协同配合。增强自贸试验区大宗商品交易市场的集散功能。加强交易市场互联互通，推动各类资源合理高效流转。鼓励三地企业通过跨区域兼并重组实现产业转型升级，在基础设施、公共设施建设运营领域，推广运用政府和社会资本合作（PPP）等新型投融资模式。鼓励航运物流、航空航天、装备制造、电子信息、生物医药等产业向自贸试验区集聚，形成有利于推动产业集群发展的体制机制，促使自贸试验区成为京津冀地区产业转型升级的新引擎。

15. 推动区域金融市场一体化。

探索京津冀金融改革创新试验，开展金融监管、金融产品和服务方面的创新。加强区域金融监管协作，破除地域限制。在遵守国家规定前提下，京津冀三地产权交易市场、技术交易市场、排污权交易市场和碳排放权交易市场可在自贸试验区内开展合作，促进区域排污权指标有偿分配使用。支持金融服务外包企业发展。鼓励和引导互联网金融业健康发展。鼓励自贸试验区金融机构探索与京津冀协同发展相适应的产品创新和管理模式创新，优化京津冀地区金融资源配置。

16. 构筑服务区域发展的科技创新和人才高地。

充分发挥自贸试验区和国家自主创新示范区政策叠加优势，将自贸试验区打造成具有创新示范和带动作用的区域性创新平台，增强科技进步对经济增长的贡献度。坚持需求导向和产业化方向，推动科研机构、高校、企业协同创新。积极发展科技金融。依法合规开展知识产权转让，建立专利导航产业发展协同工作机制。根据区域特点和发展需求，针对区域创新发展中面临的突出问题，在自贸试验区内开展有针对性的政策试点。支持京津冀三地政府按规定共同出资，与国家新兴产业创业投资引导基金、国家科技成果转化引导基金形成合作机制。联合国内外知名股权投资机构共同成立创投基金，在自贸试验区先行先试。建立健全科技成果转化交易市场。推动教育部、天津市共建教育国际化综合改革试验区，支持引进境外优质教育资源，开展合作办学。按照国际通行做法探索人才评价方法，实施更加积极的创新人才引进政策，强化激励，吸引领军科学家、企业家、归国创业人员等高端人才，建设国际化人才特区。为符合条件的外国籍高层次人才提供入境及居留便利，进一步简化签证等相关审批程序。

四、保障机制

（一）健全法制保障体系

全国人民代表大会常务委员会已经授权国务院，暂时调整《中华人民共和国外资企业法》、《中华人民共和国中外合资经营企业法》、《中华人民共和国中外合作经营企业法》和《中华人民共和国台湾同胞投资保护法》

规定的有关行政审批，自 2015 年 3 月 1 日至 2018 年 2 月 28 日试行。自贸试验区需要暂时调整实施有关行政法规、国务院文件和经国务院批准的部门规章的部分规定的，按规定程序办理。各有关部门要支持自贸试验区在扩大投资领域开放、实施负面清单管理模式、创新投资管理体制等方面深化改革试点，及时解决试点过程中的制度保障问题。天津市要通过地方立法，建立与试点要求相适应的自贸试验区管理制度。

（二）优化行政管理服务环境

转变政府职能，推进落实各项改革创新措施，加强自贸试验区经济运行管理和风险防控，规范市场经济秩序，提高行政管理水平和综合服务能力。加强海关、质检、工商、税务、金融监管及外汇等部门协作，依托地方政府主导的电子口岸等公共电子信息平台，整合监管信息，实现相关监管部门信息共享，共同提高维护经济社会安全的服务保障能力。

（三）完善配套税收政策

中国（上海）自由贸易试验区已经试点的税收政策原则上可在自贸试验区进行试点，其中促进贸易的选择性征收关税、其他相关进出口税收等政策在自贸试验区内的海关特殊监管区域进行试点。自贸试验区内的海关特殊监管区域实施范围和税收政策适用范围维持不变。此外，在符合税制改革方向和国际惯例，以及不导致利润转移和税基侵蚀前提下，积极研究完善适应境外股权投资和离岸业务发展的税收政策。

（四）抓好组织实施工作

在国务院的领导和统筹协调下，由天津市根据试点内容，按照总体筹划、分步实施、率先突破、逐步完善的原则组织实施。对出现的新情况、新问题，要认真研究，及时调整试点内容和政策措施，重大事项要及时向国务院请示报告。各有关部门要大力支持，加强指导和服务，共同推进相关体制机制创新，把自贸试验区建设好、管理好。

（五）建立评估推广机制

自贸试验区要及时总结改革创新经验和成果。商务部、天津市人民政府要会同相关部门，对自贸试验区试点政策执行情况进行综合和专项评估，必要时委托第三方机构进行独立评估，并将评估结果报告国务院。对试点效果好且可复制可推广的成果，经国务院同意后率先在京津冀地区复制推广，具备条件的，进一步推广到全国其他地区。

国务院关于印发中国（福建）自由贸易试验区总体方案的通知

（国发〔2015〕20号）

建立中国（福建）自由贸易试验区（以下简称自贸试验区）是党中央、国务院作出的重大决策，是新形势下全面深化改革、扩大开放和深化两岸经济合作采取的重大举措。为全面有效推进自贸试验区建设，制定本方案。

一、总体要求

（一）指导思想

全面贯彻落实党的十八大和十八届二中、三中、四中全会精神，按照党中央、国务院决策部署，紧紧围绕国家战略，立足于深化两岸经济合作，立足于体制机制创新，进一步解放思想，先行先试，为深化两岸经济合作探索新模式，为加强与21世纪海上丝绸之路沿线国家和地区的交流合作拓展新途径，为我国全面深化改革和扩大开放积累新经验，发挥示范带动、服务全国的积极作用。

（二）战略定位

围绕立足两岸、服务全国、面向世界的战略要求，充分发挥改革先行优势，营造国际化、市场化、法治化营商环境，把自贸试验区建设成为改革创新试验田；充分发挥对台优势，率先推进与台湾地区投资贸易自由化进程，把自贸试验区建设成为深化两岸经济合作的示范区；充分发挥对外开放前沿优势，建设21世纪海上丝绸之路核心区，打造面向21世纪海上丝绸之路沿线国家和地区开放合作新高地。

（三）发展目标

坚持扩大开放与深化改革相结合、功能培育与制度创新相结合，加快政府职能转变，建立与国际投资贸易规则相适应的新体制。创新两岸合作机制，推动货物、服务、资金、人员等各类要素自由流动，增强闽台经济关联度。加快形成更高水平的对外开放新格局，拓展与21世纪海上丝绸之路沿线国家和地区交流合作的深度和广度。经过三至五年改革探索，力争建成投资贸易便利、金融创新功能突出、服务体系健全、监管高效便捷、法制环境规范的自由贸易园区。

二、区位布局

（一）实施范围

自贸试验区的实施范围118.04平方公里，涵盖三个片区：平潭片区43平方公里，厦门片区43.78平方公里（含象屿保税区0.6平方公里、象屿保税物流园区0.7平方公里、厦门海沧保税港区9.51平方公里），福州片区31.26平方公里（含福州保税区0.6平方公里、福州出口加工区1.14平方公里、福州保税港区9.26平方公里）。

自贸试验区土地开发利用须遵守土地利用法律法规。

（二）功能划分

按区域布局划分，平潭片区重点建设两岸共同家园和国际旅游岛，在投资贸易和资金人员往来方面实施更加自由便利的措施；厦门片区重点建设两岸新兴产业和现代服务业合作示范区、东南国际航运中心、两岸区域性金融服务中心和两岸贸易中心；福州片区重点建设先进制造业基地、21世纪海上丝绸之路沿线国家和地区交流合作的重要平台、两岸服务贸易与金融创新合作示范区。

按海关监管方式划分，自贸试验区内的海关特殊监管区域重点探索以贸易便利化为主要内容的制度创新，开展国际贸易、保税加工和保税物流等业务；非海关特殊监管区域重点探索投资体制改革，推动金融制度创新，积极发展现代服务业和高端制造业。

三、主要任务和措施

（一）切实转变政府职能

1. 深化行政管理体制改革。

按照国际化、市场化、法治化要求，加快推进政府管理模式创新，福建省能够下放的经济社会管理权限，全部下放给自贸试验区。依法公开管理权限和流程。加快行政审批制度改革，促进审批标准化、规范化。建立健全行政审批目录制度，实行“一口受理”服务模式。完善知识产权管理和执法体制以及纠纷调解、援助、仲裁等服务机制。健全社会服务体系，将原由政府部门承担的资产评估、鉴定、咨询、认证、检验检测等职能逐步交由法律、会计、信用、检验检测认证等专业服务机构承担。

（二）推进投资管理体制改革

2. 改革外商投资管理模式。

探索对外商投资实行准入前国民待遇加负面清单管理模式。对外商投资准入特别管理措施（负面清单）之外领域，按照内外资一致原则，外商投资项目实行备案制（国务院规定对国内投资项目保留核准的除外），由福建省办理；根据全国人民代表大会常务委员会授权，将外商投资企业设立、变更及合同章程审批改为备案管理，备案由福建省负责办理，备案后按国家有关规定办理相关手续。配合国家有关部门实施外商投资国家安全审查和经营者集中反垄断审查。强化外商投资实际控制人管理，完善市场主体信用信息公示系统，实施外商投资全周期监管，建立健全境外追偿保障机制。减少项目前置审批，推进网上并联审批。

放宽外资准入。实施自贸试验区外商投资负面清单制度，减少和取消对外商投资准入限制，提高开放度和透明度。先行选择航运服务、商贸服务、专业服务、文化服务、社会服务及先进制造业等领域扩大对外开放，积极有效吸引外资。降低外商投资性公司准入条件。稳步推进外商投资商业保理、典当行试点。完善投资者权益保障机制，允许符合条件的境外投资者自由转移其合法投资收益。

3. 构建对外投资促进体系。

改革境外投资管理方式，将自贸试验区建设成为企业“走出去”的窗口和综合服务平台。对一般境外投资项目和设立企业实行备案制，属省级管理权限的，由自贸试验区负责备案管理。确立企业及个人对外投资主体地位，支持企业在境外设立股权投资企业和专业从事境外股权投资的项目公司，支持设立从事境外投资的股权投资母基金。支持自贸试验区内企业和个人使用自有金融资产进行对外直接投资、自由承揽项目。建立对外投资合作“一站式”服务平台。加强境外投资事后管理和服务，完善境外资产和人员安全风险预警和应急保障体系。

（三）推进贸易发展方式转变

4. 拓展新型贸易方式。

积极培育贸易新型业态和功能，形成以技术、品牌、质量、服务为核心的外贸竞争新优势。按照国家规定建设服务实体经济的国际国内大宗商品交易和资源配置平台，开展大宗商品国际贸易。按照公平竞争原则，发展跨境电子商务，完善与之相适应的海关监管、检验检疫、退税、跨境支付、物流等支撑系统。在严格执行货物进出口税收政策前提下，允许在海关特殊监管区内设立保税展示交易平台。符合条件的地区可按政策规定申请实施境外旅客购物离境退税政策。允许境内期货交易所开展期货保税交割试点。推进动漫创意、信息管理、数据处理、供应链管理、飞机及零部件维修等服务外包业务发展。开展飞机等高技术含量、高附加值产品境内外维修业务试点，建立整合物流、贸易、结算等功能的营运中心。扩大对外文化贸易和版权贸易。支持开展汽车平行进口试点，平行进口汽车应符合国家质量安全标准，进口商应承担售后服务、召回、“三包”等责任，并向消费者警示消费风险。

5. 提升航运服务功能。

探索具有国际竞争力的航运发展制度和运作模式。允许设立外商独资国际船舶管理企业。放宽在自贸试验区设立的中外合资、中外合作国际船舶企业的外资股比限制。允许外商以合资、合作形式从事公共国际船舶代理业务，外方持股比例放宽至51%，将外资经营国际船舶管理业务的许可权限下放给福建省，简化国际船舶运输经营许可流程。加快国际船舶登记制度创新，充分利用现有中资“方便旗”船税收优惠政策，促进符合条件的船舶在自贸试验区落户登记。允许自贸试验区试点海运快件国际和台港澳中转集拼业务。允许在自贸试验区内注册的大陆资本邮轮企业所属的“方便旗”邮轮，经批准从事两岸四地邮轮运输。允许中资公司拥有或控股拥有的非五星旗船，试点开展外贸集装箱在国内沿海港口和自贸试验区内港口之间的沿海捎带业务。支持推动自贸试验区内符合条件的对外开放口岸对部分国家人员实施72小时过境免签证政策。结合上海试点实施情况，在统筹评估政策成效基础上，研究实施启运港退税试点政策。

6. 推进通关机制创新。

建设国际贸易“单一窗口”，全程实施无纸化通关。推进自贸试验区内各区域之间通关一体化。简化《内地与香港关于建立更紧密经贸关系的安排》、《内地与澳门关于建立更紧密经贸关系的安排》以及《海峡两岸经济合作框架协议》（以下简称框架协议）下货物进口原产地证书提交需求。在确保有效监管前提下，简化自贸试验区内的海关特殊监管区域产品内销手续，促进内销便利化。大力发展转口贸易，放宽海运货物直接运输判定标准。试行企业自主报税、自助通关、自助审放、重点稽核的通关征管作业。在确保有效监管前提下，在海关特殊监管区域探索建立货物实施状态分类监管模式。允许海关特殊监管区域内企业生产、加工并内销的货物试行选择性征收关税政策。试行动植物及其产品检疫审批负面清单制度。支持自贸试验区与21世纪海上丝绸之路沿线国家和地区开展海关、检验检疫、认证认可、标准计量等方面的合作与交流，探索实施与21世纪海上丝绸之路沿线国家和地区开展贸易供应链安全与便利合作。

（四）率先推进与台湾地区投资贸易自由

7. 探索闽台产业合作新模式。

在产业扶持、科研活动、品牌建设、市场开拓等方面，支持台资企业加快发展。推动台湾先进制造业、战略性新兴产业、现代服务业等产业在自贸试验区内集聚发展，重点承接台湾地区产业转移。取消在自贸试验区内从事农作物（粮棉油作物除外）新品种选育（转基因除外）和种子生产（转基因除外）的两岸合资企业由大陆方面控股要求，但台商不能独资。支持自贸试验区内品牌企业赴台湾投资，促进闽台产业链深度融合。探索闽台合作研发创新，合作打造品牌，合作参与制定标准，拓展产业价值链多环节合作，对接台湾自由经济示范区，构建双向投资促进合作新机制。

8. 扩大对台服务贸易开放。

推进服务贸易对台更深度开放，促进闽台服务要素自由流动。进一步扩大通信、运输、旅游、医疗等行业对台开放。支持自贸试验区在框架协议下，先行试点，加快实施。对符合条件的台商，投资自贸试验区内服务行业的资质、门槛要求比照大陆企业。允许持台湾地区身份证明文件的自然人到自贸试验区注册个体工商户，无需经过外资备案（不包括特许经营，具体营业范围由工商总局会同福建省发布）。探索在自贸试验区内推动两岸社会保险等方面对接，将台胞证号管理纳入公民统一社会信用代码管理范畴，方便台胞办理社会保险、理财业务等。探索台湾专业人才在自贸试验区内行政企事业单位、科研院所等机构任职。深入落实《海峡两岸共同打击犯罪及司法互助协议》，创新合作形式，加强两岸司法合作。发展知识产权服务业，扩大对台知识产权服务，开展两岸知识产权经济发展试点。

电信和运输服务领域开放。允许台湾服务提供者在自贸试验区内试点设立合资或独资企业，提供离岸呼叫中心业务及大陆境内多方通信业务、存储转发类业务、呼叫中心业务、国际互联网接入服务业务（为上网用户提供国际互联网接入服务）和信息服务业务（仅限应用商店）。允许台湾服务提供者在自贸试验区内直接申请设立独资海员外派机构并仅向台湾船东所属的商船提供船员派遣服务，无须事先成立船舶管理公司。对台湾投资者在自贸试验区内设立道路客货运站（场）项目和变更的申请，以及在自贸试验区内投资的生产型企业从事货运方面的道路运输业务立项和变更的申请，委托福建省审核或审批。

商贸服务领域开放。在自贸试验区内，允许申请成为赴台游组团社的

3家台资合资旅行社试点经营福建居民赴台湾地区团队旅游业务。允许台湾导游、领队经自贸试验区旅游主管部门培训认证后换发证件，在福州市、厦门市和平潭综合实验区执业。允许在自贸试验区内居住一年以上的持台湾方面身份证明文件的自然人报考导游资格证，并按规定申领导游证后在大陆执业。允许台湾服务提供者以跨境交付方式在自贸试验区内试点举办展览，委托福建省按规定审批在自贸试验区内举办的涉台经济技术展览会。

建筑业服务领域开放。在自贸试验区内，允许符合条件的台资独资建筑业企业承接福建省内建筑工程项目，不受项目双方投资比例限制。允许取得大陆一级注册建筑师或一级注册结构工程师资格的台湾专业人士作为合伙人，按相应资质标准要求在自贸试验区内设立建筑工程设计事务所并提供相应服务。台湾服务提供者在自贸试验区内设立建设工程设计企业，其在台湾和大陆的业绩可共同作为个人业绩评定依据，但在台湾完成的业绩规模标准应符合大陆建设项目规模划分标准。台湾服务提供者在自贸试验区内投资设立的独资建筑业企业承揽合营建设项目时，不受建设项目的合营方投资比例限制。台湾服务提供者在自贸试验区内设立的独资物业服务企业，在申请大陆企业资质时，可将在台湾和大陆承接的物业建筑面积共同作为评定依据。

产品认证服务领域开放。在强制性产品认证领域，允许经台湾主管机关确认并经台湾认可机构认可的、具备大陆强制性产品认证制度相关产品检测能力的台湾检测机构，在自贸试验区内与大陆指定机构开展合作承担强制性产品认证检测任务，检测范围限于两岸主管机关达成一致的产品，产品范围涉及制造商为台湾当地合法注册企业且产品在台湾设计定型、在自贸试验区内加工或生产的产品。允许经台湾认可机构认可的具备相关产品检测能力的台湾检测机构在自贸试验区设立分支机构，并依法取得资质认定，承担认证服务的范围包括食品类别和其他自愿性产品认证领域。在自愿性产品认证领域，允许经台湾认可机构认可的具备相关产品检测能力的台湾检测机构与大陆认证机构在自贸试验区内开展合作，对台湾本地或在自贸试验区内生产或加工的产品进行检测。台湾服务提供者在台湾和大陆从事环境污染治理设施运营的实践时间，可共同作为其在自贸试验区内申请企业环境污染治理设施运营资质的评定依据。

工程技术服务领域开放。允许台湾服务提供者在自贸试验区内设立的建设工程设计企业聘用台湾注册建筑师、注册工程师，并将其作为本企业申请建设工程设计资质的主要专业技术人员，在资质审查时不考核其专业技术职称条件，只考核其学历、从事工程设计实践年限、在台湾的注册资格、工程设计业绩及信誉。台湾服务提供者在自贸试验区内设立的建设工程设计企业中，出任主要技术人员且持有台湾方面身份证明文件的自然人，不受每人每年在大陆累计居住时间应当不少于 6 个月的限制。台湾服务提供者在自贸试验区内设立的建筑业企业可以聘用台湾专业技术人员作为企业经理，但须具有相应的从事工程管理工作经历；可以聘用台湾建筑业专业人员作为工程技术和经济管理人员，但须满足相应的技术职称要求。台湾服务提供者在自贸试验区内投资设立的建筑业企业申报资质应按大陆有关规定办理，取得建筑业企业资质后，可依规定在大陆参加工程投标。台湾服务提供者在自贸试验区内设立的建筑业企业中，出任工程技术人员和经济管理人员且持有台湾方面身份证明文件的自然人，不受每人每年在大陆累计居住时间应当不少于 3 个月的限制。允许台湾建筑、规划等服务机构执业人员，持台湾相关机构颁发的证书，经批准在自贸试验区内开展业务。允许通过考试取得大陆注册结构工程师、注册土木工程师（港口与航道）、注册公用设备工程师、注册电气工程师资格的台湾专业人士在自贸试验区内执业，不受在台湾注册执业与否的限制，按照大陆有关规定作为福建省内工程设计企业申报企业资质时所要求的注册执业人员予以认定。

专业技术服务领域开放。允许台湾会计师在自贸试验区内设立的符合《代理记账管理办法》规定的中介机构从事代理记账业务。从事代理记账业务的台湾会计师应取得大陆会计从业资格，主管代理记账业务的负责人应当具有大陆会计师以上（含会计师）专业技术资格。允许取得大陆注册会计师资格的台湾专业人士担任自贸试验区内合伙制会计师事务所合伙人，具体办法由福建省制定，报财政部批准后实施。允许符合规定的持台湾方面身份证明文件的自然人参加护士执业资格考试，考试成绩合格者发给相应的资格证书，在证书许可范围内开展业务。允许台湾地区其他医疗专业技术人员比照港澳相关医疗专业人员按照大陆执业管理规定在自贸试验区内从事医疗相关活动。允许取得台湾药剂师执照的持台湾方面身份证明文件的自然人在取得大陆《执业药师资格证书》后，按照大陆《执业药师注册管理暂行办法》等相关文件规定办理注册并执业。

上述各领域开放措施在框架协议下实施，并且只适用于注册在自贸试验区内的企业。

9. 推动对台货物贸易自由。

积极创新监管模式，提高贸易便利化水平。建立闽台通关合作机制，开展货物通关、贸易统计、原产地证书核查、“经认证的经营者”互认、检验检测认证等方面合作，逐步实现信息互换、监管互认、执法互助。完善自贸试验区对台小额贸易管理方式。支持自贸试验区发展两岸电子商务，允许符合条件的台商在自贸试验区内试点设立合资或独资企业，提供在线数据处理与交易处理业务（仅限于经营类电子商务），申请可参照大陆企业同等条件。检验检疫部门对符合条件的跨境电商入境快件采取便利措施。除国家禁止、限制进口的商品，废物原料、危险化学品及其包装、大宗散装商品外，简化自贸试验区内进口原产于台湾商品有关手续。对台湾地区输往自贸试验区的农产品、水产品、食品和花卉苗木等产品试行快速检验检疫模式。进一步优化从台湾进口部分保健食品、化妆品、医疗器械、中药材的审评审批程序。改革和加强原产地证签证管理，便利证书申领，强化事中事后监管。

10. 促进两岸往来更加便利。

推动人员往来便利化，在自贸试验区实施更加便利的台湾居民入出境政策。对在自贸试验区内投资、就业的台湾企业高级管理人员、专家和技术人员，在项目申报、入出境等方面给予便利。为自贸试验区内台资企业外籍员工办理就业许可手续提供便利，放宽签证、居留许可有效期限。对自贸试验区内符合条件的外籍员工，提供入境、过境、停居留便利。自贸试验区内一般性赴台文化团组审批权下放给福建省。加快落实台湾车辆在自贸试验区与台湾之间便利进出境政策，推动实施两岸机动车辆互通和驾驶证互认，简化临时入境车辆牌照手续。推动厦门—金门和马尾—马祖游艇、帆船出入境简化手续。

（五）推进金融领域开放创新

11. 扩大金融对外开放。

建立与自贸试验区相适应的账户管理体系。完善人民币涉外账户管理模式，简化人民币涉外账户分类，促进跨境贸易、投融资结算便利化。自贸试验区内试行资本项目限额内可兑换，符合条件的自贸试验区内机构在限额内自主开展直接投资、并购、债务工具、金融类投资等交易。深化外汇管理改革，将直接投资外汇登记下放银行办理，外商直接投资项下外汇资本金可意愿结汇，进一步提高对外放款比例。提高投融资便利化水平，统一内外资企业外债政策，建立健全外债宏观审慎管理制度。允许自贸试验区内企业、银行从境外借入本外币资金，企业借入的外币资金可结汇使用。探索建立境外融资与跨境资金流动宏观审慎管理政策框架，支持企业开展国际商业贷款等各类境外融资活动。放宽自贸试验区内法人金融机构和企业在境外发行人民币和外币债券的审批和规模限制，所筹资金可根据需要调回自贸试验区内使用。支持跨国公司本外币资金集中运营管理。探索在自贸试验区内设立单独领取牌照的专业金融托管服务机构，允许自贸试验区内银行和支付机构、托管机构与境外银行和支付机构开展跨境支付合作。构建跨境个人投资者保护制度，严格投资者适当性管理。强化风险防控，实施主体监管，建立合规评价体系，以大数据为依托开展事中事后管理。

12. 拓展金融服务功能。

推进利率市场化，允许符合条件的金融机构试点发行企业和个人大额可转让存单。研究探索自贸试验区内金融机构（含准金融机构）向境外转让人民币资产、销售人民币理财产品，多渠道探索跨境资金流动。推动开展跨境人民币业务创新，推进自贸试验区内企业和个人跨境贸易与投资人民币结算业务。在完善相关管理办法、加强有效监管前提下，允许自贸试验区内符合条件的中资银行试点开办外币离岸业务。支持自贸试验区内法人银行按有关规定开展资产证券化业务。创新知识产权投融资及保险、风险投资、信托等金融服务，推动建立知识产权质物处置机制。经相关部门许可，拓展自贸试验区内融资租赁业务经营范围、融资渠道，简化涉外业务办理流程。统一内外资融资租赁企业准入标准、设立审批和事中事后监管，允许注册在自贸试验区内由福建省有关主管部门准入的内资融资租赁企业享受与现行内资试点企业同等待遇。支持自贸试验区内设立多币种的产业投资基金，研究设立多币种的土地信托基金等。支持符合条件的自贸试验区内机构按照规定双向投资于境内外证券期货市场。在合法合规、风险可控前提下，逐步开展商品场外衍生品交易。支持厦门两岸区域性金融服务中心建设。支持境内期货交易所根据需要在平潭设立期货交割仓库。

13. 推动两岸金融合作先行先试。

在对台小额贸易市场设立外币兑换机构。允许自贸试验区银行业金融机构与台湾同业开展跨境人民币借款等业务。支持台湾地区的银行向自贸试验区内企业或项目发放跨境人民币贷款。对自贸试验区内的台湾金融机构向母行（公司）借用中长期外债实行外债指标单列，并按余额进行管理。在框架协议下，研究探索自贸试验区金融服务业对台资进一步开放，降低台资金融机构准入和业务门槛，适度提高参股大陆金融机构持股比例，并参照大陆金融机构监管。按照国家区域发展规划，为自贸试验区内台资法人金融机构在大陆设立分支机构开设绿色通道。支持在自贸试验区设立两岸合资银行等金融机构。探索允许台湾地区的银行及其在大陆设立的法人银行在福建省设立的分行参照大陆关于申请设立支行的规定，申请在自贸试验区内设立异地（不同于分行所在城市）支行。台湾地区的银行在大陆的营业性机构经营台资企业人民币业务时，服务对象可包括被认定为视同台湾投资者的第三地投资者在自贸试验区设立的企业。在符合相关规定前提下，支持两岸银行业在自贸试验区内进行相关股权投资合作。研究探索台湾地区的银行在自贸试验区内设立的营业性机构一经开业即可经营人民币业务。在框架协议下，允许自贸试验区内大陆的商业银行从事代客境外理财业务时，可以投资符合条件的台湾金融产品；允许台资金融机构以人民币合格境外机构投资者方式投资自贸试验区内资本市场。研究探索放宽符合条件的台资金融机构参股自贸试验区证券基金机构股权比例限制。研究探索允许符合条件的台资金融机构按照大陆有关规定在自贸试验区内设立合资基金管理公司，台资持股比例可达50%以上。研究探索允许符合设立外资参股证券公司条件的台资金融机构按照大陆有关规定在自贸试验区内新设立两家两岸合资的全牌照证券公司，大陆股东不限于证券公司，其中一家台资合并持股比例最高可达 51%，另一家台资合并持股比例不超过 49%、且取消大陆单一股东须持股 49% 的限制。支持符合条件的台资保险公司到自贸试验区设立经营机构。支持福建省股权交易场所拓展业务范围，为台资企业提供综合金融服务。加强两岸在金融纠纷调解、仲裁、诉讼及金融消费者维权支持方面的合作，健全多元化纠纷解决渠道。

（六）培育平潭开放开发新优势

14. 推进服务贸易自由化。

赋予平潭制定相应从业规范和标准的权限，在框架协议下，允许台湾建筑、规划、医疗、旅游等服务机构执业人员，持台湾有关机构颁发的证书，按规定范围在自贸试验区内开展业务。探索在自贸试验区内行政企事业单位等机构任职的台湾同胞试行两岸同等学力、任职资历对接互认，研究探索技能等级对接互认。对台商独资或控股开发的建设项目，借鉴台湾的规划及工程管理体制。

15. 推动航运自由化。

简化船舶进出港口手续，对国内航行船舶进出港海事实行报告制度。支持简化入区申报手续，探索试行相关电子数据自动填报。探索在自贸试验区内对台试行监管互认。对平潭片区与台湾之间进出口商品原则上不实施检验（废物原料、危险化学品及其包装、大宗散装货物以及国家另有特别规定的除外），检验检疫部门加强事后监管。

16. 建设国际旅游岛。

加快旅游产业转型升级，推行国际通行的旅游服务标准，开发特色旅游产品，拓展文化体育竞技功能，建设休闲度假旅游目的地。研究推动平潭实施部分国家旅游团入境免签政策，对台湾居民实施更加便利的入出境制度。平潭国际旅游岛建设方案另行报批。

四、保障机制

（一）实行有效监管

17. 围网区域监管。

对自贸试验区内的海关特殊监管区域，比照中国（上海）自由贸易试验区内的海关特殊监管区域有关监管模式，实行“一线放开”、“二线安全高效管住”的通关监管服务模式，推动海关特殊监管区域整合优化。对平潭片区按照“一线放宽、二线管住、人货分离、分类管理”原则实施分线管理。除废物原料、危险化学品及其包装、散装货物外，检验检疫在一线实施“进境检疫，适当放宽进出口检验”模式，在二线推行“方便进出，严密防范质量安全风险”的检验检疫监管模式。

18. 全区域监管。

建立自贸试验区内企业信用信息采集共享和失信联动惩戒机制，开展使用第三方信用服务机构的信用评级报告试点。完善企业信用信息公示系统，实施企业年度报告公示、经营异常名录和严重违法企业名单制度，建立相应的激励、警示、惩戒制度。建立常态化监测预警、总结评估机制，落实企业社会责任，对自贸试验区内各项业务实施有效监控。加强监管信息共享和综合执法。构筑以商务诚信为核心，覆盖源头溯源、检验检疫、监管、执法、处罚、先行赔付等方面的全流程市场监管体系。建立各部门监管数据和信息归集、交换、共享机制，切实加强事中事后动态监管。整合执法主体，形成权责统一、权威高效的综合执法体制。提高知识产权行政执法与海关保护的协调性与便捷性，建立知识产权执法协作调度中心和专利导航产业发展工作机制。完善金融监管措施，逐步建立跨境资金流动风险监管机制，完善风险监控指标，对企业跨境收支进行全面监测评价，实行分类管理。做好反洗钱、反恐怖融资工作，防范非法资金跨境、跨区流动。探索在自贸试验区内建立有别于区外的金融监管协调机制，形成符合自贸试验区内金融业发展特点的监管体制。健全符合自贸试验区内金融业发展实际的监控指标，实现对自贸试验区内金融机构风险可控。

（二）健全法制保障

全国人民代表大会常务委员会已经授权国务院，暂时调整《中华人民共和国外资企业法》、《中华人民共和国中外合资经营企业法》、《中华人民共和国中外合作经营企业法》和《中华人民共和国台湾同胞投资保护法》规定的有关行政审批，自 2015 年 3 月 1 日至 2018 年 2 月 28 日试行。自贸试验区需要暂时调整实施有关行政法规、国务院文件和经国务院批准的部门规章的部分规定的，按规定程序办理。各有关部门要支持自贸试验区在对台先行先试、拓展与 21 世纪海上丝绸之路沿线国家和地区交流合作等方面深化改革试点，及时解决试点过程中的制度保障问题。福建省要通过地方立法，建立与试点要求相适应的自贸试验区管理制度。

（三）完善税收环境

自贸试验区抓紧落实好现有相关税收政策，充分发挥现有政策的支持促进作用。中国（上海）自由贸易试验区已经试点的税收政策原则上可在自贸试验区进行试点，其中促进贸易的选择性征收关税、其他相关进出口税收等政策在自贸试验区内的海关特殊监管区域进行试点。自贸试验区内的海关特殊监管区域实施范围和税收政策适用范围维持不变。平潭综合实验区税收优惠政策不适用于自贸试验区内其他区域。此外，在符合税制改革方向和国际惯例，以及不导致利润转移和税基侵蚀前提下，积极研究完善适应境外股权投资和离岸业务发展的税收政策。

（四）组织实施

在国务院的领导和统筹协调下，由福建省根据试点内容，按照总体筹划、分步实施、率先突破、逐步完善的原则组织实施。各有关部门要大力支持，加强指导和服务，共同推进相关体制机制创新，在实施过程中要注意研究新情况，解决新问题，总结新经验，重大事项要及时报告国务院，努力推进自贸试验区更好更快发展。

（五）评估推广机制

自贸试验区要及时总结改革创新经验和成果。商务部、福建省人民政府要会同相关部门，对自贸试验区试点政策执行情况进行综合和专项评估，必要时委托第三方机构进行独立评估，并将评估结果报告国务院。对试点效果好且可复制可推广的成果，经国务院同意后推广到全国其他地区。

国务院关于印发中国（上海）自由贸易试验区总体方案的通知

（国发〔2015〕38 号）

建立中国（上海）自由贸易试验区（以下简称“试验区”）是党中央、国务院作出的重大决策，是深入贯彻党的十八大精神，在新形势下推进改革开放的重大举措。为全面有效推进试验区工作，制定本方案。

一、总体要求

试验区肩负着我国在新时期加快政府职能转变、积极探索管理模式创新、促进贸易和投资便利化，为全面深化改革和扩大开放探索新途径、积累新经验的重要使命，是国家战略需要。

（一）指导思想

高举中国特色社会主义伟大旗帜，以邓小平理论、“三个代表”重要思想、科学发展观为指导，紧紧围绕国家战略，进一步解放思想，坚持先行先试，以开放促改革、促发展，率先建立符合国际化和法治化要求的跨境投资和贸易规则体系，使试验区成为我国进一步融入经济全球化的重要载体，打造中国经济升级版，为实现中华民族伟大复兴的中国梦作出贡献。

（二）总体目标

经过两至三年的改革试验，加快转变政府职能，积极推进服务业扩大开放和外商投资管理体制改革，大力发展总部经济和新型贸易业态，加快探索资本项目可兑换和金融服务业全面开放，探索建立货物状态分类监管模式，努力形成促进投资和创新的政策支持体系，着力培育国际化和法治化的营商环境，力争建设成为具有国际水准的投资贸易便利、货币兑换自由、监管高效便捷、法制环境规范的自由贸易试验区，为我国扩大开放和深化改革探索新思路和新途径，更好地为全国服务。

（三）实施范围

试验区的范围涵盖上海外高桥保税区、上海外高桥保税物流园区、洋山保税港区和上海浦东机场综合保税区等 4 个海关特殊监管区域，并根据先行先试推进情况以及产业发展和辐射带动需要，逐步拓展实施范围和试点政策范围，形成与上海国际经济、金融、贸易、航运中心建设的联动机制。

二、主要任务和措施

紧紧围绕面向世界、服务全国的战略要求和上海“四个中心”建设的战略任务，按照先行先试、风险可控、分步推进、逐步完善的方式，把扩大开放与体制改革相结合、把培育功能与政策创新相结合，形成与国际投资、贸易通行规则相衔接的基本制度框架。

（一）加快政府职能转变

1. 深化行政管理体制改革。

加快转变政府职能，改革创新政府管理方式，按照国际化、法治化的要求，积极探索建立与国际高标准投资和贸易规则体系相适应的行政管理体系，推进政府管理由注重事先审批转为注重事中、事后监管。建立一口受理、综合审批和高效运作的服务模式，完善信息网络平台，实现不同部门的协同管理机制。建立行业信息跟踪、监管和归集的综合性评估机制，加强对试验区内企业在区外经营活动全过程的跟踪、管理和监督。建立集中统一的市场监管综合执法体系，在质量技术监督、食品药品监管、知识产权、工商、税务等管理领域，实现高效监管，积极鼓励社会力量参与市场监督。提高行政透明度，完善体现投资者参与、符合国际规则的信息公开机制。完善投资者权益有效保障机制，实现各类投资主体的公平竞争，允许符合条件的外国投资者自由转移其投资收益。建立知识产权纠纷调解、援助等解决机制。

（二）扩大投资领域的开放

2. 扩大服务业开放。

选择金融服务、航运服务、商贸服务、专业服务、文化服务以及社会服务领域扩大开放（具体开放清单见附件），暂停或取消投资者资质要求、股比限制、经营范围限制等准入限制措施（银行业机构、信息通信服务除外），营造有利于各类投资者平等准入的市场环境。

3. 探索建立负面清单管理模式。

借鉴国际通行规则，对外商投资试行准入前国民待遇，研究制定试验区外商投资与国民待遇等不符的负面清单，改革外商投资管理模式。对负面清单之外的领域，按照内外资一致的原则，将外商投资项目由核准制改为备案制（国务院规定对国内投资项目保留核准的除外），由上海市负责办理；将外商投资企业合同章程审批改为由上海市负责备案管理，备案后按国家有关规定办理相关手续；工商登记与商事登记制度改革相衔接，逐步优化登记流程；完善国家安全审查制度，在试验区内试点开展涉及外资的国家安全审查，构建安全高效的开放型经济体系。在总结试点经验的基础上，逐步形成与国际接轨的外商投资管理制度。

4. 构筑对外投资服务促进体系。

改革境外投资管理方式，对境外投资开办企业实行以备案制为主的管理方式，对境外投资一般项目实行备案制，由上海市负责备案管理，提高境外投资便利化程度。创新投资服务促进机制，加强境外投资事后管理和服务，形成多部门共享的信息监测平台，做好对外直接投资统计和年检工作。支持试验区内各类投资主体开展多种形式的境外投资。鼓励在试验区设立专业从事境外股权投资的项目公司，支持有条件的投资者设立境外投资股权投资母基金。

（三）推进贸易发展方式转变

5. 推动贸易转型升级。

积极培育贸易新型业态和功能，形成以技术、品牌、质量、服务为核心的外贸竞争新优势，加快提升我国在全球贸易价值链中的地位。鼓励跨国公司建立亚太地区总部，建立整合贸易、物流、结算等功能的营运中心。深化国际贸易结算中心试点，拓展专用账户的服务贸易跨境收付和融资功能。支持试验区内企业发展离岸业务。鼓励企业统筹开展国际国内贸易，实现内外贸一体化发展。探索在试验区内设立国际大宗商品交易和资源配置平台，开展能源产品、基本工业原料和大宗农产品的国际贸易。扩大完善期货保税交割试点，拓展仓单质押融资等功能。加快对外文化贸易基地建设。推动生物医药、软件信息、管理咨询、数据服务等外包业务发展。允许和支持各类融资租赁公司在试验区内设立项目子公司并开展境内外租赁服务。鼓励设立第三方检验鉴定机构，按照国际标准采信其检测结果。试点开展境内外高技术、高附加值的维修业务。加快培育跨境电子商务服务功能，试点建立与之相适应的海关监管、检验检疫、退税、跨境支付、物流等支撑系统。

6. 提升国际航运服务能级。

积极发挥外高桥港、洋山深水港、浦东空港国际枢纽港的联动作用，探索形成具有国际竞争力的航运发展制度和运作模式。积极发展航运金融、国际船舶运输、国际船舶管理、国际航运经纪等产业。加快发展航运运价指数衍生品交易业务。推动中转集拼业务发展，允许中资公司拥有或控股拥有的非五星旗船，先行先试外贸进出口集装箱在国内沿海港口和上海港之间的沿海捎带业务。支持浦东机场增加国际中转货运航班。充分发挥上海的区域优势，利用中资“方便旗”船税收优惠政策，促进符合条件的船舶在上海落户登记。在试验区实行已在天津试点的国际船舶登记政策。简化国际船舶运输经营许可流程，形成高效率的船籍登记制度。

（四）深化金融领域的开放创新

7. 加快金融制度创新。

在风险可控前提下，可在试验区内对人民币资本项目可兑换、金融市场利率市场化、人民币跨境使用等方面创造条件进行先行先试。在试验区内实现金融机构资产方价格实行市场化定价。探索面向国际的外汇管理改革试点，建立与自由贸易试验区相适应的外汇管理体制，全面实现贸易投资便利化。鼓励企业充分利用境内外两种资源、两个市场，实现跨境融资自由化。深化外债管理方式改革，促进跨境融资便利化。深化跨国公司总部外汇资金集中运营管理试点，促进跨国公司设立区域性或全球性资金管理中心。建立试验区金融改革创新与上海国际金融中心建设的联动机制。

8. 增强金融服务功能。

推动金融服务业对符合条件的民营资本和外资金融机构全面开放，支持在试验区内设立外资银行和中外合资银行。允许金融市场在试验区内建立面向国际的交易平台。逐步允许境外企业参与商品期货交易。鼓励金融市场产品创新。支持股权托管交易机构在试验区内建立综合金融服务平台。支持开展人民币跨境再保险业务，培育发展再保险市场。

（五）完善法制领域的制度保障

9. 完善法制保障。

加快形成符合试验区发展需要的高标准投资和贸易规则体系。针对试点内容，需要停止实施有关行政法规和国务院文件的部分规定的，按规定程序办理。其中，经全国人民代表大会常务委员会授权，暂时调整《中华人民共和国外资企业法》、《中华人民共和国中外合资经营企业法》和《中华人民共和国中外合作经营企业法》规定的有关行政审批，自 2013 年 10 月 1 日起在三年内试行。各部门要支持试验区在服务业扩大开放、实施准入前国民待遇和负面清单管理模式等方面深化改革试点，及时解决试点过程中的制度保障问题。上海市要通过地方立法，建立与试点要求相适应的试验区管理制度。

三、营造相应的监管和税收制度环境

适应建立国际高水平投资和贸易服务体系的需要，创新监管模式，促进试验区内货物、服务等各类要素自由流动，推动服务业扩大开放和货物贸易深入发展，形成公开、透明的管理制度。同时，在维护现行税制公平、统一、规范的前提下，以培育功能为导向，完善相关政策。

（一）创新监管服务模式

10. 推进实施“一线放开”。

允许企业凭进口舱单将货物直接入区，再凭进境货物备案清单向主管海关办理申报手续，探索简化进出境备案清单，简化国际中转、集拼和分拨等业务进出境手续；实行“进境检疫，适当放宽进出口检验”模式，创新监管技术和方法。探索构建相对独立的以贸易便利化为主的货物贸易区域和以扩大服务领域开放为主的服务贸易区域。在确保有效监管的前提下，探索建立货物状态分类监管模式。深化功能拓展，在严格执行货物进出口税收政策的前提下，允许在特定区域设立保税展示交易平台。

11. 坚决实施“二线安全高效管住”。

优化卡口管理，加强电子信息联网，通过进出境清单比对、账册管理、卡口实货核注、风险分析等加强监管，促进二线监管模式与一线监管模式相衔接，推行“方便进出，严密防范质量安全风险”的检验检疫监管模式。加强电子账册管理，推动试验区内货物在各海关特殊监管区域之间和跨关区便捷流转。试验区内企业原则上不受地域限制，可到区外再投资或开展业务，如有专项规定要求办理相关手续，仍应按照专项规定办理。推进企业运营信息与监管系统对接。通过风险监控、第三方管理、保证金要求等方式实行有效监管，充分发挥上海市诚信体系建设的作用，加快形成企业商务诚信管理和经营活动专属管辖制度。

12. 进一步强化监管协作。

以切实维护国家安全和市场公平竞争为原则，加强各有关部门与上海市政府的协同，提高维护经济社会安全的服务保障能力。试验区配合国务院有关部门严格实施经营者集中反垄断审查。加强海关、质检、工商、税务、外汇等管理部门的协作。加快完善一体化监管方式，推进组建统一高效的口岸监管机构。探索试验区统一电子围网管理，建立风险可控的海关监管机制。

（二）探索与试验区相配套的税收政策

13. 实施促进投资的税收政策。

注册在试验区内的企业或个人股东，因非货币性资产对外投资等资产重组行为而产生的资产评估增值部分，可在不超过 5 年期限内，分期缴纳所得税。对试验区内企业以股份或出资比例等股权形式给予企业高端人才和紧缺人才的奖励，实行已在中关村等地区试点的股权激励个人所得税分期纳税政策。

14. 实施促进贸易的税收政策。

将试验区内注册的融资租赁企业或金融租赁公司在试验区内设立的项目子公司纳入融资租赁出口退税试点范围。对试验区内注册的国内租赁公司或租赁公司设立的项目子公司，经国家有关部门批准从境外购买空载重量在25吨以上并租赁给国内航空公司使用的飞机，享受相关进口环节增值税优惠政策。对设在试验区内的企业生产、加工并经“二线”销往内地的货物照章征收进口环节增值税、消费税。根据企业申请，试行对该内销货物按其对应进口料件或按实际报验状态征收关税的政策。在现行政策框架下，对试验区内生产企业和生产性服务业企业进口所需的机器、设备等货物予以免税，但生活性服务业等企业进口的货物以及法律、行政法规和相关规定明确不予免税的货物除外。完善启运港退税试点政策，适时研究扩大启运地、承运企业和运输工具等试点范围。

此外，在符合税制改革方向和国际惯例，以及不导致利润转移和税基侵蚀的前提下，积极研究完善适应境外股权投资和离岸业务发展的税收政策。

四、扎实做好组织实施

国务院统筹领导和协调试验区推进工作。上海市要精心组织实施，完善工作机制，落实工作责任，根据《方案》明确的目标定位和先行先试任务，按照“成熟的可先做，再逐步完善”的要求，形成可操作的具体计划，抓紧推进实施，并在推进过程中认真研究新情况、解决新问题，重大问题要及时向国务院请示报告。各有关部门要大力支持，积极做好协调配合、指导评估等工作，共同推进相关体制机制和政策创新，把试验区建设好、管理好。

附件：中国（上海）自由贸易试验区服务业扩大开放措施

附件：中国（上海）自由贸易试验区服务业扩大开放措施

一、金融服务领域

1. 银行服务（国民经济行业分类：J 金融业——6620 货币银行服务）	
开放措施：	（1）允许符合条件的外资金融机构设立外资银行，符合条件的民营资本与外资金融机构共同设立中外合资银行。在条件具备时，适时在试验区内试点设立有限牌照银行。 （2）在完善相关管理办法，加强有效监管的前提下，允许试验区内符合条件的中资银行开办离岸业务。
2. 专业健康医疗保险（国民经济行业分类：J 金融业——6812 健康和意外保险）	
开放措施：	试点设立外资专业健康医疗保险机构。
3. 融资租赁（国民经济行业分类：J 金融业——6631 金融租赁服务）	
开放措施：	（1）融资租赁公司在试验区内设立的单机、单船子公司不设最低注册资本限制。 （2）允许融资租赁公司兼营与主营业务有关的商业保理业务。

二、航运服务领域

4. 远洋货物运输（国民经济行业分类：G 交通运输、仓储和邮政业——5521 远洋货物运输）	
开放措施：	（1）放宽中外合资、中外合作国际船舶运输企业的外资股比限制，由国务院交通运输主管部门制定相关管理试行办法。 （2）允许中资公司拥有或控股拥有的非五星旗船，先行先试外贸进出口集装箱在国内沿海港口和上海港之间的沿海捎带业务。
5. 国际船舶管理（国民经济行业分类：G 交通运输、仓储和邮政业——5539 其他水上运输辅助服务）	
开放措施：	允许设立外商独资国际船舶管理企业。

三、商贸服务领域

6. 增值电信（国民经济行业分类：I 信息传输、软件和信息技术服务业——6319 其他电信业务，6420 互联网信息服务，6540 数据处理和存储服务，6592 呼叫中心）

开放措施：	在保障网络信息安全的前提下，允许外资企业经营特定形式的部分增值电信业务，如涉及突破行政法规，须国务院批准同意。

7. 游戏机、游艺机销售及服务（国民经济行业分类：F 批发和零售业——5179 其他机械及电子商品批发）

开放措施：	允许外资企业从事游戏游艺设备的生产和销售，通过文化主管部门内容审查的游戏游艺设备可面向国内市场销售。

四、专业服务领域

8. 律师服务（国民经济行业分类：L 租赁和商务服务业——7221 律师及相关法律服务）	
开放措施：	索密切中国律师事务所与外国（港澳台地区）律师事务所业务合作的方式和机制。
9. 资信调查（国民经济行业分类：L 租赁和商务服务业——7295 信用服务）	
开放措施：	允许设立外商投资资信调查公司。
10. 旅行社（国民经济行业分类：L 租赁和商务服务业——7271 旅行社服务）	
开放措施：	允许在试验区内注册的符合条件的中外合资旅行社，从事除台湾地区以外的出境旅游业务。
11. 人才中介服务（国民经济行业分类：L 租赁和商务服务业——7262 职业中介服务）	
开放措施：	（1）允许设立中外合资人才中介机构，外方合资者可以拥有不超过70%的股权；允许港澳服务提供者设立独资人才中介机构。 （2）外资人才中介机构最低注册资本金要求由 30 万美元降低至 12.5 万美元。
12. 投资管理（国民经济行业分类：L 租赁和商务服务业——7211 企业总部管理）	
开放措施：	允许设立股份制外资投资性公司。
13. 工程设计（国民经济行业分类：M 科学研究与技术服务企业——7482 工程勘察设计）	
开放措施：	对试验区内为上海市提供服务的外资工程设计（不包括工程勘察）企业，取消首次申请资质时对投资者的工程设计业绩要求。
14. 建筑服务（国民经济行业分类：E 建筑业——47 房屋建筑业，48 土木工程建筑业，49 建筑安装业，50 建筑装饰和其他建筑业）	
开放措施：	对试验区内的外商独资建筑企业承揽上海市的中外联合建设项目时，不受建设项目的中外方投资比例限制。

五、文化服务领域

15. 演出经纪（国民经济行业分类：R 文化、体育和娱乐业——8941 文化娱乐经纪人）	
开放措施：	取消外资演出经纪机构的股比限制，允许设立外商独资演出经纪机构，为上海市提供服务。
16. 娱乐场所（国民经济行业分类：R 文化、体育和娱乐业——8911 歌舞厅娱乐活动）	
开放措施：	允许设立外商独资的娱乐场所，在试验区内提供服务。

六、社会服务领域

17. 教育培训、职业技能培训（国民经济行业分类：P 教育——8291 职业技能培训）	
开放措施：	（1）允许举办中外合作经营性教育培训机构。 （2）允许举办中外合作经营性职业技能培训机构。
18. 医疗服务（国民经济行业分类：Q 卫生和社会工作——8311 综合医院，8315 专科医院，8330 门诊部〔所〕）	
开放措施：	允许设立外商独资医疗机构。

注：以上各项开放措施只适用于注册在中国（上海）自由贸易试验区内的企业。

参考文献

英文文献：

[1] Ando, Mitsuyo, "Impacts of Japanese FTAs/EPAs: Preliminary Post Evaluation", *The International Economy*, No11. pp. 57 – 83, 2007.

[2] Anna Strutt, Allan N. Rae, "Assessing the Impacts of Preferential Trade Agreements in the Asian and Pacific Region", Macao Regional Knowledge Hub Working Papers, No. 17, 2008.

[3] Asher, Mukul G. & Srivastava, Sadhana, "India and the Asian Economic Community", Paper Prepared for the volume on Asian Economic Community, May, 2003.

[4] Bhattacharyya, Ranajoy and Mandal, Avijit, "Estimating the Impact of the Indo – ASEAN Free Trade Agreement on India's Balance of Trade", *Journal of Global Analysis*, January, 2010.

[5] Carsten Fink, Martín Molinuevo, "East Asian Free Trade Agreements in Services: Roaring Tigers or Timid Pandas?" The website of the World Bank, 2007.

[6] Centre for International Economics Canberra & Sydney, "Quantifying the benefits of services trade liberalization", 2010, www. thecie. com. au.

[7] Deok Ryong Yoon, "Korea's Outward FDI in Asia: Characteristics and Prospects", *ICRIER Workshop on Intra – Asian FDI Flows: Magnitude, Trends, Prospects and Policy Implications*, April 25 – 26, 2007, India.

[8] ECORYS Macro & Sector Policies, "Trade Sustainability Impact Assess-

ment of the FTA to be negotiated between the EU and ASEAN", TRADE07/C1/C01 - Lot 2, 2008.

[9] External Economic Relations Division of ASEAN Sectariat, "FTA Agreements", www. aseansec. org

[10] Harilal, K. N, "ASEAN – India Free Trade Area: Noises of Dissent from Deep South", Kerala State Planning Board Occasional Paper, January 2010.

[11] Japan's External Trade Oranization Overseas Research Development, "Asean's FTAs and Rules of Origin", 2004.

[12] HanSung Kim, Mee Jin Cho, "Impact of Rules of Origin on FTA Utilization in Korean FTAs", KIEP Working Paper 10 – 08.

[13] Inkyo Cheong, Jungran Cho, "Market Access in FTAs: Assessment Based on Rules of Origin and Agricultural Trade Liberalization", RIETI Discussion Paper Series 07 – E – 016. 2006.

[14] Kali Sanyal, "Australia's foreign investment relationship with partner countries", Parliament of Australia, 2009.

[15] KwonYul, "Toward a Comprehensive Partnership: ASEAN – Korea Economic Cooperation", *East Asian Review*, Vol. 16, No. 4, winter 2004, pp. 81 – 98.

[16] Malaysia External Trade Development Corporation, "Malaysia's Free Trade Agreements (FTAs)", 2008, www. matrade. gov. my

[17] Market Information and Research Section Department of Foreign Affairs & Trade, "Composition of Trade Australia 2009", 2010.

[18] Market Information and Research Section Department of Foreign Affairs and Trade, "Australia's trade with East Asia 2009", 2010.

[19] Masahiro Kawai, Ganeshan Wignaraja, "ASEAN + 3 or ASEAN + 6: Which Way Forward?" ADB Institute Discussion Paper No. 77, 2007.

[20] Masahiro Kawai, Ganeshan Wignaraja, "Asian FTAs: Trends and Challenges", ADBI Working Paper 144. 2009.

[21] By David Rosnick . Gains from Trade? The Net Effect of the Trans – Pacific

Partnership Agreement on U. S. Wages [R]. Center for Economic and Policy Research, September 2013.

[22] C. Fred Bergsten, Gary Hufbauer, Sean Miner. Bridging the Pacific: Toward Free Trade and Investment Between China and the United States [R]. October 16, 2014.

[23] National Economic Interests [EB/OL]. www. piie. com.

[24] Institute for International Trade. Free Trade Agreement of the Asia – Pacific (FTAAP) [R]. 22 April 2007.

[25] Gary Clyde Hufbauer and Jeffrey J. Schott. Multilateralizing Regionalism Fitting Asia – Pacific Agreements into the WTO System [R]. Washington DC: November 27, 2007.

[26] Sanchita Basu Das. RCEP and TPP: Possibility of Convergence for a FTA-AP? [D]. APEC Study Centre Consortium Conference, 11 – 12 May 2014.

[27] Robert Scollay. Preliminary Assessment of the Proposal for a [D]. APEC Business Advisory Council .

[28] Carlos Kuriyama and Emmanuel San Andres. Trade and Economic Growth 25 Years of a Stronger Relationship within APEC [R]. APEC Policy Support Unit (PSU), 20 October 2014.

[29] Carlos Kuriyama and Emmanuel San Andres. Report on the APEC International Symposium, "Catalytic Role of the APEC Process: Behind the Border, Beyond the Bogor Goals" [R]. Committee on Trade and Investment, 25 – 26 May 2006.

[30] Jeffrey J. Schott. Roadmap for the FTAAP: [R]. Tokyo: APEC JAPAN 2010 SYMPOSIUM, December 9, 2009.

[31] C. Fred Bergsten. Toward a Free Trade Area [J]. Policy Briefs In International Economics, FEBRUARY. 2007 (NUMBER PB 07 – 2.

[32] Tang, Guoqiang and Peter A. Petri. THE TPP, CHINA AND THE FTA-AP: THE CASE FOR CONVERGENCE [J].

[33] World Trade Report 2011. [R].

[34] Peter A. Petri, Michael G. Plummer and Fan Zhai The Trans – Pacific Partnership and Asia – Pacific Integration: a Quantitative Assessment [R]. December 2012.

[35] Tingsong Jiang, Warwick McKibbin. What Does a Free Trade Area of the Asia – Pacific Mean to China [D].

[36] APEC in Charts 2014. [R]. Policy Support Unit.

[37] Noboru Hatakeyama. The Creation of a Free Trade Area of the Asia Pacific [R]. Washington DC: Japan Economic Foundation, November 27, 2007.

[38] Joint Ministerial Statement [R]. Bali, Indonesia: The 25th APEC MINISTERS MEETING, October 5, 2013.

[39] Negotiating free – trade agreements: a guide [R]. : Australian Government Department of Foreign Affairs and Trade , 2005.

[40] Masahiro Kawai, Ganeshan Wignaraja, "Asian FTAs: Trends, Prospects, and Challenges", The website of Asian Development Bank, 2010.

[41] Masahiro Kawai, Ganeshan Wignaraja, "Free Trade Agreements in East Asia: A Way toward Trade Liberalization?" ADB BRIEFS June 2010.

[42] Mohan, C. Raja, "The 'Great Game' in the east", Hindu. April 5, 2002.

[43] Cohen, Stephen P. , India: *Emerging Power*, Washington, Brookings Institution Press, 2001.

[44] Raul L. Cordenillo, "The Future of the Asean Free Trade Area and the Free Trade Areas between Asean and Its Dialogue Partners", http://www. aseansec. org.

[45] Inkyo Cheong, Hansung Kim, Jungran Cho, "Business Use of FTAs in Korea", RIETI Discussion Paper Series 10 – E – 038. 2010.

[46] Pavida Pananond, "Outward foreign direct investment from Asean: Implications for regional integration", Paper submitted to the International Conference on 'The Future of Economic Integration in Asia', Bangkok, Thailand, 20 – 21 November 2008.

[47] Pierre Sauve, "Investment Regulationthrough Trade Agreements: Lessons-from Asia", Asia – Pacific Research and Training Network on Trade, Working Paper Series, No. 49, 2007.

[48] Richard Pomfret, Uwe Kaufmann, Christopher Findlay, "Use of FTAs in Australia", RIETI Discussion Paper Series 10 – E – 042. 2010.

[49] Roberto Echandi, Kenneth Vandevelde, "International Investment Arrangements: Trends and Emerging Issues", UNCTAD Series on International Investment Policies for Development. 2006.

[50] Robert Scollay, Ray Trewin, "Australia and New Zealand Bilateral CEPs/FTAs with theASEAN countries and their Implication on the AANZFTA", REPSF Project 05/003. 2006.

[51] Saori N. Katada, "Political Economy of East Asian Regional Integration and Cooperation", ADBI Working Paper 170. 2009.

[52] Services & Investment Division of ASEAN Sectariat, "Trade in Services", www. aseansec. org.

[53] Teruo Ujiie, "Rules of Origin: Conceptual Explorations and Lessons from the Generalized System of Preferences", ERD Working Paper No. 89. 2006.

[54] Takahashi, Katsuhide and Shujiro Urata, "On the Use of FTAs by Japanese Firms: Further Evidence," Business and Politics, Vol. 12: Iss. 1, Article 2, 2010.

[55] Toh Mun Heng, "Relationship between the AJCEP and Japan's BilateralEPAs with ASEAN Countries", REPSF PROJECT No. 05/002. 2007.

[56] Thomas Westcott, "Identifying Core Elements Ininvestment Agreements in the APEC Region", UNCTAD Serieson International Investment Policies for Development, 2008.

[57] Urata, Shujiro and Misa Okabe, "Trade Creation and Diversion Effects of Regional Trade Agreements on Commodity Trade," RIETI Discussion Paper Series 10 – E – 007, 2010.

[58] Cai Penghong. FTAAP, Its Implications And China's Regional Strategy

[R]. CNAEC, KIEP, 28 Aug. 2008.

[59] Good Regulatory Practices [R]. APEC Economic Committee, 2014.

[60] APEC MARKET ACCESS GROUP PRESENTATIONS ON FREE TRADE AGREEMENTS [R]. APEC Economic Committee, 24 May 2003.

[61] Promoting broader regional economic partnerships throughout the Asia – Pacific Region [R]. Keidanren, April, 2014.

[62] Negotiating free – trade agreements: a guide [R]. 2005.

[63] PECC Statement APEC Ministerial Meeting [R]. Beijing, 7 – 8 November 2014.

[64] The 26th APEC MINISTERIAL MEETING Joint Ministerial Statement [R]. Beijing, 7 – 8 November 2014.

[65] APEC, TPP and RCEP: Toward an FTAAP [R]. APEC Study Centre, University of Auckland, Current and Future Developments, 21 August 2014.

[66] 2014 APEC ECONOMIC POLICY REPORT Good Regulatory Practices [R]. October 2014.

[67] APEC Economic Trends Analysis Building a dynamic and innovative services economy as an engine for growth [R]. APEC Economic Committee, 6 November 2014.

[68] A Free Trade Area of the Asia Pacific [R]. APEC Study Centre, 19 March 2007.

[69] Moving from TPP to FTAAP [EB/OL]. www. piie. com.

[70] Market Access Group. Inventory of RTAs Involving APEC Members [R]. 16 August 2003.

[71] Paul J. Davidson. More than a Talk Shop APEC and the FTAAP: The Role of APEC in the Governance of Regional Economic Integration in the Pacific Rim [R]. 2011 APEC Study Centers Consortium (ASCC) Conference, August 26, 2011.

[72] Paul J. Davidson. Asia Economic Integration Through Free Trade: Where Should it Go from Here? TPP: The Road to FTAAP? [R]. 2011 APEC

Study Centers Consortium (ASCC) Conference, 19 June 2012.

[73] U – Primo E. Rodriguez. Impacts of the Free Trade Area of the Pacific (FTAAP) on Production, Consumption, and Trade of the Philippines [R]. July 2008.

[74] Jeffrey J. Schott. Getting to the FTAAP via the TPP Turnpike [R]. October 25, 2010.

[75] P. J. Lloyd and Donald Mac Laren. The Case for Free Trade and the Role of RTAs [R]. Geneva: Seminar on Regionalism and the WTO, 14 November 2003.

[76]] Andrew L. Stoler. A Free Trade Area of the Asia – Pacific [R].

[77] Gary Clyde Hufbauer. Multilateralizing Regionalism Fitting Asia – Pacific Agreements into the WTO System [R]. Geneva, Switzerland, 10 – 12 September 2007.

[78] Promoting broader regional economic partnerships throughout the Asia – Pacific Region [R]. Keidanren , April, 2014.

[79] Good Regulatory Practices [R].: 2014 APEC Economic Committee Report.

中文文献:

[1] 庄芮，杨亚琢，王悦媛 . APEC 与 TPP 的路径比较与中国策略分析 [J]. 亚太经济, 2014 (第 2 期): 21 – 32.

[2] 邵志勤 . APEC 自由贸易区原产地规则比较研究 [J]. 亚太经济, 2014 (第 2 期): 78 – 86.

[3] APEC 第 21 次中小企业部长会议《关于促进中小企业创新发展的南京宣言》[J]. 中国中小企业, 2014 (第 10 期): 30 – 31.

[4] 弓永钦，王健 . APEC 跨境隐私规则体系与我国的对策 [J]. 国际商务, 2014 (第 3 期): 30 – 35.

[5] 曲如晓，曾燕萍 . APEC 规制合作及其对中国的启示 [J]. 亚太经济, 2014 (第 2 期): 73 – 77.

[6] 赵江林 . APEC 主题、议题变化与发展方向——兼议中国 APEC 政策主张的有效性 [J]. 亚太经济, 2014 (第 2 期): 14 - 20.

[7] 李长海 . APEC 贸易部长会议力推亚太自贸区 [J]. WTO 经济导刊, 2014 (第 6 期): 10.

[8] 张彬, 苗壮, 王琼 . APEC 推动创新增长合作的成效与前景分析 [J]. 亚太经济, 2014 (第 2 期): 45 - 51.

[9] 舒文 . APEC 能源部长会议达成《北京宣言》 [J]. 中国发现, 2014 (第 10 期): 13.

[10] APEC 贸易部长会议召开亚太自贸区有望启动 [J]. 中国对外贸易, 2014 (第 6 期): 11.

[11] 张建平 . APEC 贸易部长会议确立 APEC 的新起点 [J]. 中国对外贸易, 2014 (第 6 期): 39.

[12] 刘重力, 杨宏 . APEC 贸易投资便利化最新进展及中国的策略选择 [J]. 亚太经济, 2014 (第 2 期): 26 - 32.

[13] 王霞 . FTA 视角下贸易政策的政治经济学: 国内研究的综述 [J]. 现代经济信息, 2013 (第 20 期): 320.

[14] 周雅 . FTA 关系网络的第三国效应研究进展 [J]. 经济研究导刊, 2012 (第 32 期): 151 - 152.

[15] 刘正 . FTA 背景下完善我国服务贸易救济措施研究 [J]. 山东社会科学, 2011 (第 1 期): 113 - 116.

[16] 高歌 . FTA 对提高中国对外开放水平作用的研究 [J]. 对外经贸, 2012 (第 12 期): 45 - 48.

[17] 任虎 . FTA 框架下传统知识保护模式研究 [J]. 上海大学学报, 2013 (第 5 期): 19 - 20.

[18] 杨静 . FTA 知识产权保护强度评价体系设计研究与适用 [J]. 科学学研究, 2013 (第 6 期): 883 - 891.

[19] 赵玉意 . BIT 和 FTA 框架下环境规则的经验研究——基于文本的分析 [J]. 国际经贸探索, 2013 (第 9 期): 93 - 106.

[20] 刘飞宇 . CAFTA 建设对缓解中国外部经济失衡的效应研究 [D]. 西南财经大学, 2013.

[21] 龙永图. TPP 和 RECEP 很有可能产生冲突 [J]. 中国商贸, 2014 (第 13 期): 17.

[22] 徐昕. TPP 国有企业规则对我国的影响及其应对 [J]. 理论探索, 2014 (第 8 期): 125 - 129.

[23] 邢芮. TPP 对中国的影响及中国的应对策略 [J]. 经济研究导刊, 2014 (第 21 期): 10 - 11.

[24] 李罗莎. TPP 的影响与中国的战略选择 [J]. 全球化, 2014 (第 3 期): 64 - 77.

[25] 张海琦, 李光辉. TPP 背景下中国参与东亚区域经济合作的建议 [J]. 国际经济合作, 2013 (第 3 期): 24 - 28.

[26] 顾国达, 任祎卓. TPP: 中美日博弈与中国应对 [J]. 探索, 2014 (第 4 期): 80 - 84.

[27] 王菁. TPP/TIPP 背景下上海自贸区发展探索 [J]. 时代金融, 2014 (第 6 期): 66 - 67.

[28] 朱廷珺, 董雅洁. TPP: 通向亚太自贸区的可行途径 [J]. 兰州大学学报, 2014 (第 1 期): 144 - 150.

[29] 杨泽瑞. TPP: 实现亚太自贸区的途径? [J]. 世界知识, 2010 (第 6 期): 56 - 57.

[30] 孙芳, 杨丹丹. TPP 和 TTIP: 美国战略与中国应对 [J]. 国际经济合作, 2014 (第 9 期): 45 - 50.

[31] 贺平, 沈陈. RCEP 与中国的亚太 FTA 战略 [J]. 国际问题研究, 2013 (第 3 期): 44 - 58.

[32] 任成, 林海. TTIP 的起源、作用及中国的应对措施 [J]. WTO 经济导刊, 2013 (第 9 期): 88 - 91.

[33] 刘宇. TPP 知识产权最大化国际保护新发展析论——以著作权若干规则为切入点 [J]. 北京理工大学学报, 2014 (第 4 期): 123 - 127.

[34] 张盼盼. TPP 与 TTIP 浪潮下全球贸易规则重塑问题 [J]. 特区经济, 2014 (第 8 期): 152 - 153.

[35] 汪丽华. TPP 谈判中的环保问题谈判进展以及影响分析 [J]. 现代经济信息, 2014 (第 4 期): 130 - 131.

[36] TTIP 将对世界贸易格局产生重大影响 [J]. 中国远洋航务，2013（第7期）：14－15.

[37] 徐秀军．TPP 谈判为国有企业立规则 [J]. 世界知识，2014（第16期）：48－49.

[38] 唐宇赤．TPP 与 RCEP 之对比——浅析亚洲经济一体化发展新动力 [J]. 现代经济信息，2014（第06期）.

[39] 李春顶．TPP 年底签署成泡影，TTIP 又会怎样 [J]. 世界知识，2014（第01期）：25－26.

[40] 李永．TPP 与 TTIP：美国意欲何为 [J]. 国际纵横，2013（第05期）：46－47.

[41] 梅新育．TPP 谈判因何步履维艰 [J]. 中国党政干部论坛，2014（第06期）：82.

[42] 吕向东，顾欣，徐锐钊．TPP 谈判中美国重点关注的几个农业问题 [J]. 世界农业，2014（第04期）：11－15.

[43] 贺小勇．TPP 视野下上海自贸区的法治思维与问题 [J]. 国际商务研究，2014（第07期）：28－37.

[44] 让·皮埃尔·莱曼．TIPP 考验中国的贸易战略 [J]. 中国企业家，2013（第06期）：36.

[45] 李庆灵．WTO 能源服务贸易谈判之最新进展及中国的对策 [J]. 世界贸易组织动态与研究，2011（第03期）：39－47.

[46] WTO 多哈回合贸易与环境谈判进展——WTO 贸易与环境委员会主席 Manuel Teehankee 大使向贸易谈判委员会的报告 [J]. 环境与可持续发展，2011（第03期）：45－47.

[47] 朱听昌，马荣升．从两洋战略看美国全球战略重点的调整 [J]. 国际观察，2003年（第2期）：20－16.

[48] 张蕴岭．地区架构制度性分裂：中国的自贸区战略与复兴 APEC [J]. 亚太经济，2014年（第2期）：10－14.

[49] 柴瑜．从自愿贸易投资自由化到亚太自由贸易区 [J]. 亚非纵横，2005年（第3期）：37－42.

[50] 骆永昆．大国在东南亚的新博弈 [J]. 国际纵横，2013（第9期）：

42－43.

[51] 梁颖．打造中国—东盟自由贸易区升级版的路径与策略［J］．亚太经济，2014（第1期）：104－108.

[52] 杨文慧．从福柯的“话语权力论”看中美贸易谈判［J］．广东外语外贸大学学报，2009（第5期）：22－27.

[53] 财政部关税司．从多哈回合看我国关税谈判能力的成长［J］．中国财政，2011（第23期）：29－32.

[54] 李国学．从“以市场换技术”到“以制度促创新”［J］．研究与探讨，2014（第10期）：30－37.

[55] 陈巧．从战略意义视角看自贸区的发展策略选择［J］．学术纵横，2014（第4期）：61.

[56] 陈霜华．从TTIP/TPP看上海自贸区未来的发展方向［J］．上海金融学院学报，2013（第5期）：13－14.

[57] 甘振军．澳大利亚对东盟国家关系研究（1967－2007）［D］．华东师范大学，2012年5月.

[58] 谢法浩．东盟国家的TPP角色分析［J］．东南亚纵横，2013（第11期）：28－31.

[59] 张磊．对中国参与贸易谈判组织方式的几点思考［J］．世界经济研究，2007（第2期）：75.

[60] 张晗．泛太平洋伙伴关系协定（TPP）：回顾与展望［J］．经济研究导刊，2014（第6期）：247－250.

[61] 王俊．发达国家自贸区建设实践与政策选择［J］．对外经贸实务，2014（第1期）：28－31.

[62] 李文增．反E字型战略与中国自贸区建设［J］．产权导刊，2014（第1期）：28－31.

[63] 黄氏妙香．东盟－中国自由贸易区双赢谈判研究［D］．天津大学，2011年5月.

[64] 徐方清．东盟抢夺亚太自贸区主导权［J］．中国新闻周刊，2013（第17期）：36－37.

[65] 李杨，张汉林．发展中国家成员在多边贸易谈判中的博弈策略［J］．

亚太经济, 2011 (第 4 期): 49 - 54.

[66] 李节传. 二十世纪六十年代中国重返国际市场的突破 [J]. 中共党史研究, 2005 (第 5 期): 78 - 84.

[67] 王俊. 发达国家自贸区建设的政策选择 [J]. 党政论坛, 2014 (第 3 期): 36 - 37.

[68] 原磊磊, 吴水荣, 陈幸良. 伐木制品相关议题国际谈判进展及各国应对策略分析 [J]. 林业经济, 2014 (第 1 期): 55 - 60.

[69] 张皞. 多边贸易谈判中的政策协调与交易 [J]. 当代财经, 2006 (第 4 期): 94 - 98.

[70] 韦进深. 多边贸易谈判之困: 基于一种制度的分析 [J]. 今日南国, 2009 (第 11 期): 153 - 154.

[71] 吉缅周. 多边贸易谈判机制的逻辑: 一种新贸易理论的解释 [J]. 商业研究, 2005 (第 10 期): 4 - 8.

[72] 周舟. 国际谈判中的议题联系因素——以中美战略与经济对话为例的研究 [R]. 中国江苏南京: 中国国际关系学会、南京解放军国际关系学院, 2010. 4.

[73] 国际贸易谈判代表将协调企业对外谈判 [J]. 纺织服装周刊, 2010 (第 32 期): 10.

[74] 杨德生. 国际贸易谈判的技巧 [J]. 领导科学, 1993 (第 7 期): 27.

[75] 张艺影, 姜鸿. 国外实施自由贸易区战略的经验教训及对中国的启示 [J]. 常州大学学报, 2010 (第 4 期): 35 - 40.

[76] 隆德新. 国际谈判中的"多议题联系双层博弈" [J]. 太平洋学报, 2013 (第 10 期): 60 - 71.

[77] 何帆. 国际贸易谈判的政治经济分析: 一个初步的框架 [J]. 公共管理学报, 2004 (第 1 期): 36 - 43.

[78] 中国与巴基斯坦新西兰自贸区谈判取得积极进展 [J]. 世界贸易组织动态与研究, 2006 (第 12 期): 41.

[79] 薄燕. 国际谈判与国内政治: 对美国与《京都议定书》的双层博弈分析 [D]. 复旦大学, 2003 年 7 月.

[80] 杨毅. 国际贸易谈判的主要影响因素分析——国际政治经济学的视角

[J]. 国际论坛, 2012（第2期）: 56－61.
[81] 赵秀丽. 国际贸易谈判策略分析［J］. 国际问题研究, 2008（第6期）: 231－232.
[82] 蒋增辉, 查贵勇. 国际谈判对国内体制改革的溢出效应分析［J］. 世界贸易组织与动态研究, 2007（第8期）: 13－19.
[83] 金恩希. 论韩国国会在对外贸易谈判中的作用［D］. 中国政法大学, 2009年3月.
[84] 刘光溪. 克林顿政府贸易政策与多、双边贸易谈判策略的协调与形成［J］. 技术经济与管理研究, 1994（第6期）: 19.
[85] 宗会来. 借鉴外国经验, 提高我国自贸区农业谈判质量［J］. 农业经济问题, 2009（第2期）: 81－88.
[86] 卢国学. 粮食安全的波及因素与APEC框架内合作［J］. 改革, 2014（第6期）: 67－74.
[87] 胡淑慧. 论两岸在台湾对外洽签FTA问题上的分歧与协调思路［J］. 学术探索, 2013（第6期）: 46－55.
[88] 王东辉. 借鉴别国经验, 完善中国农业贸易谈判机制研究［J］. 世界农业, 2011（第8期）: 37－41.
[89] 李大伟. 跨太平洋战略伙伴关系协议（TPP）中非传统领域条款对我国经济的影响［J］. 中国经贸导刊, 2014（第2期）: 47－51.
[90] 陈志阳. 加快我国自贸区建设面临的四大困难与对策［J］. 对外经贸实务, 2012（第11期）: 20－23.
[91] 蔡春林, 刘畅. 金砖国家发展自由贸易区的战略冲突与利益协调［J］. 国际经贸探索, 2013（第2期）: 12－21.
[92] 刘德标. 祖月. 加快实施自贸区战略, 营造持续稳定的贸易环境［J］. 中国经贸, 2013（第2期）: 18－21.
[93] 张天桂. 开放战略升级和金融危机后中国FTA战略的深入实施［J］. 亚太经济, 2013（第1期）: 115－121.
[94] 张博, 刘沛志. 建设中国—东盟自由贸易区谈判中的博弈分析［J］. 对外经贸实务, 2007（第7期）: 68－71.
[95] 肖德. 建立不同类型FTA对集团内各国家福利影响的分析［J］. 经

济经纬，2014（第1期）：57－61.

[96] 张骞．美国BIT的最新发展及对我国完善双边投资协定的启示［J］．武大国际法评论，2013年（第1期）：241－255.

[97] 余翔，朱琨．美欧自贸区谈判前景及其影响［J］．国际研究参考，2013年（第5期）：37－41.

[98] 陆燕．美欧谋求自贸协定对世界经贸的影响与中国应对策略［J］．国际贸易，2014年（第2期）：44－49.

[99] 朱晟恺，程志岩．美欧自贸区谈判及其影响研究［J］．国际贸易，2013（第12期）：19.

[100] 王筱轲．美韩经济关系与中韩经济关系的比较分析［J］．国际论坛，2013（第4期）：68－74.

[101] 葛汉文，丁艳凤．美国主导的TPP及中国应对［J］．唯实，2014（第8期）：83－87.

[102] 单文华，张生．美国投资条约新范本及其可接受性问题研究［J］．现代法学，2013（第5期）：149－160.

[103] 梁开银．美国BIT范本2012年修订之评析［J］．法治研究，2014（第7期）：89－97.

[104] 周玉梅．贸易谈判中讨价还价的策略分析［J］．国际经贸，2007（第4期）：7－8.

[105] 朴英爱，金香兰．朴槿惠政府加快推进中韩FTA的经济动因分析［J］．东北亚论坛，2014（第1期）：85－94.

[106] 周立春．农业谈判主席——克劳福德·福克纳大使向贸易谈判委员会提交的报告［J］．WTO特别关注，2008（第8期）：18－21.

[107] 王海滨．目标与现实之间：论俄罗斯与亚太经合组织的经济合作［J］．东北亚论坛，2014（第4期）：95－109.

[108] 左品．南共市与海合会自贸区谈判及合作前景［J］．阿拉伯世界研究，2013（第1期）：82－93.

[109] 牛方礼，罗书宏．秘鲁－中国自贸区谈判9月将达成［J］．中国对外经贸，2008（第4期）：36－41.

[110] 徐秀军．美日经贸关系演变掣肘TPP谈判［J］．世界知识，2014

（第 10 期）：30 - 32.

[111] 陈言．奥巴马比安倍更着急［J］．中国经济周刊，2014（第 17 期）：74 - 75.

[112] 刘云祥．浅析国际贸易谈判中的让步策略［J］．世界与探索，2009（第 11 期）：171 - 172.

[113] 曹玉昆，王玥．气候谈判、木材产品国际贸易及其关系研究现状［J］．世界林业研究，2013（第 6 期）：5 - 11.

[114] 崔洪建．欧美 TPP：由来、目标与影响［J］．国际问题研究，2013（第 5 期）：60 - 72.

[115] 沈路遥．区域贸易协定与多边贸易体制的冲突与协调研究［D］．外交学院，2012 年 6 月.

[116] 杨利军．全球保障措施能否将自贸区协定成员排除在外［J］．国际贸易，2012（第 7 期）：65 - 68.

[117] 周世俭．全面客观地评价 TPP［J］．中国远洋航务，2014（第 3 期）：24 - 25.

[118] 孙兴杰．清醒认识美国经贸版［J］．党政论坛，2014（第 8 期）：32.

[119] 马鑫．浅析贸易谈判既是一门科学也是一门艺术［J］．吉林省教育学院学报，2012（第 9 期）：135 - 136.

[120] 徐清军．全球价值链将促进亚太地区经济进一步整合［J］．对外经贸实务，204（第 8 期）：4 - 7.

[121] 若英．什么是 TTIP［J］．红旗文摘，2013（第 8 期）：39.

[122] 毅冰．上海自贸区与 TPP 协议［J］．中国对外贸易，2014（第 2 期）：46 - 47.

[123] 吴昊，姜保中．日本围绕参加 TPP 谈判的争论［J］．现代日本经济，2014（第 3 期）：28 - 41.

[124] 英国《金融时报》中文网．日本：从东亚共同体到 TPP［J］．社会观察，2014（第 9 期）：4.

[125] 平力群．日本调整 FTA 战略的动因——基于保护与支持产业发展的视角［J］．现代日本经济，2014（第 3 期）：41 - 51.

[126] 商务部解读国际贸易谈判代表职能 [J]. 中国外资, 2010 (第 9 期): 22.

[127] 张建. 日本自贸协定战略动向与 TPP 问题分析 [J]. 国际观察, 2014 (第 5 期): 120 – 132.

[128] 匡增杰. 全球区域经济一体化新趋势与中国的 FTA 策略选择 [J]. 东北亚论坛, 2013 (第 2 期): 89 – 98.

[129] 中国全球价值链课题组. 全球价值链与中国贸易增加值核算研究报告 [R]. 2014 年 9 月.

[130] 柴非. 双边 FTA 谈判中的经济分析方法和工具 [D]. 上海社会科学院, 2009 年.

[131] 谈茜. 双边 FTA 谈判的策略选择模型与实务分析 [J]. 世界经济研究, 2010 (第 12 期): 72 – 80.

[132] 宫占奎. 试析 APEC 茂物目标与区域经济一体化 [J]. 天津社会科学, 2014 (第 3 期): 67 – 72.

[133] 霍伟东, 李萍. 实施自由贸易区战略与建设战略伙伴关系的互动研究 [J]. 经济研究参考, 2013 (第 5 期): 23 – 27.

[134] 戴臻, 魏磊. 实施 FTA 战略的潜在风险及中国的防范策略 [J]. 亚太经济, 2013 (第 1 期): 110 – 114.

[135] 孙雨岐. 我国自由贸易区建设要坚持趋利避害——专访著名经济学家成思危 [J]. 管理观察, 2014 (第 2 期): 21 – 26.

[136] 庄芮. 香港在中国自由贸易区战略中的地位和作用 [J]. 国际经济合作, 2011 (第 12 期): 16 – 21.

[137] 本刊编辑部. 西方发达国家 GPA 谈判策略 (下) [J]. 中国政府采购, 2013 (第 11 期): 47 – 50.

[138] 刘佳. 我国加快实施自由贸易区战略研究——以中国东盟贸易区为例 [D]. 西南大学, 2013 年.

[139] 徐春祥. 推进中日韩自贸区建设是中国在亚洲唯一区域战略选择 [J]. 东北亚论坛, 2014 (第 3 期): 73 – 83.

[140] 外交主场: 从拉美到 APEC [J]. 环球市场信息导报, 2014 (第 30 期): 91 – 95.

[141] 孙婧．谈我国贸易发展中又会原产地规则与证书的应用［J］．商业时代，2013（第4期）：44－45.

[142] 季烨，彭莉．台湾当局自由贸易协议实践的亚太转向及其前景［J］．台湾研究集刊，2013（第6期）：1－11.

[143] 陈文敬．我国自由贸易区战略及未来发展探析［J］．理论前沿，2008（第17期）：9－13.

[144] 李雪威，吴昊．新贸易环境下中韩FTA促进战略评析［J］．东北亚论坛，2013（第3期）：62－72.

[145] 宋雅琴．由中国美国商会白皮书思考中国加入GPA的谈判组织策略［J］．中国政府采购，2012年（第5期）：16.

[146] 浙江省应对气候变化和地毯发展合作中心．应对气候变化：国际谈判历程及我国应对策略［J］．浙江经济，2013年（第11期）：14－14.

[147] 王素香，刘育伟．运筹帷幄，决胜千里——中欧纺织品贸易谈判的台前幕后［J］．党政干部学刊，2005年（第9期）：40－41.

[148] 刘宇．烟草自由贸易VS. 公共健康：TPP协议维度［J］．河北法学，2014年（第9期）：84－92.

[149] WTO总干事拉米在2011年5月31日贸易谈判委员会会议上报告翻译：孙晓丹，贲越．以三种速度推动WTO多哈回合谈判［J］．环境与可持续发展，2011年（第3期）：44－45.

[150] 亚太自贸区路线图正在讨论［J］．航运市场分析，2014年（第9期）：67.

[151] 詹映．知识产权战略视野下中日韩FTA中的知识产权问题［J］．科技与法律，2014年（第4期）：77－82.

[152] 国务院发展研究中心．一对十的谈判——中国—东盟自由贸易区影响因素及难点分析［J］．国际贸易，2003年（第8期）：22－26.

[153] 王磊．战后美日贸易摩擦及谈判的双层博弈［J］．山东行政学院学报，2013年（第2期）：72－77.

[154] 于钦臻．美国TPP经济战略研究［D］．东北亚研究院，2013.

[155] 计飞．TPP的发展对中国的影响和应对［D］．华中师范大学，2014.

[156] 李维．中美双边投资协定谈判的主要法律分歧与中国对策［D］．华

东政法大学，2013.
[157] 邓海清．美国 TPP 战略及其对中国的影响［D］．厦门大学，2014.
[158] 陈时波．日本区域经济合作战略研究——TPP 和中日韩 FTA 的对比分析［D］．厦门大学，2014.
[159] 吕娟．论美国主导下的跨太平洋伙伴关系协定及其对中国的影响［D］．南京大学，2013.
[160] 邢路明．日本参加泛太平洋伙伴关系协定（TPP）谈判的政策与前景［D］．吉林大学，2014.
[161] 张霞．美式 FTA 投资规则研究［D］．广西师范大学，2014.
[162] 廉晓梅．APEC 区域合作模式与发展前景研究［D］．吉林大学，2004.
[163] 李智飞．中澳双边自由贸易区的构建研究［D］．河北大学，2004.
[164] 谷克鉴．《实施自由贸易区战略问题研究》书评［J］．常州大学学报（社会科学版），2014.3，第 15 卷（第 2 期）.
[165] 周忠寅．《经济谈判》系列文章之五——多掌握几手谈判技巧［J］．上海水利，1995（第 3 期）.
[166] 焦方太．刘江英．"跨太平洋伙伴关系协定"（TPP）对 APEC 的影响分析［J］．广东外语外贸大学学报，2014.1（第 1 期）.
[167] 刘志中．"新丝绸之路"背景下中国中亚自由贸易区建设研究［J］．东北亚论坛，2014（第 1 期）.
[168] 陆文婷．"集体领导"视角下的东亚经济合作研究［D］．复旦大学，2012.
[169] 舒建中．"跨太平洋伙伴关系协定"：美国的意图与中国的选择［J］．南京政治学院学报，2014（第 4 期）.
[170] 杨盼盼．王雅琦．2014 年 TPP 谈判前瞻［J］．国际金融，2014（第 5 期）.
[171] 刘夷．"达成中澳 FTA 越快越好"——访澳大利亚贸易与投资部长安德鲁·罗布［J］．经济，2013（第 12 期）：64－66.
[172] 中华人民共和国商务部．2013 商务工作述评：自贸区建设获新突破［J］．WTO 动态，2014（第 1 期）：9.

[173] 张君.《中—秘自贸协定》将促进两国关系迈上新台阶 [J]. 中国经贸, 2010 (第5期): 28-29.

[174] 巩胜利.21世纪: 美国新战略"三大"规则——TPP、TTIP、PSA之后的全球贸易新规则新秩序的"破立"格局 [J]. 国际金融, 2013 (第5期): 30-32.

[175] 刘建芳. 祁春节."中日韩自贸区"对三国农业生产的影响研究 [J]. 亚太经济, 2013 (第2期): 10-15.

[176] 孟夏. 陈立英. APEC"下一代贸易与投资"议题分析 [J]. 亚太经济, 2014 (第2期): 33-38.

[177] 宫占奎. 黄春媛. APEC进程25年: 回顾与展望 [J]. 亚太经济, 2014 (第2期): 3-9.

[178] 余振. APEC经济技术合作进程与前景分析 [J]. 亚太经济, 2014 (第2期): 39-44.

[179] 王莉莉. APEC第三次高官会亚太自贸区进程备受关注 [J]. 亚太经济, 2014 (第9期): 36-37.

[180] 李文韬. 樊莹. 冯兴艳. APEC互联互通问题研究 [J]. 亚太经济, 2014 (第2期): 60-66.

[181] 李丽平. 张彬. APEC环境产品与服务合作进程、趋势及对策 [J]. 亚太经济, 2014 (第2期): 67-72.

[182] 李丽平. 张彬. APEC环APEC环境产品清单对中国的影响及其战略选择 [J]. 上海对外经贸大学学报, 2014, 第21卷 (第3期): 5-15.

[183] 王玉主. 王震宇. APEC的"中国年" [J]. 中国环球, 2014.9 (第127期): 32-33.

[184] 张燕生. 新一轮高标准改革开放应如何先行先试 [J]. 学术月刊, 2013 (第10期): 74-79.

[185] 雷墨. 亚太FTA竞争, 中国如何应对 [J]. 南风窗, 2013 (第16期): 23-26.

[186] 庄芮. 亚太区域经济合作下的中国FTA战略 [J]. 国家行政学院学报, 2012 (第3期): 26-30.

[187] 牛欢欢. 新世纪以来中日韩闪过自由贸易区战略的比较 [D]. 外交学院, 2013.

[188] 卢进勇, 邹赫, 杨杰. 新一代双边投资协定与中美和中欧 BIT 谈判 [J]. 中国经贸, 2014 (第5期): 18-19.

[189] 宫占奎, 曾霞. 亚太地区 FTA 整合问题研究 [J]. 南开学报, 2013 (第4期): 56-64.

[190] 文洋. 新形势下中国自由贸易区战略 [J]. 经济观察, 2013 (第2期): 39-44.

[191] 杨勇. 亚太区域一体化新特征与中国的策略选择 [J]. 亚太经济, 2012 (第5期): 19-25.

[192] 庄芮, 张国军. 亚太区域经济合作与中国—东盟自贸区建设 [J]. 宏观经济管理, 2013 (第6期): 67-70.

[193] 张天桂. 亚太区域经济合作与 APEC 发展分析 [J]. 现代商贸工业, 2014 (第11期): 1-3.

[194] 赵瑾. 中国—加拿大建立 FTA 的经济效应分析 [D]. 中国海洋大学: 中国海洋大学, 2013.

[195] 孙南翔, 张晓君. 中国—东盟自由贸易区规则改进路径研究综述 [J]. 广西社会科学, 2014 (第3期): 38-44.

[196] 赵军华. 制定中国—韩国自由贸易区农产品要价清单考虑因素研究 [J]. 世界农业, 2013 (第3期): 31-32.

[197] 周锐. 亚太一体化视角的 APEC 主场报道 [J]. 对外贸易, 2014 (第8期): 7-8.

[198] 邬秋艳. 中国东盟 FTA 贸易与环境的考察 [J]. 经济纵横, 2012 (第11期): 171-172.

[199] 张彦. 亚太主要国家区域经济合作的新趋势及启示 [J]. 现代经济探讨, 2014 (第8期): 78-83.

[200] 汪占鳌, 张彬. 中国—东盟自贸区对产业集聚及发展不平衡的影响研究 [J]. 世界经济与政治论坛, 2013 (第4期): 111-128.

[201] 余莉, 杨立强. 中国—海合会 FTA 对双边贸易影响的 GTAP 模拟分析 [J]. 亚太经济, 2012 (第6期): 37-41.

[202] 余振，吴坚，邱珊．中国 FTA 金融服务自由化：现状、问题、对策 [J]．武汉金融，2013（第 9 期）：12－15.

[203] 席岩．中澳自由贸易区谈判的主要分歧与促进策略 [J]．对外经贸事务，2011（第 3 期）：39－41.

[204] 周华．海合会与欧盟自贸区谈判的回顾与展望 [J]．阿拉伯世界研究，2010（第 3 期）：75－82.

[205] 李韶燕，崔文．关于中国和韩国已签订 FTA 原产地规则的比较研究 [J]．现代经济信息，2014（第 3 期）：107－109.

[206] 朴欲顺．关于韩国和蒙古国 FTA 的研究 [D]．吉林大学，2013.

[207] 赵伟宁，杨鲁慧．韩国加入 TPP 的动因、挑战及战略选择 [J]．国际观察，2014（第 5 期）：133－145.

[208] 王琳．韩国加入 TPP 和中国东亚自贸区战略选择 [J]．亚太经济，2014（第 3 期）：14－20.

[209] 田慧宪．构建韩中 FTA 的必要性、影响与对策研究 [D]．东北师范大学，2013.

[210] 何伟文．关于 TPP 的相关情况 [J]．对外经贸，2014（第 2 期）：14－15.

[211] 曾文革，陈晓芳．构建中日韩自贸区农产品市场准入谈判分析 [J]．东北亚论坛，2012（第 1 期）：12－20.

[212] 关秀丽．高度重视 FTA 中投资定义条款发展趋势 [J]．中国经贸导刊，2014（第 4 期）：38－42.

[213] 于晓燕．关于 APEC 的经济增长与发展议题探析 [J]．天津社会科学，2014（第 3 期）：80－84.

[214] 李秀珍，林基．基于要素流动的环境规制贸易效应与政策研究 [J]．上海财经大学学报，2011（第 3 期）：103－112.

[215] 蒋同明，王雨晗．后危机时期中国—东盟自由贸易区的发展战略调整 [J]．中国经贸导刊，2014（第 1 期）：42－45.

[216] 刘冰，陈淑煤．基于与 TPP 比较视角的我国 FTA 现状、问题与对策研究 [J]．经济问题探索，2014（第 3 期）：172－178.

[217] 杨平燮，尚咏梅．韩中 FTA 存在的主要问题与推进方向 [J]．社会

科学战线, 2014 (第 1 期): 43 - 52.

[218] 张晗. 机遇还是挑战——泛太平洋伙伴关系协定 (TPP) 的影响与中国的对策研究 [J]. 社会科学论坛, 2014 (第 4 期): 236 - 241.

[219] 费名. 会“吵架”化争端善谈判得双赢——中欧仿制品贸易谈判启示录 [J]. 兵团建设, 2005 (第 7 期): 40 - 41.

[220] 熊焰. 中国对外贸易谈判中的被动问题研究 [D]. 对外经济贸易大学, 2006.

[221] 刘岩. 中国潜在自贸区伙伴的选择战略: 机遇贸易效应的局部均衡分析 [J]. 国际商务, 2013 (第 4 期): 15 - 26.

[222] 张凤, 孔庆峰, 李艳军. 中国参与 APEC 跨境无纸化贸易合作问题研究 [J]. 亚太经济, 2011 (第 2 期): 87 - 93.

[223] 杜兴鹏. 中国加快实施自由贸易区战略的难点及对策探讨 [J]. 价格月刊, 2014 (第 4 期): 35 - 39.

[224] 沈红芳. 中国东盟自由贸易区谈判于运作: 艰巨性初探 [J]. 南洋问题研究, 2003 (第 3 期): 19 - 27.

[225] 林海, 曹慧, 张海森. 中国澳大利亚自贸区谈判中的羊毛配额问题 [J]. WTO 特别关注, 2010 (第 12 期): 90 - 92.

[226] 张建平. 中国推进“区域全面经济伙伴关系”的战略考量 [J]. 亚太经济, 2014 (第 2 期): 134 - 140.

[227] 宋玉华, 张海燕. 中国 FTA 面临的战略挑战及中欧 FTA 的地位研究 [J]. 南开学报, 2013 (第 4 期): 64 - 72.

[228] 王雪峰. 中国视角: TPP or RCEP [J]. 中国商贸, 2014 (第 10 期): 34 - 37.

[229] 孙艳芳. 中国如何应对区域贸易谈判 [J]. 中国外汇, 2013 (第 12 期): 15.

[230] 徐菲. 中国与日韩构建自由贸易区的路径及策略探析 [D]. 中国海洋大学, 2013.

[231] 胡舒立. 中国应主动加入 TPP 谈判 [J]. 党政论坛, 2014 (第 9 期): 5.

[232] 江清云. 中国新一轮 BIT 谈判的核心问题与应对 [J]. WTO 经济导

刊，2014（第10期）：84－87.

[233] 笪志刚．中国自贸区战略面临新风险、新挑战与有效路径选择［J］．对外经贸，2013（第1期）：8－11.

[234] 杜明．中国现阶段不应加入TPP［J］．党政论坛，2014（第9期）：8.

[235] 冯宗宪．中国向欧亚大陆延伸的战略动脉［J］．学术前沿，2014（第4期）：79－85.

[236] 李丽平，毛显强．中国自贸区谈判环境与贸易问题分析［J］．环境与可持续发展，2011（第3期）：31－35.

[237] 袁晓丽，王威．中国在中日韩自贸区服务贸易谈判中的策略选择——机遇RCA指数视角［J］．现代日本经济，2013（第4期）：11－18.

[239] 万佑锋．中国智利FTA贸易效应研究［J］．广西财经学院学报，2013（第6期）：122－128.

[240] 杨静，朱雪忠．中国自由贸易协定知识产权范本建设研究［J］．现代法学，2013（第3期）：149－161.

[241] 罗向涛．中国自由贸易协定文本研究［D］．外交学院，2012.

[242] 孟繁玲．中国自由贸易区建设面临的困难及其对策研究［D］．东北师范大学，2013.

[243] 许佳，牛一．中韩FTA与东北亚经济合作［J］．延边大学学报，2013（第2期）：17－22.

[244] 李非．中国自由贸易区战略的实证研究［D］．辽宁大学，2013.

[245] 黄鹏．中韩两国自贸区战略对比及双边自贸区谈判展望［J］．国际商务研究，2010（第5期）：64－71.

[246] 郑哲浩．中韩FTA签约时农业领域的对应方案［D］．华东理工大学，2012.

[247] 蒙少东，马永飞，金世源．中韩FTA建设中的农产品贸易发展思路［J］．中国市场，2013（第47期）：72－77.

[248] 石静霞．中国自由贸易协定中的服务贸易自由化研究［J］．中国法律科学，2013（第1期）：95－116.

[249] 于晓燕．中韩FTA货物贸易结构及自由化前景展望［J］．南开学

报，2013（第4期）：73－81.

[250] 张幕辉．中日韩自贸区建设的战略选择［J］．中国报道，2013（第3期）：110.

[251] 郭成龙．中美BIT谈判快速推进下的冷思考［J］．WTO特别关注，2013（第9期）：84－85.

[252] 盛九元．中日韩FTA的建构及其对两岸经贸关系的影响［J］．世界经济研究，2013（第12期）：78－84.

[253] 吕宝悦．中美在中国复关入世过程中的博弈分析［D］．外交学院，2012.

[254] 陈辉萍，Karl P. Sauvant．中美双边投资协定谈判：共识、分歧与展望［J］．国际经济法学刊，2012（第4期）：107－120.

[255] 李春顶．中美、中欧BIT谈判：谨防临渴掘井［J］．世界知识，2014（第2期）：60－61.

[256] 徐磊．中美纺织品贸易谈判的博弈模型分析［J］．北方经济，2006（第1期）：31－32.

[257] 周密．中美BIT：写在“前后与“”正负”之间［J］．世界知识，2013（第15期）：13.

[258] 陈元澈，曹玲．中韩自由贸易区的构建及对策分析［J］．税务与经济，2014（第2期）：63－68.

[259] 王琳．中韩自贸协定韩国农产品开放前景分析［J］．国际商务研究，2014（第35期）：33－42.

[260] 罗琳．中日贸易壁垒博弈均衡的实证分析［J］．工业技术经济，2009（第9期）：87－92.

[261] 郑燕，张吉国，王同敏．中瑞贸易发展现状及策略选择［J］．对外经贸实务，2014（第2期）：29－31.

[262] 张建肖．中日韩自贸区谈判的困难与应对［J］．国际经济合作，2013（第4期）：30－33.

[263] 于海洋．自贸区与政治一体化［J］．东北亚论坛，2011（第6期）：35－42.

[264] 赵金龙，倪中新．自由贸易区态势及其伙伴国外贸出口的战略转型

[J]. 改革, 2013 (第 2 期): 108 - 117.

[265] 李丽平. 自贸区谈判——中国环境服务业战略转型的重要机遇 [J]. 中国环保产业, 2008 (第 4 期): 12 - 16.

[266] 崔卫杰. 自贸区项下中国高新技术产品贸易现状、问题及对策 [J]. 国际贸易, 2014 (第 2 期): 48 - 51.

[267] 夏善晨. 自贸区发展战略和法律规制的借鉴 [J]. 研究与探讨, 2013 (第 9 期): 18 - 23.

[268] 厉力. 自由贸易区货物贸易研究综述 [J]. 国际贸易, 2014 (第 3 期): 100 - 103.

[269] 张璐晶. 提升文化软实力, 要用"中国语气"讲中国故事 [J]. 中国经济周刊, 2013 (第 38 期): 38 - 40.

[270] 霍伟东, 杨碧琴. 自由贸易区战略助推人民币区域化 [J]. 国际贸易问题, 2013 (第 2 期): 68 - 80.

[271] 卢宪英. 自由贸易区项下中国农产品国际贸易形势分析与展望 [J]. 农业展望, 2013 (第 10 期): 62 - 68.

[272] 王琳. 中智 FTA 正式实施后的贸易竞争性与互补性研究 [J]. 对外经贸, 2014 (第 4 期): 12 - 15.

[273] 姜鸿. 自由贸易区下产业安全模型及中国自由贸易区域战略选择 [J]. 宏观经济研究, 201 (第 10 期): 44 - 49.

[274] 雷蒙. "世界变化论" 成为贸易谈判领域新焦点 [J]. WTO 经济导刊, 2014 (第 3 期).

[275] APEC 第 21 次中小企业部长会议《关于促进中小企业创新发展的南京宣言》[J]. 中国中小企业, 2014 (第 10 期): 30 - 31.

[276] 谷克鉴.《实施自由贸易区战略问题研究》书评 [J]. 常州大学学报 (社会科学版), 2014. 3, 第 15 卷 (第 2 期).

[277] 周忠寅.《经济谈判》系列文章之五——多掌握几手谈判技巧 [J]. 上海水利, 1995 (第 3 期).

[278] 焦方太. 刘江英. "跨太平洋伙伴关系协定" (TPP) 对 APEC 的影响分析 [J]. 广东外语外贸大学学报, 2014. 1 (第 1 期).

[279] 刘志中. "新丝绸之路" 背景下中国中亚自由贸易区建设研究

[J]. 东北亚论坛, 2014 (第1期).

[280] 舒建中. "跨太平洋伙伴关系协定": 美国的意图与中国的选择 [J]. 南京政治学院学报, 2014 (第4期).

[281] 杨盼盼. 王雅琦. 2014年TPP谈判前瞻 [J]. 国际金融, 2014 (第5期).

[282] 刘夷. "达成中澳FTA越快越好"——访澳大利亚贸易与投资部长安德鲁·罗布 [J]. 经济, 2013 (第12期): 64-66.

[283] 中华人民共和国商务部. 2013商务工作述评: 自贸区建设获新突破 [J]. WTO动态, 2014 (第1期): 9.

[284] 张君. 《中—秘自贸协定》将促进两国关系迈上新台阶 [J]. 中国经贸, 2010 (第5期): 28-29.

[285] 巩胜利. 21世纪: 美国新战略"三大"规则——TPP、TTIP、PSA之后的全球贸易新规则新秩序的"破立"格局" [J]. 国际金融, 2013 (第5期): 30-32.

[286] 刘建芳. 祁春节. "中日韩自贸区"对三国农业生产的影响研究 [J]. 亚太经济, 2013 (第2期): 10-15.

[287] 孟夏. 陈立英. APEC"下一代贸易与投资"议题分析 [J]. 亚太经济, 2014 (第2期): 33-38.

[288] 宫占奎. 黄春媛. APEC进程25年: 回顾与展望 [J]. 亚太经济, 2014 (第2期): 3-9.

[289] 余振. APEC经济技术合作进程与前景分析 [J]. 亚太经济, 2014 (第2期): 39-44.

[290] 王玉主. 王震宇. APEC的"中国年" [J]. 中国环球, 2014.9 (第127期): 32-33.